台海
冷戰
蔣介石

解密

1949-1988
解密檔案中消失的台灣史

林孝庭

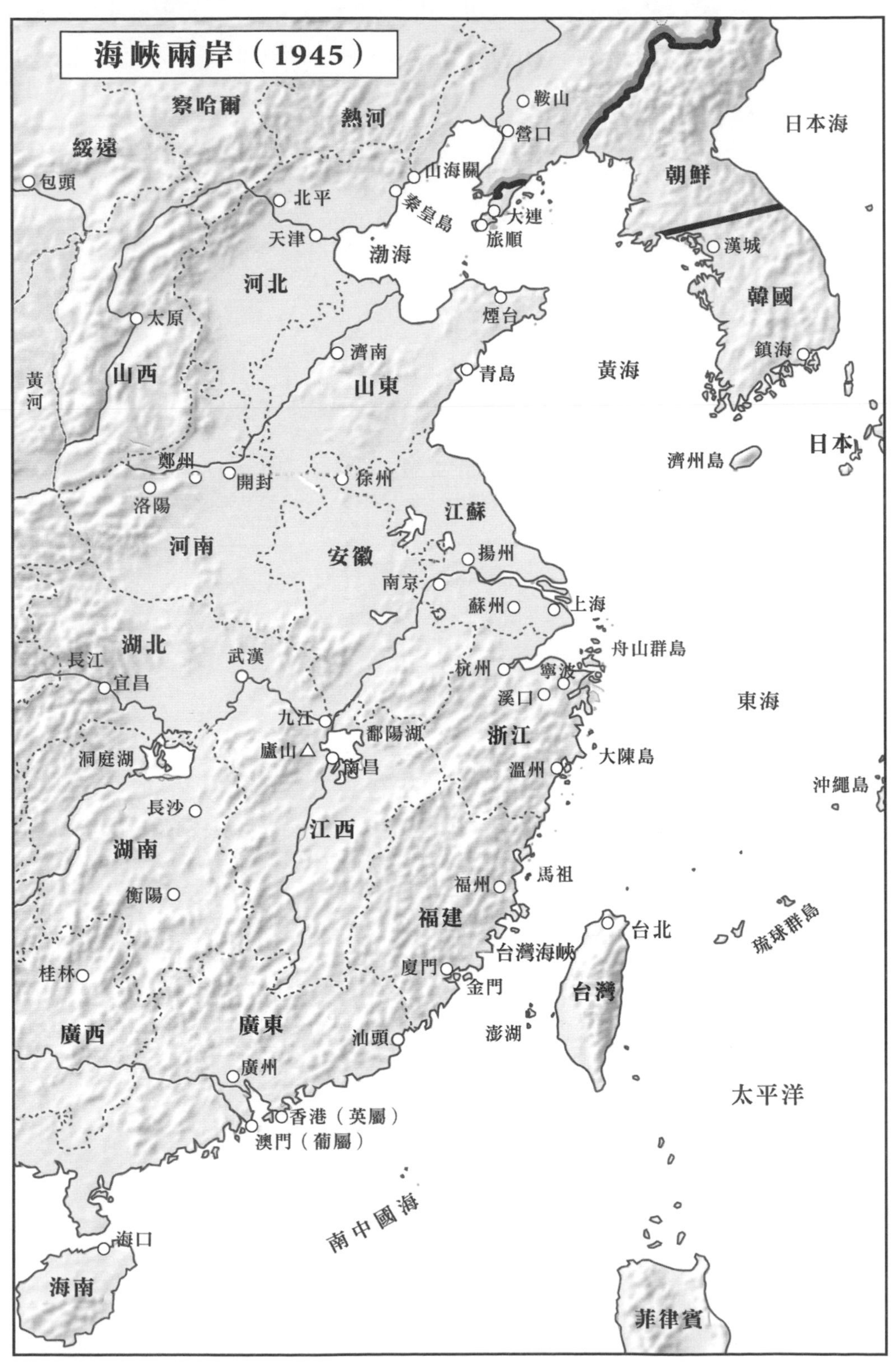
海峽兩岸（1945）
察哈爾
熱河
綏遠
鞍山
營口
日本海
朝鮮
包頭
山海關
北平
秦皇島
大連
旅順
漢城
天津
渤海
河北
韓國
太原
煙台
濟南
鎮海
黃河
山西
山東
青島
黃海
日本
鄭州
開封
徐州
濟州島
洛陽
江蘇
河南
安徽
揚州
南京
上海
蘇州
湖北
舟山群島
長江
武漢
杭州
寧波
宜昌
溪口
東海
九江
鄱陽湖
浙江
廬山
南昌
洞庭湖
大陳島
溫州
沖繩島
長沙
江西
湖南
馬祖
衡陽
福州
福建
台北
琉球群島
台灣海峽
桂林
廈門
金門
台灣
廣東
廣西
汕頭
澎湖
廣州
太平洋
香港（英屬）
澳門（葡屬）
南中國海
海口
海南
菲律賓

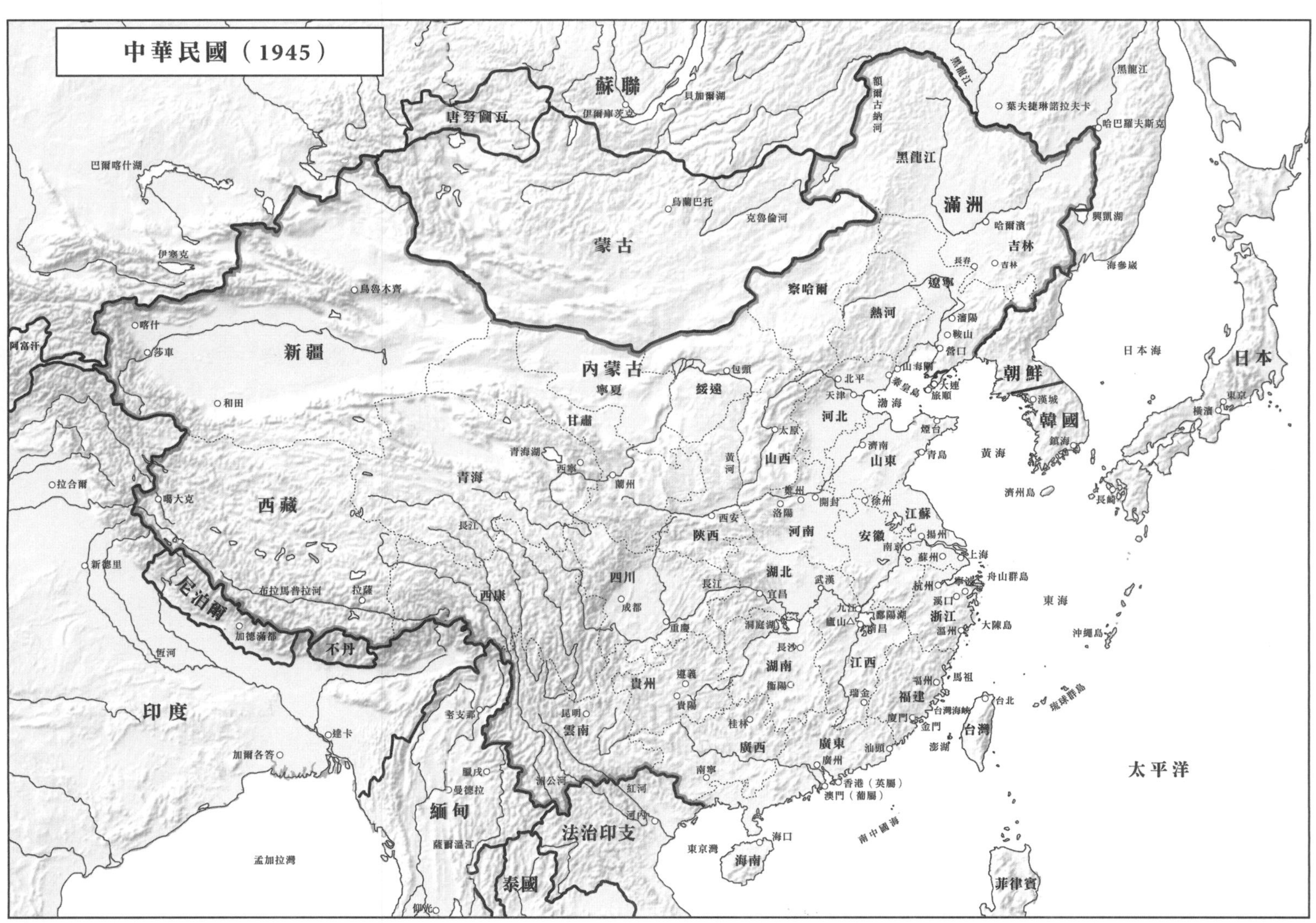
中華民國（1945）
蘇聯
唐努圖瓦
蒙古
新疆
西藏
青海
甘肅
內蒙古
寧夏
綏遠
察哈爾
熱河
遼寧
吉林
黑龍江
滿洲
河北
山西
山東
陝西
河南
江蘇
安徽
湖北
四川
西康
雲南
貴州
湖南
江西
浙江
福建
廣東
廣西
台灣
海南
朝鮮
韓國
日本
印度
尼泊爾
不丹
緬甸
泰國
法治印支
菲律賓
太平洋
日本海
黃海
東海
渤海
南中國海
東京灣
孟加拉灣
巴爾喀什湖
伊塞克
貝加爾湖
伊爾庫茨克
烏蘭巴托
克魯倫河
額爾古納河
黑龍江
葉夫捷琳諾拉夫卡
哈巴羅夫斯克
興凱湖
海參崴
哈爾濱
長春
瀋陽
鞍山
營口
山海關
秦皇島
大連
旅順
北平
天津
包頭
烏魯木齊
喀什
阿富汗
莎車
和田
拉合爾
噶大克
新德里
布拉馬普拉河
拉薩
加德滿都
恆河
達卡
加爾各答
密支那
臘戌
曼德拉
薩爾溫江
湄公河
紅河
河內
仰光
青海湖
西寧
蘭州
太原
濟南
煙台
青島
黃河
鄭州
開封
洛陽
徐州
西安
長江
揚州
南京
蘇州
上海
舟山群島
杭州
寧波
溪口
大陳島
溫州
成都
重慶
宜昌
武漢
九江
廬山
鄱陽湖
南昌
洞庭湖
長沙
衡陽
遵義
貴陽
昆明
桂林
南寧
廣州
香港（英屬）
澳門（葡屬）
汕頭
瑞金
福州
馬祖
廈門
金門
台灣海峽
澎湖
台北
琉球群島
沖繩島
海口
漢城
鎮海
濟州島
長崎
橫濱
東京

目次

序

一九四五年八月，日本宣布戰敗投降，第二次世界大戰也正式宣告結束，然而世界大戰的烏雲才剛剛散去，美國與蘇聯兩大超級強權，以及其背後所代表的資本主義與社會主義意識型態之間的對抗大幕，又從戰後的磚瓦廢墟上，緩緩拉起。一九四七年三月十二日，美國總統杜魯門（Harry S. Truman）於首都華府國會山莊參、眾兩院聯席會議上，宣讀了日後被稱為「杜魯門主義」的國情咨文，發表了敵視社會主義國家的談話。美國國會隨後通過了一項援助法案，決定提供大筆經費幫助希臘、土耳其兩國政府壓制其境內的共產主義運動。「杜魯門主義」的提出，也標誌著美、蘇之間「冷戰」的起點，此後四十餘年間，全球幾被一分為二，以美、蘇兩強為首的東、西方兩大陣營，在政治、外交、軍事、經濟、社會、情報、科技與文化思想等各領域裡，不斷上演著一齣又一齣對峙與對抗的戲碼，由於美、蘇兩強各自擁有大量核子武器，此一長達近半世紀之久的冷戰對立格局，也讓國際社會在一段相當長的時間內，處於高度緊繃的狀態；柏林危機、韓戰、兩次台海危機、古巴導彈危機、越南戰爭與中東戰爭等重大事件的發生，一次又一次引發世人極大的關注與恐懼，擔憂這些衝突將導致核武戰爭，最終摧毀整個人類文明。

一九五〇年六月間所爆發的韓戰，可說是第二次世界大戰後國際冷戰對抗格局形成之初，全球所發生的第一場大規模「熱戰」。冷戰時期的第一場「熱戰」並未如預期般出現在當時美、蘇兩強最主要較勁焦點所在地的歐洲大陸，而是發生在亞太地區的朝鮮半島，在一塊直至一九五〇年初都未曾被美國官方正式納入其亞太防禦線內的分裂國家領土上，著實令當代許多治史者感到意外；而此一意外發展，也注定要讓在國共內戰中失利，於一九四九年十二月退守台灣一隅的蔣介石與中華民國政府，因美國迅速參加韓戰以及其對亞太地區地緣戰略政治等因素考量，而在此後數十年的亞洲冷戰場域裡扮演著一定之角色。無可諱言，從更寬廣的歷史格局觀之，一九四九年以後的國、共對峙與海峽兩岸關係史，亦為全球冷戰對抗架構下，不可被忽視的一環；一九五〇年代所發生的兩次台海危機，至今仍是吾人研究亞洲冷戰史時所不可遺漏的重要案例。然而遺憾的是，除了這兩次外島危機之外，蔣介石與其所領導的中華民國政府在整個冷戰時期裡究竟曾扮演何種角色？以及台灣在亞洲地區冷戰場域裡的歷史定位為何？在當今中外學術界幾乎仍是一片空白。

本書所收錄的十個章節，是我過去十餘年來，在華府、倫敦、台北與加州史丹佛大學胡佛研究所檔案館等地收集、爬梳、整理、研讀、分析與消化大量原始檔案史料後，所積累的初步結果。撰寫這本書的主要目的之一，即在於回答如上問題；除了審思一九四〇年代晚期起，蔣介石與其所領導的中華民國政府，在亞洲冷戰場域中之角色與地位，同時還嘗試對這些歷史事件與歷史經驗，進行全面觀照、陳述與詮釋。誠然，在吾人過去的普遍認知裡，一九四九年兩岸分治以後，台灣在亞洲冷戰場域中所面臨的最主要壓力與競爭對手，是來自海峽對岸的中國共產黨政府；直到蔣介石於一九七五年撒手人寰為止，在遷台以後二十餘年來，他所領導的中華民國政府，依恃著美國對台灣的軍事協防承諾與外交支持，在各個領域裡，與北京進行著似乎永無休止的對抗，此一態勢，直至一九七〇年代美國總統尼克森（Richard Nixon）主政後，逐步改變對華政策，才出現結構性轉變。

然而如同即將在本書各章節內容裡所呈現的，台灣在冷戰時期的亞洲地區所扮演的角色，以及美、中、台三邊的互動關係，實遠比吾人過去所認知的，要來得更加詭譎複雜；隨著中、外官方解密檔案的大量開放，吾人如今可以知悉，亞洲冷戰場域中的蔣介石，絕非僅只扮演著由美國所領導之「自由世界」陣營裡，一個凡事仰仗美國鼻息、以華府馬首是瞻、唯華府是從的馬前卒。相反地，國民黨政府為了台灣自身的戰略生存與安全利益考量，在中南半島與其他東南亞地區，曾廣泛而積極地介入各地的軍事衝突，設法輸出自身的反共經驗與意識形態，以確保並強化其在國際地位與台灣內部統治上的合法性與正當性。回顧歷史，台灣當局在「海峽兩岸」以外其他亞洲冷戰場域中的作為，有些是配合美國政府的整體亞洲策略而行事，然而其中更有不少行動，乃是蔣介石甘冒惹惱華府決策者之風險，不惜與美國「老大哥」背道而馳。

另一方面，冷戰時期的國共與兩岸關係，也絕非如過去吾人所認知的「雙方敵我意識分明、毫無往來」，如同本書所揭示的，在某些重大議題上——譬如西藏問題——台北與北京所採取的立場，遠比台北與華府等西方國家陣營之間的想法要來得更加接近；而國、共兩黨之間，似也屢屢在重大事件發生時，保持著一定之祕密聯繫管道。冷戰時期的這類國共接觸，往往不為美國所喜，華府情報與外交當局，甚至對台北橫加阻撓施壓，而蔣介石則試圖利用這些兩岸祕密接觸來反向操作，設法轉化成為台灣向美國爭取更多資源之籌碼；尤其甚者，冷戰時期的兩岸密使往來，還牽連著當時國民黨內部微妙的權力競爭關係。讀者在「台灣祕密研發核武」此一篇章裡也將清楚觀察到，美國如何在高度現實利害考量下，以最嚴厲的立場與手段，來對待其在亞洲、乃至全球冷戰架構中最堅強的盟邦之一——台灣。本書各章節所將呈現者，可謂「歷史平台上的裂縫」：在看似平滑無縫的歷史平台表面下，其實存在著無數細微的裂痕，有待吾人加以檢視、細查、發掘與觀照，讓歷史事實與真相，能夠更加清楚地被呈現出來。

在此必須說明的是，本書各章節所利用的第一手史料，主要來自美國、英國與台灣方面的解密檔案，以這些史料為基礎所做的歷史研究與論述，無可避免地會較偏向於呈現台灣、蔣介石、中華民國政府與美國的立場。然而正如前文所述，在亞洲冷戰場域中，美、中、台三方關係的競逐互動裡，台灣是無法被忽視的角色，任何缺少來自台灣與國民黨政府方面的觀點與其角色之探討，則整個亞洲冷戰史的研究都將無法圓滿。從台北的視野來解釋與觀察其在亞洲冷戰場域中的定位，據此填補近代史研究上的一片空白，也許是本書的主要貢獻所在。

在本書各章節的寫作過程中，得到許多海內外師長與同道的協助、批評、指正、討論與建議，作者要向他們致上最真誠的謝意與敬意；為避免掛一漏萬，恕本人不在此一一列名。美國加州史丹佛大學胡佛研究所同仁，過去數年來對於本人的學術研究與檔案行政工作，給予最大的支持與鼓勵，藉此書出版之機，本人要向他們表示衷心感謝之意。美國華府國家檔案館、華府國家安全檔案館、史丹佛大學胡佛檔案館、英國國家檔案館、中華民國國史館、中央研究院近代史研究所檔案館、國防部史政局等機構的相關服務人員，過去十餘年來在本人查閱檔案時所惠予之的熱忱服務，在此也一併由衷致謝。台北聯經出版公司發行人林載爵先生對於本書出版計畫的熱烈支持，以及全體同仁對書稿所提供之最專業服務，同樣令本人深感敬佩。

最後，作者要特別向養育栽培我的父母親林文輝、郭珮華，以及堅定支持我走向學術研究之路、不惜放棄其原本優渥工作待遇的妻子徐海蕾，表達我最深的愛意、敬意與感謝，沒有他們的辛勞、鼓勵、體諒與犧牲，就沒有這本書的問世。

林孝庭　二〇一五年二月於胡佛研究所

第一章

冷戰邊緣——美國與冷戰初期的中國邊疆

一九四七年夏天，美國總統杜魯門繼該年三月間於華府國會山莊發表著名的國情咨文、開啟「杜魯門主義」之先聲後，又進一步宣布美國將推動「馬歇爾計畫」（The Marshall Plan），準備投入龐大經濟與財政資源，協助重建第二次世界大戰後歐洲地區的民主與經濟體制，來對抗該地區以蘇聯為首之共產主義力量的興起，這也讓東、西方間的冷戰對抗，於戰後的歐洲大陸上迅速升溫。而在第二次世界大戰結束後的亞洲大陸上，國際間冷戰對峙的逐步成形與中國國內的戰後政局發展，亦有密不可分的關係。無可諱言，美、蘇兩大強權在亞洲地區的冷戰，是圍繞著中國以及其周邊地區展開的，冷戰不僅對第二次世界大戰後中國的內政與外交發展具有重大影響，也讓中國的周邊區域，在相當長的一段時間裡，成為全球冷戰中「熱度」最高的地區之一。

從宏觀的歷史脈絡來看，一九四六至一九四九年間，國民黨與共產黨在中國這塊土地上所進行的軍事對抗，嚴格而論，與美、蘇兩強在世界各地操縱「代理人」相互對抗的冷戰「標準」模式，不能一概而論，混為一談。有趣的是，論及冷戰在中國的源起，當吾人仍主要聚焦於國共內戰之際，其實當時距離漢人政治權力中心甚為遙遠的廣大西部邊疆地區，卻早於中國內地省分，首先籠罩在全球冷戰的陰影之下。抗日戰爭結束後的中國西部邊陲地帶政治、軍事與涉外情況，不論是從「國共對抗」或是美、蘇兩大強權在亞洲冷戰場域中競逐的角度觀之，皆值得吾人進一步觀察。若說一九四九年由毛澤東所領導的中國共產黨在內戰中擊潰蔣介石所領導的國民黨政府，導致美國隨後加速推動對中國大陸的圍堵策略，因而開啟亞洲地區的冷戰局面，則早在第二次國共內戰於一九四九年出現決定性結果之前的數年間，「冷戰」似乎即已在中國西部邊疆地區悄然展開。

本章利用解密的中、英文檔案，揭開二次世界大戰結束後，位於遙遠中國西部邊疆少數民族地區的諸多軍事與外交謎團，包括美國如何在新疆、內蒙古與西藏地區，進行反共冷戰祕密布局？其祕密行動的具體內容為何？以及這些行動最後如何以失敗收場？透過介紹、回顧這些過去鮮為人知的歷史事件，相信對於今日吾人重新思索第二次世界大戰後的美國對華整體戰略，以及冷戰如何從中國邊陲地帶開始逐步形成，當有所助益。

一九四七年北塔山事件與美國在新疆的祕密活動

自清王朝崩解以來，以漢人為主導力量的民國中央政治力量，一直未能真正有效深入中國內陸邊疆地區。在外蒙古與西藏地區的蒙、藏政教領袖，始終拒絕接受民國新政府提出的「五族共和」論述，並分別轉而向俄國與英國（印度）交好，以尋求建立獨立自主的政治與外交地位。內蒙古地區的少數民族菁英，起初傾向於有條件地與民國新政府合作，以換取後者提供更多政治、經濟資源，然而在得不到漢人執政者的積極回應下，一部分內蒙古王公上層人士，如德穆楚克棟普魯（德王）、雲端旺楚克（雲王）、李守信等人，於一九三〇年代中期起，轉而在體制外尋求與日本合作，以推動「內蒙古自治」的名義，準備在政治上脫離蔣介石領導的國民政府。但仍有另一部分內蒙領導人物如沙克都爾札布（沙王）、達理札雅（達王）等，則在國民政府的優厚條件禮遇下，繼續奉中華民國為正朔，並在傳統的蒙古盟旗制度下維持著世襲統治。[1]

1 有關民國初年外蒙古問題之研究，參見：張啟雄，《外蒙古主權歸屬交涉 1911-1916》（台北：中研院近代史研究所，一九九五）；劉學銚，《外蒙古問題》（台北：南天書局，二〇〇一）。有關民國初年西藏問題之研究，參見馮明珠，《近代中英西藏交涉與川藏邊情》（台北：國立故宮博物院，一九九六）。有關一九三〇年代內蒙古自治運動之研究，參見閻天靈，〈試論抗戰前十年國民政府對內蒙古的政策定位〉，《中國邊疆史地研究》（北京），二〇〇一年第一期，頁四六—五七。

自清末以來，青海、寧夏與甘肅等省分就由當地回族馬氏家族主導，民國成立後，馬氏家族以承認歷任中央政府正統的手段，換取其在西北勢力範圍內的獨立自主地位。直至一九三〇年代晚期，國民政府中央在這些地區的政令與影響力，依然極為薄弱。類似的情形亦發生在光緒初年即已建省的新疆地區，民國成立後，該省政局自清末以來就被派駐在當地的一批漢、滿族軍事與行政官僚主導，並且維持著政治、軍事與外交皆高度自主的狀態，從一九一一至一九四四年，新疆省歷經楊增新、金樹仁與盛世才的統治，並且與歷屆民國中央政府，保持著「認廟不認神」、若即若離的關係。[2]

從宏觀的地緣政治角度觀之，日本於一九三七年起對中國的全面侵略，也促使整個中國中央政治勢力與重心，從內地省分向西部地區推進，而國民政府從南京遷都到四川重慶之後，也因地利之便，開始有機會將其在對日抗戰之前原本幾不存在的薄弱政令與影響力，逐漸打入中國西南與西北邊陲。國府的力量在戰時逐步延伸至中國大西部地區，有許多跡象可尋，譬如一九四一年之際，重慶國府已可排除萬難，將效忠蔣介石的嫡系部隊，安排進駐於西蒙的阿拉善旗、額濟納旗與甘肅河西走廊等戰略要地，並且在這些原本由當地軍政勢力牢固控制的地區，直接徵稅並派遣官員。[3]一九四一年底珍珠港事變發生後，中、美、英、蘇組成同盟國，國民政府利用國際局勢的有利變化，藉由開辦中亞國際驛運公路線的機會，進一步把軍、黨、政與財經力量推進新疆省；一九四四年秋天，統治新疆省達十餘年的盛世才被撤換，由蔣介石的親信幕僚吳忠信接任省主席，這是自一九一二年清帝國結束以來，中央政府首次得以直接治理此一廣大西部省分。[4]

國民政府的影響力在第二次世界大戰時期推進新疆，也讓美、英等同盟國家的外交勢力，得以延伸進入中國西北地區。一九四三年，英、美兩國同時獲准在新疆首府迪化（今烏魯木齊）設立領事館，並與重慶國民政府派駐在該省的外交人員，共同處理戰時同盟國驛運事務，而兩國駐中國大使館的外交人員，亦獲准得以進出中國西部邊疆地區省分實地考察旅行，廣大的西部內陸省分自此不再是西方駐華外交官眼中的神祕「禁區」。

甫進駐迪化的美國外交領事人員，也開始注意到國府與蘇聯之間在該地區逐漸加劇的摩擦，特別是一九四四年秋天發生於新疆西北伊犁、塔城、阿山等「三區」的大規模武裝反政府運動；事實上自吳忠信上任以來，國民政府在新疆的直接統治，就不斷面臨當地少數民族的挑戰，該年秋天在伊犁、塔城與阿山地區所爆發的反政府抗爭事件，又被稱為「伊寧事變」或者「三區革命」，此事件隨後並導致「東突厥斯坦共和國」成立，而且直至一九四九年為止，國民政府一直未能真正恢復對「三區」的實質控制。[5]整體而言，直到一九四五年抗戰結束前後，美國對於中國西部邊疆事務的關注，大部分仍是「功

---

2 有關民國時期馬氏家族勢力在西北之研究，參見：楊效平，《馬步芳家族的興衰》（西寧：青海人民出版社，一九八六）；寧夏回族自治區政協文史資料研究委員會主編，《寧夏三馬》（北京：中國文史出版社，一九八八）。有關民國時期的新疆省，參見：陳慧生、陳超，《民國新疆史》（烏魯木齊：新疆人民出版社，一九九九）；Andrew D. W. Forbes, *Warlords and Muslims in Chinese Central Asia: A Political History of Republican Sinkiang 1911-1949* (Cambridge: Cambridge University Press, 1986)。

3 戰時國民政府的黨、軍、財政勢力在中國西部內陸快速增長，普遍引起英、美等國駐華外交與軍事人員的關注，咸認為這是國民政府於一九二八年建立以來，一項重要的成就。見：WO208/ 268, Memorandum by British Embassy in China to Chief of Censor, Government of India, October22, 1942; Report from the Office of Military Attaché of British Embassy in China to War Office, November 12, 1942; FO 436/16605 F6275/254/10, Report on Sir Eric Teichman's journey to Sinkiang, enclosed in British Embassy in China to Foreign Office, September 24, 1943; NARA, RG 59,761.93/1725, O. E. Clubb (U. S. Consul at Tihwa) to George Atcheson (U. S. Chargé in China), June 5, 1943.

4 陳慧生、陳超，《民國新疆史》，頁三六一—三七五；黃建華，《國民黨政府的新疆政策研究》（北京：民族出版社，二〇〇三），頁七七—七九。

5 參見：新疆三區革命史編纂委員會，《新疆三區革命史》（北京：民族出版社，一九九八）；Linda Benson, *The Ili Rebellion: The*

能性」的，亦即在於評估並協助國民政府打通中亞，將當時囤積於印度與伊朗的同盟國物資，由中亞經由新疆運往甘肅與中國西南地區，以支援蔣介石對日抗戰，同時避免直接介入中、蘇兩國間因新疆問題而產生的爭議。然而美國對於中國邊疆事務的被動與謹慎態度，在戰後卻有了大幅度的轉變，發生於一九四七年夏天的「北塔山事件」，則是此一政策轉變的催化劑。

一九四七年六月初，當時已獲得法理獨立地位的外蒙（蒙古人民共和國）部隊，向國府駐守在新疆省奇台縣以北，新、蒙邊界的北塔山邊防部隊，發動猛烈進攻。根據國府方面的指控，六月五至九日接連五天，外蒙古戰鬥機持續轟炸新蒙邊界，駐守當地的國軍部隊亦做出回擊，導致雙方互有傷亡。另一方面，外蒙古政府則堅稱北塔山為其國土之一部分，並指控由哈薩克族領袖烏斯滿・巴圖爾（Ospan Batyr）所領導的中國部隊，已「違法」越界駐守。[6]對此，當時已自重慶遷回南京的國民政府，雖無法在第一時間內搞清楚整個邊界衝突的真實面貌，然而遠在內地的中央政府官員，卻一口咬定此事件乃是蘇聯在背後指使，目的在於結合「三區」的反政府勢力，欲將國府勢力逐出新疆。[7]當時國際輿論亦傳聞蔣介石意在擴大渲染此次邊境衝突的嚴重性，以爭取國際間——特別是美國——對南京提供更多支持，同時轉移中國內地輿論對於日益加劇的國共衝突之注意力。[8]

無論如何，新疆政局在北塔山事件發生後開始急遽惡化，是不爭的事實；稍早之前的一九四六年五月間，當時奉命代表國府與伊犁當局談判的軍事委員會西北行轅主任張治中，與「三區」代表達成停火協議，組成新疆省聯合政府，由張本人擔任省主席，並延攬「三區」獨立運動領袖如阿合買提江（Ehmetjan Qasimi）、賽福鼎・艾則孜（Seypidin Ezizi）等人進入聯合政府，此舉也暫時維持住國民政府在新疆地區擁有完整領土與主權的表象。然而北塔山事件發生後，「三區」一方面抗議國府方面暗中支持烏斯滿，另一方面不滿南京方面未經協商，逕自宣布由麥斯武德（Masud Sabri）繼任新疆省主席，因而決定退出聯合政府。到了一九四七年八月以後，「三區」與迪化省府方面，再度形成軍事對峙的緊張局面。[9]

與此同時，美國國務院為了掌握北塔山事件的來龍去脈，立即指示時任美駐迪化副領事、實為中央情報局幹員的馬克南（Douglas Mackiernan），迅速前往新、蒙邊界實地了解情況。在北塔山區裡，馬克南見到了烏斯滿本人，得知他本是一九四四年伊犁「三區」政權所委派的駐阿山地區行政專員，並獲得蘇聯在背後支持。據烏斯滿密告馬克南，一九四四年秋天，盛世才被蔣介石調離迪化後，莫

美國中央情報局幹員馬克南，攝於新疆。

Moslem Challenge to Chinese Authority in Xinjiang 1944-1949 (New York: M. E. Sharpe, 1990); David D. Wang, *Under the Soviet Shadow: The Yining Incident* (Hong Kong: The Chinese University Press, 1999)。

6 參見：「蒙藏委員會致外交部函」（一九四七年六月十七日）；「外交部亞西司簽呈」（一九四七年六月二十七日）；「內蒙古額濟納舊土扈特旗九年計畫與國防計畫祕密報告書」，附於「行政院致外交部」（一九四七年八月十七日），〈蘇聯與外蒙對內蒙之陰謀案〉，《外交部檔案》，檔號 112/93。

7 「西北行營主任張治中電呈蔣委員長北塔山事件背景及詳細經過」（一九四七年六月十五日），〈外蒙軍及蘇機越界侵新疆案〉，《外交部檔案》，檔號 112/923；FO 371/66443 N7102/4303/38, "Report of Mongolian Penetration of Chinese Territory," June 16, 1947; FO 371/66443 N7114/4303/38, British Foreign Office minute paper, June 17, 1947.

8 FO 405/17912 F4378/4378/10, "China: Annual Report for 1947," enclosed in Ralph Stevenson (British Ambassador to China) to Foreign Office, March 5, 1948.

9 《新疆三區革命史》，頁一六七—一七五；Forbes, *Warlords and Muslims in Chinese Central Asia*, pp. 210-211.

斯科方面曾祕密向烏斯滿提供大批武器，補充其領導的哈薩克游擊隊，希望利用他將漢人勢力完全逐出阿山地區；然而第二次世界大戰結束後，俄國人開始在當地哈薩克族游牧區大舉開礦，此行動遭到烏斯滿與游牧當地的哈薩克族人極力反對，俄國人因而決定改支持烏斯滿的對手——同為哈薩克族的達列力汗（Dalelkhan Sugirbayev），來領導阿山地區的哈薩克部落，此舉讓烏斯滿決心投靠國民政府。因此自一九四六年夏天起，烏斯滿開始與張治中、新疆警備總司令宋希濂等國府重要軍政人員祕密接觸，並獲得國府方面的一些軍火物資援助。一九四七年三月起，烏斯滿率領游擊隊開始在阿山地區對抗蘇聯支持的「三區」民族軍，但寡不敵眾，節節敗退，最後一路撤退至新、蒙邊境的北塔山。[10]在與馬克南的談話中，烏斯滿希望美國能夠向他提供軍事援助，以利其在北疆地區繼續對抗蘇聯。根據馬克南向華府所呈之機密文件顯示，在他離開北塔山返回迪化前夕，烏斯滿交給他一些俄國人在當地開採的礦物標本，這些礦物隨後被馬克南帶回迪化做初步化驗分析。美方堅信，蘇聯在阿山地區急於開採的礦物，極有可能就是當時製造原子彈所不可或缺的鈾礦，蘇聯方面極有可能是為了取得這些珍貴礦石，才會再次鼓動伊犁「三區」進行反政府行動，使北疆地區進一步脫離國民政府的有效控制。[11]

冷戰初期美國對中國內陸邊疆的戰略思維

美國駐迪化領事館有關北塔山事件的第一手調查報告，立即引起國務院與軍方極大關注。一九四七年下半年以後，美、蘇之間在歐洲大陸的對抗日趨嚴重，冷戰的序曲儼然已經展開，就華府而言，第二次世界大戰後，全球戰略布局最要緊的任務之一，就是阻止或者延緩蘇聯取得製造原子彈之技術與原料。蘇聯在北疆地區積極開採稀有礦藏的舉動，以及當時有關史達林（Joseph Stalin）即將在俄屬中亞祕密試爆原子彈的傳聞，皆讓美國官方認知必須儘速採取必要的防範措施。一九四七年十一月，美國空軍總部依據美國駐迪化領事館的建議，派了一組軍方人員經南京飛往北疆，進行代號為AFOAT-1（Air Force, deputy chief of staff for Operations, Atomic Energy Office, Section One）的祕密考察行動，隨後不久，美國軍方即決定以駐迪化領事館為掩護，於該地設立偵測蘇聯原子彈試爆活動的觀察站，名義上由空軍的赫根柏格少將（Major General Albert F. Hegenberger）主持，實際則由馬克南執行運作。美方同時也決定透過駐迪化領事館，暗中提供新的武器援助給烏斯滿的哈薩克族游擊隊，以利其繼續監控、騷擾蘇聯在阿山地區的活動。[12]巧合的是，美方於一九四七年底決定祕密援助烏斯滿之後，他所領導的哈薩克游擊隊隨即於一九四八年初扭轉原本的劣勢，順利反攻並占領北塔山與部分阿山地區，而且一度引來外蒙古政府對南京當局的嚴重抗議。[13]

美國在一九四七至一九四八年之際對北疆地區的積極關注，除了出於監視、圍堵蘇聯在中亞活動的戰略考量之外，也相當程度地反映出當時華府對中國西部邊疆地區的政治與外交思維。隨著蔣介石領導

10 NARA, RG 59, 893.6359/6-3047, Memorandum entitled "Peitaishan Incident Report," prepared by Douglas Mackiernan, June 30, 1947.

11 NARA, RG 59, 893.6359/8-2947, U. S. Consulate (Tihwa) to State Department, August 29, 1947.

12 NARA, RG 341, Records of Headquarters U. S. Air Force, Air Force Plans, Project Decimal File 1942-1954, Box 736, "Report of Airfield Inspection in Northwest China," prepared by Colonel William D. Hopson of the Air Division Army Advisory Group, Nanking, China, dated February 2, 1948.

13「西北行營主任張治中致外交部長王世杰電」（一九四八年三月二日）；「外交部駐新疆省特派員劉澤榮致外交部電」（一九四八年三月二日），〈蒙軍侵新案〉，《外交部檔案》，檔號112/93；FO 371/69631 F3506/2538/10, British Embassy in Moscow to Foreign Office, February 27, 1948; WO 208/4718, Office of Military and Air Attach, British Embassy in China to War Office, September 29, 1948.

的國民政府在國共內戰中逐漸失利，美國外交與軍方人員自一九四八年初起，即對中國政局的未來可能走向提出研判。以司徒雷登（John Leighton Stuart）大使為首的駐南京大使館官員，普遍認為國共內戰一旦長久持續下去，中國無可避免地將走向分裂，甚至有可能回到民國初年各地強人割據一方、地方主義盛行的混亂局面。美國駐華大使館因而向國務院強烈建議，應及早因應中國內部再度四分五裂的可能性，並且提出具體有效的對策，讓未來中國各地可能出現的區域性政權，能夠有力量繼續對抗共產主義，使美國在中國的影響力繼續維持下去。[14]

美國軍方情報部門同樣注意到，國共內戰已讓蔣介石政權對各邊疆地區的控制力急速削弱，然而與國務院的觀察較為不同的是，美國軍方情報單位特別注意到，當時在中國邊疆地區頗為活躍的少數民族分離主義運動，以及美國面對這些分離勢力時可以採取的態度與行

美國中央情報局特派員貝賽克（左三）與內蒙王公

動。一九四七年底美國中央情報局的一份評估報告即指出，除了當時已獨立的蒙古人民共和國之外，蘇聯尚有意在中國東北、東蒙、內蒙、新疆北部與朝鮮半島北部等地方，扶持並操控當地的少數民族，建立衛星政權或緩衝國，以確保其在中亞內陸地區的傳統利益，不因中國內部政權更迭與政局劇烈變化，而受到不利影響。[15]

也許是擔憂共產主義將在中國邊陲地帶快速蔓延，以及受到蘇聯在北塔山地區祕密發展原子武器的刺激，同時急欲反制蘇聯在北亞與中亞內陸地區建立緩衝國的意圖，自一九四八年起，無論是美國軍方部門或是國務院系統，皆開始採取具體行動，強化美國在中國邊疆地區的影響力。有鑑於當時中共在中國東北與東蒙地區已建立起頗有成效的根據地，美國政府此時的工作重心因而集中在當時較遠離中共影響的西蒙、甘肅、青海與新疆等地，具體行動內容著重以反共意識形態為號召，積極拉攏各地區少數民族軍政領袖，替美國發展力量進行「布線」工作。[16]一九四八年初，美國中央情報局曾將約三百盎司的金條，祕密交付當時返回華府述職的駐迪化副領事馬克南，用來協助收買新疆地區的哈薩克、白俄羅斯與維吾爾民族，以便進行反共活動，而當時中央情報局駐北京的另一名特派員貝賽克（Frank B. Bessac），

14 NARA, RG 59, 893.00/3-448, John Leighton Stuart (American Ambassador to China) to State Department, March 4, 1948; 893.00/3-848, Stuart to State Department, March 8, 1948.

15 "CIA Research Report, SR-8: China," issued in November 1947, I-22-23, in Paul Kesaris ed., CIA Research Reports: China: 1946-1976 (Frederick, MD: University Publications of America, 1982), microfilm, reel 1.

16 NARA, RG 59, Intelligence Files, Office of Security, 1942-1951, Box 1, Memorandum by State Department,September 4, 1945; RG 59, 125.937D3/2-747, U. S. Embassy in China to State Department, February7, 1947.

則負責與內蒙領袖德王等人進行祕密接觸。[17]

在中國內地，美國駐南京大使館亦利用一九四八年五、六月間中華民國政府召開國民大會的時機，廣泛地密集接觸來自內蒙、新疆、青海等地的政治人物。寧夏省主席馬鴻逵在回憶錄裡即提及當年他停留南京時，曾祕密受邀前往司徒雷登大使官邸與美國外交人員會晤，當時司徒雷登曾仔細探詢內蒙政情，並且告訴馬鴻逵，華府願意對寧夏當局提供任何可能的直接協助，包括軍事援助。司徒雷登還向馬鴻逵透露，包括綏遠省主席傅作義在內的部分華北軍政領袖，也已答允接受美國祕密援助，馬鴻逵即認定當時美方似有意以較優良的軍事裝備，籠絡培植中國邊疆地區的親美勢力。[18]

另一方面，一九四八年三、四月間，美國駐迪化領事包懋勳（John Hall Paxton）亦奉國務院之命，展開首次對全新疆地區的訪問考察。在兩個月之內，他與隨行翻譯及迪化領事館的同仁，走遍南、北疆各重要城市據點，會晤各地漢族軍政首長與少數民族政教領袖，並對這些人士的政治立場傾向，以及日後和美方合作反共的可能性，作通盤的觀察、分析與評估，其行蹤甚至遠達伊犁與塔城等當時國民黨人士難以進入的「三區」。而在南、北疆各地訪問途中，包懋勳以播放附帶維吾爾文翻譯的影片與展覽海報、照片等方式，向當地少數民族極力宣揚美國的強大、民主與友善，並詆毀共產主義。[19]同年六月，包懋勳循同樣模式前往東疆與甘肅河西走廊各地考察訪問，隨後將這兩次行程做成極為詳盡的評估報告，供華府決策高層參考。在報告中，包懋勳認為儘管蔣介石在中國內地的統治力已江河日下，且新疆政局仍有變數，然而也正由於中國中央的力量因國共內戰而大幅鬆動，美國在西部邊疆省分地區反而可能有一番作為，他並力主華府應以經濟與財政援助為手段，積極對新疆伸出援手，以對抗共產黨勢力。在這兩趟考察行程裡，包懋勳總共訪問了三十個大小綠洲城市，訪談至少四十五位地方政、軍與宗教領袖，這也是一九七九年中美關係正常化之前，美國駐華外交人員對全新疆地區所做的唯一一次如此詳細的實地考察。[20]

由於受限於美國軍事與情報部門檔案文件至今尚未完全公開，吾人無法確切掌握華府在中國邊疆地區還曾經進行過哪些行動，接觸過哪些重要人士，然而從當時各項分析與建議報告中可以窺知，經過多方面的考察、接觸與試探後，美國政府對於利用中國境內少數民族團體作為「代理人」來對抗亞洲共產主義勢力的發展，已有基本共識。從今日中共牢固統治中國大西北的事實，來回顧美國於一九四〇年代晚期欲在西北地區與蘇聯大打「代理人戰爭」的嘗試，顯然有極大落差；然而若從華府與美國駐華使館當時觀察到中國極有可能再度四分五裂，並預期邊疆地區可能出現幾個少數民族政權此一脈絡來理解，美方當時會有此構想與準備，並不足為奇。此外，美國高層似乎亦曾評估，一旦蘇聯果真成功研發原子彈，則美方為了避免在中亞內陸與蘇聯發生直接衝突，除了積極在當地扶植代理人之外，別無他途。[21]司徒雷登大使在一九四八年十月拍發回華府的電報裡，就曾具體指出美國應當對寧夏的馬鴻逵、青海的馬步芳、馬步青、河西走廊的馬繼援，以及當時駐紮新疆的騎五軍軍長馬呈祥等具有反共意識形態的回

17 Thomas Laird, *Into Tibet: The CIA's First Atomic Spy and his Secret Expedition to Lhasa* (New York: Grove Press, 2002), pp.55-57, 65-67.

18 馬鴻逵，《馬少雲回憶錄》（香港：文藝書屋，一九八四），頁二八二—二八七。

19 NARA, RG 59, 893.00 Sinkiang/6-2748, "Travels in Southern and Eastern Sinkiang," Memoranda Number 1, 2 and 3, top secret, written by John Hall Paxton, June 27, 1948.

20 Ibid, Memorandum Number 10.

21 NARA, RG 218, Records of the Joint Chiefs of Staff, Geographic File, 1948-1950, Box 15, Memorandum by the Joint Chiefs of Staff, August 1949.

族軍政首長，進行具體且祕密的援助行動。[22]

值得一提的是，美國中央情報局此刻在分析中國邊疆局勢時，並未把西藏列為值得積極接觸並發展成為反共根據地的對象。當時雖有傳聞，蘇聯可能透過俄屬中亞境內信仰藏傳佛教的布里亞特蒙古族，與達賴喇嘛勢力建立關係，然而鑑於西藏的天然屏障與地理位置相對遙遠，美國情報單位似乎並未預期該地區會很快就受到共產黨勢力影響，也不認為當時拉薩的噶廈政府將有被親共政權取代之虞。[23]一九四七年初，當美國軍方與國務院人士評估戰後西藏的戰略地位時，就曾指出美國雖不樂見西藏落入共產黨勢力範圍內，然而在可預見的未來，此一顧慮並不存在；尤其甚者，美方當時對於西藏之軍事與戰略價值的評價相當低，認為該地區充其量或可作為「火箭試射的廢料場」。[24]等到一九五〇年代初期美國欲以實質的軍事援助手段，避免中共解放軍進入西藏時，白宮與國務院的決策者們才驚覺已經太遲。

國共內戰下的美國援助中國西北方案

根據吾人現今所掌握的資料顯示，當美國政府於一九四八年開始規劃對西部邊疆地區的冷戰反共部署時，似乎未預料到國民黨在中國大陸的統治，會在短短一年之後就徹底崩潰；美國中央情報局於一九四八年夏天提出的各項分析研判文件指出，即使馬歇爾將軍（General George C. Marshall）在中國的調停任務以失敗告終，而且國共之間最後透過和平手段達成協議的可能性已極微，然而距離國民政府真正潰敗、蔣介石下野以及中國政局完全底定，仍有一段相當之時日。[25]反之，中央情報局當時認為，由毛澤東領導的中國共產黨，仍極有可能在堅持其本身條件的前提下，與國民黨人士進行談判，以爭取更多的時間、民心與威望；更何況蘇聯亦有可能繼美國之後，積極介入以促成國共和談，或組成聯合政府。[26]也因此遲至一九四八、一九四九年之際，美國軍方還是按照其既定方案，於迪化領事館設立第一組超音波原子彈偵測器，隨後又於一九四九年初，在當地白俄羅斯與哈薩克族祕密協助下，於新、蘇邊境分別裝置了四組同樣的偵測器，準備長期監控蘇聯在中亞地區發展原子武器的活動。[27]

隨著國民黨於一九四八年底在三大戰役接連失利，以及蔣介石於一九四九年一月二十一日倉促下野，美國政府高層才開始擔憂，其在西部邊疆地區的反蘇、反共戰略布局，極可能因中共提前掌控整個中國政局，而受到極端不利的影響。一九四九年二月間，美國駐迪化領事館緊急列出一長串名單，呈報華府決策階層參考，在這份「推薦」名單裡，包懋勳建議美國應優先提供軍事援助的對象，包括青海省主席馬步芳、寧夏省主席馬鴻逵、內蒙古的德王、駐新疆騎五軍軍長馬呈祥，以及東疆與北疆地區的反共少數民族領袖如烏斯滿、前哈密王牙巴孜汗、阿爾泰地區哈薩克族領袖賈尼木汗等人。[28]然而此刻真正獲得美方武器裝備與物資援助的，卻只有馬步芳一人。根據美、英外交文件揭示，一九四九年的二、三月間，美國軍方曾暗中出資，由設於蘭州的民間組織「國際物資供應公司」（International Supply

22 NARA, RG 59, 893.00/10-1648, Stuart to State Department, October 16, 1948.
23 "CIA Research Report, SR-8: China, Appendix J: Tibet," November 1, 1948, in CIA Research Reports: China: 1946-1976, reel 1.
24 NARA, RG 59, 893.00 Tibet/3-1947, State Department memorandum entitled "Strategic Importance of Tibet," March 19, 1947.
25 CIA Research Report, ORE 45-48, "The Current Situation in China," July 22, 1948, in CIA Research Reports: China: 1946-1976, reel 1.
26 CIA Research Report, ORE 12-48, "Prospects for a Negotiated Peace in China," August 3, 1948, in CIA Research Reports: China: 1946-1976, reel 1.
27 NARA, RG 59, 101.61/3-1049, Paxton to State Department, March 10, 1949.
28 NARA, RG 59, 661.9331/3-149, Paxton to State Department, March 1, 1949.

Corporation）出面代購兩千多枝卡賓槍，以及三百多箱其他各式軍火，由退役美國空軍陳納德將軍（Claire L.Chennault）所主持的「民航空運公司」（Civil Air Transport）所屬營運機隊為掩護，從上海緊急將這一批武器運往馬步芳所屬的各西北部隊，以增強其在當地的軍事防禦能力。[29]

美方高層對於中國大西北地區祕密援助方案的推動，到了一九四九年四月間國共和談瀕臨破裂、解放軍即將大舉渡過長江前後，變得更加倉促與急迫。四月二十二日，共軍進入南京的前一天，美國國務院針對各省政軍情勢，以及蘇聯在新疆邊境開採鈾礦製造原子彈的最新進展等議題，召開特別會議，此刻美方決策官員們普遍同意，如果將蘇聯在蘇、新邊界提煉鈾礦以製造原子彈等消息告知當時已是風雨飄搖的中華民國政府，則代總統李宗仁勢必以此為藉詞，向美方要求更多援助來對抗共產黨，而這也正是當時有意放棄國民黨、靜待中國政局塵埃落定的杜魯門行政當局所不樂見的。美方因而更加認定，今後在中國大西北地區所採取的任何必要行動，都應當繞過國民黨政府中央，在最機密的情況下獨自進行。會議結束後，華府立即將會議紀錄標上「最機密」等級，火速知會駐迪化領事館。[30]美方此一決議，實際上也隱然有將中國西北地區與內地省分加以區隔對待之意。

而就在此決議後不久，一項名為「軍事援助方案」（Military Aid Program，簡稱MAP）的法案，也被火速送往美國國會進行審查。美國軍方並曾就此方案內容明白指出，未來將不會把新的軍事資源投注在由蔣介石或李宗仁領導的國民政府，而是用來支持「大中國地區」境內的「非共」、「非漢族」勢力團體與組織。[31]當此一軍事援助方案於一九四九年夏天正式獲得國會通過之後，美國參謀首長聯席會議更進一步向國會參眾兩院表明，大中國境內的哈薩克族、內蒙古、回族與西藏地區持反共立場的領袖與組織團體，將是這一波新軍事援助計畫之主要接受者。[32]冷戰時期美、蘇之間在全球各地經常發生的代理人戰爭，在國共內戰尚未真正結束、蔣介石尚未退守台灣之前，就已先在中國西部的邊疆地區出現了。

隨著解放軍渡過長江、國民政府遷都廣州，美國暗中鼓勵中國邊疆各省分地區成立「區域性」政權以進行反共活動的企圖，也愈加明顯，內蒙古的德王，就是當時美方嘗試支持的對象之一。前曾提及，德王在一九三〇年代即與日本人合作，推動內蒙古自治運動，隨後並曾在日本人扶植的政權內擔任要職。抗戰結束之後，國民政府為了穩定內蒙地區情勢，決定對德王、李守信等戰時「附日人士」採取較為寬容的政策。此政策雖然高估了德王等人於二戰後在內蒙古的影響力，卻也使德王得以在一九四〇年代晚期有機會翻身，再度活躍於內蒙古政壇。一九四九年初，德王決定運用過去的影響力，在西蒙成立自治政府機構，以便收容來自東蒙地區各盟旗不願加入共產黨的王公貴族、軍隊與知識分子，此構想並獲得國民黨高層的支持。四月初，德王在國民黨軍方運輸機護送下，由南京飛往寧夏，聯絡當時西蒙各地的零星反共勢力，包括李守信舊部、蒙古籍將領白海風所率領的國軍新三師部隊、綏境蒙政會巴文峻、韓裕如等人，這批人馬在阿拉善旗首府定遠營成立「蒙古自治政府籌備委員會」，隨後德王曾返回廣州，向李宗仁及行政院長閻錫山等尋求更多支持。[33]

29 NARA, RG 319, Records of Army Staff, Army Intelligence, Document, File No. 548364, Memorandum by the Joint Chiefs of Staff, March 1949; FO 371/75733 F146/1013/10, "Weekly summary No. 8, 1949," enclosed in Stevenson to Foreign Office, February 19, 1949.

30 NARA, RG 59, 893.6359/4-2249, Minute of conversation between Mr. Trueheart, Representative of the Atomic Energy Commission, Mr. Arneson, Under-Secretary's special assistant, and Mr. Sprouse, Office of Chinese Affairs, April 22, 1949; 893.6359/4-2249, Under Secretary of State for Far Eastern Affairs (W. W. Butterworth) to Mackiernan, top secret, April 22, 1949.

31 NARA, RG 218, Box 15, Admiral O. C. Badger (Commander of the U. S. Seventh Fleet) to the Joint Chiefs of Staff, August 1949.

32 NARA, RG 341, Records of the Air Force Technical Applications Center, Box 737, Letter from the Joint Chiefs of Staff to Louis A. Johnson (U. S. Secretary of Defense), August 1949.

33 郝維民主編，《內蒙古自治區史》（呼和浩特：內蒙古大學出版社，一九九一），頁六一—六四。

於內戰中節節敗退的國民黨政府因自顧不暇，最後僅以一紙公文批准同意德王在西蒙地區推動地方自治，此外並未就「蒙古自治政府」的建立，給予太多實質援助。[34]然而德王停留廣州期間，卻意外獲得美國情報人員的支持承諾。根據陪同德王前往廣州交涉的扎奇斯欽（Jagchid Sechen）所言，當時美國中央情報局駐廣州特派員梅茲（Raymond Meitz）曾主動接觸並告訴德王，美國國會即將通過新的軍事援助方案；梅茲暗示，若德王主導的西蒙自治政權能夠採取反共立場，不久之後即可在聯合國善後救濟總署的援華計畫名目下，取得一部分軍事與民生物資。[35]德王於同年七月自廣州飛返寧夏定遠營之後，在當地又獲得前述中央情報局另一名幹員貝賽克類似的保證，這使得當時聚集在定遠營的各路人馬信心滿滿，並於八月十日宣布蒙古自治政府正式運作。也因為獲得美方暗中支持的保證，德王等人即使在面對中共解放軍當時在華北與內蒙地區勢如破竹的軍事行動，依然展現出堅持到底的決心，甚至對外宣稱，在必要時將把甫成立的政權，由定遠營遷往河西走廊甚至青海、西藏等地，繼續進行反共鬥爭，此一虛張聲勢的表態，還一度引起拉薩方面極度恐慌，認為蒙古族與回族勢力將因中共在華北與內蒙的軍事攻勢而結合，準備大舉轉進西藏。[36]

美國與馬步芳主持下的西北軍政長官公署

美國除暗中鼓動德王的西蒙政權進行反共活動之外，華府軍事情報當局此刻更為關注的，是以馬步芳為首的西北地區回族勢力，能否有效地組成一個包含寧夏、甘肅、青海與新疆在內的區域反共集團，抵抗中共解放軍的進逼。英、美的官方檔案文件皆顯示，一九四九年春天，美方事實上曾一度對張治中寄予厚望，認為他將願意與美國攜手合作，朝美方所期待的建立大西北區域政權的方向努力。[37]然而張治中最後選擇投向共產黨陣營，這顯示美國對於當時中國政局的觀察與判斷，出現了重大失誤。當張治中不再成為美國可以合作的對象後，馬步芳似乎成了華府可以期待的少數選擇之一。在這方面，美方投下頗多心力與資源，除了於一九四九年二、三月間緊急空運三百箱軍火援助青海部隊之外，四月初，陳納德將軍又以「美軍私人代表」身分，從中國內地飛往西寧，與馬步芳及其軍事幕僚密談。陳納德在這次會議中曾建議將青海羊毛等物資銷往海外，替西北反共勢力換取更多的美國軍援物資，雙方亦曾討論到在西寧設立「民航大隊青海區總站」的計畫，以利日後美軍裝備運往該地區。[38]

陳納德結束青海之行後，立即趕回華府，向美國國務院報告中國西北地區的最新情況，在五月十一日的一場閉門會議裡，陳納德向處理遠東事務的助理國務卿魯斯克（Dean Rusk）等人再次強調，美國給予馬步芳等中國西部邊疆少數民族領袖更多的軍事援助，實刻不容緩，這將有助於確保內蒙古、寧夏、青海、甘肅、四川、雲南等中國西部內陸省分，不至於快速倒向中共。如果西半部中國能有效抵擋

---

34 內珍蓮，〈阿拉善旗起義——達理札雅率部起義紀實〉，收錄於長舜、荊堯、孫維吼、蔡惠霖編，《百萬國民黨軍起義投誠紀實》（北京：中國文史出版社，一九九一），上冊，頁四一四—四一八。

35 Jagchid Sechin, *The Last Mongol Prince: The Life and Times of Demchugdongrob, 1902-1966.* (Bellingham, WA: Western Washington University, 1999), pp. 403-417.

36 NARA, RG 59, 893.00 Tibet/8-3049, "Peking Information," August 30, 1949, enclosed in U. S. Embassy in China to State Department, August 31, 1949.

37 FO 371/75800 F3742/10126/10, British Embassy in Nanking to Foreign Office, February 22, 1949; NARA, RG 59, 893.00/2-1549, Stuart to State Department, February 15, 1949; 661.9331/2-2549, Stuart to State Department, February 25, 1949.

38 《青海民國日報》，一九四九年四月七日、八日，轉引自青海省志編纂委員會編，《青海歷史紀要》（西寧：青海人民出版社，一九八七），頁五一三—五一四。

解放軍一段時日，將能為美國在亞洲地區的冷戰部署，爭取到更多寶貴的時間，甚至保障美國在中南半島與印度的利益。陳納德還向國務院官員提出，他準備利用當時仍在中國境內營運的「民航空運」、「中國航空」與「中央航空」來將美援物資火速運往西北。[39]

華府支持西北邊疆地區自成一反共格局的政策，在一定程度上卻也無可避免地使馬步芳等西北國民黨軍政勢力與廣州國民黨政府之間的關係，產生微妙變化。一九四九年五月十八日，代表國府前往北京與中共談判的西北軍政長官張治中決定投向中共陣營之後，馬步芳旋被代總統李宗仁任命為代理西北軍政長官，負責統籌大西北地區的反共事宜。馬上任後所面臨的一項重要議題，是處理當時尚在進行的中、蘇兩國新疆經貿合作談判。一九四六年夏天，張治中有鑑於伊寧事變暫告落幕，新疆和平有望，曾向蔣介石建議應趁機加強新疆與蘇聯之間的經濟合作與貿易往來，其構想是從蘇聯進口大宗民生物資，以紓緩新疆省內因物資缺乏所可能造成的通貨膨脹，同時藉由蘇聯專家豐富的技術與經驗，來發展新疆省的天然資源，達成互蒙其利的效果，當時蔣介石對此表示支持。[40]

當時中方的提議遭到蘇聯冷淡以對，然而，就在一九四九年初，當國民黨政府在全中國的統治已岌岌可危之際，蘇方卻突然主動向新疆省政府表示，願意就中方一九四六年有關新疆經貿合作事宜進行談判，並提出一份談判大綱，將會談內容分為「經濟合作」與「貿易通商」兩大部分；前者建議由中、蘇兩國合組公司，共同開採與管理新疆省境內的石油及「有色及稀有金屬礦產」，後者則建議蘇聯與新疆之間應向對方互相提供所需原料物資，並透過雙方政府核准的民營公司來經營。[41]受到關於蘇聯在北疆阿山地區開採鈾礦之情報的影響，美國政府普遍認為蘇聯此刻重開新疆經貿談判的動機，不外乎想壟斷新疆境內稀有礦物的開採權。[42]當時因國共內戰失利而焦頭爛額的國民政府，面對莫斯科當局此一看似唐突的提議，決定採取兩手策略：一方面為避免開罪蘇聯，使中蘇邦交愈形惡化，因而指示駐新疆省外交特派員劉澤榮就近在迪化與蘇方進行會前磋商，企圖拖延時間，靜觀其變；另一方面則主動向中外媒體透露此訊息，並暗示有意接受蘇方之請，進行談判，頗有藉此向美國施壓，並取得更多美援之意。[43]

到了一九四九年六月，隨著中國內地政局持續惡化，當時已遷往廣州的國民政府，對大西北地區的控制力也愈來愈薄弱，國府外交部面對立法院與內外輿論的強大質疑聲浪，力主在新疆經貿通商談判中採取較為堅定的立場，不讓蘇聯方面有機可趁，予取予求。代理部長葉公超並向李宗仁建議，應立即將談判由迪化移至廣州舉行，使新疆地方當局不致因為地緣政治壓力而向蘇方屈服，葉公超還主張應讓談判全程公開透明化，如此一旦最後談判不幸破裂，至少失敗之責不必由國府單方面來背負。葉公超甚至曾私下向美方表明，只要他還代理外交部長職位一天，他就不會讓這項中蘇新疆經貿合作協定實現。[44]

不過廣州方面欲在中蘇新疆談判中採取強硬立場的態度，卻引起馬步芳強烈不滿，認為中方應以較

39 NARA, RG 59, 893.24/5-1149, Transcript of Conversation, May 11, 1949.

40 「張治中呈蔣介石」（一九四六年八月二日）；「中國政府關於新疆省內中蘇貿易與經濟合作之建議」（一九四六年十一月四日），收錄於薛銜天編，《中蘇國家關係史資料匯編》（北京：社會科學文獻出版社，一九九六），頁三七一、三七三。

41 「劉孟純致張治中」（一九四九年一月二十五日），《中蘇國家關係史資料匯編》，頁三七四—三七六。

42 NARA, RG 59, 761.932/2-149, State Department to Stuart, February 15, 1949; 661.9331/2-1649, Lewis Clark (Minister-Counselor of Embassy in China) to State Department, February 16, 1949.

43 「劉澤榮致外交部」（一九四九年三月十五日）；「董霖致葉公超」（一九四九年四月十三日），〈對蘇交涉案〉，《外交部檔案》，檔號111/1。美方對於國府採兩手策略的看法，見NARA, RG 59, 761.9327/5-1649, Stuart to State Department, May 16, 1949; 761.9327/5-2349, Clark to State Department, May23, 1949.

44 「外交部亞西司簽呈」（一九四九年六月十四日），〈新疆問題〉，《外交部檔案》，檔號119/5；NARA, RG 59, 661.9331/8-849, Memorandum entitled "Recent Development in Sinkiang," prepared by Clark, dated August 8, 1949.

為遷就妥協的態度繼續與蘇聯周旋。馬向廣州建議，在經濟合作部分，蘇聯所要求的石油與稀有金屬礦物——特別是獨山子油礦——多分布在當時新疆省政府無法有效控制的「三區」境內，廣州方面在細節上過於堅持，實無太大意義；相反地，馬認為若能夠在貿易通商的部分，與蘇聯儘速達成某些協議，則當時廣大西北地區需求甚殷的大宗民生物資，正可藉由蘇聯進口而獲得紓解，將有助於挽救新疆省極為惡劣的財經狀況，並可暫時抵擋解放軍進逼，以繼續維持西北地區的小康局面。馬步芳甚至敦促國民黨政府採取彈性政策，將這項談判視為「地方性」問題，授權西北軍政當局獨自與蘇方協議。[45]

馬步芳除了向李宗仁爭取對新疆談判的主導權之外，同時亦堅決反對廣州當局準備抽調八萬名駐新疆國府部隊投入國共內戰的構想。當時政壇上即有傳聞，李宗仁、孫科與閻錫山等人，有意以與蘇聯展開新疆經貿談判作為掩護，大舉調動駐新疆的國府部隊至內地作戰，力挽狂瀾。一九四九年六、七月間，此構想隨著國府軍在華中與華南地區的戰情急速惡化，再度被廣州高層提出。李宗仁與閻錫山皆曾急電新疆警備總司令陶峙岳，把儲藏於迪化軍官訓練班的大批武器火速運往內地，並指示立即將新疆部隊東調，參加內戰。[46]然而國府此一策略卻引起西北軍政長官公署強烈反對，馬步芳認為當時最要緊的任務不應是將西北地區部隊調往內地，而是如何利用較為務實的對蘇外交談判，改善新疆的經貿狀況，並以駐守新疆的國府部隊作為有力後盾，繼續維持整個大西北地區的相對穩定。[47]由於馬步芳的立場異常堅決，最後竟迫使廣州國民黨政府不得不妥協讓步，行政院長閻錫山除了授權西北軍政長官公署指示新疆省政府，可爭取對西北地區較為有利的貿易通商部分，先行與蘇聯達成協議；此外還明確向馬步芳表示，將不會下令抽調駐新疆國府部隊，藉以增加西北當局對蘇談判時的籌碼。[48]

向來以反共立場稱著的馬步芳，在一九四九年國民黨政府危急存亡之秋，一方面拒絕與廣州在對中共作戰部署上充分配合；另一方面又希望藉由對蘇聯談判妥協以保有大西北地區，其立場不無受到美國方面相當程度之鼓勵與支持。而美方對馬步芳的倚重，在張治中決定投入共產黨陣營之後，變得更加明顯；當時美國駐迪化領事館的機密報告中即揭示，華府極擔心張治中會運用其政治上的影響力，游說他在西北地區的舊部加入共產黨。馬步芳接掌西北軍政長官公署，雖然讓美國寬心不少，然而此刻美國派駐新疆的第一線外交與情報人員，似乎已對整個西北地區大多數漢族官員失去了信心，此刻仍堅守迪化外交據點的美國領事包懋勳與副領事馬克南，更把馬步芳視為美方在中國西部邊疆地區唯一可以依賴與聯繫的對象。[49]

西北地區情勢逆轉與美國未曾實現的祕密行動

回顧歷史，美方自國共內戰晚期起，對中國西部邊疆少數民族軍政人物所提出的援助方案，因為時

45「西北軍政長官公署致外交部」（一九四九年六月十二日）；「馬步芳致葉公超」（一九四九年六月十三日）；〈新疆問題〉，《外交部檔案》，檔號119/5；NARA, RG 59, 893.00 Sinkiang/6-349, U. S. Consulate (Tihwa) to State Department, June 3, 1949.

46 靳軍廉，〈新疆「九・二五」起義——陶峙岳率新疆國民黨軍起義紀實〉，收錄於《百萬國民黨軍起義投誠紀實》，上冊，頁五八四—五九三。

47「馬步芳致外交部」（一九四九年六月十二日）；「外交部呈行政院密函」（一九四九年六月十七日），〈新疆問題〉，《外交部檔案》，檔號119/5；NARA, RG 59, 893.00 Sinkiang/7-2949, U. S. Consulate (Tihwa) to State Department, July 29, 1949.

48 外交部呈閻錫山密函」（一九四九年六月二十二日）；「閻錫山致馬步芳」（一九四九年六月二十五日），〈新疆問題〉，《外交部檔案》，檔號119/5。

49 NARA, RG 59, 893.00 Sinkiang/6-349, Paxton to State Department, June 3, 1949; 693.0031/7-849, Confidential report from U. S. Consulate (Tihwa) to State Department, July 8, 1949.

間倉促，以及國共內戰局勢急轉直下，最終不免面臨失敗的命運。一九四九年夏天，大西北地區同時有三股主要勢力，正迫切地等待美國祕密援助的到來，包括德王所主持的定遠營「蒙古自治政府」、北疆地區烏斯滿所領導的哈薩克族游擊隊，以及馬步芳位於蘭州的西北軍政長官公署。八月中旬，美國國務院與軍方部門臨時決定把掛名在聯合國善後救濟總署援華計畫名目下的軍事與民生物資，由陳納德負責全數交付給當時聲勢最壯大、政軍職位最高、且看似最有希望與解放軍部隊一搏的馬步芳，由於這批新的美援物資被運往西北，廣州國府在九月間還曾擬定一波新的軍事計畫，準備以武力鞏固青、康、藏邊區。[50] 美援物資的到來雖然一時鼓舞了馬步芳，卻也導致德王所領導的蒙古自治政府因得不到美方的垂愛而人心潰散，遂於九月二十日匆匆宣告解體，眾人紛作鳥獸散。[51]

不過，美援物資的到來仍無法扭轉馬步芳與馬鴻逵、胡宗南等其他國民黨部隊之間相互猜疑

西寧失守後，馬步芳飛抵重慶面見蔣介石，蔣經國前往接機。

且士氣不振的頹勢。八月二十六日，蘭州被解放軍攻下，短短五天後，馬步芳在西寧的據點也失守，他在陳納德協助下，於最後一刻倉皇搭乘運輸機逃離青海，先飛往重慶，再經廣州逃往香港，而甫運抵蘭州的聯合國善後救濟總署物資，則全數被彭德懷的解放軍部隊接收。[52]在迪化，以新疆省主席包爾漢、省政府祕書長劉孟純、警備總司令陶峙岳為首的「主和派」，也和國軍騎五軍軍長馬呈祥、胡宗南部所屬第七十八師師長葉成、第一七九旅旅長羅恕人等「主戰派」，進行激烈的角力，最後，掌握省政府的主和派於九月二十五日宣布效忠毛澤東與共產黨，馬呈祥與羅恕人等在最後一刻決定放棄抵抗，經由南疆輾轉進入喀什米爾，多數人最後選擇前往台灣。[53]

馬步芳部隊在西北戰場上如此不堪一擊，以及整個新疆省竟然在如此平順的情況下就易幟，讓華府與美國駐迪化的外交人員感到措手不及，美國軍方原本還盤算著中國西部地區能夠有效抵擋解放軍一段時間，如今期望不但落空，更促使華府不得不重新思考美國在中國與整個歐亞大陸的冷戰布局。一九四九年八月底，美方設在迪化的原子彈偵測器，初步偵查到蘇聯似乎已在中亞成功試爆首枚原子彈的跡象，此消息不久後獲得華府與英國情報單位證實。在理解到美國已經無法繼續壟斷核武，並且利用核武

50「蒙藏委員會對藏軍事部署綱要」，附於「蒙藏委員會呈行政院密函」（一九四九年九月二十四日），〈西藏政府勒令中央駐拉薩人員離境案〉，《外交部檔案》，檔號019/42。

51 Jagchid, The Last Mongol Prince, pp. 410, 420-421.

52 NARA, RG 59, 893.00 Sinkiang/8-3149, Mackiernan to State Department, August 31, 1949; Laird, Into Tibet, p. 102; 侯志民，〈走向新生——馬步芳殘部投誠紀實〉，收錄於《百萬國民黨軍起義投誠紀實》，上冊，頁五二一—五四一。

53 陶峙岳，〈導致新疆和平解放的歷程〉，收錄於《新疆文史資料選輯》，第四輯（一九七九年八月），頁一—一〇；王孟揚，〈新疆起義前後的馬呈祥〉，同前書，頁五二—六六。

與蘇聯進行相互毀滅性對抗之後，美國中央情報局奉杜魯門總統之命，重新評估中華人民共和國成立後，西部邊疆地區情勢的可能走向，以及美方繼續祕密援助該地區少數民族從事游擊戰的可行性。[54]十月三十一日，杜魯門接受軍方的建議，決定從軍事援助方案中優先撥出三千萬美元，投入中國邊疆地區的反共活動。然而由於整個西北地區的情況並不明朗，讓美方徒有經費，卻無法透過合適管道，將武器等物資順利運交至願意與美國合作的少數民族軍政人物與團體手中。[55]

在新疆省政府宣布投共前夕，迪化市區已開始出現不少反西方、反帝國主義的宣傳與示威活動，英、美兩國政府為了避免意外，於八月中旬先後關閉駐迪化領事館，並著手撤離當地外交人員與眷屬。[56]另一方面，美國駐迪化副領事馬克南，以及甫自定遠營前來會合的貝賽克，在決定撤離新疆前夕，仍不放棄聯繫當地少數民族反共武裝游擊勢力，為美國在中亞

馬克南（中）與同僚準備越過青藏高原。

地區的冷戰部署做最後的努力。根據現有的解密文件顯示，馬克南、貝賽克，以及數名美國駐迪化領事館所收買僱用的白俄隨扈，於一九四九年的十一月至一九五〇年三月間，曾攜帶無線電報機與黃金，先後在北塔山區的巴里坤湖、塔克拉瑪干沙漠的綠洲地區，以及青海柴達木盆地格孜庫勒湖畔的鐵木里克等地活動，與烏斯滿、賈尼木汗、牙巴孜汗、哈力別克、胡賽因台吉等少數民族人物會面，最後一行人跨越青藏邊界的崑崙山，往拉薩方向撤退。[57]

包爾漢在其回憶錄裡堅稱，馬克南、貝賽克等人與這些少數民族首領祕密接觸的目的，在於鼓動該地區少數民族進行武裝抗爭，他並具體指出，馬克南主導策劃分別由賈尼木汗負責昌吉、呼圖壁地區，哈力別克負責迪化南山地區，烏斯滿負責吉木薩與奇台一帶的反共游擊抗爭。[58]就在馬克南一行準備跨越青藏邊境的同時，新疆地區出現一連串哈薩克族武裝革命運動，箇中的微妙關聯，頗堪玩味。一九五〇年三月，賈尼木汗與烏斯滿在巴里坤湖宣布建立自治政府，兩人分任主席與總司令，領導一萬五千名

---

54 CIA Research Report, ORE 76-49, "Survival Potential of Residual Non-Communist Regimes in China," issued on October 19, 1949, in CIA Research Reports: China: 1946-1976, reel 1.

55 NARA, RG 218, Records of the Joint Chiefs of Staff, Geographic File, 1948-50, Box 15, Memorandum by the Joint Chiefs of Staff, October 1949; RG 59, General Records of the Office of the Executive Secretariat, Box 1, Memorandum of conversation between President Truman and Acting Secretary of State James E. Webb, October 31, 1949.

56 NARA, RG 59, 893.00 Sinkiang/8-1249, Paxton to State Department, August 12, 1949; 893.00 Sinkiang/8-3149, Mackiernan to State Department, August 31, 1949.

57 NARA, RG 59, 793B.00/9-2150, Journey Log by Douglas Mackiernan and Frank Bessac, dated September 21, 1950; 611.93B/9-2150, Frank Bessac's statement, dated September 21, 1950.

58 包爾漢，《新疆五十年》（北京：文史資料出版社，一九八四），頁三四九—三五一。

哈薩克族人，與中共進行長達一年的武裝對抗。[59]四月間，牙巴孜汗則率領另一支總數約三千名的哈薩克族武裝部隊，結合哈力別克，從東疆的哈密地區經南疆、青海進入西藏境內，一路上與中共解放軍部隊進行了將近半年的游擊戰。烏斯滿與賈尼木汗於一九五一年二月遭中共當局逮捕後處死，牙巴孜汗則經西藏逃往台灣，後來被蔣介石任命為有名無實的新疆省政府主席。[60]

儘管有馬克南、貝賽克等人在中國西部邊疆地區從事打游擊式的布線活動，然而遠在華府的美國政府各部門之間，對於如何持續支持與推動該地區的反共運動，卻遲遲未有全盤對策，而在一九五〇年初開始蔓延整個美國政壇的「麥卡錫主義」白色恐怖氛圍，更造成美國國務院與軍事部門之間的嚴重隔閡，影響所及，甚至奪走了美國外交情報人員的性命。一九五〇年二月間，馬克南等一行人，從青海柴達木盆地往南進入藏北高原，早在一九四九年十二月間，當馬克南決定撤離新疆時，就曾利用隨身攜帶的無線電裝備，拍發電報給美國軍方，請求國務院設法知會拉薩的噶廈政府，准許其一行人進入西藏，然而因為某些至今尚未能夠完全釐清的因素，美國國務院遲至一九五〇年四月初，才將馬克南準備進入西藏的消息，透過美國駐印度大使館轉告拉薩，等到獲知此訊息的噶廈政府緊急派員告知駐守在青藏邊界的西藏邊防官員時，馬克南已於四月二十九日在藏北高原一處叫做雪噶洪朗的關卡，遭到當地藏兵以「不明人士企圖越界」為由，槍殺身亡。[61]馬克南遭誤殺之後兩天，來自拉薩的信差才抵達雪噶洪朗，此刻仍遭邊防藏兵扣留的貝賽克與其他三名白俄隨員，才被護送至拉薩，西藏政府隨後向美方表示遺憾與歉意。當時美國駐印度大使館曾建議華府善用此意外事件，派遣特使前往拉薩，與藏方討論祕密合作事宜，然而國務院擔心此舉反而給予解放軍加速推進西藏的理由，故未予同意。[62]

一九五〇年六月韓戰爆發後，亞洲地區也成了東西方冷戰對抗下的「熱點」。華府高層體認到圍堵共產主義的重要性與急迫感，決定一改長久以來對於西藏政治地位與中國政府對西藏擁有完整主權的傳統立場，準備公開介入西藏事務，積極援助拉薩當局對抗中共。然而美國此刻所面臨的最大難題，在於無法說服當時亟欲與北京交好的印度總理尼赫魯（Jawaharla Nehru），就援助西藏事宜與美方充分合作。尼赫魯堅決反對美國插手西藏事務，只同意藏方派遣軍官前往江孜，由印度軍方執行代訓工作。[63]華府迫於無奈，對西藏的反共部署僅空有理論而無具體方案，只能繼續依循先前在中國西北地區打游擊的模式進行。一九五〇年八月間，鑑於美國物資無法借道印度運往西藏，當時仍在拉薩的貝賽克向西藏外交局提議，拉薩應積極和新疆、青海境內的各哈薩克部族進行軍事情報交流合作，以有效掌握解放軍在西部地區的最新狀況。[64]此外，美國駐印度大使館則積極拉攏並收買西康的地方勢力，強化藏東外圍地區抵禦共軍的能力，當時在康藏一帶政經勢力龐大且具有武裝力量的潘達昌家族，即是美方暗中積極

59 FO 371/92207 FC1016/1, British Embassy (Peking) to Foreign Office, November 15, 1950; Godfrey Lias, Kazak Exodus (London: Evans Brothers Ltd., 1956), pp.154-159, 172-175.

60 FO 371/92207 FC1016/3, “Record of interview with General Yolbas Beg, former Governor of Hami in Sinkiang, at New Delhi,” April 3, 1951; Lias, Kazak Exodus, chapters VII, IX, X and XI.

61 NARA, RG 59, 793B.00/9-2150, Journey Log by Mackiernan and Bessac, dated September 21, 1950; 793B.00/8-750, Nepalese source entitled “Latest News from Tibet,” dated August 7, 1950; 891.411/8-251, William G. Gibson (U. S. Consul in Calcutta) to State Department, August 2, 1951.

62 John Kenneth Knaus, *Orphans of the Cold War: America and Tibetan Struggle for Survival* (New York: Public Affairs, 1999), pp. 57-62.

63 NARA, RG 59, 793B.00/1-1050, U. S. Embassy in India to State Department, January 10, 1950; 793B.00/7-1550, U. S. Embassy in India to State Department, top secret, July 15, 1950; State Department to U. S. Embassy in India, top secret, July 22, 1950.

64 NARA, RG 59, 793B.56/9-150, Memorandum enclosed by the U. S. Embassy in India to State Department, top secret, September 1, 1950; 611.93B/9-2150, Bessac’s statement on his relations with the Tibetan Foreign Bureau, dated September 21, 1950.

爭取的主要對象，旅居康定多年的英國傳教士派特森（George Patterson），則在美方與西康人士之間扮演居間聯繫的角色。[65]

儘管如此，此時軍事力量極端薄弱的噶廈政府，終究無法單獨對抗解放軍的強大勢力，而利用康區地方武力抵擋解放軍的想法，也不過是美國的一廂情願。一九五〇年十月，解放軍攻占藏東地區軍事重鎮昌都，十四世達賴喇嘛聞訊逃往印藏邊界的亞東，並積極向聯合國尋求援助。西方各國評估，西藏控訴中共入侵領土的提案，不可能獲得聯合國多數會員國同意，決定不予公開支持，十四世達賴別無選擇，不得不同意與北京方面展開談判。[66]另一方面，美方因無法取得印度政府的合作承諾，也於一九五一年初放棄直接以軍火援助西藏的構想，美國國務院不得不向其派駐於東南亞各國的使領館承認，華府自第二次世界大戰結束後在中國西部邊疆地區所推動的冷戰布局，已面臨全盤挫敗，必須徹底檢討。[67]

一九五一年五月，西藏代表在北京與中共簽署《十七點協議》，中華人民共和國在西藏的主權，至此有了法理上的依據。華府面對此一局勢演變，決定改弦易張，透過美國駐印度外交人員努力說服當時停留在亞東的十四世達賴出走西藏，流亡海外。當時美方在未先知會印度政府的情況下，向達賴提出以下條件：重新同意支持西藏在聯合國提案；在可能的情況下設法對西藏提供軍事援助；派遣密使前往印藏邊界與達賴喇嘛的親信聯繫；承認十四世達賴喇嘛為尊貴的宗教領袖與西藏自主國元首；在印度與錫蘭（今斯里蘭卡）拒絕提供政治庇護時，收容達賴喇嘛與他的流亡政府。[68]然而此刻達賴與其親信幕僚並無法清楚確知印度政府是否真的願意提供政治庇護，同時也無法了解華府是否真有誠意實現其承諾，以及實現至何種程度，加上當時西藏內部政、教與貴族等各股不同勢力皆要求達賴留在西藏，這些因素最後促使他決定返回拉薩。隨著馬步芳、德王、烏斯滿等勢力潰散、美國駐迪化外交與情報人員撤離、新疆與青海境內各股反共游擊勢力瓦解，以及達賴喇嘛決定接受《十七點協議》並回到拉薩，美國自一九四〇年代晚期起在中國西部邊疆地區所進行的一連串祕密活動，至此也暫告一個段落。一直要等到一九五六年以後，以中央情報局為首的祕密援助藏人行動，才又悄悄地恢復。

65 FO 371/84450 FT1201/1, Foreign Office minute, September 12, 1950.

66 Melvyn C, Goldstein, *A History of Modern Tibet, 1913-1951: The Demise of the Lamaist State* (Berkeley: University of California Press, 1989), pp. 698-772; Tsering Shakya, *The Dragon in the Land of Snows: A History of Modern Tibet Since 1947* (New York: Penguin Books, 1999), pp. 52-91.

67 NARA, RG 59, 793.00/12-2750, Dean Acheson (Secretary of State) to certain diplomatic and consular offices in Taipei, Rangoon, Saigon, Bangkok, Hong Kong and Hanoi, dated December 27, 1950; RG 59, Records of the Bureau of Intelligence and Research, INR-NIE Files, NIE-10, State Department memorandum entitled "Communist China," January 17, 1951.

68 NARA, RG 59, 793B.00/5-2951, Loyd V. Steere (U. S. Chargé in India) to Acheson, May 29, 1951; 793B.00/6-1551, State Department's instructions to U. S. Embassy in India, June 15, 1951; 611.93B/6-2851, E. M. Wilson (U. S. Consul-General in Calcutta) to State Department, June 28, 1951.

第二章

蔣介石與韓戰關係探源

一九五〇年六月二十五日，朝鮮半島爆發大規模戰事，美國總統杜魯門一改原先對蔣介石與國民黨政府所採取的「袖手旁觀」政策，宣布實施台灣海峽中立化政策，並下令美國太平洋第七艦隊協防台灣海峽，這讓當時已遷往台灣、處於風雨飄搖中的國民黨政府得以轉危為安。韓戰也成為以美、蘇為首的全球冷戰對抗格局出現後，國際間所發生的第一場大規模熱戰。

全球冷戰對抗開始後爆發的首次軍事衝突，並未如預期般出現在當時局勢最為緊繃的柏林、希臘、土耳其，或者中東的伊朗，反而發生在東亞地區，在一塊直到一九五〇年初為止都未曾被美國官方正式劃入其亞太戰略防禦線之內的分裂土地上，著實讓美方決策者與國際觀察家大感意外。當韓戰的消息傳到美國時，毫無心理準備的杜魯門總統，正在故鄉——美國中西部密蘇里州——的私人農場裡度假，而國務卿艾奇遜（Dean Acheson）則是在他位於馬里蘭州的自宅裡整理花草時，收到國務院緊急傳來朝鮮戰事爆發的消息。[1]

無庸置疑，韓戰的爆發，對蔣介石與國民黨的政治命運，亦產生深遠影響。蔣介石因國共內戰挫敗而在一九四九年十二月退守台灣海島一隅，此後終其一生未曾再踏足中國大陸，這讓他註定無法在此後全球冷戰對抗的大舞台上，扮演著如毛澤東、史達林、赫魯雪夫（Nikita Khrushchev）、艾森豪（Dwight D. Eisenhower）與甘迺迪（John F. Kennedy）等國際強權領導人般的樞紐地位。然而身為一九四九年以前的中國最高領導人，當國際間尚鮮有人真正關注朝鮮問題時，蔣介石對於在華朝鮮獨立運動的支持與運用，實已在日後朝鮮半島政局的發展裡扮演了關鍵地位。從較長遠的歷史角度觀之，一九四八年以前的朝鮮獨立運動，以及其所衍生的諸多複雜問題，又與一九五〇年爆發的韓戰，有著互為因果的關聯。而韓戰的爆發，以及台灣所處的東亞樞紐之地緣戰略位置，更牽動著一九四九年後的台灣對外關係，與其在亞太冷戰場域中的地位。

本章回顧了蔣介石與國民政府如何處理近代朝鮮問題，進而對蔣介石如何巧妙利用不同階段的朝鮮議題，來達成政治、軍事與外交上之目的，提出新的觀察與詮釋。

中國援助朝鮮獨立運動溯源

一九一〇年日本併吞朝鮮後，即不斷強化對反日的朝鮮革命勢力之打擊與鎮壓；翌年，辛亥革命爆發，由孫中山領導的革命運動推翻了滿清統治，此後朝鮮獨立運動人士來華者日眾。一九一九年三月一日，漢城爆發大規模反日獨立示威運動——三一運動，旅居上海的韓籍革命人士因而決定成立臨時政府，以推動朝鮮半島境內與海外之獨立革命事宜。同年四月八日，旅居中國的韓籍人士召開第一屆臨時議政院會議，正式議定國號為「大韓民國」，並選出臨時政府國務總理李承晚、外務總長金奎植、財務總長崔東亨、交通總長申錫雨、軍務總長李東輝、國務院祕書長趙素昂等；四月十七日，此一臨時政府在上海法國租界區裡開始運作，成為近代朝鮮反日獨立運動的重要分水嶺。[2]

自一九二〇年代起，當國民黨於廣東努力推動北伐運動時，其對韓國獨立運動的關注，即未曾間斷。一九二五年，時任廣州黃埔軍校校長的蔣介石，認為中國革命的目標既在於打倒帝國主義，國民黨

1 Christopher Andrew, *For the President's Eyes Only: Secret Intelligence and the American Presidency from Washington to Bush* (New York: HarperPerennial, 1996), pp. 184-185.

2 祝曙光，〈大韓民國臨時政府為何以上海為駐地〉，收錄於石源華主編，《韓國獨立運動研究新探——紀念大韓民國臨時政府創建九十週年》（北京：社會科學文獻出版社，二〇〇九），頁一四八—一五八。

理所當然應聯合全世界被壓迫之弱小民族，共同奮鬥、對抗殖民統治，因此開始在他主持的黃埔軍校招收一批為數可觀的韓籍學生，施以軍事訓練。為了避免來自日本的抗議，這些學生多以中國化名入學，畢業後則大多數留在國民革命軍中擔任軍官，也有部分學生畢業後自行離去，前往朝鮮半島或中國東北，直接從事抗日獨立運動。[3]

一九二七年四月間，國民黨內部因「容共」爭議而發生「寧漢分裂」，時任國民革命軍總司令的蔣介石，以當時位於武漢的國民政府受到左派與共黨分子控制為由，在南京另組新國民政府，此刻全中國的內地省分已逐漸被國民革命軍統一。為了進一步掃除張作霖的東北軍勢力，同年八月間，南京國民政府曾密派代表前往吉林，與當地韓籍革命分子商討合作共同發展游擊武力等事宜，並決定由南京方面提供軍費四百萬元法幣，此游擊力量最後雖因張作霖的阻撓而未能成功，然而這次聯繫也首開國民政府扶植韓人組織革命武力之先河。[4]

一九三一年日本關東軍侵略中國東北的九一八事變發生後，全中國上下充滿強烈的反日情緒，國民政府援助朝鮮獨立運動也進入新的階段，原先在東北各地進行地下抗日活動的朝鮮獨立軍，開始與當地的中國抗日義勇軍如馬占山、丁超、李杜等人合作，組織中韓抗日聯軍，展開對日游擊作戰。[5]與此同時，南京國民政府內部也透過兩股不同的系統援助在華韓籍人士。一是以陳果夫為首的中國國民黨中央組織部，其聯繫與支援的對象以時任大韓民國臨時政府國務總理的金九與國務委員李東寧為主，陳果夫不但在財政上大力支持金九，自一九三二年起還提供專用電台，讓金九勢力協助國府代為蒐集有關日本的軍事情報；國民黨中

金九

央組織部每月補助金九五千元法幣，同時還設立中央軍官學校洛陽分校軍官訓練班，作為金九及其勢力訓練與培養韓籍軍官的大本營。該分校前後在北京、上海與南京等地招收百餘名韓籍青年入學，由金九的親信李青天、李範奭擔任教官。[6]

國民政府當時另一個援韓系統為軍事委員會，其聯繫對象以一九二〇年代曾就讀於廣州黃埔軍校的韓籍生為主，其中又以金元鳳（金若山）為核心人物；九一八事變發生後，當時在中國東北組織反日運動的金元鳳，特地趕赴南京面謁蔣介石，提出《中韓合作反日倒滿》建議書，主張以較為激進的手段對抗在中國與朝鮮半島的日本勢力。蔣當時顧忌國際局勢與日本的反應，將此案密交軍事委員會負責，因此自一九三二年秋天起，軍委會不但開始在財政上支持金元鳳活動，還在南京近郊湯山的軍委會幹訓班內，開辦「朝鮮革命幹部訓練隊」，由何應欽主持，該訓練課程先後培養了數百名韓籍軍事幹部，這些軍事幹部隨後曾祕密前往被日本占領的中國東北與朝鮮半島從事敵後工作。一九三五年夏天，隨著華北局勢日趨緊張，金元鳳在南京宣布成立「朝鮮民族革命黨」，倡言集中全民族革命力量，打倒日倭、爭取民族的自由獨立，該黨初創即有成員近

金元鳳

3　胡春惠，《韓國獨立運動在中國》（台北：「中華民國」史料研究中心，一九七六），頁四三—四四。

4　同上，頁四五—四六。

5　石源華，《韓國獨立運動與中國關係論集（上）》（北京：民族出版社，二〇〇九），頁二四—二五。

6　Kim Ku (translated by Jongsoo Lee), *Paekpŏm Ilchi: The Autobiography of Kim Ku* (Lanham, MD: University Press of America, 2000), pp. 247-250；沐濤、孫志科，《大韓民國臨時政府在中國》（上海：上海人民出版社，一九九二），頁一四八—一四九。

七百人，成為當時在華朝鮮獨立運動的第一大黨。[7]

除了如上兩大系統之外，一九三〇年代初期中國境內其他有別於國民政府的政治勢力，也曾對韓人提供具體支持。譬如與蔣介石處於對立面的兩廣「西南政務委員會」，曾對華南一帶的抗日朝鮮志士提供金錢援助；鄒魯主持的廣州中山大學，在九一八事變後也大批招收韓籍青年，以公費培養韓籍復國人才。[8]值得注意的是，日軍侵略中國東北，也促使一批韓籍共產主義者加入中國共產黨；早在一九二五年四月間，「朝鮮共產黨」即在漢城祕密成立，領導人為金永奉和朴憲永，然而該黨成立三年後，就因為日本嚴厲打壓與內部派系鬥爭而於一九二八年解散；此後，由於共產國際提出「一國一黨」原則，許多流亡中國東北的韓籍共產黨員未能再組建新的政黨。九一八事變後，大批東北境內韓籍人士選擇加入中國共產黨，其中也包括金日成，這些人積極與當地的中共滿洲省委合作，組織抗日游擊隊，到了盧溝橋事變前夕，東北地區的韓籍抗日武裝力量，已超過兩千人，成為日後中共「東北抗日聯軍」的重要構成部分。[9]

一九三七年夏天，盧溝橋事變爆發，開啟中國對日全面抗戰之勢，對當時在華韓籍人士而言，此事有兩種重要意義：一是日後中國將不再受到任何來自東京的外交壓力與限制，可以更公開地援助韓籍人士進行反日運動；二是朝鮮半島的獨立運動，未來將更以中國為主要依靠對象。然而另一方面，隨著對日抗戰爆發，當時在華韓籍人士也更加形成以金九與金元鳳為主軸的兩大勢力，彼此頗有相互較勁、互爭鞏固在華力量與地盤之勢。一九三七年八月間，金九首先在南京召開「韓國光復運動團體聯合會」，將九個海內外韓人團體結合起來，以壯大其所主持的韓國臨時政府。此後，因應中國對日抗戰局勢之演變，此臨時政府經由長沙、廣州、佛山、柳州、綦江等地，於一九四〇年九月遷往四川重慶。[10]以金元鳳為首的朝鮮民族革命黨人，則在一九三七年十二月間於漢口發表《朝鮮民族戰線聯盟成立宣言》，正式樹起左翼黨派的標誌，與金九勢力分庭抗禮。[11]與此同時，與軍事委員會關係深厚的金元鳳，派遣八十三名韓籍青年前往江西的國民政府中央軍校星子分校，接受軍事專業訓練；翌年七月，金元鳳進一步向軍委會提議籌組「朝鮮義勇隊」，以如上八十三名韓籍軍官為骨幹，招募在華韓人參加對日抗戰，並爭取朝鮮民族獨立與解放，此構想獲得蔣介石首肯，並指示軍委會政治部部長陳誠辦理。同年十月間，朝鮮義勇隊正式成立，隸屬於軍委會政治部的戰地工作隊。[12]

對日抗戰初期，蔣介石曾分別召見金九與金元鳳，鼓勵當時存在於中國領土內的左、右兩派朝鮮獨立運動勢力一致團結、攜手合作。然而整體而言，國民政府此時自顧不暇，對這兩股在華韓人勢力之間的歧異，並未特別介入或斡旋，而是任憑其各自發展。一九三八至一九四〇年間，左派的朝鮮義勇隊所屬三個支隊，不但與國民黨部隊在中國戰場上合作抗日，還在桂林、宜昌與洛陽等地成立通訊處，積極吸收在華韓籍青年，到了一九四〇年，朝鮮義勇隊人數從初創的一百二十餘人，發展至三百餘人。[13]一

7 石源華，《韓國獨立運動與中國關係論集（上）》，頁二九九—三〇三。

8 胡春惠，《韓國獨立運動在中國》，頁五三—五四。

9 石源華，《韓國獨立運動與中國關係論集（上）》，頁五九—七五；Harold Hak-won Sunoo, *Korea: A Political History in Modern Times* (Columbia, MO: Korean-American Cultural Foundation, 1970), pp. 230-251。

10 Kim Ku, *Paekpŏm Ilchi*, pp. 263-268.

11 韓相禱，〈朝鮮民族革命黨和三十年代後期協同戰線運動〉，收錄於金健人主編，《韓國獨立運動研究》（北京：學苑出版社，一九九九），頁一四二—一五二。

12 馬長林，〈朝鮮義勇隊的產生與發展〉，收錄於石源華主編，《韓國獨立運動研究新探——紀念大韓民國臨時政府創建九十週年》，頁三八五—三九四。

13 崔鳳春，〈朝鮮義勇隊內部黨派及組織系統沿革〉，收錄於石源華主編，《韓國獨立運動研究新探——紀念大韓民國臨時政府創建九

九四〇年春天，當金九所領導的韓國臨時政府也向蔣介石請求允許其成立一支「韓國光復軍」時，國府高層雖頗有顧慮，但最後仍勉強同意此一要求，以盡可能滿足韓人之希望。[14]該年九月十七日，韓國光復軍總司令部於重慶正式成立，由李青天任總司令，李範奭任參謀長，下轄四個支隊。至此，戰時中國境內兩派互相對立的朝鮮獨立運動組織，同時也各自擁有象徵性的軍事力量，但彼此之間攻訐與角力，未曾間斷。譬如金元鳳即曾大力抨擊金九所謂「韓國光復軍為韓國國軍」的說法毫無基礎，且缺乏積極的革命意義，金九則對金元鳳所領導的朝鮮義勇隊同樣感到鄙夷。[15]

一九四一年秋天，金元鳳領導的朝鮮民族革命黨與金九領導的韓國臨時政府，利用所轄之朝鮮義勇隊與韓國光復軍進行政治鬥爭，達到最高點，讓蔣介石幾乎無法容忍。十月三十日，蔣指示參謀總長何應欽著手整頓兩支武力，將朝鮮義勇隊與韓國光復軍同時改隸軍事委員會，由國民政府統一掌握運用。十一月十三日，國府正式函令韓國光復軍，在中國領土活動期間，受軍事委員會統轄指揮，一切糧餉配備也由軍委會直接補給。此外，為進一步掌控光復軍，軍委會也頒布《韓國光復軍行動準則九條》，決定調派中國軍官出任光復軍參謀長與各處處長職務，副參謀長與各單位副職則由韓人出任。[16]國府接著向金元鳳與其所轄之朝鮮義勇隊施壓，要求其與韓國光復軍合併，金元鳳對此強烈抗拒，並向國府提出組編新的「朝鮮民族革命軍」構想，但未獲接受。金元鳳迫不得已，於一九四二年五月間勉強同意將朝鮮義勇隊併入韓國光復軍，並答允屈居光復軍副總司令地位，自此喪失獨立指揮部隊的實權。根據當時處理國民政府朝鮮事務、日後擔任中國駐韓國大使邵毓麟的回憶，金元鳳為此對蔣介石悻悻不平，怨恨極深，甚至因此種下他在戰後投奔北朝鮮共產黨政權的遠因。[17]

一九四一年十二月七日，日本偷襲珍珠港，中、美、英、蘇成為戰時同盟，對抗日本、德國與意大利等軸心國，蔣介石處理近代朝鮮問題，也進入新的分水嶺。珍珠港事變發生後第三天，在國民政府高層巨大壓力下，金元鳳發表一紙聲明，稱為了團結在華韓人共同抗日，他同意參加韓國臨時政府，此舉至少達成在華韓人表面上的團結與統一。[18]然而隨著對日抗戰進入新的階段，蔣介石顯然也開始盤算，如何擴大運用韓人的政治與軍事力量來打擊日本，他一方面透過輿論媒體，開始向國際間釋放中國將在戰後協助朝鮮脫離日本獲得獨立自主的訊息，提高韓籍人士的民心士氣；另一方面卻進一步著手強化國民政府對在華韓人勢力的掌控。一九四二年三月間，國府立法院長孫科在重慶大談中國不但主張韓國應當獨立，還要大力援助促成韓國獨立，並稱中國對朝鮮半島絕無任何領土野心，此番談話引來國內外輿論對於國民政府朝鮮政策寬大為懷的正面評價。[19]然而就在同時，蔣介石也任命國民黨陸軍中將尹呈輔為韓國光復軍參謀長，以增強對這支武力的掌握，國府也開始實施稍早所頒布的《韓國光復軍行動準則九條》，規定對日抗戰期間，光復軍除了中國最高統帥部之軍令外，不得接受其他任何軍令；其在中國各戰區之活動，都由各戰區內中方軍事長官節制；光復軍一切餉械補給與指揮命令之下達等，也由軍事

十週年》，頁三九五—四一四。

14 Kim Ku, *Paekpŏm Ilchi*, pp. 280-281; Xiaoyuan Liu, *A Partnership for Disorder: China, the United States, and their Policies for the Postwar Disposition of the Japanese Empire, 1941-1945* (Cambridge: Cambridge University Press, 1996), pp. 87-90.

15 胡春惠，《韓國獨立運動在中國》，頁一六五—一六六。

16 中央研究院近代史研究所編印，《國民政府與韓國獨立運動史料》（台北：中央研究院近代史研究所，一九八八），頁三三五—三四二。

17 邵毓麟，《使韓回憶錄》（台北：傳記文學出版社，一九八〇），頁三三。

18 Sunoo, *Korea*, pp. 300-302; Kim Ku, *Paekpŏm Ilchi*, pp. 282-283.

19 Sumner Welles (Under Secretary of State) to Clarence Gauss (U. S. Ambassador to China), March 25, 1942, in FRUS, 1942: China, pp. 868-869.

委員會直接統籌負責。金九企盼國府能夠允許他保有對韓籍人士的委派或撤銷之權，也遭到國府拒絕。[20]

蔣介石對外展現寬大為懷、積極協助朝鮮獨立，對內卻想進一步牢固掌控在華韓人軍政行動，這種兩面手法，很快就引起當時在華韓國各黨派人士不滿，並成為各黨派攻擊金九所領導之韓國臨時政府「媚外」之口實。金九在各方壓力下，不得不於一九四三年二月間，向國民政府外交部提出改善光復軍待遇的要求。抗戰時期國民政府與朝鮮獨立運動勢力之間的關係，自此蒙上一層不愉快的陰影。[21]

蔣介石於抗戰期間處理朝鮮問題的態度，在高唱亞洲民族自決、堅決扶持韓人戰後脫離日本獨立的表象下，實帶有極為濃厚的機會主義與務實主義色彩。一九四二年春天，當重慶高層開始倡言扶持朝鮮獨立、並有意率先承認韓國臨時政府法理地位之際，美國政府的態度卻頗為保留。羅斯福（Franklin D. Roosevelt）總統認為朝鮮問題應與印度問題一同解決，而當時鑑於英國對印度的未來地位尚未形成具體政策，因此美方認定朝鮮問題也應當從長計議。蔣介石知悉美方立場後，並未利用當時中國身為戰時同盟國一員、牽制百萬日本大軍的優勢立場，進一步爭取盟邦對韓國臨時政府採取更為寬大與支持的態度，反而從善如流，決定擱置此案。直至一九四五年八月間日本宣布無條件投降為止，國民政府對近在咫尺、且自一九一九年以來即接受國府援助之韓國臨時政府，從未給予正式的名分與承認。[22]

儘管羅斯福總統對於朝鮮獨立議題並不熱中，然而華府對於運用中國境內韓人武裝力量來牽制日軍的構想，卻一度頗為心動；一九四二年五月間，在華府召開的同盟國太平洋會議上，羅斯福主動要求中方出席代表、國府外交部長宋子文提出計畫，討論利用韓人擾亂日軍，並在中國東北組織朝鮮義勇軍的可能性。宋子文立即將美方意向回報蔣介石，並敦促重慶應儘速研究國府整體對韓策略、韓人在華力量虛實，以及如果美國真的決定武裝援助韓人，國府該如何因應等。[23]然而羅斯福欲利用韓人對付日本，僅是紙上談兵、曇花一現，此後亦無具體下文，當時只有美國「戰略情報處（中央情報局前身）」

（Office of Strategic Services）駐華人員曾與韓國光復軍合作進行一些日本占領區內的情報收集工作。[24]

儘管如此，羅斯福的試探態度卻促使國府開始積極擬訂援韓整體策略，最後並成為戰時中國對朝鮮問題的官方立場。一九四二年七月二十日，國府決議由國民黨祕書長吳鐵城與國防最高委員會祕書長王寵惠兩人擔任專案小組召集人，結合國府各相關部門決策人士，研擬中國對韓全盤政策，並提出《對韓國在華革命力量扶助運用指導方案》草案，其最終要旨，為扶助朝鮮建立一完全獨立自由之國家，然而在運用方法上，則強調「援韓」仍需配合國民政府整體對日抗戰策略。在此大前提下，韓國光復軍必須隸屬於軍事委員會，由中方掌握運用，配合同盟國作戰方略與中方軍事部署，來從事對日作戰；在華韓籍人士也必須詳密調查確認其國籍與身分，以防日諜混跡其中；對於韓國臨時政府，則確立以金九為其政治領袖而扶植之，未來不再援助金元鳳。當時國府內部對於未來僅扶助金九一派，頗有反對聲浪，認為金九一派甚為腐化，難成氣候，若全然拋棄金元鳳，恐將迫使他投入中國共產黨陣營，然而此類意見並未獲得多數人支持。同年十月間，蔣介石對此方案進一步作出修正與指示，強調國民政府「應先他國而承認韓國臨時政府」，同時避免過度介入韓國內部黨派之爭，對於在華韓人團體的財政援助，則應視其是否有助於中國抗戰。經過數週的反覆討論後，國府於該年十二月二十七日核准此一方案，並定名為

20 中央研究院近代史研究所編印，《國民政府與韓國獨立運動史料》，頁三三五—三四二；唐縱，《唐縱失落在大陸的日記》（台北：傳記文學出版社，一九九八），頁二五〇。

21 崔鳳春，〈大韓民國臨時政府與中華民國政府之關係〉，收錄於金健人主編，《韓國獨立運動研究》，頁三四一—三六三。

22 Liu, *A Partnership for Disorder*, pp. 99-105.

23 吳景平、郭岱君主編，《宋子文駐美時期電報選（1940-1943）》（上海：復旦大學出版社，二〇〇八），頁一五九—一六〇。

24 Maochun Yu, *OSS in China: Prelude to Cold War* (New Haven: Yale University Press, 1996), pp. 15-20; Kim Ku, *Paekpŏm Ilchi*, pp. 283-285.

《扶助朝鮮復國運動指導方案》，此份文件也成為戰時中國對韓政策之最重要依據。[25]

依此脈絡觀之，蔣介石於一九四三年十一月出席開羅會議時，向羅斯福總統與英國首相邱吉爾（Winston Churchill）提出，韓國應於戰後獲得獨立地位，實乃基於如上對韓政策方案之基本原則。然而卻鮮有人注意到，蔣介石在戰時扶助朝鮮獨立的努力，其實僅只做了「半套」；易言之，在開羅會議上，鑑於邱吉爾不願具體討論朝鮮（與印度）獨立議題，同盟國三巨頭於《開羅宣言》中，最後僅以「在適當時機允許朝鮮獲得獨立與自由」這樣頗具妥協性的模糊語句帶過，至於國民政府對韓政策方案內所提出的「應先他國而承認韓國臨時政府」之重要原則，因羅、邱兩人態度消極，讓蔣介石決定從善如流，繼續擱置對該政權的法理承認。[26]蔣介石在開羅會議上替朝鮮獨立的發言，讓他贏得朝鮮官民日後的感佩，然而一紙含糊聲明終究抵不過國際政治現實考量，日本投降後，真正主導朝鮮獨立與未來政局發展的，不是國民政府，而是美、蘇兩強。

抗戰勝利前後的中朝關係——表象與現實

無論是出於現實因素或者考量戰時中國本身的實力問題，蔣介石處理朝鮮問題時表裡不一的態度，讓金九等在華韓人點滴在心頭，頗有怨言，雙方的互動關係也開始走下坡。一九四三年秋天，開羅會議召開前夕，印度的英國殖民當局曾繞過重慶，直接與光復軍接觸，邀請韓方人員前往印度、緬甸協助英軍作戰，因為當時日本開始在朝鮮半島大量徵兵，英屬印度當局為了處理韓籍戰俘，急需光復軍協助，當時雙方並曾簽訂一份合作協定，國府知悉後，堅決反對光復軍以任何形式或名義與外國訂立協定，蔣介石更指示要嚴厲追究整個事件經過。然而光復軍不但不聽從國府意見，執意派員前往印緬戰場協駐英軍進行戰地工作，韓國臨時政府更於《開羅宣言》公布後不到一週，即決議在三個月之內與中方談判，取消國府於一九四一年十一月間頒布的《韓國光復軍行動準則九條》，甚至不惜單方面撕毀該文件。[27]

一九四四年初，蔣介石收到韓方希望解除光復軍行動準則束縛的要求後，指示軍事委員會進行研究，最後於六月間勉強同意此要求，甚至決定將光復軍重新改隸韓國臨時政府，不再歸軍事委員會指揮。[28]蔣介石此刻願意讓步，與當時整個國際政治現實考量不無關聯。當時美國副總統華萊士（Henry A. Wallace）經西伯利亞前來中國訪問，韓國臨時政府為此再度向蔣介石要求國府應率先承認該政權，作為在華韓人爭取美國支持之先聲，無奈當時國府因日軍凌厲攻勢和處理中共問題而焦頭爛額，與美國及蘇聯的關係亦陷入低潮，蔣介石在同盟國的沉重壓力下，不得不繼續擱置承認臨時政府的行動。[29]蔣介石讓光復軍重歸韓人掌控，似頗有安撫之用意，不料金九等人並不滿足，於十月間向國府進一步提出《韓國光復軍換文草約》與《韓國光復軍要求事項》兩份文件，其中包含十一點意見，除表明光復軍願意在中國境內「有條件」接受蔣介石之指揮參加抗日作戰之外，其餘各點主要在於要求國府繼續向其提

---

25 楊天石，《尋找真實的蔣介石——蔣介石日記解讀（二）》（香港：三聯書店，二〇一〇），頁二八四—二八五。

26 Ronald Ian Heiferman, *The Cairo Conference of 1943: Roosevelt, Churchill, Chiang Kai-shek and Madame Chiang* (Jefferson, NC: McFarland, 2011), pp. 111-114.

27 唐縱，《唐縱失落在大陸的日記》，頁三六四；胡春惠，《韓國獨立運動在中國》，頁一七二—一七四、一八四—一八五。

28 中央研究院近代史研究所編印，《國民政府與韓國獨立運動史料》，頁六一四—六三〇；Memorandum by O. Edmund Clubb of the Division of Chinese Affairs, May 19, 1944, in FRUS, 1944, Vol. VI China, pp. 785-786.

29 石源華，《韓國獨立運動與中國關係論集（上）》，頁四四—四五。

供軍事裝備、財政經費與訓練招募等種種補助，文件提出後，雙方互不相讓，彼此關係又陷入低潮。[30]

一九四五年三月間，國民政府與韓國臨時政府之間的談判終於達成協議，由蔣介石核准一份《援助光復軍辦法》，此後光復軍正式脫離國府管轄，原軍事委員會派駐光復軍人員也全數撤離，中方對光復軍的一切援助，則改以借款方式，交韓國臨時政府轉發。[31]在華韓籍人士經過多年努力，終於得到了其所希盼的軍隊獨立與自主，恢復了民族尊嚴，擴大了臨時政府主權存在的象徵，然而其與國民政府之間數十年的密切關係，亦一去不復返矣。此後，韓國臨時政府不斷努力以光復軍為資本，試圖與中國以外的其他同盟國建立關係。一九四五年五月初，金九向駐華美軍當局提出照會，表明光復軍願意協助美軍參與作戰之意願；六月間，金九並進一步邀請美軍派聯絡員進駐光復軍內，並強化臨時政府與蘇聯駐華大使館之間的聯繫。[32]

此時美國麥克阿瑟（Douglas MacArthur）將軍在西南太平洋發動跳島戰術，逐一收復盟國失地，美軍情報則顯示日本可能在必要時放棄本土，以朝鮮半島與中國東北作為最後根據地，在此情況下，盟軍若能登陸朝鮮半島，將是擊敗日軍之最佳捷徑。此外，當時美國在華的空軍轟炸與作戰能力，已可延伸至朝鮮半島境內，倘若盟軍能與日本占領區內的韓人取得密切聯繫，將有利於引發韓人之反日運動。[33]基於如上因素，韓國臨時政府曾擬定一份軍事計畫書，準備以光復軍成員為主幹，設置地下軍組織，潛入朝鮮半島，配合美軍登陸攻勢，裡應外合，以癱瘓日本殖民統治。為此，金九積極向蔣介石尋求援助，雙方還一度決定在安徽省阜陽成立訓練班，由國府出資，作為光復軍滲透中國東北與朝鮮半島之訓練基地。[34]

蔣介石此刻願意協助名義上已自國民政府獨立出來的光復軍，仍不脫其自身現實利益考量；此時抗日戰爭到了最後階段，國、共兩黨之間的矛盾已經公開化，蔣預期戰後國共之間的軍事對抗已無法避免，因而必須未雨綢繆。早在一九四二年夏天，於華北一帶進行敵後活動的「朝鮮義勇隊華北支隊」與「華北朝鮮青年聯合會」在中共協助下，分別擴編成為「朝鮮義勇軍」與「朝鮮獨立同盟」，此後數年間，這支由中共所支持的在華韓人政治勢力快速發展。根據一九四五年春天的美國情報顯示，朝鮮獨立同盟在華北與東北的日本占領區內，已有十七萬成員，且影響力仍繼續不斷擴大，已形成與中共關係密切的另一股在華朝鮮軍政力量，在美國看來，這股力量將對戰後國民政府接收東北與華北，帶來重大挑戰。[35]蔣介石於一九四五年夏天同意支援光復軍，並協助其參與盟軍對朝鮮半島的敵後滲透，當然亦考量到戰後國府本身接收東北之行動，只不過此方案尚未開始推動，日本政府已於八月十五日宣布無條件投降，金九失去了在朝鮮半島建立據點的機會，蔣介石則失去了利用右翼韓人助其鞏固華北與東北的機

30 「韓國臨時政府主席金九致中國國民黨吳鐵城祕書長」（一九四四年十月七日），〈援助光復軍辦法卷〉，《韓國特種檔案》，檔號：TE 16/3.16；唐縱，《唐縱失落在大陸的日記》，頁四五七。

31 「溫叔萱金若山談話修正稿」（一九四五年一月二十三日），〈援助光復軍辦法卷〉，《韓國特種檔案》，檔號：TE 16/3.25；「賀國光致吳鐵城函」（一九四五年三月三十日），〈韓國臨時政府軍事進行計畫卷〉，同上，檔號：TE 16/3.43；「軍事委員會辦公廳致吳鐵城函」（一九四五年六月九日），〈韓國今後對韓國光復軍行文辦法卷〉，同上，檔號：TE 16/3.36。

32 Memorandum by Mr. DeWitt C. Poole of the Office of Strategic Services, May 20, 1945, in FRUS, 1945, Vol. VII, The Far East: China, pp. 870-873.

33 Yu, *OSS in China*, pp. 226-227.

34 Allan R. Millett, *The War for Korea, 1945-1950: A House Burning* (Lawrence, KS: University Press of Kansas, 2005), pp. 36-42;「軍事委員會辦公廳致吳鐵城函」（一九四五年七月），〈韓國臨時政府在安徽阜陽成立訓練班卷〉，《韓國特種檔案》，檔號：TE 16/2.17。

35 Report from Korean Revolutionary Political and Military School, Yenan, May 2, 1945, in ROCA, reel 7; Yenan Report No. 58, "Current Information from the Korean Independence League," May 28, 1945, ibid.

會。

隨著美軍在西太平洋接連自日軍手中收復失土、中國戰區重要性減低，以及蘇聯參加對日作戰的時機已近成熟，國際間重大事務的決策權也逐漸集中在美、蘇兩強手上，蔣介石即便想協助韓國臨時政府增加其外交上的能見度，已是心有餘而力不足。譬如一九四五年三月間，金九決定派遣代表團前往美國舊金山參加聯合國創始會議，為維護戰後朝鮮權益而努力，蔣對此表示支持，甚至撥款補助韓方代表赴美往返旅費與置裝費，不料美國政府竟連「觀察員」的地位都不願給予金九，甚至故意拖延其入境簽證之核發，使臨時政府代表團趕不及參加會議。[36]事實上，在日本宣布投降前夕，遠東地區的蘇聯紅軍已開始率領大批朝鮮共產黨員進入北朝鮮地區，此刻美、蘇兩強已有默契，準備在軍事上分別占領朝鮮半島南、北兩部，政治上則依照雅爾達會議（Yalta Conference）的決定，將朝鮮交由中、美、英、蘇四強託管。[37]蔣介石在開羅會議上對於戰後朝鮮應取得獨立自主的籲求，並爭取同盟國承認金九所領導的政府，到了第二次世界大戰末期，已不能再產生任何影響。

日本投降後，當時在美國訪問的宋美齡，於八月二十九日在白宮與杜魯門總統晤談時，特別提到了朝鮮問題，杜魯門稱未來朝鮮將由中、美、英、蘇四國託管，當宋美齡質疑英國過去不曾被討論列入朝鮮的託管國時，杜魯門依然堅持英國必須列入其中，宋聞後只有默不作聲。[38]國民政府深知在戰後朝鮮問題上，其已無法扮演與美、蘇同等關鍵性角色，因而只有退而求其次，以較為消極低調的姿態，協助朝鮮實現獨立。具體做法上，首先是爭取美方合作，將在華的韓國臨時政府重要成員儘速送返朝鮮半島，凝聚韓人民心士氣，然而日本投降後，美、蘇兩大強權立即在半島的南、北兩端分設置軍政府，主持南部軍政府的美國霍奇將軍（General John R. Hodge），不但堅持臨時政府必須先行解散，成員以個人身分回到朝鮮，對於國民政府建議這些人士加入軍政府擔任行政工作的提議，也斷然拒絕，甚至當中方希望以同盟國戰勝國身分，派遣「駐韓軍事代表團」前往漢城（今首爾）處理相關業務時，霍奇也不願接受。無奈之下，蔣介石所能做的，只有在財政經費上暗助金九等臨時政府要員，作為其返回朝鮮後推動雙方關係開銷之用。[39]也因此當中國打完八年抗戰後，亞太地區新局勢的開展，並未讓國民黨中國的朝鮮政策更加有利，反之，蔣介石在戰後內外交迫，險象漸露，就地緣戰略角度而言，理應具有重大發言權的國民政府，面對戰後朝鮮問題，反而處於極端消極與被動的不利處境。

戰後的蔣介石與對韓政策

國民政府在戰後處理朝鮮問題的紊亂無序，以及唯美國是從的困窘情況，從蔣介石欲選派一位代表出使漢城的個案中，充分表露無疑。一九四五年十月間，美方照會國府，同意提供軍機載運在華韓籍政治人物，以個人身分回到南朝鮮（韓國），協助戰後重建工作。十一月初，金九與其他臨時政府要員，

36「吳鐵城致閔石麟與金九函」（一九四五年四月），〈增加韓國臨時政府補助費案〉，《韓國特種檔案》，檔號：TE 16/2.11；「中國國民黨中央祕書處致國民政府財政部、外交部函」（一九四五年五月），〈韓國臨時政府派遣出席舊金山會議人員川裝生活等費清單卷〉，《韓國特種檔案》，檔號：TE 16/21.25。

37 U.S. State Department memorandum, "Korea: National Problems: Attitude toward any 'Korean Provisional Government'," July 9, 1945, in DDRS, Document No. CK3100673263.

38 Memorandum of Conversation, by James C. Dunn (Assistant Secretary of State), August 29, 1945, in FRUS, 1945, Vol. VII, The Far East: China, p. 540.

39 謝俊美，〈金九與中國國民黨交往論述〉，收錄於石源華主編，《韓國獨立運動研究新探——紀念大韓民國臨時政府創建九十週年》，頁二九七。

自重慶抵達上海，準備返國，此時蔣介石決定指派抗戰期間負責處理朝鮮問題的邵毓麟，出任「軍事委員長駐韓國軍政府聯絡員」，陪同金九等人一同赴韓。然而當金九於十一月二十三日離滬返韓後，蔣介石卻於十二月初改變心意，指示將邵毓麟的駐韓聯絡員職銜，改為「軍事委員會委員長駐韓代表」，並下令草擬代表團編制與工作重點。蔣介石此刻的構想，是希望邵毓麟能同時與朝鮮半島上的美、蘇軍事當局聯繫，藉此讓中國在外交上保持超然立場，成為美、蘇橋樑，並在南朝鮮積極培養親華分子、掌握中國東北、華中與台灣等地區近三百萬韓僑，作為日後中國對韓外交之資本。[40]

就在邵毓麟準備出發前夕，國府外交部長王世杰突然要求邵毓麟將軍事委員會委員長駐韓代表名銜，改為「外交部駐韓代表」，此提議引來邵的不滿，幾經波折後，在一九四六年三月間，蔣介石拍板決定依照王世杰意見，並由外交部另擬《駐韓代表工作計畫要領》，此要領包括：關注美、蘇在韓動向及其對國際託管之計畫、與韓國各黨派密切聯繫並關注各黨派政治動向、設法保持中國在朝鮮之一切權益等。[41]依此份《工作計畫要領》觀之，抗戰結束後不久，國民政府仍高度關注近鄰朝鮮半島局勢的未來發展走向，並且亟思如何增進中國對朝鮮事務的影響力，然而國際間僅講求實力，美方當時的態度，竟成了蔣介石能否如願順利推展對韓關係之最關鍵因素。五月間，美國駐華大使館催促國府速派代表前往漢城，辦理有關各國在朝鮮的資產與權益事宜，外交部回覆美方稱，邵毓麟即將於五月二十八日啟程。不料出發前夕，中國駐日代表團轉發東京盟軍總司令部來電，稱因尚未接獲美國國務院知會，因而希望中方代表邵毓麟暫緩赴韓。六月二十二日，中國駐美大使館電告南京，稱美方不希望國府派遣具有「軍事職銜」的人員前往韓國，因邵具有國民黨陸軍中將頭銜，因此引起美方顧慮，經過數月間的電文往返聯繫，到了九月底，蔣介石下令邵毓麟與全體駐韓代表團人員毋庸赴任，戰後中國派員使韓，竟然拖了一年仍無疾而終。[42]

與此同時，韓國內部情況也發生劇烈轉變，曾任上海時期韓國臨時政府首任國務總理、日後擔任該政權駐美代表長達廿餘年的李承晚，在美方支持下，於一九四五年十月回到漢城，李承晚與稍後自上海返韓的金九，成了未來最有可能領導韓國的兩位最重要指標人物。一九四六年一月在莫斯科舉行的英、美、蘇三國外長會議中，決定韓國由聯合國繼續託管五年，此決議引起李、金與韓國廣大民眾激烈反對，李承晚更因此與支持聯合國託管的霍奇將軍成水火不容之勢，並於同年年底前往美國，向支持他的華府高層告狀並尋求支援。霍奇於盛怒之下，竟於一九四七年三月運用其在美國軍方的影響力，阻撓李承晚搭乘美軍軍機返回漢城。李承晚走投無路之下，請求國民政府協助，此時蔣介石清楚華府屬意的未來韓國領導人將是李承晚而非金九，因此即便蔣未曾與李謀面，更無深厚淵源，他仍在外交務實考量下，同意對李承晚伸出援手。[43]四月九日，李承晚搭乘民航客機從東京飛抵上海，十三日在南京與蔣介石進行首次會晤，蔣對李的初步印象頗為正面，他在日記裡對李有如下描述：

> 昨（十三）日下午……五時接見韓國代表李承晚氏，其年雖老，但精神姿態甚佳，非韓國各領袖所能及也，余勉以自強自立，中韓合作共同努力，以期貫徹本黨宗旨者，並告其余對韓國獨立必自動負責到底也。[44]

---

40 邵毓麟，《使韓回憶錄》，頁七一—七五。

41 同上，頁七八—七九。

42 同上，頁八一—八三。

43 沐濤、孫志科，《大韓民國臨時政府在中國》，頁一六七—一七一。

44《蔣介石日記》，一九四七年四月十四日。

李氏停留中國期間，曾與朝野人士廣泛交流，並且在各地發表多場公開演講，其欲塑造一股韓國獨立運動首席領導人地位的企圖心，表露無疑。美國駐漢城的軍政府雖然阻撓李歸國，然而在蔣介石的協助下，李最後由蔣的私人專機自上海送返韓國。[45]蔣介石協助與霍奇將軍交惡的李承晚，讓李得以順利返韓，延續其政治生命，此實為李的政治生涯之關鍵轉折點。相形之下，與蔣介石及國民政府之間長達數十年友誼的金九，其政治命運就不如李承晚順遂。原韓國臨時政府成員內部之間的分崩離析與相互牽制，讓金九的政治力量未能因李承晚暫時缺席而有所增進。此外，金九在一九四九年初的一項致命政策錯誤，讓他的聲望大受打擊。稍早於一九四七年十一月間，因全韓國人民一致反對接受國際託管，美國因而改向聯合國建議，提出朝鮮半島南北全境在聯合國監督下舉行選舉，以便日後成立新的獨立政府，為此，聯合國成立「韓國委員會」，處理選舉相關事宜。該委員會於一九四八年一月在漢城舉行首次會議，原擬緊接著迅速進入蘇聯控制的北朝鮮地區，然而北朝鮮方面卻堅決反對此選舉，亦不允許聯合國代表進入北朝鮮，聯合國因而決定先在朝鮮半島南部區域先行舉辦選舉。[46]

此刻金九誤判形勢，公開反對韓國單獨舉行選舉，他並致函北朝鮮「獨立同盟」主席金科奉，主張南、北韓人民政黨代表先舉行政治協商會議，稍後他並親自前往平壤與北朝鮮共產黨領導人會晤，但這次平壤之行卻沒有帶來任何具體結果，讓金九的政治行情受到極大挫敗。同年五月，韓國舉行選舉，成立制憲國會，李承晚被選為國會議長，金九為副議長；七月間，國會通過憲法，李承晚當選為韓國首任總統，由曾任韓國光復軍參謀長的李範奭擔任國務總理；八月十五日，大韓民國正式成立；九月九日，北朝鮮在蘇聯支持下建立「朝鮮民主主義人民共和國」，由金日成任領導人。一九四九年六月二十六日，金九遭到韓國極右派人士暗殺身亡，當時許多評論暗指幕後指使者為李承晚。[47]

國共內戰、冷戰與韓戰

朝鮮半島於一九四八年八、九月間先後成立南、北兩個政權之際，蔣介石所領導的國民黨政府因國共內戰失利，黨、政、經情勢一片混亂，已經是江河日下，難挽頹局。一九四九年一月二日，南京正式承認大韓民國政府，宣布建立外交關係，並由戰後遲遲未能赴韓履任的邵毓麟出任首任大使，然因中國局勢動盪不安，邵毓麟的任命案，接連受到蔣介石下野、解放軍渡過長江、國府自南京遷往廣州等事件影響，竟拖了半年之久，才獲得漢城方面回覆同意。[48]蔣介石雖於一月二十一日宣布下野，仍圖幕後掌控黨、政、軍之重要指揮權，從此刻起，國共內戰局面下的韓國議題，正如同抗戰時期的朝鮮議題一般，再次成為蔣介石務實運用的一環，在大局對國民黨極端不利的情況下，藉此達成外交、軍事與政治等目的。

一九四九年夏天，蔣介石以中國國民黨總裁身分，先後造訪菲律賓與韓國，倡言依循美國籌組「北大西洋公約組織」模式，另在亞太地區組建「亞洲反共聯盟」。蔣介石深知美、英等西方主要國家已不再對他寄予希望，遑論直接提供援助，因此蔣此刻的謀略，似乎在於拉攏受華府支持的李承晚，同時利用與美國關係密切的菲律賓總統季里諾（Elpidio Quirino），藉由讓季里諾出面領導此反共聯盟，間接取

---

45 石源華，《韓國獨立運動與中國關係論集（下）》，頁四五四—四五六；邵毓麟，《使韓回憶錄》，頁八九—九二。

46 Bruce Cumings, *Korea's Place in the Sun: A Modern History* (New York: W.W. Norton, 1997), pp. 237-247.

47 Peter Lowe, *The Origins of the Korean War: Second Edition* (New York: Longman, 1997), pp. 54-58.

48 邵毓麟，《使韓回憶錄》，頁九三—一〇一。

得美國的援助。[49]八月六日，蔣介石抵達韓國南端軍港鎮海，與李承晚及韓國政府要員會晤，此行的主要目的，在於與韓方討論籌組亞洲反共聯盟，努力迫使美國改變遠東政策，積極協助亞洲反共政權對抗共產黨勢力，不料李承晚卻另有意圖；他於蔣介石抵達鎮海前夕，竟然獅子大開口，透過邵毓麟向蔣提出一系列軍援清單，包括三十架F-51戰機、三十架AT-6教練攻擊機、五架C-47運輸機、四艘驅逐艦與護航艦、二艘炮艇、一艘運油艦、五萬枝步槍與一億發子彈。[50]李承晚此一無度索求，迫使蔣介石決定轉趨低調，除了指示訪韓前嚴禁對外發布消息之外，在韓停留期間還以他已非國家元首為藉口，謝絕參加一切公眾宴會或集會。此外，蔣介石原本還有意邀菲律賓總統季里諾一同訪韓，以壯聲勢，現在他也不得不臨時打消此念頭。[51]

鎮海之行，蔣介石除了與李承晚討論籌組亞洲反共聯盟的基本原則之外，其餘有關軍

蔣介石（前排左二）於一九四九年夏天訪問韓國鎮海，與李承晚（前排左三）等人會談。

事、經濟與外交等議題，蔣皆以他已是在野之身，有所不便，而未深入觸及。[52]儘管如此，蔣此行仍受到韓方頗為隆重的接待，一時之間讓他原本在國民黨內外的頹敗聲勢谷底回升，更甚者，隨著當時中共解放軍開始向華南與西南各省挺進，蔣在鎮海之行後，也開始思索如何利用朝鮮半島作為反共戰略據點。就在蔣的鎮海之行前夕，邵毓麟即曾提出以韓國為根據地，著手整頓指揮由青島撤退來韓的國府軍事情報人員，以利日後國府從朝鮮半島重新派遣人員進入中國東北、華北甚至北朝鮮，發動敵後與游擊工作，此議甚獲蔣介石重視。[53]

一九四九年十二月十日，蔣介石在驚濤駭浪之中，從成都飛抵台北，台灣成為他最後的反共根據地，此後他堅信唯有第三次世界大戰爆發，國民黨才有發動軍事反攻並重新回到中國大陸的翻盤機會；在此信念下，朝鮮半島成了蔣介石謀思策劃軍事反攻、甚至挑起第三次世界大戰的重要目標之一。十二月二十日，有鑑於朝鮮半島在國府戰略上的重大利益，蔣介石與其高層幕僚擬訂一項極機密方案，準備利用韓國所轄之黃海內諸小島嶼，作為國民黨軍隊牽制華北共軍的祕密根據地，一旦亞太地區發生大規模戰事，國民黨部隊也準備利用這些島嶼，作為反攻大陸的海、空軍補給基地。當時蔣介石透過韓國國

49 State Department Office of Chinese Affairs memorandum, "Chiang-Quirino Proposal for a Pacific Union," July 19, 1949, ROCA, reel 7.

50「駐韓大使邵毓麟呈蔣介石」（一九四九年八月一日），〈特交檔案——外交／對韓外交〉，《蔣中正總統文物》，第六八卷，編號：54897。

51「駐漢城總領事許紹昌呈外交部」（一九四九年七月二十七日），〈特交檔案——外交／對韓外交〉，《蔣中正總統文物》，第六八卷，編號：54895；「蔣介石致邵毓麟」（一九四九年八月一日），同前，編號：54900。

52 蔣經國，《風雨中的寧靜》（台北：黎明文化，一九七四），頁二二八。

53「邵毓麟呈蔣介石」（一九四九年八月一日），〈特交檔案——外交／對韓外交〉，《蔣中正總統文物》，第六八卷，編號：54898。

務總理李範奭掌握到朝鮮半島南、北方之間情勢極端緊張的祕密情報，因而認定朝鮮半島上終究要打上一仗，李承晚更是極端憂心金日成將揮兵南下，因而有意提供韓國境內的海、空軍基地給蔣介石使用，以換取國民黨政府的援助與軍事情報合作。[54]這些事態的發展，都讓撤退來台的蔣介石把韓國問題置於攸關台灣與國民黨生死存亡的戰略高度來看待。

一九五〇年一月，美國總統杜魯門與國務卿艾奇遜發表公開聲明，決定對台灣與國民黨政府繼續採取「袖手旁觀」政策，靜待中國大陸情勢塵埃落定之後，再嘗試與北京新中國發展關係。幾在同時，美國國會否決了對李承晚的軍經援助方案，華府行政當局並表示韓國與台灣都未被劃入美國的亞太地區防衛圈內，蔣介石與李承晚似乎都已被杜魯門政府拋棄了。三月一日，蔣介石在台「復行視事」後，積極擬定對韓工作要點，根據一份三月七日邵毓麟所呈《美蘇韓情勢與我策略》備忘錄揭示，因美國民主黨杜魯門政府對遠東地區採取消極政策，台北國民黨高層因而認真考慮應設法加緊策動南、北韓之間發生軍事衝突，以引發北太平洋地區局勢緊張，藉以促使華府改變遠東政策，並誘導美、蘇關係發生劇變。對於台灣如何能夠策動南、北韓之間爆發衝突，此份備忘錄並未多所著墨，但明白建議國府應立即展開對中國東北與華北的敵後工作，建立情報網，加速在韓國境內建立無線電台，並積極鞏固拉攏在韓華僑，培植華僑幹部，以利日後國府推進滲透中國東北。[55]三月十七日，邵毓麟再度敦促蔣介石，應積極策動南、北韓之間發生戰爭，以扭轉亞太局勢，他並向蔣請示以金錢分別祕密補助李承晚與韓國反對黨人士之相關機宜。值得注意的是，美國當時的駐台外交人員確曾充分掌握蔣介石企圖在朝鮮半島上煽動起第三次世界大戰的訊息，藉以設法改變美國的遠東政策。[56]然而這些發自台北的相關情報，並未受到華府太多的關注與重視，在當時美國政府眼中，朝鮮半島的情勢遠不如歐陸與中東地區來得迫切與緊張。

蔣介石顯然對邵毓麟的建言頗感心動，他一方面指示相關部門擬訂《東北華北敵後工作計畫》，決定以旅居韓國之中國東北、華北籍華僑教員與工商人員為對象，招募首批四十名敵後情報人員，以台灣在漢城的駐韓大使館為掩護，由台北派員前去執行祕密訓練，以期能發揮積極作用。[57]另一方面，蔣介石也在一九五〇年四月間，派遣抗戰時期負責統籌朝鮮事務的前國民黨祕書長吳鐵城為特使訪問漢城，吳鐵城不但與李承晚三度晤談，停留韓國期間，還不尋常地應邀對韓國軍官學校全體官兵進行校閱與訓話，而陪同吳前往訪問的尚有當時國府「駐日本軍事代表團」團長朱世明，一時間有關台灣與韓國即將締結軍事同盟，且李承晚已經答允蔣介石租借濟州島作為國民黨軍事基地，用於投入轟炸華北、東北之傳聞，甚囂塵上。儘管韓國官方出面否認這些謠言，然而直到當年六月底韓戰爆發前夕，這類說法仍不斷在東京、台北與漢城之間流傳，未曾消散。[58]

目前尚無充分史料證明國民黨究竟有無在韓戰爆發過程中，扮演一定之角色；然而戰事發生後，確實也讓蔣介石得到了他所期盼的，即美國對華政策之轉變。幾在一夕之間，華府除了決定軍事援助李承晚對抗北朝鮮之外，還宣布台灣海峽中立化，下令第七艦隊協防台海，也讓風雨飄搖的蔣介石與國民黨

54「黃少谷、董顯光呈蔣介石」（一九四九年十二月二十日），〈特交檔案——外交／對韓外交〉，《蔣中正總統文物》，第六八卷，編號：54949；「周宏濤呈蔣介石」（一九四九年十二月二十六日），同前，編號：54933。

55「邵毓麟呈蔣介石」（一九五〇年三月七日），〈特交檔案——外交／對韓外交〉，《蔣中正總統文物》，第六八卷，編號：54973。

56「邵毓麟呈蔣介石」（一九五〇年三月十七日），〈特交檔案——外交／對韓外交〉，《蔣中正總統文物》，第六八卷，編號：54976；Robert Strong (U.S. Chargé in Taipei) to State Department, March 4, 1950, No. 794A.00/3-450, in Formosa 1950-1954, reel 1.

57「周宏濤呈蔣介石」（一九五〇年三月十七日），〈特交檔案——外交／對韓外交〉，《蔣中正總統文物》，第六八卷，編號：54975。

58 邵毓麟，《使韓回憶錄》，頁一三九—一四三。

政府轉危為安。而一直等待著第三次世界大戰爆發以尋求翻本機會的蔣介石，在得知朝鮮戰事爆發後的當天，即迫不急待地指示邵毓麟轉告李承晚，若韓方請求台北派兵助戰，「當可允之」。[59]數日後，蔣更進一步向美方表示願意提供三萬三千名國府精銳部隊投入戰事，杜魯門最初一度考慮此議，但隨即被華府其他軍事外交部門否決，擔心朝鮮半島情勢將因為國府部隊介入而更加複雜。[60]

蔣介石希望利用其部隊投入韓戰，將反攻大陸的目標與亞洲冷戰緊密結合的構想，在中共於一九五〇年秋天起以「志願軍」名義參加戰事後，曾一度敗部復活。一九五〇年底至一九五一年初，美國軍方高層不斷評估台灣部隊投入朝鮮半島戰事，甚至同意蔣反攻大陸、開闢第二戰場以牽制中共的可行性。[61]美國總統杜魯門，更因中共加入抗美援朝戰役，第三次世界大戰恐怕即將爆發，而於一九五〇年十二月十六日宣布全美國進入緊急狀態。反倒是朝鮮戰事發生前不斷期盼大戰發生的蔣介石，此刻突然變得相當謹慎。在台北國民政府官方不斷高唱積極備戰與動員的宣傳口號下，此時蔣介石對於美國正嚴肅考慮讓台灣參加韓戰並發動反攻大陸的提議，反而猶豫起來，甚至在私下頗有抗拒此機會的意味。一九五一年一月八日，蔣在台北的國民黨總理紀念週演講時，有如下一段不尋常的談話：

> 不要以為共匪參加韓戰，國際局勢變化，我們可以待機反攻，收復失地。如果這樣把我們革命事業的基礎建築在國際的變化上面，即使得到了勝利也是僥幸，最後仍將失敗。我們必須反省本身力量及反攻的條件如何？如果本身條件沒有具備，力量還未充實，只希望國際局勢轉變，或是共匪陷於突然的失敗，而使我們僥幸成功，那這種僥幸的心理，危險萬分，正如抗戰勝利後的危險一樣！[62]

蔣介石此刻的謹慎與保守，實有其深意。向來甚獲美國賞識與支持的國軍陸軍總司令孫立人，此刻不斷向蔣主動請纓，表明一旦美國支持台灣反攻大陸或者投入朝鮮半島戰事，他都希望擔任總指揮職務，否則他暗示他將辭去陸軍總司令一職，以示抗議。蔣介石對孫立人這個要求甚具戒心，甚至感到嫌惡。[63]與此同時，美國國務院部分決策人士，也正暗中策劃在台灣發動政變，以孫立人取代蔣介石擔任未來台灣地區領導人的可能性與可行性。[64]蔣介石內心很清楚，一旦國軍部隊在美國支持下投入韓戰，或者開闢中國大陸第二戰場，孫立人的重要性與影響力，必將隨之提高。對當時在台灣尚未完全鞏固權力、仍未獲得美國充分支持的蔣介石而言，韓戰期間的任何國軍軍事行動，與國民黨政府內部軍、政領導階層以及最重要的軍事指揮權之間，都有直接且相當微妙的關聯；易言之，當台灣局勢因為美國第七艦隊協防台灣海峽與美援裝備陸續到來，而轉為相對穩定之際，朝鮮半島上出現的戰事，也成了蔣介石爭取美援並藉以重新鞏固其在國民黨內權力與領導地位的最重要依據之一。在此情況下，蔣絕無可能讓所謂的反攻大陸口號弄假成真，成為提供其潛在權力競爭者如孫立人等人，一個發展與美國之間密切關

---

59 「蔣介石致邵毓麟」（一九五〇年六月二十五日），〈特交檔案——外交／對韓外交〉，《蔣中正總統文物》，第六九卷，編號：59468。

60 Dean Acheson, *Present at the Creation: My Years in the State Department* (New York: W. W. Norton & Compnay, 1987), pp. 412-413.

61 National Intelligence Estimate, "Consequences of the early Employment of Chinese Nationalist Forces in Korea," NIE-12, December 27, 1950, in CIA Research Reports: China, 1946-1976, reel 1; Karl Rankin (U.S. Chargé in Taipei) to State Department, December 2, 1950, No. 794A.00 (W)/12-250, in Formosa 1950-1954, reel 2.

62 秦孝儀編，《總統蔣公思想言論總集》（台北：中國國民黨黨史會，1984），第二四冊，頁六。

63 有關蔣介石對孫立人的批評與反感，參見：《蔣介石日記》，一九五一年一月十五日、二十五日、二十九日。

64 State Department memorandum, Subject: Support of China Mainland Resistance and Use of Nationalist Forces on Formosa, top secret, January 24, 1951, in ROCA, reel 23.

係、讓其在台灣更上一層樓的契機。

從抗戰時期、國共內戰一直到敗退台灣，蔣介石運用朝鮮議題作為服務其自身利益與目標的重要工具，一直未曾間斷，這樣的傾向與實踐，於冷戰初期發生的韓戰過程中，再一次清楚地被呈現出來，這也讓吾人從蔣介石處理近代朝鮮問題時，對於其「務實與機會導向的民族主義」之手腕與風格，當有更清楚的認識。

第三章

冷戰初期的第三勢力與台灣的敵後工作

一九五〇年六月起發生的韓戰，成為全球大冷戰中的第一場熱戰，東亞局勢的重大轉變，也讓台北的國民黨政府與華府的軍事、外交決策，出現新的變化。如前一章所提，美國政府一改原先放棄蔣介石的政策，首先下令第七艦隊巡弋台灣海峽，隨後，中共以「志願軍」參加韓戰，而隨著亞太地區冷戰對峙局面逐步升高，杜魯門總統不得不收起他對國民黨與蔣介石的嫌惡，開始逐步提供台灣軍事與經濟援助。一九五一年四月，美國「援華軍事顧問團」在台北正式運作，華府與國民黨政府的關係逐漸回溫，一九五四年底，台、美在華府簽署《共同防禦條約》，重新開啟國民黨政府與美國之間的軍事同盟關係，直至一九七九年中美關係正常化後，方告中止。

對蔣介石而言，一九五〇年夏天起，台灣的整體安全因為韓戰爆發而轉為相對有利，也讓他對於派遣布置對中國大陸的敵後情報工作，以及組織反共游擊鬥爭活動，重新燃起企圖心。在華府，為了因應中共參加韓戰所帶給美國新的軍事壓力，美國政府也體認到，在蔣介石與國民黨之外，另外扶植政治上的第三勢力，作為牽制北京、領導中國大陸境內的殘存反共游擊勢力、乃至未來於中國大陸情勢轉變時，取代蔣介石或毛澤東的另一個可能選項。也因此當朝鮮半島上打得火熱之際，一股敵後游擊與反攻大陸活動的請纓熱潮，也開始在台北與華府出現，一時之間，各路人馬積極尋求管道，紛紛向蔣介石或者美國政府爭取機會、經費與支援，這其中有真有假，有虛有實，成為冷戰初期發生在太平洋兩端的一股特殊現象。

台灣的敵後工作請纓熱潮

先從台灣方面的大陸敵後工作請纓熱潮談起。對日抗戰期間，國民政府軍事委員會調查統計局（簡稱軍統局）曾派員在日本占領區內執行敵後工作，於各地布建情報與通訊人員，廣設電台，到了一九四五年八月抗戰勝利前夕，軍統局於日本統治區內所轄之各類電台，總數已高達六百八十五座。[1]抗戰結束後，軍統局改組為國防部保密局，該局以戰時奠定的情報據點為基礎，將工作對象與重點轉移至中國共產黨。然而國民政府在內戰中節節失利，其在東北與華北各省的情報據點相繼後撤，迫使保密局改變組織布建原則，推動「還鄉運動」，鼓勵敵後工作人員返回原籍或具有特殊社會關係之地區，以建立工作基地，並在中共解放區內組織新的游擊力量，伺機遂行反共活動。只不過隨著國民黨在大陸的統治受到重大挫敗，保密局的情報組織工作也面臨艱鉅挑戰，各地區的組織單位相繼潰散撤守，派遣人員也因無以為繼，自一九四九年起，紛紛自舟山群島、香港與海南島等地撤退，輾轉赴台。[2]

韓戰發生後，利用新的形勢發動軍事反攻大陸以推翻中共統治，成了台北國民黨政府官方最重要的宣傳口號；與此同時，原先自中國大陸各地撤退來台的舊軍統、中統（中國國民黨中央調查統計局）、保密局與國防部等各路系統人馬，開始摩拳擦掌，向蔣介石請纓，希望獲得經費、資源與機會，重返大陸，進行敵後布建與游擊工作，為日後蔣的反攻大業奠定基礎。然而檢視台灣已解密的軍事檔案，國民黨政府環繞著韓戰爆發所出現的這一波敵後工作潮，雖然為順應時局下的演變，卻也反映出冷戰初期國共軍事對峙下，一段奇特詭譎的歷史經驗。

一九五〇年四月八日，曾於國共內戰期間擔任國民政府湖北綏靖副總司令兼鄂南總指揮的何中民，從香港致函蔣介石，告知當時在整個湖北省境內，尚有約二十三萬國府軍舊部，已轉入地下打游擊，依

---

1 國防部軍事情報局編，《本局歷史精神》（台北：軍情局，二〇〇九），頁三三一三四。

2 同上，頁五九—六〇。

然效忠蔣介石與國民黨政府的領導，據何中民信中所言，鄂南地區共有編制十二支縱隊，武力約十二萬一千人，槍枝總數約四萬九千枝；鄂西地區有三支縱隊，武力五萬一千人，槍枝一萬九千枝；鄂東地區亦有三支縱隊，武力六萬人，槍枝一萬六千枝。何向蔣表示，他將自香港儘速返回位於鄂南九宮山的敵後基地，領導反共游擊工作，但是希望台北能夠補授「湖北綏靖總司令部鄂南總指揮部」的官印給他，並撥補各式輕武器、手榴彈與通訊醫藥器材，以利其推展任務。[3]然而此刻正值台灣風雨飄搖、危急存亡之際，蔣介石根本無暇顧及大陸地區的敵後勢力發展，只能回函嘉勉何中民，要他「自食其力，堅守崗位」。[4]

韓戰爆發與美國政府宣布第七艦隊協防台海之後，台灣局勢不但暫時轉危為安，一股反攻大陸的氣勢也順勢而起。七月十日，何中民自香港再度致函台北總統府，稱他稍早已於五月二十日自香港經廣東潛入鄂南，所見中共統治「日漸衰弱」，而且「民眾真誠和我軍合作，將來反攻前途大好可期」。何還聲稱他目前直轄十八支游擊隊，然而國民黨方面迄今對他分文未予補助，他希望台北能夠儘速補助安家費、通信器材購置費、藥品費與宣傳費，以利其敵後游擊工作之順利推展。[5]同年十二月四日，何又向台北報告稱，數月以來他在鄂、皖、蘇、浙、贛、湘、粵、桂邊區一帶視察，並指示各挺進隊活動機宜，與各省反共人士討論游擊隊發展策略，他希望政府能夠儘速給予補助，以利他在軍事上之進取並和中共周旋。[6]此刻蔣介石似乎頗為動心，除了要求幕僚函覆何中民予以嘉勉鼓勵之外，還指示應盡力督導何所屬游擊隊編成五個軍、四十七支縱隊，並設法移交負責敵後任務的「國防部大陸工作處」統籌指揮。[7]

然而何中民卻表現得相當心急，在收到台北總統府回函表示已責成國防部核辦其諸項請求後，短短不到一個月時間，他又再次致函總統府，強調他除了已經組成五個新編軍（十五個師）、四十六支挺進隊之外，還統轄川、湘、鄂、桂、黔的胡樸生部，大別山的李勉、張漢傑部，以及湘南的嚴樸等部，共計近百萬人，「堅苦支持，迄未得政府分文補給，應付艱難，不難想像」。何還抱怨稱，自從他所主持的「敵後軍政委員會」成立以來，積極推動敵後政工人員之訓練，更已在內地與港、澳一帶招募諸多忠貞反共愛國之士，只因旅費無著落，未能成行，他請求總統府能夠設法協助出面致函旅居香港之京滬人士進行籌款，讓其工作得以順利推進。[8]為此，蔣介石很快指示總統府第三局局長俞濟時，聯絡當時已移居香港的前上海青幫大老杜月笙，請其就近協助接濟何中民。[9]

然而總統府請求杜月笙就近協助接濟何中民，卻意外地讓何中民在香港招搖撞騙的事蹟真相大白。一九五一年一月底，台北國防部掌握來自香港的情報，顯示何在一九四九年以後，根本未曾踏入中國大陸一步，他這段期間所稱有關敵後工作情形，皆非事實，因而決定暗中除其名義。四月間，尚不知情的何中民，還自香港繼續向蔣介石報告他推動敵後工作的最新進展，聲稱目前其所屬的新一〇八軍以及粵、桂邊區各路挺進隊，已交由陳士良軍長統一指揮，「實力雄厚，潛伏各地，在我反攻大陸之前，以全力在敵後襲擊，將有極大功效」。何並進一步表示準備派遣陳士良與時任「湖北綏靖總司令部」參謀

3「何中民呈蔣介石」（一九五〇年四月八日），〈大陸敵後游擊部隊作戰狀況即建議事項〉，《國防部史政檔案》，檔號：0042887/001。

4「總裁辦公室簽呈」（一九五〇年四月二十日），同上；〈蔣介石致周至柔〉（一九五〇年四月二十一日），同前。

5「何中民呈俞濟時」（一九五〇年七月十日），同上，檔號：0042887/003。

6「何中民呈俞濟時」（一九五〇年十二月四日），同上，檔號：0042887/004。

7「總統府簽條」（一九五〇年十二月十九日），同上；「俞濟時致何中民」（一九五〇年十二月二十日），同前。

8「何中民呈俞濟時」（一九五一年一月十三日），同上。

9「總統府簽條」（一九五一年一月二十二日），同上；「俞濟時致杜月笙」（一九五一年一月），同前。

何中民與長黃恆勵二人，於近日內前往台北向蔣請示機宜，爭取援助，但總統府決定對何不予理會。[10]何中民與他所領導的敵後工作，自此也沒有下文。

何中民絕非韓戰發生後向台北高層積極主動請纓從事敵後工作的唯一案例。一九五〇年七月六日，韓戰甫爆發兩個星期後，台北總統府收到另一封署名陳樾的信函，內稱他是浙江省西北地區「天目山挺進縱隊司令」楊彬所任命的「第三路指揮官兼人民反共救國軍副指揮官」，一九四九年秋天，楊彬自浙江轉進來台後，陳樾即接手天目山地區所有的游擊反共工作，直至一九五〇年五月間，才隨舟山群島國民黨軍撤退來台。陳樾告訴俞濟時，目前在大浙江地區的敵後同志，「人槍已達數萬，如今東亞局勢已有重大變化，如不設法運用，殊為可惜」。[11]因天目山區位於蔣介石故鄉浙江省境內，陳樾此一請求頗受蔣的重視，親自指示國防部妥善處理。[12]只不過國防部經過一番調查後發現，該天目山挺進縱隊因缺乏實力，番號早已遭到撤銷，陳樾所宣稱掌握敵後一萬七千餘人、分布浙東、浙西與蘇浙邊境，不無誇大虛浮之處。[13]最後，這個重新組編天目山挺進縱隊的特殊任務，無疾而終。

正當台北國防部積極調查陳樾與其所稱天目山挺進縱隊的真偽之際，又有一位自稱黃埔二期畢業、曾服務於西北王胡宗南麾下，並且曾在抗戰時期參加雲南遠征軍的劉時榮，自雲南境內輾轉寄出一封長函給台北總統府，內稱他曾於一九四九年冬天，奉當時行政院長閻錫山之命前往雲南，與余程萬所領導的第二十六軍聯合策動反共事宜，並往來於昆明與滇南之間，偵察解放軍動態；自一九五〇年春天起，他開始奔走於滇西，沿滇緬公路各縣深入各地，拉攏夷民土司與少數民族從事反共活動，暗中組織滇南、江水、滇西等縱隊，「總兵力不下二十餘萬」。劉時榮還稱，四月中旬他由昆明來到滇越邊境，登高一呼，已成立「雲南人民自救剿共建國軍總指揮部」，由他擔任總指揮，經過一個月的苦戰，「掃蕩紅河兩岸共匪，大小戰役二十餘次，殲匪三千餘人，擄獲武器與文件極多，並將位於滇越邊境的金平縣城收復，建立起游擊根據地」，目前該地由他所派任的土司刁家柱主持縣政，各方歸附如潮。劉時榮稱金平縣「土司甚多，窖藏黃金數十萬兩，步槍萬餘枝，糧食豐富」，他希望台北早示機宜，派員前來視察聯絡，並補助通信器材與電台設備，以收復全滇。[14]蔣介石收到此函後，頗表關切，立即下令僚屬查明劉時榮背景與此函究竟從何處寄來，國防部經過一番調查後，發現該函確實自滇、越邊境的越北城市老街寄出，然而對於劉宣稱曾於國共內戰晚期奉命赴滇工作，卻無案可查，國防部只能請求外交部電令台北駐河內與西貢的總領事館，就近查詢其所稱敵後力量是否屬實。[15]此案最後亦不了了之。

韓戰爆發後的敵後工作請纓熱潮，並不僅局限於中國西南與東南沿海省分地區。一九五〇年九月初，蔣介石收到一封署名郭長陞的私函，稱他曾於一九四九年夏天被國防部任命為東北「遼西綏靖總指揮」，郭在函中向蔣分析稱，韓戰爆發後，中國東北各省勢將成為中共援助補給北朝鮮的重鎮，而未來若果真發動反攻大陸開闢第二戰場，則國民黨必須先收復東北地區，以免該地區遭受國際共管。郭稱他過去曾在東北積極活動，如今舊日基礎尚存，希望能夠重返東北，進行敵後工作。在這封私函裡，郭還附上一份《遼（寧）吉（林）黑（龍江）邊區敵後工作計畫與圖表》，詳擬未來工作方針，並請求國防

10「何中民呈蔣介石」（一九五一年四月），同上，檔號：0042887/002；「總統府第二局簽條」（一九五一年四月十四日），同前。

11「陳樾呈俞濟時」（一九五〇年七月六日），同上，檔號：0042887/005。

12「總統府簽條」（一九五〇年七月十五日），同上；「俞濟時致侯騰」（一九五〇年七月十八日），同前，檔號：00042887/006。

13「侯騰致俞濟時」（一九五〇年七月），同上。

14「劉時榮致周至柔」（一九五〇年七月二十一日），同上，檔號：0042887/007。

15「總統府簽條」（一九五〇年七月二十一日），同上；「總統府簽條」（一九五〇年七月二十四日），同前。

部給予經費補助。[16]

蔣介石本來有意批准郭長陞之請，不料國防部經過一番調查後，發現郭雖然確實於一九四九年七月由國民黨軍方委派為遼西綏靖總指揮，然而當時他卻遲遲不赴任，迭經嚴令催促，才於一九五〇年五月離台赴韓。抵達漢城後，仍逗留不前，屢次要求申請華僑居留證，企圖久居韓國，並且在外「多方勾結，從事商業活動，招搖撞騙」，並與台灣駐韓大使邵毓麟等駐外人員摩擦鬥爭。韓戰開始後，台北國防部以郭未能達成任務，已於八月七日飭令撤銷番號，並依法追討款物之中，參謀總長周至柔因而強烈建議蔣介石，不應再聽信錄用他。[17]

毛森與他的敵後游擊工作

也許一九五〇年代冷戰初期國民黨從事所謂「敵後反攻」熱潮中最著名的案例，是前軍統要員毛森。毛森生於一九〇八年，浙江江山人，浙江警官學校畢業後，經毛人鳳引薦，加入戴笠主持的軍統局。抗戰時期，毛森奉派潛伏杭州，任情報站站長，曾兩次被日軍逮捕，又兩次從日本當局眼底下逃脫，因為在日本占領區內屢建奇功，於抗戰結束前夕獲軍統局破格晉升少將，出任「中美特種技術合作所」東南地區指揮官。[18]一九四九年春天，湯恩伯奉命負責京滬杭地區防衛作戰，抵禦解放軍渡長江，湯重用毛森，任命他為上海市警察局長，嚴厲整肅上海地區的共產黨員；五月二十六日上海淪陷後，毛森隨湯恩伯部轉進廈門，擔任廈門警備司令；七月底，湯恩伯取代朱紹良擔任福建省主席，兼任廈門警備司令，為了組織地方反共力量，湯任命毛森為「東南人民反共救國軍總指揮」，派遣幹部分赴各地展開工作，以因應日後國民黨在東南沿海各省撤退後建立地下力量之所需。[19]與此同時，蔣介石在台灣南部高雄成立「政治行動委員會」，對特工與情報系統進行大整頓，他任命周至柔出任主任委員，毛森亦被任命為委員之一，其他成員還包括蔣經國、毛人鳳、鄭介民、葉秀峰、彭孟緝等。此後不久，福州、廈門先後淪陷，毛森與家人也撤到台灣。[20]

一九五〇年五月中旬，湯恩伯向蔣介石提交一份極機密文件，內稱過去一年來，毛森所領導組織的東南人民反共救國軍游擊部隊，不斷發展茁壯，目前該勢力已分布魯、蘇、浙、贛、閩、粵各省，而根據湯恩伯當時所附呈之三份有關東南人民反共救國軍的《指揮系統表》、《兵力統計表》與《活動區域要圖》內容顯示，毛森的總指揮部過去一段時間設在舟山定海，下轄江蘇、蘇浙、浙江、閩南、豫章、蘇魯豫皖、蘇魯、粵中等八大軍區，各軍區皆設有指揮司令部，下轄各路縱隊、總隊、支隊、獨立團等編制，直至一九五〇年四月底，總兵力達一萬九千八百二十名軍官、二十八萬七千一百二十六名士兵、步槍一萬七千八百四十枝、短槍八千五百六十五枝、輕機槍一千六百四十七挺、重機槍三十三挺、迫擊炮十一門。湯恩伯向蔣建議，為了明瞭掌握該部的實際狀況，並給予精神鼓勵及工作上之指導，他準備派遣陳大慶祕密前往各地視察，並在兩個月內提出具體報告。[21]然而不久之後，國民黨決定自舟山群島

16「郭長陞呈蔣介石」（一九五〇年九月五日），同上，檔號：0042887/008。
17「周至柔呈蔣介石」（一九五〇年九月二十三日），同上。
18 馬振犢，《國民黨特務活動史》（北京：九州出版社，二〇〇八），頁五〇一—五〇二。
19「湯恩伯呈蔣介石」（一九五〇年五月十四日），〈毛森赴敵後領導游擊部隊經過〉，《國防部史政檔案》，檔號：0042803/001。
20 馬振犢，《國民黨特務活動史》，頁三六一—三六三。
21「湯恩伯呈蔣介石」（一九五〇年五月十四日），〈毛森赴敵後領導游擊部隊經過〉，《國防部史政檔案》，檔號：0042803/001；「俞濟時致湯恩伯」（一九五〇年五月十六日），同前。

撤退，毛森的總指揮部也必須撤離，派遣陳大慶前往各處視導的構想也被迫中止。

韓戰的爆發，重燃毛森的企圖心，以及他推動東南沿海各省敵後工作的熱情，同時毛森或許也有意以敵後工作為名，向蔣介石爭取更多資源與更高的職位。不論出於何種動機，一九五〇年十月八日，時任國防部參議的毛森，上書蔣介石，稱他自一九四九年夏天以來所積極推動的東南人民反共救國軍，總人數已達三十餘萬，各階層反共群眾更達百萬人以上，他分析韓戰爆發後，以台灣現有力量實難獨力反攻大陸，即便第三次世界大戰爆發，蘇聯被推翻，若「毛澤東投機，轉變中國大陸」，則國民黨仍將無法光復大陸，「故我必須發動大陸全民力量，使其不能建立基層政權，並巧妙運用國際關係，始能爭取勝利。」[22]

當時亦有傳聞，蔣經國為了獨掌特工系統，決心以「總統府機要室資料組」取代政治行動委員會，毛森因此在該函中也抱怨稱，他在大陸轟轟烈烈苦鬥，被中共視為眼中釘，「但我方若干工作單位，竟亦嫉妒破壞，殊屬痛心。」他直陳各單位紛紛爭取敵後工作領導權，在台灣空唱高調，他不希望捲入紛爭，而願意親入虎穴，從事敵後工作，並向蔣介石提出幾大重要部署：第一、改東南人民反共救國軍為「中國人民反共救國軍」；第二、未來敵後工作不留人員，不設機構，不露面目，不和各機關行文，只向蔣介石直接通報；第三、為了日後聯絡接濟便利計，將在緬甸的臘戍、香港、舟山群島附近我方祕密控制的小島，與韓國所轄黃海內之小島等四處，建立祕密基地，分區策動西南、華中南、華東與東北的敵後工作；第四、鑑於政府經費困難，毛森將設法自籌經費物資與器材，並以過去他與美國軍事情報單位建立起的友好關係，請求美方接濟械彈裝備。[23]

眾所周知，蔣介石向來不喜其軍事與情報人員和外國人打交道，遑論直接接受外國物資與經費接濟，然而蔣在收到毛森此函後，不但不反對，反而親自召見毛森，多所慰勉，允許並鼓勵毛以「林保民」化名，出境從事敵後工作，努力推動他於函中所提各點。[24]一九五〇年十月二十七日，毛森向蔣介石提出第一批敵後工作人員出境名單共五人，在總統府出面協助下，這五人很快獲得台灣省保安司令部核准出境，包括毛森（化名林保民）、負責電訊業務的葉文昭（化名林開基）、擔任聯絡電台總台長的張慶生（化名尤紀人）、機要文書王一正（化名黃平），以及電台機務員陸家隆（化名陳牧文）。[25]十二月十三日，此刻已順利離台出境的毛森，致函總統府，要求將留在台灣主持電訊訓練業務以及於電台工作的賈潤生與受訓員李希光，亦外派參與他的敵後工作，此要求立即獲得蔣介石批准。[26]一九五一年二月九日，毛森再度自海外某處致函台北，要求將當時在台灣負責編訂密本與翻譯工作的周裕昌外派，此一請求也再次獲得蔣介石核可。[27]

一九五一年四月初，毛森自泰國曼谷向台北報告過去半年來的活動情形，據毛所稱，他於一九五〇年十一月間乘小艇自台灣出境，密經蘇、浙、閩、粵沿海，多次潛入大陸地區，考察各地反共游擊隊，召集各負責人會議，部署未來方針，一九五一年初，毛自香港前往越、泰、滇、緬，接著還準備深入中

22「毛森呈蔣介石」（一九五〇年十月八日），同上，檔號：0042803/002。
23同上。
24「劉士毅呈蔣介石」（一九五〇年十月十日），同上；「俞濟時致毛森」（一九五〇年十月十三日），同前。
25「毛森呈蔣介石」（一九五〇年十月二十七日），同上，檔號：0042803/003；「俞濟時致傅亞夫」（一九五〇年十一月九日），同前。
26毛森致俞濟時」（一九五〇年十二月十三日），同上，檔號：0042803/004；「總統府簽條」（一九五〇年十二月十八日），同前；「俞濟時致傅亞夫」（一九五〇年十二月十九日），同前。
27「毛森致俞濟時」（一九五一年二月九日），同上，檔號：0042803/005；「總統府第二局簽條」（一九五一年二月九日），同前；「俞濟時致傅亞夫」（一九五一年二月九日），同前。

國大陸西南地區活動。他觀察大陸情勢，認為中共體制實力完善強大，組織控制嚴密，各地原有力量已被摧毀，將來國民黨反攻大陸，必已面目全非；另一方面，各地游擊隊多無組織無訓練，相互排擠，糧盡彈絕，困難萬分，一般百姓初入鐵幕，甚感痛苦，希望中央援救，中央反攻之聲亦不斷傳入匪區人心，但因遲遲不見反攻，韓戰又陷入膠著，多由希望轉為失望，已不敢私議反攻。毛森最後聲稱，此種拖延局面對其整個大陸工作之推動甚為不利，而台灣各單位所領導的敵後工作，在毛看來，業已大半失敗，他所領導的工作亦迭遭鉅創，所幸「經改變方法之後，已告穩定，新生力量亦積極培植之中」。[28]

直到此刻，蔣介石對毛森所領導的敵後行動基本上仍持肯定態度；在收到此函後，蔣立即交代幕僚透過台灣駐泰國大使館代辦孫碧琦，向毛森轉達慰勉之意，他也要求國防部認真思考毛森信函中所提各點，作為日後工作改進之依據。[29]總統府還曾暗中透過領導滇緬國民黨游擊隊、活躍於泰國的李彌，就近掌握毛森動態，而李彌當時向台北所提供有關毛森活動情報，確實與毛本人所述相距不遠，類似其他主動請纓參與敵後工作，卻打著旗號在海外招搖撞騙的情況，也還未發生在毛森身上。[30]然而自一九五一年八月起，情況開始發生變化；數月來毛森在曼谷的行動，已引起泰國政府的注意，泰方並向李彌探詢毛的身分與目的，李彌緊急向台北詢問，是否應授權毛森正式派駐曼谷工作，以便向泰方交涉及外交居留權，以免遭到驅逐。考量到毛森長期留泰活動，恐將引起當時已活躍於滇、緬、泰地區李彌所部的猜疑與不安，蔣介石此刻認定毛森已不宜久留曼谷。[31]而讓蔣更感到疑忌的是，最初推薦毛森從事敵後工作的湯恩伯向他報告，毛森離開台灣後，根本不與任何方面聯繫，只知道他原本欲以香港為基地，從事華南與東南地區的敵後游擊工作，但因無具體成效，才轉赴曼谷做情報工作。[32]

台北當局雖然認為毛森若繼續留在泰國活動，恐對李彌在滇緬地區既有的游擊工作造成不利影響，然而毛森本人言行舉止開始超越分寸，才是導致他最後與國民黨關係決裂的最主要因素。一九五一年十月初，毛森自曼谷致函總統府，對當時台灣駐泰人員大肆批評，稱孫碧琦「虛榮好名」，因為想升大使而四處活動；駐泰大使館武官陳振熙能力雖強，但「年輕氣盛，易得罪人」；至於台北派來之視導人員與各方負責情報業務者，「大多藉職位對某褒貶對某指責，用以互相標榜或排除異己」。為了取得蔣介石信任與好感，毛森進一步向總統府報告，他已計畫在曼谷籌辦一訓練班，著手訓練國民黨敵後工作幹部，他希望獲得蔣介石的支持與訓詞手書，以昭激勵。[33]總統府收到此函後，認定毛森獨行其事，不但不受台北國防部指揮，還與美國情報當局暗通款曲，長此下去，對台灣恐將利少害多，因而由俞濟時去函加以勸慰告誡，促其打消擅自成立訓練班的構想，以免遭到各方誤解，並邀毛森年底以前回到台灣，詳述一切。[34]

然而毛森不但不從，反而變本加厲，將矛頭直指李彌與其部屬，指控李彌之妻龍慧娛為一九四九年投共的前國府將領吳奇偉的小姨子，因此李本人頗有匪諜之嫌；又稱李彌所引用的湖北籍人士，多為曾

28「毛森致俞濟時」（一九五一年四月五日），同上，檔號：0042803/006。

29「總統府呈核」（一九五一年四月十三日），同上，檔號：0042803/005；「俞濟時致孫碧琦」（一九五一年四月十五日），同前；「俞濟時致鄭介民」（一九五一年四月十六日），同前。

30「蔣介石致李彌」（一九五一年四月十三日），同上；「李彌致俞濟時」（一九五一年四月二十三日），同前；「李彌致俞濟時」（一九五一年五月二日），同前。

31「李彌致俞濟時」（一九五一年八月二十六日），同上，檔號：0042803/012；「俞濟時致湯恩伯」（一九五一年八月二十八日），同前。

32「湯恩伯致俞濟時」（一九五一年九月一日），同上；「俞濟時致李彌」（一九五一年九月三日），同前。

33「毛森致俞濟時」（一九五一年十月二日），同上。

34「俞濟時致毛森」（一九五一年十月十九日），同上。

被共軍俘虜之小人，而李的副手柳元麟則老實好酒，已被收買，毛森希望蔣介石能夠明察秋毫，「對此輩小人予以處置」。[35]情況演變至此，毛森知道他在曼谷已無立足之地，隨後數年間，國民黨政府對他發出通緝令，欲將他抓回台灣，毛離開泰國後，先前往香港住一陣子，後又被美方情報單位安置在琉球，直至一九六八年才移居美國，終其一生再也沒有回到台灣。

美國與亞洲的第三勢力

持平而論，美國欲在國、共之外另尋第三勢力來扶植，早於一九四五年抗戰結束之後即已開始，當時「中國民主同盟」的羅隆基與「中國民主社會黨」的張君勱等，皆是戰後美國駐華外交情報人員積極接觸的對象。一九五〇年秋天，中共派遣「志願軍」參加韓戰後，華府為設法削弱中共力量，曾積極籌劃支持由國民黨以外的新政治力量，來領導中國大陸的敵後游擊力量，甚至最終取中共而代之。[36]在此戰略思維下，美方重新恢復積極支持對第三勢力，而此刻美國情報單位著力最深的，當屬由蔡文治領導的「自由中國運動」。蔡文治畢業於陸軍大學第十三期，抗戰時期曾任職於軍事委員會軍令部，一九四二年起派駐華府，服務於中國駐美軍事代表團，並曾代理團長職務。一九四四年，他曾參與同盟國聯合參謀部軍事會議，協助制定盟軍的亞洲作戰計畫，日本投降後，蔡隨何應欽赴南京主持對日受降儀式。一九四六年起，先後擔任北平軍事調處執行部委員、參謀長，一九四八年轉任國防部第四廳廳長，翌年調任第三廳廳長。[37]一九四九年五月上海失守前後，蔡文治曾於東南沿海各省組織游擊隊，擬以香港為基地，採用海上補給的方式，長期抵禦解放軍南下，此方案當時曾獲得美國中央情報局遠東地區負責人蕭泰（Fred Scholtus）大力支持，並將蔡的方案呈報華府。不久後解放軍席捲華南，蔡文治籌組的游擊隊被迫轉入地下活動，他本人則逃往香港。[38]

韓戰爆發後，美國陸軍戰略情報部門擬設立臨時任務編組性質的「敵後工作委員會」，以配合中央情報局組建對中國大陸的情報網，為此，美方亟需物色一名合適對象，協助訓練游擊部隊執行敵後工作。蔡文治透過蕭泰向華府游說，宣稱他當時仍掌握中國大陸近百萬名游擊武裝力量，並要求華府提供經費、資源與海外基地，以推動訓練補給等任務，雙方一拍即合。[39]一九五一年初，蕭泰代表美方與蔡文治簽訂祕密合約，美方同意支持蔡文治領導的自由中國運動，在華南地區從事游擊活動，美方除了提供裝備補給與物資之外，還在日本東京神奈川的茅崎市設立自由中國運動總部、作戰學校與通訊學校，同時在沖繩的美軍基地內設立游擊隊員訓練基地，並在美國所屬的太平洋塞班島上設立軍政幹部學校。蔡文治獲得美方支持允諾後，自稱海陸空軍總司令，由黃秉衡副之，楊子餘任參謀長，一時開府建制，儼然成為美國保護下的獨立政權，該組織發展到最高峰時，位於東京、沖繩與塞班島上的幹部與學員總數，甚至在千人以上。[40]

美國政府為了密謀發展亞洲地區的第三勢力，還把眼光放在粵系實力派將領、曾任國軍陸軍總司令

35「毛森致俞濟時」（一九五一年十月十八日），同上，檔號：0042803/013。
36 Nancy Bernkopf Tucker, *China Confidential: American Diplomats and Sino-American Relations, 1945-1996* (New York: Columbia University Press, 2001), pp. 31-32; 張淑雅，《韓戰救台灣？解讀美國對台政策》（台北：衛城，二〇一一），頁一五六—一五九。
37 張發奎，《蔣介石與我——張發奎上將回憶錄》（香港：文化藝術出版社，二〇〇八），頁五一八—五一九。
38 Unpublished autobiography of Thomas Tse-yue Yang（楊子餘）, chapter 17, Thomas Tse-yue Yang Papers, Folder 1.
39 ibid.
40 李璜，《學鈍室回憶錄》（香港：明報月刊社，一九八二），下冊，頁七二三—七二五。

的張發奎身上。一九五〇年秋天，廣州嶺南大學最後一任外（美）籍校長香雅格（James M. Henry）於香港主動接觸張發奎，探詢他出面領導中國大陸敵後游擊工作的意願，張當時婉拒此項任務，但答允在香港努力籌組新的政治勢力並協助訓練新的武裝力量，此後陸續不斷有美方情報人員前來與張發奎接洽。[41] 在張發奎積極走動以及一番聯繫協調與會議之後，蟄伏香港的一群反共反蔣自由民主派人士，於一九五二年三月間宣布成立「中國自由民主戰鬥同盟」（簡稱「戰盟」），由張發奎、張君勱、童冠賢、顧孟餘、張國燾、李微塵等六人擔任發起人，下設組織、財政、政治、軍事、華僑與宣傳等部門，初期成員約有二、三百人，政治背景光譜包羅萬象，涵蓋原國民黨、民社黨、青年黨、共產黨、民憲黨與地方實力派如桂系等各方人士，在美國中央情報局每個月補貼兩萬美元的支持下，戰盟除了發行報刊進行文化宣傳之外，還曾著手開辦大學，培養人才，同時派人分赴北美、澳洲、印度等地活動，企圖在海外華僑社會擴大影響力。[42]

張發奎

朝鮮半島上的戰事僵持不下，這批戰盟的重要成員們，紛紛感受到華府支持第三勢力的熱度不減，因此各顯神通，把握時機，積極將觸角伸入美國主流政治圈內，藉機抬高身價。譬如張發奎曾於一九五一年初向包括魏德邁將軍在內的美方重要軍政人物，引介他的美國友人洛克（Loy H. Locke），擔任張在美國的全權代表，統籌戰盟在北美地區業務。[43] 一九四九年起前往印度新德里講學的張君勱，則是努力透過當時在美國學界、政界皆具影響力的政治理論家伯恩漢（James Burnham），代為發揚其有關中國第三勢力政治運動的著作與論述，並希望藉助伯恩漢等美國重量級學者的影響力，前往美國各地活動。[44]

一九五二年春天，當時同時接受美國情報系統暗助的自由中國運動與戰盟兩股力量，在美方居間撮合下，曾一度嘗試攜手合作，由張發奎在港、澳一帶負責招募來自華南地區的流亡青年，送往沖繩島接受蔡文治領導的自由中國運動所屬各學校進行密集訓練，作為日後籌組游擊部隊的生力軍。此刻蔡文治除了希望透過張發奎在港、澳地區大量招募新手之外，更需要藉助張發奎在華南地區的影響力來號召該地區的地下游擊勢力，以確保能夠繼續獲得美方青睞。為此，他特別調整自由中國運動總部的組織建制，增設軍事委員會，下轄海陸空軍總部總司令。他並禮讓由張發奎出任總司令一職，蔡本人屈就副總司令兼陸軍總司令。然而此舉並未事先與張發奎討論，事後也不被張所接受；反之，張發奎努力游說蔡文治解散其組織，改加入其所領導的戰盟，以擴大整個第三勢力的基礎。雙方對此議題談不攏，合作一事最後無疾而終。[45]儘管如此，在張發奎的指示下，或者說是在美方的壓力下，戰盟的幾位重要成員幹

---

41 程思遠，《政海祕辛》（香港：南粵出版社，一九八八），頁二三一—二三二；張發奎，《蔣介石與我》，頁四七九—四八七。

42 楊天石，〈五〇年代在香港和北美的第三種力量〉，收錄於其著作，《近代中國史事鈎沉——海外訪史錄》（北京：社會科學文獻出版社，一九九八），頁六七一—六七二；程思遠，《政海祕辛》，頁二三五—二四〇；鄭大華，《張君勱傳》（北京：中華書局，一九九七），頁五七二—五七三。

43 Chang Fa-kwei to General Albert C. Wecemeyer, February 4, 1951, Albert C. Wedemeyer Papers, Box 102.

44 Carsun Chang to James Burnham, July 19, 1951; Burnham to Chang, August 15, 1951; Burnham to Chang, September 11, 1951; Burnham to Chang, December 12, 1951, James Burnham Papers, Box 6.

45 張發奎，《蔣介石與我》，頁四九四—五〇〇、Unpublished autobiography of Thomas Tse-yue Yang, chapters 18 and 19, Thomas Tse-yue Yang Papers, Folder 1.

部仍於一九五二年秋天前往沖繩島，參與並協助自由中國運動訓練游擊人員的計畫。有了戰盟人士參與，名義上由蔡文治領導的敵後游擊工作，一度在香港設有工作站，組織龐大，幹部羅致千人以上，並且在中國大陸設立西北、華南、華中、東北、西南與東南等六個游擊軍區，對外號稱轄有二十三支游擊縱隊與八支大隊，聲勢頗為浩大。[46]

一九五二至一九五三年間，在美方軍事情報系統支持下，戰盟與自由中國運動曾經自香港與日本發動幾次對中國大陸極為失敗的游擊與敵後空投任務。一九五二年初夏，戰盟的軍事部長鄧龍光召集訓練了七十餘名前粵籍軍人，在美方協助下，取得兩艘機動船，由鄧龍光的舊部陳深率領，從香港最南端的蒲台島向廣東西南地區出發，然而行前遇上暴雨，加上美方運送武器的船隻沒有按照約定時間在公海出現，兩艘船隻只好折返。不久後戰盟又自蒲台島發動第二次嘗試，結果第一艘機動船尚未抵達公海之前，即遭香港水警截捕，另一艘由陳深指揮脫逃，最後在新界的西貢上岸，香港政府原本想把所有人員遞解台灣交蔣介石處理，然在張發奎努力交涉下，陳深與其游擊隊員最後被港府改驅逐至澳門，這批人馬向澳門當地的美方情報人員領取一些遣散費後，即作鳥獸散。[47]

然而於沖繩、塞班島等地接受訓練的自由中國運動游擊人員，下場則沒有如此幸運；一九五二年秋天，蔡文治繼續不斷向美方吹噓他仍牢固掌握中國大陸各地的敵後人員，一旦自由中國運動發動敵後行動，將可與大陸內部的敵後人員裡應外合。美方人員對此深信不疑，因此在美方技術與經費支援下，一批批在沖繩與塞班島結訓的學員回到日本後，於一九五二年底起的半年內，先後被安排空投到中國大陸湖南、安徽、江西、湖北、廣東、海南島與東北長白山地區，這些敵後人員最後不是下落不明，就是遭到中共當局逮捕處決，美方期待這些空投任務能夠引燃中國大陸內部的反抗浪潮，建立廣大根據地，並擴大反共游擊武裝力量，然而終究只是不切實際的幻想。[48]

華府地區的敵後反攻熱潮與美國對台政策

值得注意的是，韓戰高峰期間，美國軍事情報單位除了在亞洲的香港、日本、沖繩與塞班島等地積極扶持第三勢力之外，華府地區亦有不少於一九四九年前後移居美國的前國民政府時期黨、政、軍人物，往來穿梭於白宮、國務院、五角大廈等地，主動請纓，積極游說，以博取美方關愛與支持的眼神，來出面領導第三勢力政治運動。這些人物期盼在美方經費資源的挹注下，能夠與亞洲的蔡文治或張發奎一較長短，爭取中國大陸敵後任務的主導權，一九四九年秋天以治病名義前往美國的李宗仁，即是一例。

一九五一年一月，李宗仁在其私人祕書甘介侯的陪同下，與美國國務院負責東亞事務官員見面，李宗仁告訴美方，他在香港的眾多粵、桂系舊部門生，對於美國支持發展中國第三勢力，皆表示高度期待，只待美方點頭支持，就可立即推動。李宗仁宣稱只有他有足夠的聲望與能耐，可以影響台灣以外的反共力量，統籌掌控中國大陸的龐大地下游擊組織；李還表示，只要他在華府登高一呼，香港的第三勢力即可在最短期內發展成一股新的政治力量。[49]為了證明李宗仁在華南與西南各省仍擁有極大影響力，甘介侯當場向國務院官員出示一份號稱是最精準、最高機密的華南、西南地區游擊勢力分布圖，供美方

---

46 張發奎，《蔣介石與我》，頁四八二—四八三。

47 張發奎，《蔣介石與我》，頁四九七—四九八；鄭義，《國共香江諜戰》（香港：文化藝術出版社，二〇〇九），頁三四三—三四四。

48 Unpublished autobiography of Thomas Tse-yue Yang, chapter 21, Thomas Tse-yue Yang Papers, Folder 1; Tim Weiner, Legacy of Ashes: The History of the CIA (New York: Anchor Books, 2007), pp. 56-62.

49 Memorandum of Conversation, Subject: Political Thinking of General Li Tsung-jen, top secret, January 26, 1951, in ROCA, reel 22.

參考。[50]

然而美方似乎並不相信李宗仁真有此能耐，因而在扶植香港戰盟的過程中，並未把李的角色認真納入，未獲美方青睞的李宗仁，轉而開始詆毀戰盟。一九五一年五月間，甘介侯在美國國務院會晤中國司長柯樂伯（O. Edmund Clubb）時，不斷強調當時群聚香港的第三勢力諸成員們，已呈分崩離析之勢，彼此各懷鬼胎，且張發奎甚至已經和蔣介石達成祕密合作協議，故當時戰盟內部二十五人所組成的委員會之中，實際上有八位是來自蔣介石陣營。當柯樂伯詢問甘介侯，究竟第三勢力成員當中，誰可以稱得上支持李宗仁，甘不得不坦承一個也沒有，但他仍強調李宗仁亟盼美方能夠支持「真正的」第三勢力發展與茁壯，而非遭台北國民黨滲透與操控的「假第三勢力」。[51]從中方解密檔案看來，當時台北國民黨高層確實對香港戰盟內部的一舉一動，甚至會議過程與爭執細節，瞭若指掌，可見甘介侯所言並不假。[52]

除了李宗仁與甘介侯之外，一九五一年春夏之際頻繁與華府高層接觸的代表性人物，還有蔡增基與荊磐石。蔡增基是廣東香山人，早年負笈紐約哥倫比亞大學，返國後曾任國民政府財政部金融管理局長、鐵道部管理司司長、杭州市市長、上海市財政局局長、交通部招商局總經理等職務，一九四九年後移居美國，擔任由伍憲子創立的中國民主憲政黨海外顧問，並與美國民主黨重量級參議員康納利（John Connally）等頗有往來，此刻國務院頗思透過蔡增基來進一步掌握海外第三勢力發展情形。[53]

荊磐石同樣畢業於哥倫比亞大學，返國後曾任國民政府糧食部顧問與總務司長、教育部與司法行政部顧問等職，一九五〇年赴美後，積極替美方與當時中國大陸的地下敵後游擊勢力搭橋。一九五一年七月初，他面交國務院官員一份機密文件，內附福建省境內反共游擊隊分布圖與相關照片，荊磐石稱這些文件是目前領導福建境內游擊隊的一位「何將軍」所提供，據這位何將軍稱，當時除了福建東北部的游擊力量直接受台北節制指揮之外，其餘皆歸他本人所管，何將軍透過荊磐石尋求美方祕密援助，甚至邀請美方派員親赴他位於閩南沿海地區的外島根據地視察。[54]數週之後，荊磐石又攜來一份何將軍的機密文件，內稱過去一段時間以來，中共解放軍曾攻擊並占領他的閩南游擊基地，但最近又被他奪回來，荊還表示，何將軍所轄的海島游擊根據地，可以發動海上突襲與沿海攔截，極具戰略價值，且距離香港不遠，港府當局甚至已經認真考慮與何將軍打交道，荊藉此敦促華府認真考慮支持這位何將軍。[55]

韓戰期間華府另一位頗受注目的第三勢力說客，是曾任清華大學校長、上海市公安局長、國民政府憲兵副司令、首位美國西點軍校的中國畢業生溫應星。溫於一九五一年前往美國定居後，積極扮演台灣以外各股反共勢力與美國之間的聯繫管道，而華府軍政高層一度也頗思借重溫過去的人脈與情報網絡，以進一步掌握第三勢力實況。一九五一年九月中旬，在一場國務院內進行的閉門會議裡，溫應星提到張君勱欲自印度前來美國活動，也提到在紐約作寓公的前國府行政院長宋子文，都在為第三勢力運動的發展積極奔走。溫還向美方官員透露，台北軍事情報高層曾任命一位化名為「李江」的大陸敵後人員，擔

---

50 Memorandum from Mr. Club (CA) to Mr. Krentz (S/P), January 15, 1951, in ROCA, reel 22.

51 Memorandum of Conversation, Subject: Position of "Third Force" Element, top secret, May 21, 1951, ROCA, reel 22.

52「張其昀、陳雪屏簽呈摘由——報告顧孟餘、張發奎等醞釀第三勢力近況」（一九五一年六月十九日），〈特交檔案／一般資料／民國四十年（三）〉，《蔣中正總統文物》，典藏號：002080200346028。

53 Memorandum of Conversation, Subject: Jun-Ke Choy: Relationship to Chinese"Third Force" Movement, April 9, 1951, in ROCA, reel 22.

54 Memorandum from Mr. Perkins (CA) to Mr. Krentz (S/P), Subject: Document respecting Anti-Communist Guerrillas in Fukien submitted by Peter Ching, July 6, 1951, in ROCA, reel 22.

55 Memorandum from Mr. Perkins (CA) to Mr. Krentz (S/P), Subject: Additional Information submitted by Peter Ching Regarding Fukien Guerrillas, August 24, 1951, in ROCA, reel 22.

任「粵西反共救國軍總指揮」職務，授權他指揮廣東境內三個師與四個獨立旅的游擊兵力，但是這位李江卻私下向溫抱怨，台北實際上根本未給予他任何援助，導致他的游擊隊成員紛紛前往香港，武裝力量形同瓦解，殊為可惜。在此一場合裡，溫也表示，當時雲南省境內有兩股分別由段青雲與馬崇林領導的游擊勢力，欲加入李彌領導的部隊，但已被溫本人勸阻，建議他們應先聽候美方意見之後再行事。溫應星最後告訴美方，他希望與不久後即將訪問華府的法國駐越南統帥塔西尼將軍（General Jean de Lattre de Tassigny）會晤，討論溫本人代表的第三勢力，派員借道越南前往廣西省進行敵後活動的可能性。[56]

溫應星如此豐富生動與精彩的情報分享，讓他得以在短短一個月之後的十月十日，再度受邀進入國務院，與美方官員深度晤談。此次溫明白向美方指出，華府欲重新與台北的蔣介石合作，實屬不智；他認為美國應積極尋求與國民黨以外的反共力量結合，他聲稱已決定派遣一位「鄧先生」前往中南半島，爭取法國殖民當局允諾協助取道越南進入西南各省祕密活動。溫亦稱其所代表的政治勢力，正考慮以武力占領南沙群島的幾個小島嶼，作為可容納七萬名游擊兵力的游擊根據地；溫還樂觀估計，這七萬名兵力中，其中約一萬名兵源可從港、澳地區招募，而他也將聘請他在西點軍校的同班同學、二次大戰時期美軍在太平洋戰場上戰績彪炳的名將艾克爾伯格（Robert Eichelberger），擔任未來游擊部隊的軍事顧問。[57]一星期後，溫應星再次前往國務院與主管遠東事務官員會面，此時戰盟的籌組在香港已經辦得如火如荼，溫向美方抱怨不應獨厚張發奎，而忽視他所代表的另一股政治勢力，溫更露骨批評張發奎在雲南與兩廣地區根本沒有追隨者，只有他本人才有能耐動員這些地方的地下游擊隊，溫還當場出示一份他與兩廣地區敵後游擊人員的往來信函，作為證明。此番會晤後，美國國務院官員決定將溫應星的聯繫管道與情報來源，轉由中央情報局來處理。[58]

亞洲冷戰初期，美方為了設法削減中共力量，而於東京、香港、沖繩、塞班島等地扶持第三勢力，並且支援推動中國大陸的敵後游擊任務，相當程度上也反映了華府決策者在重新思索與制定對華政策過程中的一種思維。易言之，美國政府因中共參加韓戰，導致美方無法迅速結束戰事，甚至為美國帶來巨大且沉重的軍事外交壓力，因而希望整合全中國內外所有反共力量，並且將「台灣因素」逐步納入其對中國大陸整體政策的規劃之中。

根據美國國務院解密檔案揭示，韓戰期間，在美方眼中，蔣介石聲稱全中國大陸有四十萬名反共游擊敵後力量仍效忠於他的說法，並不可靠。國民黨充其量僅能控制福建、江浙沿海與部分華南地區的零星游擊武力，而在美國的西方主要盟國如英、法等國，堅決反對台灣出兵參加韓戰的情況下，此刻美國國務院決策階層所提出的可能方案，是「改變國民黨領導階層、同時運用第三勢力」，一來設法剷除蔣介石與其所屬的國民黨舊勢力，讓西方國家不再批評華府重新恢復對蔣的支持；二來若蔣介石的力量能夠被移除，則將可減少台灣新的領導班底與海外第三勢力的競爭與摩擦。雖然美方預見蔣介石下野後的台灣新政權，仍不脫被國際間批評為美國的附庸，然而藉由第三勢力適時加入台灣新政局，將可以抵銷此類批評。至於如何推動此方案，國務院曾擬定以沖繩、香港、河內與馬尼拉等地，作為未來第三勢力的訓練與行動大本營，並決定先在馬尼拉成立「自由中國中心」，培訓美方重點挑選的台灣未來領導幹部，一旦蔣介石下台後，美方也應立即對台灣島上的軍事指揮體系著手進行改造，並與美軍建立直接的

56 Memorandum of Conversation, Subject: Guerrilla Activities in China, September 13, 1951, in ROCA, reel 22.

57 Memorandum from Mr. Perkins (CA) to Mr. Krentz (S/P), Subject: Further Information provided by General Wen, October 16, 1951, ROCA, reel 22.

58 Memorandum from Mr. Perkins (CA) to Mr. Krentz (S/P), Subject: Conversation with General Wen, October 18, 1951, ROCA, reel 22.

聯繫管道。[59]

一九五一年春天，為了順利推動如上重要任務，美國國務院內部曾設立祕密的專案小組，由數位精通遠東與蘇聯事務的資深官員與專家組成，共同評估中國大陸游擊武裝力量與反共運動發展，發展與各第三勢力成員組織之間的聯繫管道，同時推動美方與第三勢力的關係，當時此一任務小組成員包括曾於抗戰時期派駐中國各地的資深外交官戴維斯（John P. Davis）、石博思（Philip D. Sprouse）與盧登（Raymond P. Ludden），以及兩位東歐與朝鮮問題專家彭菲德（James K. Penfield）與蔡斯（A. Sabin Chase）。[60]專案小組會議還決定小組各成員應以美國駐遠東各國的使領館為掩護，儘速趕赴該地區活動，同時小組成員也將擁有獨立權限與資源，但是為了維持機動性與隱密性起見，這些成員將不會有固定的辦公地點。[61]

在台北，蔣介石對於美方的政治動作與盤算，不可能毫不知情，根據台北國民黨高層所掌握的情報，一九五一年六月間，美方已獲得菲律賓總統季里諾首肯，以馬尼拉作為訓練第三勢力的基地，準備興辦如下四種業務：一、籌辦大學一所，收容港、澳流亡青年與海外僑生，作為將來第三勢力的基本幹部；二、設立一個專業訓練班，訓練軍事與政治幹部及軍事情報技術人員，作為儲備日後接管台灣軍政業務人才所需；三、設立一間研究所，收容由中國大陸逃亡之教育與文化人士，並研究未來登陸後各項政治、經濟與社會問題；四、籌辦一份報紙，銷售南洋各地，以海外僑胞為宣傳對象。蔣介石也獲悉，在美方鼓動下，當時已有百餘位戰盟成員，自香港飛往馬尼拉，參與各項籌備工作。[62]

蔣介石相當清楚美國正欲扶持有別於國民黨的第三勢力，因此特別派遣其親信杭立武，於一九五一年春天飛前往華府與美方溝通，會晤對象為主管東亞事務的副助理國務卿莫成德（Livingston T. Merchant），杭立武稱第三勢力缺乏武器、經費與政治資本，根本無法領導中國大陸境內的反共運動，因此美方應當全力支持台灣的蔣介石。對此，莫成德坦白告訴杭立武，杜魯門總統已不再信任蔣介石與國民黨，因此擴大海內外反共權力基礎，並以更開明之訴求來吸引中國大陸民心，誠屬必要，莫成德還不忘要杭立武轉告蔣介石，蔣經國當時主持的國安系統，在台灣各處大肆逮捕異議人士，進行白色恐怖活動等與民主精神背道而馳的相關訊息，已傳遍美國政壇，他希望國民黨當局能夠多加注意自己的形象。[63]

然而韓戰期間美國欲扶持第三勢力、協助中國大陸敵後游擊工作、與推動「去蔣保台」等方案，不久後即面臨嚴重瓶頸。華府的軍事情報單位很快就發現，包括戰盟、自由中國運動或者如荊磐石、溫應星等所謂第三勢力人物，雖然聲稱掌握中國大陸最權威可靠的情報來源，以及仍對大陸地下游擊力量具有龐大影響力，然而這些人物與同一時期聲稱效忠蔣介石、願替台北國民黨推動敵後反攻的何中民、陳樾、劉時榮、郭長陞、毛森等人一樣，大言皇皇，卻鮮有真正實力與具體情報可以提供。於韓戰期間派駐香港擔任中央情報局特工的前美國駐華大使李潔明（James Lilley）即曾於自傳裡描述，這些美國幕後

59 State Department Memorandum, Subject: Support of China Mainland Resistance and Use of Nationalist Forces on Formosa, top secret, January 24, 1951, in ROCA, reel 23.

60 Memorandum from Mr. Clubb (CA) to Mr. Merchant (CA), Subject: Organization of Task Force for work with "Third Force" Elements, top secret, April 25, 1951, in ROCA, reel 22.

61 Memorandum from Mr. Clubb (CA) to Dean Rusk (Assistant Secretary of State), Subject: Practical U.S. Relationship to Chinese "Third Force" Movements, top secret, April 10, 1951, in ROCA, reel 22.

62 「張其昀、陳雪屏簽呈摘由——報告顧孟餘、張發奎等醞釀第三勢力近況」（一九五一年六月十九日），〈特交檔案／一般資料／民國四十年（三）〉，《蔣中正總統文物》，典藏號：002080200346028。

63 Memorandum of Conversation, April 20, 1951, in ROCA, reel 22.

支持的第三勢力人物所提供的敵後情報，根本是他們在九龍的公寓房間裡，以中國內地流出的報章雜誌報導，略加改編而成，美方可說是花了大筆冤枉錢，買了一堆分文不值的假情報。[64]

而戰盟與自由中國運動之間，以及戰盟內部各重要成員彼此離心離德，無法真誠合作，也都讓華府對第三勢力運動能否成功，慢慢失去信心；一九五一年八月初，當時成功游說季里諾總統支持美方推動此運動的美國駐菲律賓大使柯文（Myron M. Cowen），得知華府似乎對於在菲國境內扶持第三勢力運動不再感到熱忱，而有意暫緩所有計畫，一度大為火光，並寫信向國務院發了一頓牢騷。[65]同年十二月間，國務院一改稍早論調，指出華府公開支持第三勢力，與美國和台北國民黨政府維持外交關係的政策相違背，而負責處理遠東事務的官員也開始認為，海內外的第三勢力分子應當在體制內積極參與台灣的國民黨政府，而非在體制外另起爐灶。[66]

一九五二年初，當張君勱準備動身前往美國擔任戰盟駐美代表，而向美國申請入境簽證時，國務院官員甚至開始私下抱怨美國境內已經充斥著太多的第三勢力分子，這些人物持臨時簽證進入美國，想在美國境內重新打造一個他們心目中理想的新中國，根本不切實際。時任國務院中國司司長的柏金斯（Troy L. Perkins）更明白指出，華府若已決定重新接納台北的蔣介石，則不能夠再對第三勢力給予強有力的支持。[67]一九五二年夏天，當一年多前還是國務院座上賓的荊磐石，興沖沖地向美方提出一份第三勢力未來回到中國大陸的政治行動方案時，他已被國務院官員私下譏諷為「極端麻煩的機會主義者」，並且決定著手對他過去在美國的活動展開調查，甚至不排除將他遣送回香港。[68]一九五三年初，對蔣介石與國民黨較採同情立場的共和黨新總統艾森豪上任後，華府對遠東地區的外交政策出現新的轉變，這也預示著亞洲冷戰初期美國扶持第三勢力與其推動之大陸敵後游擊工作，終將步入歷史。

曇花一現的台、美敵後反攻——李彌與滇緬游擊隊

那麼在一九五〇年代亞洲冷戰初期，台灣與美國之間究竟是否真正實現過所謂的敵後游擊與反攻大陸的牽制中共軍事行動呢？這段期間，台、美之間確實曾經合作推動中國大陸東南沿海地區的突襲任務，雙方也曾交換軍事情報訊息，然而嚴格來說，整個韓戰期間，台、美雙方唯一一次真正具體實現較大規模的反攻大陸游擊行動，僅發生在一九五一年春夏之際，當時由李彌所領導的國民黨滇緬游擊部隊，曾經發動過一場反攻滇南戰役，只不過當蔣介石將李彌部隊視為一股效忠於他的反共力量時，美國政府卻把李彌視為一支可區隔台北國民黨的第三勢力，而大加扶植栽培。

一九四九年十二月九日，雲南省主席盧漢軟禁國民黨軍駐滇第二十六軍軍長余程萬與第八軍軍長李彌，並發表廣播宣布倒戈，加入新中國；國民黨下令兩軍圍攻昆明以敉平盧漢叛變，迫使盧漢將余、李兩人釋放，兩軍隨後向滇南轉進，沿途與解放軍激戰。一九五〇年春天，國民黨第二十六與第八軍殘部約一千四百餘人，輾轉抵達泰、緬邊境的大其力。[69]另一方面，余程萬於圍攻昆明失敗後，因害怕國民黨追究責任，逕自經海南島前往香港，不願前往台灣。李彌則經海南島飛赴台北，向蔣介石主動請纓，

---

64 James Lilley, *China Hands: Nine Decades of Adventure, Espionage, and Diplomacy in Asia* (New York: PublicAffairs, 2004), pp.82-84.

65 U.S. Embassy (Manila) to Dean Rusk, August 9, 1951, in ROCA, reel 22.

66 State Department Secret Security Information, December 7, 1951, in ROCA, reel 22.

67 Troy L. Perkins (CA) to Everett F. Drumright (Counselor of U. S. Embassy in India), January 23, 1951, in ROCA, reel 27.

68 State Department Confidential Security Information, July 2, 1952, in ROCA, reel 27.

69 覃怡輝，《金三角國軍血淚史1950-1981》（台北：中研院、聯經出版事業公司，二〇〇九），頁一五一—五四。

前往滇、緬邊區收容舊部，並提出入滇工作計畫，主張在西南邊區建立反共基地，進行敵後與反攻活動。[70]然而正如當時出現的其他敵後工作申請方案一般，李彌的計畫雖然在原則上獲得蔣介石允可，惟其所要求的兩百萬銀元經費過於龐大，蔣最後不得不告以「無力實施」。[71]儘管如此，李彌仍於一九五〇年四月間，由台北經香港抵達曼谷，在台灣駐泰國大使館的掩護下展開工作，並透過國民黨駐泰武官陳振熙的協助，與大其力附近的國民黨殘部取得聯繫，在李彌不斷向蔣介石積極爭取後，台北國防部終於同意自該年五月起，每月以泰幣十萬銖補助大其力游擊隊。[72]

暫棲於大其力的國民黨殘部，原本計畫短暫整編後，即伺機反攻大陸，對緬甸領土本無侵占之意，然而一九五〇年六月八日中華人民共和國在緬甸首都仰光設立大使館後，不斷向緬甸政府施壓，要求驅逐李彌所部，緬甸政府憂懼中共可能以李彌部隊為藉口而派兵進入緬境，因而決定自行驅離。[73]六月十三日起，緬甸政府軍先以飛機掃射轟炸大其力部隊，隨後出動地面部隊進攻，李彌部隊由李國輝領導，展開反擊，雙方戰事持續至同年八月中旬，緬甸政府軍以慘敗收場；八月二十一日，緬甸陸軍總司令尼溫（Ne Win）致函李國輝，表示同情其反共立場，但請求國民黨游擊隊撤離大其力，進入猛董山區，以保持地主國體面，緬方並允諾將盡力協助供糧，永保友誼，李國輝覆函同意照辦。[74]

大其力之役的重要意義，除了奠定國民黨游擊隊在滇、緬、泰邊區的地位之外，也讓華府與台北兩地的決策高層，開始評估該部隊的戰力，並於朝鮮半島戰事爆發後，謀思加以運用。一九五〇年十月底開始，中共以「自願軍」名義參加朝鮮作戰，以美國為首的聯合國部隊，在朝鮮半島上傷亡慘重。十一月五日，美國中央情報局依據曾與李彌在曼谷多次祕密接觸的美國駐東南亞地區軍援顧問團副團長爾斯金（Graves B. Erskine）所提供的資訊，向杜魯門總統提出「白紙方案」（Operation Paper），由美方祕密支援李彌部隊反攻雲南，藉以牽制中共注意力，分散並降低美方在朝鮮半島上面臨的沉重軍事壓力，此方案立即獲得白宮批准。[75]中央情報局在得到泰國政府的合作承諾後，為執行此白紙方案，特於曼谷設立「東南亞國防用品公司」作為掩護，並於一九五一年二月起，顧用陳納德所轄「民航空運大隊」，將一批批武器裝備由沖繩美軍基地運往泰國，並由東南亞國防用品公司人員祕密以陸路運往位於滇緬邊境的李彌部隊。此外，中央情報局也自一九五一年秋天起，按月補助七萬五千美元給滇緬國民黨游擊隊。[76]

大其力之役後，台北國民黨政府同樣開始重視李彌部隊。一九五〇年四月間，當李彌向台北國防部呈請恢復國民黨軍第八、九兩軍番號，以恢復游擊隊軍心士氣時，為時任參謀總長的周至柔並未批准；而當李彌進一步向國防部申請「雲南綏靖公署」編制以利其反攻雲南行動時，此請求也只換來國防部回

70「李彌呈蔣介石「雲南省政府」進入雲南後工作計畫」（一九五〇年四月七日），〈李彌入滇工作計畫〉，《國防部史政檔案》，檔號：0042897/003。

71「總統府簽條」（一九五〇年四月二十日），同上；「俞濟時致李彌」（一九五〇年五月三日），同前。

72 台北援助滇緬游擊隊每月十萬銖的費用，直到該年十二月才由台灣駐西貢總領事館將八十萬銖一次轉交給李彌，參見：「李彌呈陳誠」（一九五〇年十二月二十八日），〈雲南反共救國軍經費撥補案〉，《國防部史政檔案》，檔號：00012007/001；「陳誠致李彌」（一九五〇年十二月二十九日），同前。

73 State Department Office of Intelligence Research, "Chinese Communist Influence in Burma, 1949-1951," April 15, 1952, in Supplement, reel 1.

74 Robert H. Taylor, *Foreign and Domestic Consequences of the KMT Intervention in Burma* (Ithaca: Department of Asian Studies, Cornell University, 1973), pp. 6-13.

75 William M. Leary, Perilous Missions: Civil Air Transport and CIA Covert Operations in Asia (Tuscaloosa, AL: University of Alabama Press, 1984), pp. 128-131; Alfred W. McCoy, The Politics of Heroin: CIA Complicity in the Global Drug Trade (Chicago: Lawrence Hill Books, 1991), pp. 163-168.

76 覃怡輝，《金三角國軍血淚史1950-1981》，頁七八—七九。

稱李彌可保留「綏靖公署」名義，但不能給予編制也不允許設立機關，這個回覆令李彌倍感挫折。[77]然而大其力一役之後，台北不但同意李彌撥補軍械彈藥的要求，也同意自一九五一年初起，提高每月經費補助由十萬泰銖增至二十萬泰銖。[78]一九五一年二月底，國防部僱用台灣航業公司所屬嘉義輪，由高雄港出發，以裝載一千二百噸砂糖為掩護，將軍火、通訊與衛生器材運往曼谷，並且在泰國軍方協助下，順利轉交李彌部隊。當時泰國總理鑾披汶（Plaek Pibunsongkhram）不但親自召見李彌，拍板同意台灣此運補計畫，並下令由泰國警察總監乃炮（Phao Sriyanond）親自押運軍火至泰、緬邊界，以示慎重。[79]

另一個足可證明蔣介石開始重視滇緬游擊部隊的例證，發生在一九五〇年十一月間，當時李彌向台北呈報，其主持的雲南省政府已陸續恢復雲南第七、第九、第十二行政區與滇南六個縣、「設治局」的行政權，並已指派各主管行政人員，李彌還報告稱他已下令增設新的「西南行署」，並將整個雲南省劃分為五個軍政區，同時業已完成相關人員之建置部署。[80]台北軍方高層收到李彌的報告後，認為他先斬後奏，舉措充滿爭議，一旦台北同意此舉，「造成既成事實，對將來之經費人事等處理更增困難」，但最後國民黨高層仍決定予以默認支持，並未多加過問。[81]

由於李彌與美國駐東南亞軍援顧問團副團長爾斯金於一九五〇年九月間在曼谷的接觸是由台北駐泰國武官陳振熙居中聯繫，據此推論，台北國民黨高層對於美國暗中援助李彌，應早有掌握，李彌因未先請示台北即逕自與美方接觸，蔣介石為此還曾一度動怒，下令駐泰大使館設法將李彌以叛國罪解送回台。[82]到了一九五一年春天之際，台北高層進一步自其駐泰人員掌握美方祕密軍援李部的具體細節，然而此刻蔣介石不但決定隱忍，還指示國防部利用此機會爭取美方技術協助，並儘快向李彌部隊補運新一批軍火，包括李部當時最缺乏的步槍總數一千枝。[83]

很顯然地，此刻國民黨頗思李彌游擊隊能夠借重美方的力量，打回雲南，在中國大陸西南地區建立反攻根據地。然而諷刺的是，華府願意援助李部，卻是當時美國在亞洲地區欲扶持反共反蔣第三勢力整體戰略下的一環。與李彌往來密切、一九四九年之前曾任雲南省政府祕書長的李拂一即表示，一九五〇年秋天美方接觸李彌並支持他的重要條件之一，就是要求李彌脫離與蔣介石的關係，配合美方立場以發展第三勢力，只不過李彌當時並不願意完全斷絕與蔣的關係。[84]根據美方解密檔案顯示，促成華府願意促使李彌勢力發展成為重要第三勢力的另一個原因，在於美方掌握當時一群旅居緬甸的前國民黨外交官、商界與僑界領袖，甫於仰光成立「國民黨革命委員會」，此委員會只奉孫中山為領袖，卻拒絕接受台北國民黨中央的指揮，美方因此評估此政治力量應可與李彌的軍事力量相互支援，發展成為日本、香

77「李彌呈周至柔」（一九五〇年五月二十九日），〈雲南綏靖公署編制案〉，《國防部史政檔案》，檔號：00020938/001；「周至柔致李彌」（一九五〇年六月二十九日），同前。

78「李彌呈陳誠」（一九五〇年十一月二十八日），〈雲南反共救國軍經費撥補案〉，《國防部史政檔案》，檔號：00012007/005；「李彌呈陳誠」（一九五一年二月十三日），同前，檔號：00012007/007；「陳誠致李彌」（一九五一年二月十六日），同前。

79「李彌呈蔣介石」（一九五一年一月十日），〈李彌呈滇緬匪情戰況及補給情形〉，《國防部史政檔案》，檔號：00042895/001；「周至柔呈蔣介石」（一九五一年一月二十二日），同前；「周至柔呈蔣介石」（一九五一年三月五日），同前；「周至柔呈蔣介石」（一九五一年三月十六日），同前；「賴名湯呈蔣介石」（一九五一年三月二十三日），同前。

80「李彌呈袁守謙」（一九五〇年十月二十一日），〈雲南綏靖公署編制案〉，《國防部史政檔案》，檔號：00020938/007；「李彌呈國防部」（一九五〇年十一月十四日），同前。

81「國防部大陸工作處致國防部第五廳」（一九五一年一月），同上；「國防部第五廳便箋」（一九五一年一月三日），同前。

82覃怡輝，《金三角國軍血淚史1950-1981》，頁七二—七七。

83「周至柔呈蔣介石」（一九五一年五月九日），〈李彌呈滇緬匪情戰況及補給情形〉，《國防部史政檔案》，檔號：00042895/004；「蔣介石致周至柔」（一九五一年五月十二日），同前。

84覃怡輝，《金三角國軍血淚史1950-1981》，頁七六—七七。

港與菲律賓以外的另一個亞洲第三勢力大本營。[85]

儘管台北與華府之間對李彌游擊部隊的看法有著極微妙的差別，然而雙方對於韓戰期間利用李部牽制與騷擾中共，卻是有志一同。一九五一年春天，獲得美、台兩方軍火裝備與財政補助的李彌部隊，兵力快速增長，游擊隊總人數已從最初的一千四百餘人，增加至五千餘人。[86]五月二十一日，李彌見時機成熟，下令所部自緬北的猛撒駐地開始向雲南發動軍事進攻，當該部隊推進至雲南省境內後，美方情報單位也依約在六月九至十二日之間，於滄源縣境內向游擊隊執行五次空投。兩個月之內，李彌部隊曾經攻占雲南邊境的鎮康、雙江、耿馬、孟定、滄源、瀾滄、寧江與南嶠等八個縣治，然而自七月初起，解放軍以四千兵力開始對李部進行反擊，李部因無法固守各據點，而向緬甸境內轉進。七月二十二日，游擊隊全部撤回緬北，反攻雲南之役暫告結束，根據美方

李彌部隊撤回台灣時受到盛大歡迎。

的估算，總計李部傷亡五百餘人，斃傷共軍六百八十餘人。[87]

反攻雲南之役後，美方情報單位依然繼續暗中補助李彌部隊，然而李部因反攻失利撤回緬甸領土境內，也引起仰光當局的憤怒與不滿，開始向華府施壓，並於一九五二年初，在聯合國大會提出口頭控訴。正如本章先前所述，此刻美國行政當局對於支持第三勢力的熱度已經開始下降，滇緬地區的國民黨游擊勢力亦不能幸免；一九五二年五月間，中央情報局突然以李彌「使用經費不當」為由，停止對其所部每月七萬五千美元的援款。[88]一九五三年春天，緬甸政府正式向聯合國提出控訴案，控告台北國民黨政府侵犯緬甸領土主權，甫上任不久的美國總統艾森豪，認定李彌游擊部隊的戰略價值已隨著朝鮮戰事即將簽訂停火協議而大為降低，因而訓令美國駐台大使館與國民黨政府交涉撤軍事宜。[89]蔣介石迫於聯合國與美國壓力，只能接受；一九五三年五月起，台、美、緬、泰四方代表於曼谷召開長達半年之久的「四國軍事委員會」，協調滇緬游擊部隊撤離事宜，自十一月起至一九五四年五月為止，共有約六千五百七十餘名國民黨部隊分批撤回台灣。[90]

---

85 State Department Office of Intelligence Research, "Chinese Communist Influence in Burma, 1949-1951," April 15, 1952, in Supplement, reel 1.

86 翁台生，《ＣＩＡ在台活動祕辛》（台北：聯經出版事業公司，一九九一），頁七〇；John Garver, *The Sino-American Alliance: Nationalist China and American Cold War Strategy in Asia* (New York: M.E. Sharpe, 1997), pp. 149-150.

87 Karl L. Rankin to State Department, April 1, 1952, no. 794A.521/4-152, in Formosa 1950-1954, reel 6; 覃怡輝，《金三角國軍血淚史 1950-1981》，頁七九—九〇。

88 覃怡輝，《金三角國軍血淚史 1950-1981》，頁七九。

89 Rankin to Walter P. McConaughy, May 4, 1953, no. 794A.11/5-453, in Formosa 1950-1954, reel 4; Report on the Mutual Security Program in Formosa, Second Half of 1953, enclosed in Rankin to State Department, January 12, 1954, no. 794A.5-MSP/1-1254, ibid, reel 6.

90 Rankin to State Department, October 2, 1954, no. 794A.00 (W)/10-254, in Formosa 1950-1954, reel 4.

然與此同時，仍有將近四千名不願撤離該地區的游擊隊與其眷屬，在李彌舊部段希文的領導下，暫時轉往泰、緬邊界山區內駐紮，待四國軍事委員會於一九五四年九月一日正式解散後，台北立即授予這批游擊隊「雲南人民反共志願軍」番號，繼續按月補給經費，並由李彌舊部柳元麟擔任領導。這支當時不被國民黨政府公開承認援助的地下游擊隊，在往後近二十年歲月裡，將扮演著蔣介石參與亞洲冷戰場域中競逐的重要籌碼，繼續被國際社會關注，並且成為台、美與國共關係裡極富爭議的熱點，這段祕辛將在本書後續章節中進一步討論。

第四章

第一次台海危機、白團與台美軍事關係

一九五四年十二月二日，美國國務卿杜勒斯與國民黨政府外交部長葉公超，於華府簽署《中美共同防禦條約》，自一九四一年底太平洋戰爭爆發以來，蔣介石經歷對日抗戰、國共內戰、退守台灣，十餘年後再度與美國結為軍事同盟關係。就在簽訂該協防條約的三個月前，中共解放軍大規模炮擊金門外島，因此美國總統艾森豪的策略似乎是將台、美協防條約的簽訂，作為穩定台海局勢的主要手段：一方面由華府向全球公開做出協防台灣與澎湖的承諾；另一方面美方又刻意不對國民黨政府所控制的福建沿海島嶼作出明確聲明，藉以維持戰略模糊，試圖達到混淆北京的目的，讓毛澤東摸不清美國對於金門、馬祖等外島的真正態度與底線，從而避免採取軍事行動。與此同時，藉由限制蔣介石對中國大陸發動軍事行動，華府亦似有意藉此減緩美國與中共之間的敵意，讓北京不至於擔憂美國將協助蔣介石反攻大陸。[1]

能夠與美國簽訂一紙協防合約，讓台灣安危獲得保障，這對於一九四九年撤退台灣一隅、數年來過著風雨飄搖日子的蔣介石而言，可謂重大突破，無怪乎在協防條約簽字當天，他在日記裡寫道：

> 此乃十年蒙恥忍辱，五年苦撐奮鬥之結果，從此我台灣反攻基地始得確定，大陸民心乃克振奮，此誠黑暗中一線之曙光，難怪共匪之叫囂咒罵，可知其心理之恐怖為如何矣。天父賜我如此之厚，能不勉旃。[2]

然而平心而論，蔣介石不可能沒有意識到，此軍事同盟的建構，不但在實質與法理層面上，把國民黨政府的統治範圍局限在台灣與澎湖，而且，未來他一切試圖以軍事手段反攻大陸的希望，都將因為該條約的防禦性質，而遭受美方極大牽制，甚至反對。吾人不禁要問，這果真是蔣介石所樂見的嗎？

本章利用大量台、美、英、日各地檔案資料，以一九五四年第一次台海危機為主軸，探討台、美之間的協防條約究竟是如何出現的。本章的研究將指出，此條約的簽訂，不僅是一九五〇年代美國在遠東地區冷戰場域中整體軍事外交策略下的一環，同時也體現了蔣介石與國民黨當局，在整個大環境相對不利於台灣的局面下，對美進行角力與折衝過程當中，所能爭取到的較佳選擇；而在此軍事同盟關係形成過程當中，當時日本在台灣的非官方軍事顧問團——白團，還曾扮演過間接而鮮為人知的角色。

事實上，蔣介石在這場台、美之間的軍事外交角力賽局中，最初並未將簽訂正式協防條約視為最優先的選擇；相反地，在韓戰於一九五三年進入尾聲之際，他為了確保台灣的戰略地位不因朝鮮半島停戰協議而受到不利影響，因此致力於尋求美國承諾，繼續對台灣島上的國民黨部隊提供裝備與進行擴編，作為未來發動軍事反攻大陸之準備。台、美最後於一九五四年簽訂協防條約，乃屬「歷史之意外」；易言之，在美國當時不願意接受蔣介石所提出之軍援要求，以及中共炮轟金門外島等因素促成下，國民黨政府與華府之間的軍事防禦同盟關係，也因而順勢被建立起來。儘管蔣介石在其私人日記裡將此結果視為國民黨政府遷台後的重大外交勝利，然而未來在得不到美方允諾與支持的前提下，蔣介石任何企圖針對中共採取的正規軍事行動，都將注定無法獲致成功。一個國民黨政府局限在台灣與澎湖的格局，因此逐漸根深柢固，難以撼動。

---

1 Robert Accinelli, *Crisis and Commitment: United States Policy toward Taiwan, 1950-1955* (Chapel Hill: The University of North Carolina Press, 1996), pp. 179-180; Garver, *The Sino-American Alliance*, pp. 54-59.

2《蔣介石日記》，一九五四年十二月二日。

「和」、「戰」之間的徘徊

一九五〇年六月爆發的韓戰，讓台灣的命運，與朝鮮半島上的局勢演變息息相關。無可諱言，此刻台灣的軍事安全與國際地位，相當程度建立在朝鮮半島戰事是否能夠持續下去；戰事愈膠著，台灣的戰略地位也就愈有保障。因此到了一九五三年夏天，當朝鮮半島的停戰協定談判進入最後尾聲之際，蔣介石的焦慮，似乎並不下於韓國總統李承晚；當時極不願接受停火協議安排的李承晚，極力向華府要求簽訂安保互助條約，作為他同意簽字的先決條件。[3]該年稍早的四至六月間，蔣介石曾三度致函艾森豪，提醒美國應注意共產黨陣營所發動的和平攻勢，並勸告華府勿輕言陷入共產黨陣營停火談判的圈套。[4]六月初，蔣在台北會見來訪的美國聯邦參議員竇克生（Everett Dirksen）與麥紐森（Warren Magnuson）時，他極力說服來客，台灣的命運與東亞局勢之演變息息相關，韓戰停火並不能結束亞洲的戰禍，如欲消滅世界侵略之戰禍，就必須先消滅中共，因為他認為「以亞洲問題全在中國大陸，而不在韓國也」。據此，蔣甚至當場向這兩位美國參議員表示，他自願擔負「滅共」之重責大任。[5]

然而吾人若仔細對比此時海峽兩岸之間的軍事與政治態勢，也許連蔣介石本人可能都要對自己表現出來的自信打折扣。根據一份一九五三年初國民黨政府大陸工作情報活動的解密文件顯示，自一九四九年以來，儘管國民黨對當時台灣島內的安全形勢，已有顯著之掌控，然而其在大陸地區的敵後情報工作與活動能力，卻正迅速衰減當中。一九五二年底之際，台北當局所能夠獲得的軍事情報中，來自大陸地區的總數，只占十二・二％；相較之下，來自台灣澎湖與金馬外島地區的情報，則占了四十九・九％；而來自香港與澳門的，則占十八・一％。這份機密報告同時坦承，國民黨在華北、東北與西北地區的敵後工作，已極其微弱，蔣介石對此深感震驚。[6]另一份極機密國安情報文件亦指出，一九四九年前後國民黨在中國大陸地區所設置的一百零七座無線電台中，到了一九五三年初，只剩下二十九座仍在運作，有八座暫時停止運作，三十座已失去聯繫，另外剩下的四十座，若非已無法操作，就是只能發揮局部功能。此一事實，與一九五〇年六月底韓戰爆發前後，台北方面有關訓練、資助與派遣祕密特工人員向大陸進行敵後滲透的眾多計畫相比，已有天壤之別。時任參謀總長的周至柔甚至坦承，未來要在中共所控制的區域內建立完善的國民黨政府情報網，並且搜集最準確的情資，只會愈加困難。[7]無庸置疑，精準與完備的情報掌握，乃是台北欲對中國大陸展開任何軍事反攻或敵後行動的首要條件，若無，則蔣介石所謂的反攻計畫，無異緣木求魚。

此一現實似乎可以解釋，為何當艾森豪總統於一九五三年初上任後不久，宣布美國即將在台灣海峽執行「去中立化」政策，解除國民黨政府對中國大陸地區發動軍事行動的限制令時，對台北當局而言，並非全然是好消息。當時一份英國駐台灣淡水領事館拍發回倫敦的機密觀察報告中，即明白指出，蔣介石對於獲得美國突如其來對其軍事行動的解禁，事實上並未做好心理準備，在英國人看來，反攻大陸原

3 Burton I. Kaufman, *The Korean Conflict* (Westport, CT: Greenwood Press, 1999), pp. 59-69; Lowe, *The Korean War*, pp. 90-100.

4 NARA, RG 59, 794A.5/4-2353, Howard Jones to State Department, April 23, 1953; 794A.00/9-453, Karl Rankin to State Department, September 4, 1953;《蔣介石日記》，一九五三年四月十五日、六月七日、六月二十三日。

5 《蔣介石日記》，一九五三年六月七日。

6 《蔣介石日記》，一九五三年一月九日；「周至柔呈蔣介石」（一九五三年一月十二日），〈特交檔案——軍事／中央情報機關〉，《蔣中正總統文物》，第四卷，編號：56893。

7 「周至柔呈蔣介石」（一九五三年一月二十四日），〈特交檔案——軍事／中央情報機關〉，《蔣中正總統文物》，第四卷，編號：56892。

本只是蔣介石用以維持國民黨在台統治正當性的政治宣傳口號與目標，如今在華府宣布解除台海中立化後，此「長遠目標」卻突然變成蔣介石必須處理與面對的具體問題。無怪乎台北方面在得知華府此項宣布後，立即發表聲明，宣稱在未做好充分準備之前，將不會貿然對中國大陸發動軍事反攻。[8]

一九五三年之際，對台北而言，發動正規軍事反攻大陸作戰是不切實際的選項，相反地，發動小規模、成本、風險與代價相對較低的大陸沿海突襲行動，就成了國民黨政府可以向世人證明其仍具備反攻大陸決心的可行方案了，這年七月的東山島之役，即是一例。對蔣介石而言，選在韓戰停火協議簽字前夕發動突襲行動，似有重新喚醒國際社會，表明台灣在亞洲冷戰場域中繼續保有重要戰略地位之用意。然而這次突襲行動的結果，卻令蔣介石大失所望。七月十六日清晨，約六百名國民黨政府傘兵空降東山島，在遭遇零星共軍抵抗後，順利控制了灘頭陣地，然而由於台灣方面對於此地漲潮時間的計算出現嚴重失誤，使得原本計畫派赴該島執行兩棲登陸作戰的五千名增援部隊，延遲數小時才能抵達，這讓已經空降東山島的傘兵先遣部隊，必須單獨面對增援的大批解放軍。翌日，國民黨軍面對解放軍的壓倒性優勢，被迫從東山島匆忙撤退。這次突襲行動，最後造成三千三百名國民黨部隊傷亡，同時損失了兩輛坦克、兩架戰鬥機，與三艘海軍登陸艦。[9]

儘管當時台灣內外媒體曾大幅報導國民黨部隊這次突襲行動持續了三十六個小時，而且曾短暫控制了東山島，然而即便是蔣介石本人，也視此行動為一大失敗，甚至導致台北與美國中央情報局「西方公司」之間的祕密合作，逐步劃下句點。[10]這次突襲行動所發生的諸多缺失，加上朝鮮半島局勢逐漸緩和，都讓美方決定不再支持國民黨游擊部隊，因而著手裁撤西方公司與其駐台情報人員，並將大陸沿海外島的國民黨游擊隊編入正規部隊序列，納入美國駐台軍事顧問團的監督與裝備援助範圍。[11]更重要的是，東山島戰役的失利，促使華府決策者加速其重新界定與規範國民黨政府當局日後對大陸的軍事行動，畢竟在美方看來，韓戰停火後，台灣未來的軍事力量應當僅只是防禦性質，而非以攻擊為目的。東山島突襲後不久，美國駐台北軍事顧問團團長蔡斯（William Chase）正式照會國民黨政府相關部門，在未徵得美方允許的情況下，未來國軍不能向中國大陸採取任何軍事行動。蔡斯還特別指明，台北在發動任何超過五百名以上官兵參加的軍事行動，或者採取任何營、團、師級以上規模的沿海突襲行動之前，都必須先獲得美國軍事顧問團首肯，台北最後勉強同意接受此一條件。[12] 回顧歷史，東山島之役後，蔣介石似乎對於其部隊的兩棲作戰能力，有更為清楚的認識，此後一生，他未曾再下令國軍發動大規模兩棲登陸進攻。

白團——蔣介石「以日制美」的嘗試

自從杜魯門總統下令第七艦隊協防台灣海峽，並決定重新軍援國民黨政府之後，美國對台灣的軍、

8 "Summary of Events in Formosa during February, 1953," in Jacob-Larkcom to Foreign Office, March 24, 1953, in Robert L. Jarman ed., *Taiwan Political and Economic Reports 1861-1960* (Slough, England: Archives Editions Ltd., 1997), Vol. 10, pp. 315-316.

9 FO 371/ 105180 FC10111/50, Jacob-Larkcom to Foreign Office, July 23, 1953; Frank Holober, *Raiders of the China Coast: CIA Covert Operations during the Korean War* (Annapolis, MD: Naval Institute Press, 1999), pp. 195-222.

10《蔣介石日記》，一九五三年六月十八日、二十一日、二十四日、三十一日。

11 Holober, *Raiders of the China Coast*, pp. 221-222.

12 NARA, RG 59, 794A.5/7-1753, Rankin to State Department, top secret, July 17, 1953; 794A.5/8-353, State Department memorandum, August 3, 1953; 794A.5-MSP/9-454, Rankin to State Department, top secret, September 4, 1953.

政與外交影響力，明顯增強；另一方面，蔣介石雖樂見台灣的安全因韓戰爆發而獲得保障，但是他在心理上是否真心信任美國人，不無疑問。一九五〇年代初期起，為了平衡與抵銷美國對台灣軍事決策的影響力，蔣介石曾經招募一批鮮為人知的日本退役軍官來到台灣協助訓練國軍部隊，擬定各種作戰方案以及台灣地區社會動員計畫，並承擔國軍部隊的軍事思想、教育與改造等任務。此外，蔣祕密引進日本軍官團勢力，似乎還有另一個用意，即在於牽制獲得美國背後強力支持的陸軍總司令孫立人，以及其所屬部隊。

一九四九年十一月，當時在四川督導國民黨軍防務的蔣介石，身旁出現一位中文名叫「白鴻亮」（本名「富田直亮」）的日本退役軍官，協助蔣介石擬定作戰計畫。十一月十四日，蔣介石自台北飛往重慶，督導西南各省最後防務，面對步步進逼的解放軍，蔣介石指示白鴻亮提出四川最後剿共作戰計畫。一星期後，白鴻亮向蔣介石提出兩套作戰計畫，建議當時駐守重慶外圍的羅廣文兵團，轉守勢為攻擊，主動進攻來犯共軍，讓四川作戰成為持久戰，以利其他小規模地方團隊或者國民黨游擊部隊於共軍占領區內展開游擊戰。在白鴻亮看來，若羅廣文部隊能夠支撐一段時日，讓自華中地區後撤的國軍兵團有充裕時間抵達重慶，則國民黨政府在西南各省的局面，似仍可有一番作為。[13]不料數日後，羅廣文部隊倒戈投共，使白鴻亮提出的計畫沒有機會付諸實施，然而他對戰局的分析與專業意見，卻讓蔣介石留下深刻的印象，這也成為蔣日後決定聘用日本軍官的起因。[14]

國共內戰最後關頭之際，一位原日本軍官出現在重慶，協助蔣介石進行反共作戰，看似突兀，實非偶然。隨著國軍部隊在內戰中節節失利，一九四九年春天，當時已自總統職位引退的蔣介石，透過中國駐日代表團組長曹士澂，祕密接觸被國民政府宣判無罪釋放的日本頭號戰犯岡村寧次，以反共為前提，尋求各種有助於國民黨政府東山再起的機會。同年七月，曹士澂來台面見蔣介石，提出聘用日本軍官訓練國軍的構想，蔣表示同意，並指示中國方面由具有留日背景的湯恩伯來負責，日本方面則由岡村寧次與曹士澂合作辦理。[15]九月間，當時駐守廈門的湯恩伯，向蔣介石密報他已在當地成立籌備小組，著手招聘外來幹部事宜。依據湯恩伯當時的規劃，他決定以其所轄國軍第一六六師為骨幹，編成一支新軍，由來自日本的外來幹部執行訓練，使之成為完全忠誠可靠的新部隊，來協助蔣介石進行反共作戰。根據湯恩伯此份機密文件顯示，這支新編師的規模，包括外來幹部一千二百人，官兵九千人，馬匹三百匹，車輛五十輛，所需經費共約四十八萬銀元。[16]湯恩伯同時向蔣介石呈報一份工作大綱，由當時以私人顧問名義服務於其麾下的前日本北支那方面軍司令官根本博（化名「林保源」），負責指揮外來顧問，並決定在當時的中國駐日代表團內，祕密設立「東京分處」，由另一名前日本軍官吉川源三（化名「周忠徹」）擔任分處長，與曹士澂密切聯繫，積極招募日本外來幹部前往中國服務。根據此份要綱，蔣介石方面將支付每位日籍幹部安家費一百五十美元，另有旅費二百美元，首期業務以三個月為限。[17]

湯恩伯提議組建的新軍，雖然隨即因國共內戰急轉直下，終未能夠正式成立，然而招募日本外來幹

13「白鴻亮呈蔣中正川省剿共作戰意見陳述」（一九四九年十一月二十一日），〈特交檔案——軍事／總統對軍事訓示〉，《蔣中正總統文物》，編號：54329。

14《蔣介石日記》，一九四九年十一月十八日、二十四日。

15 楊碧川，《白團物語——蔣介石的影子兵團》（台北：前衛出版社，二〇〇〇），頁一八—二〇。

16「湯恩伯呈蔣介石有關成立籌備小組招聘外來幹部籌編新軍事」（一九四九年九月二十三日），〈特交檔案——軍事／中央軍事機關人事〉，《蔣中正總統文物》，第四四四卷，編號：54221, 54222, 54223。

17「湯恩伯呈蔣介石反共聯軍籌備小組工作要綱」（一九四九年），〈特交檔案——軍事／中央軍事機關人事〉，《蔣中正總統文物》，第四四四卷，編號：54225；「湯恩伯呈蔣介石關於新編師給與規定之意見」（一九四九年），同上，第四四五卷，編號：54226。

部前來服務於蔣介石麾下，卻持續進行下去。在岡村寧次的推薦下，白鴻亮和另外兩位前日本軍官荒武國光（化名「林光」）與杉田敏三，於一九四九年十月底經日本九州前往台灣，隨後並陪同蔣介石一同前往四川督導防務。到了一九五〇年初，共有十七名前日本軍官追隨白鴻亮腳步，先後祕密抵達台灣。這批軍官團因其領導人白鴻亮之名，而被稱為「白團」。[18] 一九五〇年二月，蔣介石在台北圓山附近的一個隱祕處，設立「圓山軍官訓練團」，由彭孟緝擔任教育長，並由白團成員開始對國軍將領開班授課，進行軍事教育與訓練，同時協助蔣介石擬定各項軍事方案。

如前所述，蔣介石運用白團，在當時另有一微妙的考量；易言之，他有意引入日本的力量，來制衡具有強烈美國背景的陸軍總司令孫立人。韓戰爆發前的數月間，有關孫立人獲得美國暗中支持，即將發動兵變以取代蔣介石的傳聞，甚囂塵上，從當今美國國務院解密檔案裡，吾人可以清楚知悉，當時華府的軍事情報決策階層，確實一度有意扶持以開明作風著稱的孫立人，主掌未來台灣軍事，以避免台灣遭到共產黨

湯恩伯（後排左二）與日籍顧問根本博（前排左三）等人合影。

解放。[19]一九五〇年四月間，值此敏感時刻，蔣介石在未與孫立人討論情況下，即下令駐紮於新竹湖口、當時被視為台灣最精銳最優良的國軍第三十二師，接受白團的特別指導與訓練，並作為白團實踐與試驗其軍事理論之對象。同時，蔣介石還決定讓白團參與更多軍事動員計畫，使日本軍官團在該議題上，扮演更重要的角色。這些舉措都令當時名義上仍指揮全體國軍陸軍地面部隊的孫立人感到極端屈辱與惱怒，他向蔣抱怨國軍不應該向「敵國」學習軍事，也曾向美國駐台北外交人員告洋狀。[20]然而蔣介石不為所動，反之，他於一九五〇年六月初進一步責成白團負責由國軍三個陸軍師，以及全體海、空軍共同參與的大規模反登陸作戰演習，該演習於六月二十三日舉行，也成為國民黨政府遷台以來首次的實彈演習。事後蔣介石對於白團的成果極感滿意，在當天的日記裡，他甚至寫道：「今日實為余從新學習軍事學之開始也。」而對於日本軍官所提出的演習計畫與構想，也認為「甚有心得」。[21]

韓戰爆發後翌年（一九五一年）春天，當美國軍事顧問團在台北正式成立運作之後，日本白團的去留，成為顧問團首任團長蔡斯最迫切想要解決的問題之一，因為在美方看來，美軍顧問團是無法與日本

18 白團の記録を保存する會編，〈「白團」物語〉，第四回，《偕行》（東京），一九九三年第一期，頁二六—二七。

19 Thomas J. Schoenbaum, *Waging Peace and War: Dean Rusk in the Truman, Kennedy, and Johnson Years* (New York: Simon and Schuster, 1988), pp. 209-211; Leonard A. Kusnitz, *Public Opinion and Foreign Policy: America's China Policy, 1949-1979* (Westport, CT: Greenwood Press, 1984), pp. 32-34.

20 NARA, RG 59, 794A.00 (W)/5-1950, Robert Strong to State Department, May 19, 1950; 794A.00 (W)/7-150, Strong to State Department, July 1, 1950.

21《蔣介石日記》，一九五〇年六月二十三日。

軍官團並存的。[22]此時白團的總人數已經從最初的十八人增加到七十六人，美方認定蔣介石之所以起用日本人，是為了向孫立人以及其所轄部隊傳達一項重要訊息：他無法容忍台灣的軍事防衛完全聽命於美國人。對美方而言，任用白團也是蔣介石一慣採用的「分而治之」手腕。[23]當蔡斯進一步理解到，蔣介石聘用白團來教育國軍部隊將領，實際上在於凸顯美國那一套軍事方法並不完全適合中國國情，而且蔣介石相信國軍將士能夠從日本軍官身上獲得比來自美國人更多的利益時，美方對於白團在台灣的繼續存在，愈加無法容忍。誠然，當時甚獲美國欣賞與支持的孫立人，其對日本白團的抱怨，也影響美方在此事件上的態度：一九五一年上半年，國軍部隊將領輪番被蔣介石下令前往接受白團的教育與授課計畫，時間最長甚至達三至四個月，孫立人因而向美軍顧問團抱怨稱，此種安排已嚴重影響到部隊的正常運作，更遑論日本人的軍事教育訓練課程，與美軍顧問團對國軍的訓練要求，已經造成極大衝突。[24]

在美方的強大壓力下，蔣介石不得不做出妥協；一九五二年七月，蔣指示白團轉入地下，圓山軍官訓練團停止運作，白團成員總數也減至三十人左右。但是同年十一月，蔣介石以「研究軍事戰術與戰史」為名目，在台北的石牌地區另外成立「實踐學社」，由彭孟緝擔任主任，白鴻亮等人也以教官名義繼續低調地進行培訓國軍中高階將領的業務。[25]實踐學社持續運作長達十七年之久，直至一九六九年初，最後四名日本教官結束任務返回日本，才宣告結束。據統計，白團存在於台灣的近二十年時間裡，估計有超過一萬名國軍高階軍官接受過其軍事培訓計畫與課程。[26]

雙胞胎計畫

過去甚少有人論及，日本白團曾在一九五〇年代蔣介石的對美軍事外交關係中，擔任過間接、重要、但鮮為人知的角色。一九五三年五月二十三日，白鴻亮與其同僚以實踐學社名義活動半年之後，草擬一份代號名為「光榮」的軍事反攻大陸作戰計畫（簡稱《光計畫》）。白團在此計畫中研析國軍部隊需要五年時間進行整軍準備，以確保在台灣得不到任何外援的情況下，也能夠獨力展開反攻大陸行動。考量到稻米之鄉的廣東省，對未來國軍反攻登陸後的戰力補給，要比福建省更具價值，《光計畫》力持以珠江三角洲為假想目標，發動兩棲登陸，先占領一部分華南地區作為據點，並將國軍力量向周邊延伸至海南島、閩西與桂東地區，若能維持至少六個月時間，則可作為國民黨奪回整個長江以南地區的第一步。這個以廣東省為首要占領目標的設想，與蔣介石在韓戰期間以浙江與福建為主要目標的反攻戰略，大相逕庭。而為了實現如上目標，白團建議蔣介石應在未來數年內，設法添購一千六百五十架戰機，建造總數高達二十九萬八千噸的海軍艦艇，同時擴編一支規模達六十個師（包括五十二個步兵師與八個裝

22 根據蔣介石日記所載，蔡斯將軍是在一九五一年六月二十七日與蔣本人會談美軍顧問團成立一個月以來的工作情況時，首次提出白團議題，蔣稱蔡斯在會談最後：「突然提及日本教官問題，略述其美國對各國軍援案中，有只聘美顧問一項，其意反對繼續聘用日教官也。」蔣介石當場並未置答，僅表示：「軍隊訓練事，不妨礙美顧問之計畫耳。」見《蔣介石日記》，一九五一年六月二十七日。

23 NARA, RG 59, 794A.553/8-2851, Rankin to State Department, August 28, 1951.

24 NARA, RG 59, 794A.553/7-251, Rankin to State Department, July 2, 1951.

25 白團の記録を保存する會編，〈「白團」物語〉，第七回，《偕行》（東京），一九九三年第四期，頁二三—二五；《蔣介石日記》，一九五二年七月五日、7日、十六日、八月八日、十一月二十四日。

26 白團の記録を保存する會編，〈「白團」物語〉，第十五回，《偕行》（東京），一九九三年第十二期，頁二〇—二六。有關此段故事，可另參見林照真，《覆面部隊》（台北：時報出版社，一九九六）。

甲兵師）的地面部隊，擬定於一九五八年春天，對中國大陸發動第一波軍事反攻。[27]

此份《光計畫》完成兩週之後的六月十一日，蔣介石率親信幕僚，親自前往石牌實踐學社聽取白鴻亮對該計畫的詳細簡報，蔣事後顯然相當滿意，他在當天的日記裡記載：「其方針與余原意相同，今後準備工作應積極指導。」[28]不過從後來諸多事件的演變來看，蔣介石當時之所以賞識這份《光計畫》，並非僅因其所設想的反攻廣東、收復長江以南之宏偉目標，更重要的是該計畫提供了蔣介石所需要的諸多國軍軍需細節與內容。事後證明，他的確以日本人所擬訂之《光計畫》的精神與原則為基礎，向美國政府展開談判交涉，並以該計畫反攻華南的目標，來向美方爭取更多的軍事援助。

一九五二年十一月初，美國共和黨的艾森豪搭配尼克森，擊敗民主黨，當選美國新任正、副總統，這是向來被認為較同情國民黨與蔣介石的美國共和黨，暌違二十年重新取得白宮執政權。艾森豪當選後的數星期內，蔣介石在台北不斷思索未來與美國新政府打交道的策略，在他的初步認知裡，艾森豪上台後，必然會要求國民黨政府派兵前往朝鮮半島，以盡早結束戰事。據此，蔣所擬定的幾個對美交涉重點，包括台灣出兵參加韓戰的條件，必須要以台灣、澎湖的防衛鞏固為前提，並且確立台、美之間的共同防禦計畫，蔣還希望藉由其部隊參加韓戰的機會，來爭取美國對台灣的軍事援助，同時準備在一九五三年內設法反攻大陸，開闢第二戰場，使解放軍兩面應戰，疲於應付。[29]

蔣介石一廂情願地認定美國共和黨新政府上台後，必定會要求他協助出兵朝鮮半島，因此在艾森豪於一九五三年一月宣示就職前夕，蔣個人曾花了不少心思，擬妥如下對美外交原則。首先，他將以台灣之安危獲得美國確切保障的前提下，以三個軍約九萬兵力投入韓戰，包括用於反攻大陸開闢第二戰場；其次，蔣介石將尋求美國提供如下承諾，作為台灣出兵助美的報酬：一是台北與華府簽訂一份安全互助協定；二是無論朝鮮半島局勢最後如何演變，是否停戰，美方都必須繼續對國民黨政府提供軍事援助。

在至為理想的情況下，蔣介石希望美國能夠提供總額三億美元的軍事援助預算，加上五億美元作為新台幣改革基金，此額度尚不包括新式武器補充與更替所需經費。[30]

一九五三年二月二日，艾森豪總統在致美國參眾兩院的年度國情咨文中，宣布解除台灣海峽中立化政策；易言之，美國將不再限制國民黨政府對中國大陸之軍事行動，華府此舉，在於向中共與北朝鮮施加壓力，促使其儘早結束韓戰停戰談判。蔣介石對美方此舉基本上表示歡迎，認為此為「合理而光明之舉措，凡世界愛好和平，擁護正義之自由國家，皆應一致支持。」[31]然而事實上，此後數月間，朝鮮半島局勢並未進一步惡化，華府對於台北提出利用國軍兵力開闢中國大陸第二戰場之議，也不曾回應，更甚者，就在艾森豪發表國情咨文短短三週之後，華府即透過外交管道，要求蔣介石下令滇緬邊區的國軍游擊部隊撤回台灣，使憤怒的蔣介石在其日記裡痛罵美國「此舉太無情理」，而且「以後雖欲再組此種在西南反共力量亦不可得。」[32]更令台北高層倍感挫折的，是同年三月間，當國民黨駐美大使顧維鈞向美國務卿杜勒斯探詢雙方簽訂安保條約之可能性時，美方反應極為負面；儘管杜勒斯對於美國與亞洲各國相互締約以圍堵共產黨的構想基本上表示歡迎，但他卻對美、台之間簽訂此類雙邊條約持保留態度，

27「彭孟緝呈蔣介石光榮作戰計畫要圖及計畫大綱」（一九五三年五月二十三日），〈特交檔案——軍事／實踐學社〉，《蔣中正總統文物》，第二卷，編號：58958；「光作戰計畫附錄」（一九五三年五月），同上，編號：58959。

28《蔣介石日記》，一九五三年六月十一日。

29《蔣介石日記》，一九五二年十一月十二日。

30《蔣介石日記》，一九五二年十二月九日、十日、十一日、十六日。

31《蔣介石日記》，一九五三年二月三日。

32《蔣介石日記》，一九五三年二月二十一日。

最主要的考量，在於當時由國民黨政府所控制的大陸沿海外島，是否也應納入此條約？美方對此頗為猶豫。杜勒斯認為，若將這些外島排除在條約保護範圍之外，將有損國民黨政府的聲譽，但若將其納入，則美國勢必要對協防這些外島有所承諾，而這正是華府所不樂見的。[33]

一九五三年夏，朝鮮半島達成停戰協定後，蔣介石對於此後台灣的地緣戰略價值，也更加擔憂。稍早於六月初，美國太平洋艦隊司令雷德福（Arthur Radford）前來台北訪問，鑑於雷德福已被華府任命為新任參謀長聯席會議主席，蔣介石在與他會晤時，特別拋出了台灣日後將單獨進行反攻大陸的議題，來試探美方態度；雷德福聞後，以台、美雙方可先建立聯合作戰指揮體系來回應蔣介石。對此，蔣立即表示同意與支持，並稱未來此聯合作戰體系可歸美方指揮。[34]此時，台北高層在得不到美方願意簽署安全互助協定的正面回應下，蔣介石決定改以國軍部隊推動反攻大陸的宏偉目標，作為爭取美國在韓戰停火後的東亞冷戰架構下，繼續提供台灣必要的軍事援助。[35]此決定並不難理解，畢竟反攻大陸的目標乃是國民黨政權在國際社會間維持「自由中國」形象、在台統治正當性，以及蔣介石本人作為國民黨政府內最高領導人地位最為重要的基石。

一九五三年十二月二十八日，雷德福再次造訪台北並短暫停留，蔣介石利用此一時機，向他提交了一份名為《開字計畫》（簡稱《開案》）的特別軍援計畫，尋求美方支持。細查此《開案》內容，吾人可以辨識出，其精神與大綱，不啻為該年稍早白團所提出《光計畫》的翻版。此方案以一九五八年為目標，由美方協助裝備、訓練與擴編總數達六十個師的國軍地面部隊，用來投入軍事反攻廣東省的一支戰略部隊，並可牽制駐守在中南半島邊境的中共解放軍。由於此計畫的實施範圍過於龐大，總預算高達十三億美元，蔣介石擔心美方不願接受，因此他在這次會面時備妥另一腹案，在該腹案裡，台北當局把希望美國援助的六十個師減少至四十一個師，其中包括三十六個步兵師，同時也把希望美國協助的訓練與裝備時間，從擬定的三至四年，大幅縮短至十八個月。蔣介石告訴雷德福，如此一來，不但彼此可以節省預算，而且能夠在較短時間內，強化國軍地面部隊的作戰能力，使台灣能夠在遠東地區的冷戰反共大業中做出實質貢獻。[36]雷德福對於蔣介石在此場合突然提出《開案》來爭取他的支持，頗感吃驚，根據《蔣介石日記》所載，當雷德福聽聞整個計畫的總預算竟達十三億美元時，「忽現驚駭之色」，最後僅勉強決定「以私人非正式之文件而接收之」，此舉讓蔣介石倍感恥辱。[37]

一如預期，美國政府各相關部門對於台北新提出的《開案》軍援計畫，態度頗為負面冷淡；當時正大力推動協助台灣軍事改革與整編的美軍顧問團，認為《開案》的內容「完全毫無執行的可能性」，而且幾乎在每一方面都需做大幅修正，方能符合美方的戰略需求。顧問團團長蔡斯從政治角度分析認為，此計畫聲稱將招募三十萬名台籍人士，作為補充後備兵力來源，他強烈懷疑這些台籍人士是否願意認同並支持國民黨政府的反攻大陸行動，更遑論該計畫反攻廣東時所面臨的諸多後勤與補給問題。[38]美國駐台北大使館官員同樣認為，此案的內容與範圍實已超出美國現有援台方案的規模，不過，駐台大使藍欽

33 Qiang Zhai, *The Dragon, the Lion, and the Eagle: Chinese-British-American Relations, 1945-1958* (Kent, OH: The Kent State University Press, 1994), pp. 155-156; Townsend Hooper, *The Devil and John Foster Dulles* (Boston: Little, Brown and Company, 1973), pp. 263-265.

34 《蔣介石日記》，一九五三年六月三日、四日。

35 《蔣介石日記》，一九五三年七月二十日。

36 NARA, RG 59, 794A.5-MSP/2-454, Text of Foreign Minister George Yeh's letter to Admiral Radford, top secret, January 4, 1954, enclosed in Memorandum by MAAG to General Zhou Zhirou, February 4, 1954.

37 《蔣介石日記》，一九五三年十二月二十八日。

38 NARA, RG 59, 794A.5-MSP/2-2054, MAAG Formosa to the Adjunct General, Department of the Army, top secret, February 20, 1954.

（Karl Rankin）從國民黨的立場出發，認為此特別軍援案的提出，正好凸顯國民黨政府與美方在政策上的歧異，他認為蔣介石念茲在茲希望軍事反攻大陸，然而華府既不願派兵支持他，又不願向他提供超出防衛台灣所需要的武器裝備，這必然令他感到挫折。[39]在華府，國務院負責對華事務的官員們雖然不看好《開案》的可行性，卻也普遍認為蔣介石此刻提出新的軍援要求，至少讓美國政府以較為新穎的立場與視野，來思考對台軍援；易言之，韓戰停火之後，美方現在應該更認真地考慮未來台灣在東亞地區所能夠發揮的潛能，而不是像是韓戰期間一般，僅將國軍部隊視為美國可以隨時派得上用場的替代資源，儲存起來，卻備而不用。國務院官員的結論是，從長遠角度觀之，美國一味限制蔣介石發動反攻大陸軍事行動，最終將無法為台北當局所接受。[40]

從韓戰停戰前後的台、美軍事外交關係角度觀之，《開案》的提出，確實一度讓蔣介石在與美方打交道時，處於相對有利的地位；一九五四年三月間，《開案》是否被採納，仍在未定之數，駐台北的美軍顧問團考量到華府最終可能必須婉拒蔣介石此特別軍援要求，為了避免他的情緒反彈過大，決定暫時接受台北要求，將全台灣步兵師總數，維持在二十四個師，而不再堅持美軍顧問團最初要求必須裁減至二十一個師的目標。此外，美軍顧問團也同意國軍將可繼續保留其他七個非步兵師，以及當時部署於大陸沿海外島約一萬五千名非正規游擊部隊，同樣可以接受美援裝備。[41]

在蔣介石的思維裡，值此韓戰甫結束之際，台灣是否真的已經充分準備，且有能力發動反攻大陸，實不無疑問，因此從更現實的角度觀察，蔣介石此刻所謂的反攻大陸議題，更有可能是他欲用來維繫「後韓戰時期」國民黨政府及台灣、澎湖與金、馬外島在全球冷戰場域中之戰略價值的一項要件，藉以遂行其他對美外交與政治上的目標。在此邏輯下，蔣介石願意修正其有關反攻大陸的概念、範圍與內涵，以符合對美關係之需求，也就不足為奇了。一九五四年春天，蔣介石一改過去數年間，堅拒美國之請，投入台灣兵力反攻海南島的態度，轉而向華府表達願意在美國協助支持下，出兵奪回海南島以及對岸的雷州半島。蔣介石經過反覆思量，認定海南島與雷州半島的地理位置，與中南半島相近，對當時美國在遠東地區的地緣戰略，頗具重要意義。[42]同年五月七日，法國殖民當局失去了越北重要據點奠邊府，華府高層開始研究如何介入越南戰爭，當時美國包括副總統尼克森與國務卿杜勒斯等在內的諸多要員，甚至一度主張利用核子武器來對付胡志明。[43]

蔣介石欲投美國所好，希望把美國對台軍援與反攻海南島這兩件事連結起來，為台灣爭取最大利益。一九五四年五月十三日，艾森豪的軍方特使符立德（James A. Fleet）與美國防部次長麥克尼（Wilfred J. McNeil）抵達台北，有關兩人連袂訪台的真正目的，當時外界頗多揣測，英國駐淡水領事館回報倫敦的觀察報告，聲稱兩人此行在於比照北大西洋公約組織，推動籌組類似的東亞共同防禦組織，並將台灣與香港納入。[44]中方史料則揭示，蔣介石利用這次機會，大力推銷《開案》計畫，並大膽提出台灣部隊接受美援裝備，奪回海南島與粵南地區的構想；他堅稱只要有美國協助，國軍占領雷州半島與

---

39 NARA, RG 59, 794A.5-MSP/3-854, Memorandum entitled "Chinese Government Military Aid Proposal," top secret, enclosed in Rankin to State Department, March 8, 1954.

40 NARA, RG 59, 794A.5-MSP/3-854, State Department Office Memorandum, from Walter McConaughy to Walter Robertson, top secret, March 8, 1954.

41 NARA, RG 59, 794A.5-MSP/3-1354, Rankin to Everett Drumright (Deputy Assistant Secretary of State), March 13, 1954.

42《蔣介石日記》，一九五四年二月三日、三月二十一日。

43 John Ranelagh, *The Agency: The Rise and Decline of the CIA* (London: Weidenfeld & Nicolson, 1986), pp. 430-431.

44 FO 371/110232 FC1019/29, A. H. B. Hermann (British Consul in Tamsui) to Foreign Office, May 27, 1954.

海南島將不會遇上太大困難。而為了爭取美方同意《開案》，蔣介石還特別修正其論調，向符立德強調此計畫之主要目的將僅在於防守台、澎、金、馬，並且用來打造一支美國未來隨時可以調度運用的國民黨戰略武力，而非投入於反攻大陸。只不過考量中南半島局勢的複雜性，以及中共方面所可能產生的不良反應，兩位美國軍方高層對於蔣介石的一番解釋與提議，不願做出任何具體承諾。[45]

一九五四年外島危機與台、美軍事同盟關係的建立

符立德與麥克尼造訪台北數週之後，遲遲等不到美方對於《開案》正面回應的蔣介石，開始失去耐心。一九五四年六月二十一日，他突然下令解除孫立人陸軍總司令之職，根據蔣在日記裡所載，他認為孫立人個性「拖拉呆滯，好聽細言，私植派系，用人複雜，心無主旨，受人愚弄」，若再繼續重用他掌握兵權，則將後患難除，因此決心讓孫去職，「即使美援受此影響，亦所不顧」。[46]從另一角度思考，蔣介石解除孫立人兵權的舉動，也可解讀為此刻他似已認定，美國將不會接受其所提出的《開案》特別軍援要求，因而準備改弦易張，回至一九五二年底蔣在艾森豪就職前夕所設定的另一個對美外交選項，即設法與美國簽訂安全互助協定。果不其然，就在將孫立人調職之後一個星期的六月二十八日，蔣在總統府約晤即將返回華府述職的美國大使藍欽，此時他不再談《開案》，而是正式表達希望與美國簽署協防條約的意願。為了減低美方屆時被迫捲入國民黨政府未來軍事反攻大陸的計畫，甚至必須與中共開戰，蔣介石特別向藍欽承諾，一旦訂約後，台灣方面的一切軍事行動，都將由兩方共同商定後才進行，台北將不會採取任何單獨、片面的軍事行動。[47]

國民黨政府最高當局希望訂立協防條約的籲求，立即傳到了華府，然如同《開案》一般，美國國務

院內部的初步反應，依然極為保留。負責東亞事務的助理國務卿勞伯森（Walter S. Robertson）力主華府應與台北訂約，認為此舉將能鼓舞台灣與中共對抗，並維繫台海現狀。然而勞伯森的觀點卻遭到國務院內幾乎所有其他部門的強烈反對，除了金門、馬祖等外島是否應納入協防條約等複雜因素之外，國務院內的主流意見，還認定台、美間正式軍事同盟關係的形成，只會讓當時已經承認中華人民共和國的諸多亞非不結盟國家對美國產生更大的疑慮，特別是印度與緬甸，並促使這些不結盟國家進一步向北京靠攏。持反對立場的聲音，毫無困難地在國務院內占了上風，因此遲至一九五四年九月一日，當國務卿杜勒斯啟程前往菲律賓，準備出席東南亞公約組織（SEATO）成立大會前夕，美方推遲與台北談判締結軍事協防條約的立場，依然未變。[48]

回顧此段歷史，北京極可能在不自覺當中，以間接迂迴的方式，促成台北與華府之間最後締結協防條約。九月三日起，解放軍大規模炮擊金門，國軍部隊則以轟炸廈門來反擊。[49]金門炮戰的爆發，一度讓國際社會普遍預測台海地區將成為朝鮮半島之後，亞洲乃至全球冷戰的下一個熱戰場。事實上，當時

45「蔣介石與符立德特使第一次談話紀錄中英譯文」（一九五四年五月十三日），〈特交檔案——外交／對美外交〉，《蔣中正總統文物》，第一二卷，編號：58983；「蔣介石與符立德特使第三次談話紀錄中英譯文」（一九五四年五月十六日），同上，編號：58985；《蔣介石日記》，一九五四年五月十三日、十六日。

46《蔣介石日記》，一九五四年六月十九日、二十一日。

47《蔣介石日記》，一九五四年六月二十八日。

48 Zhai, *The Dragon, the Lion, and the Eagle*, pp. 157-158; Thomas E. Stolper, *China, Taiwan, and the Offshore Islands: Together with an Implication for Outer Mongolia and Sino-Soviet Relations* (New York: M.E. Sharpe, 1985), pp. 45-50.

49 FO 371/110239 FC1019/53, Hermann to Foreign Office, October 6, 1954.

毛澤東決定炮擊金門，時機上是經過審慎挑選的；值此杜勒斯訪問馬尼拉之際，北京有意藉由炮擊金門，來嚇阻甫成立的東南亞公約組織不可將台灣納入其範圍之內。[50]不論北京的意圖如何，炮擊金門的行動，卻給了蔣介石一個充分的理由，來說服華府與台北簽訂協防條約，作為維護台海局勢、嚇阻中共採取進一步軍事行動的重要措施。九月九日，杜勒斯由菲律賓返美途中，臨時決定繞往台北，與蔣介石會面，在他停留台北的短短五個小時內，蔣介石不斷向他強調台、美訂約的迫切性。蔣介石告訴美方，華府因為台、澎、金、馬地區浮動未決的局勢，而不敢與台北訂約，但蔣堅信正是由於台、美之間缺乏協防條約，才會讓此浮動未決的局面持續存在。杜勒斯當下並未對蔣介石做出任何承諾，不過他要蔣介石放心，華府決策高層將把他的心聲認真地聽進去。[51]

值此台海危機發生之際，杜勒斯願意前往台北訪問，國際間普遍將此視為美國決心全力支持國民黨政府的一項重要訊息，毫無疑問，其來訪也增強了蔣介石處理對美軍事外交的信心。就在杜勒斯離開台灣翌日，蔣介石攜家帶眷前往日月潭行館遊覽休憩；此刻，也許他意識到整個台美外交形勢正在朝有利的方向轉變，因此儘管當時金門外島的情勢仍持續緊繃，共軍依然繼續炮擊金門，蔣介石仍不禁在九月十四日當天的日記裡寫道：「帶經兒與武、勇兩孫遊覽日月潭，廬山至雲海之風景，自埔里起深入山中百公里，實為遷台以來最有意義之一次旅行也，心身亦覺愉快健旺為樂。」[52]更重要者，蔣介石得以利用金門外島危機發生的關鍵時機，讓美國朝野上下明瞭，韓戰停戰後，台灣在全球冷戰對抗格局架構下，依然具有不能被忽視的軍事戰略價值。度假結束回到台北後數天的九月二十一日，蔣介石在總統府約見美國大使藍欽與美軍顧問團團長蔡斯，從美方的外交檔案中可以窺知，不知是有意或者無心，蔣介石當天的情緒特別不耐煩，惱怒之情溢於言表，他向藍欽與蔡斯抱怨美國根本無意支持國民黨政府致力於提升軍事力量，當朝鮮半島與中南半島遭受共產主義的威脅時，美國很快就對其伸出援手，如今國民黨政府代表自由世界，與敵人進行激烈對抗，美國卻顯得漠不關心，他對此表示失望透頂，並堅持要藍欽與蔡斯把他這番坦率的談話，完整地傳達給華府決策高層。[53]

台北最高當局所表現出來的不耐煩態度，開始發生了作用；在華府，美軍參謀首長聯席會議討論金門外島危機，絕大多數與會成員決議應以更為強硬的姿態面對北京，並且認為有必要協助國軍部隊繼續控制金門、馬祖等外島，同時還建議在必要時動用美軍來阻止解放軍占領這些島嶼。[54]然而此刻反對美國以武力介入台海危機的聲音亦不小，美國國防部長威爾遜（Charles Wilson）即表示此時插手外島危機，將會把美國捲入中國尚未結束的內戰之中，在他看來，美國支持國民黨防禦金、馬外島，恐怕要比美國試圖挽救法國繼續保有越北奠邊府據點，更容易與中共開戰。[55]為了解決此一難題，國務卿杜勒斯決定將防衛金門外島的爭議提交聯合國安全理事會，並尋求通過一份「禁止改變台海現狀」的決議案，要求中國大陸沿海島嶼，包括金門、馬祖、與大陳島等，儘速停止戰爭狀態。杜勒斯確信由聯合國出面

50 Gordon Chang, *Friends and Enemies: The United States, China, and the Soviet Union, 1948-1972* (Stanford: Stanford University Press, 1990), pp. 116-142; Michael Szonyi, *Cold War Island: Quemoy on the Front Line* (Cambridge: Cambridge University Press, 2008), pp. 42-49.

51《蔣介石日記》，一九五四年九月八日、九日。The Ambassador in the Republic of China (Rankin) to the Department of State, September 9, 1954, in FRUS, 1952-1954, Vol. XIV: China and Japan, Part 1, pp. 581-582.

52《蔣介石日記》，一九五四年月十日、十二日、十四日。

53 NARA, RG 59, 794A.5-MSP/9-2154, "Memorandum of Conversation between President Chiang, Ambassador Rankin and General Chase," September 21, 1954, enclosed in Rankin to State Department, September 21, 1954;《蔣介石日記》，一九五四年九月二十一日。

54 Memorandum by the Chairman of the Joint Chiefs of Staff to the Secretary of Defense, September 11, 1954, FRUS 1952-1954, Vol. XIV: China and Japan, Part 1, pp. 558-610.

55 Acting Defense Secretary (Anderson) tc President Eisenhower, September 3, 1954, ibid, pp. 556-557.

斡旋金門外島的停火，將能獲得美國各盟邦的支持，不但可讓台北當局繼續控有外島，又能避免美國與中共因外島危機而引發戰爭，此一構想被杜勒斯稱為「神諭計畫」（Oracle Operation）。九月間，華府將神諭計畫的內涵告知英國政府，並建議由紐西蘭向聯合國安理會提案。倫敦對此提議極表贊成，認為此案不僅將能解決台海危機，美國或許因為此案的提出，而能逐步打開其與北京交往之門，最終促使中華人民共和國順利進入聯合國。[56]

另一方面，美國國務院內有一部分處理對華事務官員考量到神諭計畫恐將在聯合國製造「兩個中國」的印象，甚至引發聯合國內有關中國代表權的爭議，並引起蔣介石的反彈，讓他視此為美國準備出賣國民黨政府的另一個《雅爾達密約》，因此極力建議華府應當採取某些補救措施，來平息台北方面可能的疑慮，在許多人看來，簽訂台美協防條約就是一種理想的補救措施。十月七日，在美國駐台大使藍欽的建議下，國務院東亞助卿勞伯森向杜勒斯呈交一份極為關鍵的備忘錄，力主華府與台北締結協防條約的時刻已經到來，在勞伯森看來，與台北訂約不僅可以抵銷神諭計畫對國民黨帶來的不利衝擊，同時也有助於嚇阻中共對台灣採取軍事行動。至於該條約如何定義美國的協防範圍，勞伯森主張應當要能夠準確地反映出美國對國民黨政府的軍事防衛承諾，在現有的基礎上，既不擴大也不縮減。[57]

與台北展開談判簽署協防條約的建議，於翌日獲得艾森豪總統的批准，然而有趣且重要的是，艾森豪此刻願意拍板同意，乃在於他堅信一個以防禦為本質的條約，將可讓蔣介石未來在關於對大陸採取軍事行動的議題上，處在更為被動的地位，從而駕馭蔣的軍事決策與行動能力，降低未來台海之間發生大規模戰事的可能性。[58]在台北，蔣介石對於杜勒斯所提的神諭計畫，以及即將到來的台、美協防條約談判，根本毫無所悉。十月十二日傍晚，當勞伯森的專機降落台北時，蔣仍在桃園的角板山行館休憩，對於美國助理國務卿突然造訪，蔣在日記裡寫道：「究為何事，未先通知，其必非為軍援增加之事，或為金門停火之事乎？可慮。」[59]翌日，台、美雙方高層舉行了三輪會談，在談判過程中，蔣介石的態度堅持，但不乏彈性，充分展現出其民族主義者加上機會主義者的特質。一如美國所料，蔣在聽聞神諭計畫後，反彈激烈，認為這樣帶有兩個中國與「一中一台」意涵的提案，實有百害而無一利，不啻將重蹈美國過去對華外交政策錯誤的覆轍，且對國民黨政府與台灣民心士氣都將造成嚴重的打擊。蔣並聲稱，不論美國是否對他提供援助，他將命令金、馬等外島上的部隊，戰至最後一兵一卒。勞伯森聽聞之後，接著告訴蔣，如果在聯合國推動神諭計畫的同時，華府與台北簽署一份協防條約，也許這將有助於改善國民黨政府的處境。蔣聽聞至此，心領神會，立即向勞伯森表示，若華府考慮與台北訂立協防條約，那麼他願意對神諭計畫重新審慎評估。有鑑於神諭計畫勢在必行，談判最後，蔣介石要求華府在紐西蘭向聯合國安理會正式提案之前，先宣布台、美雙方準備開始進行協防條約談判，藉以減緩神諭計畫對台北所帶來的負面效應。[60]

---

56 Accinelli, *Crisis and Commitment*, pp. 165-168; Steve Tsang, *The Cold War's Odd Couple: The Unintended Partnership between the Republic of China and the UK, 1950-1958* (London: I.B. Tauris, 2006), pp. 121-138.

57 NARA, RG 59, 794A.5-MSP/10-554, Rankin to State Department, October 5, 1954; 793.5/10-754, Memorandum by Robertson to Dulles, top secret, October 7, 1954.

58 Memorandum from Dulles to Robertson, October 8, 1954, FRUS 1952-1954, Vol. XIV: China and Japan, Part 1, p. 709.

59《蔣介石日記》，一九五四年十月十二日、十三日。

60 Memorandum of Conversation, October 13, 1954, FRUS 1952-1954, Vol. XIV: China and Japan, Part 1, pp. 728-753.

談判過程與締約的意義

一九五四年十月底，國民黨政府外交部長葉公超在華府與美國國務院高層開始談判協防條約，隨後不久，十一月一日，解放軍轟炸浙江沿海的大陳島，這也讓台、美未來的協防條約內容中，對於外島防衛的界定，更形敏感。[61]從現有的中、英文解密檔案中可以窺知，在為期將近一個月的談判過程中，雙方的主要有三點歧見如下：第一，未來的協防條約中，美軍協防義務所涵蓋的領土範圍，該如何界定？葉公超極力爭取避免在文字內容敘述上只提及台灣與澎湖，以免造成中華民國領土只限於台灣、澎湖，而不包含整個中國大陸的不利印象，然而與談的勞伯森卻不願接受，只能同意表示該協約除了適用於台灣與澎湖之外，「並適用於以後經共同協議所決定之其他領域」。[62]葉公超徵詢蔣介石意見，蔣指示他，若條約文字有出現「協防台澎有關問題共同協商決定之」等類文字，則不明提外島字句亦可。[63]此一歧見因而獲得化解。

第二，美方希望藉由簽訂協防條約來限制國軍部隊日後的軍事行動。為了堅守此約屬單純防禦性質的底線，勞伯森堅持台北日後未與美方磋商並獲華府同意之前，不能主動對中國大陸發起軍事行動，以免美國因協防條約義務而被迫捲入與中共之間可能的戰事。葉公超反駁稱，蔣介石為了顧全台灣的民心士氣不致遭受不利影響，始終不願公開宣布放棄反攻大陸的國策，更拒絕承認國軍部隊必須事先取得美國允可，方能著手進行反攻復國大業。葉公超進一步告訴美方，蔣介石身為自由中國的領導人，身為海內外全體中國人的軍政領袖，他將難以接受美方的條件，更無法說服文武官員與百姓，未來國民黨政府將失去發動軍事反攻大陸的自主權。對於葉公超的一番解釋，國務院立場強硬，不肯讓步。[64]此時，蔣介石的態度具有關鍵因素；他在十一月十一日的日記裡抱怨：「數日來，以美國除中美互助協定正文外，要求附加議定書，限制我所控制各地區之軍事部署。如此則雖細小的軍事調防等，亦將受其控制，而對大陸軍事行動更須以協防決定字句，其實一切軍事皆非得其同意不可。」在蔣介石看來，美方此種嚴苛無理的要求，雖無法忍受，但又不能不儘速訂約，以免夜長夢多，因而指示葉公超與駐美大使顧維鈞，他同意將美方對於此要求的條款，另以換文方式，予以保密，不可刊於條約正文之內，以免損害台灣的軍民士氣。[65]此一折衝安排最後獲得美方同意。

第三，台、美雙方的爭端，還圍繞在國民黨部隊日後在台、澎、金、馬地區的部署與調動；國務院堅持依據協防條約，未來美政府對於台灣軍隊之部署與調動，將擁有發言權。勞伯森還特別舉例，他擔心雙方締結盟約之後，台北頗有可能自台灣與澎湖抽調大批軍隊改駐金、馬等外島，如此一來，美國為了履行防衛台、澎義務，勢必增加極大壓力。葉公超駁斥稱，此乃假設與理論上的問題，在現實上幾乎不可能發生，台北無法接受外界干涉其於所統轄領土範圍內調動部隊的權利，對此，國務院的立場依然

61 NARA, RG 59, 794A.00 (W)/11-654, Rankin to State Department, November 6, 1954.

62 Memorandum of Conversation, top secret, November 4, 1954, FRUS 1952-1954, Vol. XIV: China and Japan, Part 1, pp. 860-861;「中美共同防禦條約談判第三次會議紀錄」（一九五四年十一月四日），〈特交檔案——外交／對美外交〉，《蔣中正總統文物》，第一二卷，編號：58981。

63 《蔣介石日記》，一九五四年十一月五日。

64 Memorandum of Conversation, top secret, November 6, 1954, FRUS 1952-1954, Vol. XIV: China and Japan, Part 1, pp. 870-871;「中美共同防禦條約談判第四次會議紀錄」（一九五四年十一月六日），〈特交檔——外交／對美外交〉，《蔣中正總統文物》，第一二卷，編號：58981。

65 《蔣介石日記》，一九五四年十一月十一日。

堅決。[66]最後雙方各退讓一步，同意在文字上進行斟酌，改稱未來部署在台灣本島與澎湖群島上的國軍部隊，不應降至「可能嚴重損及台、澎地區防衛能力的程度」。此外，為了防範國軍重兵部署於協防條約裡未具體載明的外島地區，華府還表明將不保證日後對於駐守外島的國軍提供大量且充足的後勤補給與支援。[67]

一九五四年十二月二日，葉公超與杜勒斯分別代表台、美兩方簽訂協防條約，一如雙方事前磋商般，條約正文對於中國大陸沿海外島地區的防衛，故意略而不提，美方希望以此戰略模糊來達到嚇阻中共軍事行動的效果，同時也阻止蔣介石利用這些外島作為反攻大陸的跳板。必須指出的是，台北軍政高層對於台、美軍事協防同盟的締結，情緒反應混雜不一。就心理層面而言，此條約緩解了國民黨政府於國際舞台上的壓力，化解了與美國之間沒有防禦條約關係的尷尬處境，特別是美國分別與日本、韓國、菲律賓以及其他東南亞國家皆已簽署類似的安保協定。而簽訂此約，也可被外界視為美國將繼續支持與承認國民黨政府的有力證明，同時消除蔣介石與其官員心中的疑懼，擔憂華府終將屈從於英國的壓力，在外交上轉而承認北京，甚而再度倡議台灣地位未定論，或者台灣接受聯合國託管。然而，美國駐台大使藍欽與英國駐淡水領事館人員卻也都觀察到，此條約的內容與精神，在國民黨高層內部也引發一些爭議與批評，特別是協約內容有關國軍自主反攻大陸之權，以及外島防衛與軍事部署等頗具爭議的條款規範，都讓部分台北黨政軍高層感到不安與疑慮。[68]

台、美於華府簽署協防條約。

回顧歷史，台北高層那些對於台、美協防條約內容感到不安與疑慮的人士，也許未曾意識到，這個結果或許不是最完美的，卻是蔣介石所企盼的，也是國民黨政府在主客觀環境與條件下，所能爭取到的最佳結果。如同本章開頭所提到的，蔣介石將台、美協防條約的簽訂與伴隨而來的軍事同盟關係，視為是他在一九四九年國共內戰失利、退守台灣以來，最重要的外交成就。平心而論，蔣介石之所以對此結果感到滿意，與其說是因為台灣的軍事力量將因此而獲得提升，不如說是國民黨政府在台灣這塊最後權力根據地的安全，至此得到了法理的保障。誠然，蔣介石獲得他想要的：即國民黨政府與美國之間的協防關係，然而這個新的軍事架構，卻也在本質上將國民黨政府的統治範圍，自此局限在台灣與澎湖，同時基本上粉碎了國民黨政府未來任何企圖以軍事手段收復中國大陸的願望。協防條約簽訂後的十數年間，蔣介石曾多次試圖挑戰與突破一九五四年協約所加諸於他身上的限制與框架，譬如一九五八年第二次外島危機期間，他不顧美方反對，在金門、馬祖部署大量軍隊，打算拖美國下水的用意極為明顯，又如一九六〇年代初期蔣欲以《國光計畫》推動反攻登陸行動等，皆是明證。然而因為一紙協防條約的規

66 Memorandum of Conversation, top secret, November 16, 1954, FRUS 1952-1954, Vol. XIV: China and Japan, Part 1, pp. 896-898;「中美共同防禦條約談判第八次會議紀錄」（一九五四年十一月十六日），〈特交檔案——外交／對美外交〉，《蔣中正總統文物》，第一二卷，編號：58981。

67 Memorandum of Conversation, top secret, November 19, 1954, FRUS 1952-1954, Vol. XIV: China and Japan, Part 1, pp. 904-908;「中美共同防禦條約談判第八次會議紀錄」（一九五四年十一月十六日），〈特交檔案——外交／對美外交〉，《蔣中正總統文物》，第一二卷，編號：58981。

68 NARA, RG 59, 794A.00 (W)/12-1154, Rankin to State Department, December 11, 1954; "Tamsui Political Summary, November and December, 1954," in Jarman ed., Taiwan Political and Economic Reports 1861-1960, Vol. 10, pp. 556-558.

定，以及此後美國對台軍事決策與援助愈加根深柢固的影響力，都讓蔣介石此類想法或者嘗試沒有真正實現的可能。

第五章

蔣介石與一九六二年台海危機

當今海內外歷史學者，對於發生在一九五〇年代的兩次台灣海峽危機都不感到陌生；一九五四年九月三日，中國人民解放軍對金門外島展開炮擊，作為對抗美國在西太平洋擴張勢力的一種反擊，此番炮擊也成為一九四九年國民黨政府撤退來台之後，國、共之間最大規模的軍事衝突。為此，美國總統艾森豪特別派遣國務卿杜勒斯前來台北，與蔣介石商討如何化解危機，此次台海危機也間接促成該年年底簽訂台、美協防條約，並開啟國民黨政府與華府之間長達二十五年的軍事同盟關係。一九五八年八月二十三日，北京一來欲對抗美國有意採取兩個中國政策；二來為了轉移美、英等國準備在中東地區動武；三來為了反擊國民黨政府對東南沿海的敵後游擊活動，因此下令解放軍再次炮擊金門。此次台海之間的軍事緊張狀態，較前一次有過之而無不及，卻也讓艾森豪總統不惜一切代價，避免讓美國捲入國共戰事，他再度派遣杜勒斯前來台北，向蔣介石施壓，最後甚至迫使蔣介石在雙方共同發表的聯合公報中，承諾未來國民黨政府將放棄以武力反攻大陸，而改以政治手段來光復大陸。此一聞名於世的《杜勒斯公報》，也讓國際社會普遍認定蔣介石受到美方嚴厲掣肘，其一心一意所欲實現的以軍事力量光復大陸的構想，自此將淪為空談。[1]

然而整個冷戰時期台灣海峽所出現的緊張態勢，實際上並不僅限於上述兩次外島危機，引發台海地區緊張情勢升高的因素，也並非完全都是由於中共方面所挑起；一九六二年之際，蔣介石曾經大張旗鼓，積極從事武力反攻大陸之準備，甚至背著美國人，擬妥發動軍事行動任務的確切時間與地點。當時蔣介石一心一意想要推動軍事反攻行動，影響所及，甚至動搖整個冷戰時期美、中、台三方的軍事、外交與政治關係基礎結構。本章充分利用中、英文解密檔案，擬釐清一九六二年蔣介石軍事行動準備的內外決策過程因素、此項行動最後失敗的主要原因，以及美國阻撓台灣發動軍事反攻不成之後，蔣介石所採取的報復性替代方案。

甘迺迪總統對華政策新思維

一九六〇年十一月，美國舉行總統大選，由持堅定反共立場稱著的共和黨籍現任副總統尼克森，與積極主張美國在對華外交政策上應採取更彈性、力主應與中華人民共和國建立和平關係的民主黨總統候選人甘迺迪（John F. Kennedy）進行角逐。在競選期間，甘迺迪除了批評共和黨外交政策的僵化與不分輕重之外，還曾在電視競選辯論中，主張美國未來應當只保衛台灣與澎湖，放棄金門、馬祖等外島，這些言論都令蔣介石坐立難安，他曾私下批評甘迺迪「主觀自是，不求事實，總以先入為主的劣性」，以及「政策與心理皆虛浮幼稚，並無定見，更無遠見」，讓他感到「可歎可笑」。[2]該年的總統大選最後出現了蔣介石不樂見的結果，由甘迺迪代表的民主黨入主白宮，台北高層從這一刻起即密切關注美國新政府是否改變對華政策。

果不其然，自一九六一年初甘迺迪上任起短短數月內，台、美之間即發生一連串不愉快的外交事件，首先是滇緬邊境游擊隊所引發的爭議。前一章提到一九五四年秋天仍有近三千二百名不願撤離滇緬地區的前國軍游擊隊決定轉往泰、緬邊界山區內駐紮沉潛，待曼谷四國軍事委員會正式解散後，台北立即祕密授予這支武力新的雲南人民反共志願軍番號，持續按月補助經費，並由李彌舊部柳元麟領導，繼續從事反共游擊任務。一九五九年初，台北國安與情報部門規劃援助該部隊在當地建立反共根據地，不

---

1 Nancy Bernkopf Tucker, *The China Threat: Memories, Myths, and Realities in the 1950s* (New York: Columbia University Press, 2012), pp. 157-158.

2《蔣介石日記》，一九六〇年十月十七日、二十八日。

但準備在緬北地區擴建機場，還大量空投武器彈藥，包括蔣經國在內的國民黨政府高層，都曾親赴滇緬邊區祕密視察。[3]一九六〇年十一月起，中共與緬甸進行聯合勘界，並對滇緬地區國民黨政府游擊隊採取武裝清剿行動，柳元麟所部因此發動反擊，從同年十一月中旬至一九六一年二月初為止，該游擊隊與緬甸政府軍及進入緬境的中共武裝部隊，進行長達兩個月的交戰。[4]

一九六一年二月十五日，台灣空軍派遣一架PB4Y型運補機，飛往滇緬邊區對游擊隊進行空投補給，卻意外遭緬甸空軍擊落，機上來自台灣的大量美援裝備也遭緬甸政府擄獲，此事件立即引發一場嚴重外交風暴，緬甸各地不但發生大規模反美示威暴動，仰光當局也準備再次向聯合國控訴台灣侵犯緬甸領土主權。[5]上任不到一個月的甘迺迪總統與其國安團隊，決定向台北施壓，再次要求國民黨政府游擊隊撤出緬甸，以平息仰光當局的憤怒。[6]三月二日，蔣介石在憤怒與無奈之下，下令柳元麟部隊全數撤退來台，兩個月之內，計有四千四百餘人撤出滇緬邊區，雖然仍有部分游擊隊員決心繼續留在泰、緬、寮國邊境三角地帶，然而此後該地區的國軍武裝部隊不再成為亞洲大陸上一股足以牽制中共的力量。面對美方施壓要求游擊隊撤退，蔣介石在日記裡寫下「此種天真幼稚之言行，只有慨歎而已，不能說之以理」，來表達他對甘迺迪的失望與不滿。[7]

美國向國民黨政府施壓，迫使其撤出滇緬地區游擊隊，雖然暫時化解緬甸與美國之間的外交風暴，然而台、美之間的齟齬，卻才剛開始。就在蔣介石因處理游擊隊問題而感到焦頭爛額之際，華府外交決策階層已開始醞釀改變聯合國「中國代表權問題」策略，此問題源於美方過去十年來以「緩議」來維護國民黨政府的聯合國席次，這種手段在一九六〇年秋天的第十五屆聯合國大會上，已遭受嚴重挑戰。甘迺迪總統上任前夕，其幕僚評估美方已無法再利用這個方式繼續阻擋聯合國討論中國代表權問題，因而有意改絃易張；易言之，在認知到未來無法阻止聯合國成員國之間辯論「應由台灣海峽哪一方來代表中國席次」，以及未來在聯合國內有關兩個中國或一中一台的討論將無法避免，美方希望台北能夠務實地以「繼續保持聯合國會員國席次」作為其最高戰略目標。在此前提下，只要能夠成功阻止北京入會，即便台北無法繼續宣稱其代表全中國，亦應當是可以被接受的。[8]

可想而知，一九六一年二月間，當美國務卿魯斯克（Dean Rusk）將如上具有強烈兩個中國意涵的構想轉達台灣駐美大使葉公超時，台北政壇引發了強烈震撼，蔣介石在其日記裡即寫道：「美國外交全憑其一時利害之主觀，而容有其後果與客觀環境為何之考慮，可痛。」他並認為美國準備改變對華政策，乃「其民主黨左派對我陷害以達成其反華媚共最好之機會」。[9]也許蔣介石此種想法未必準確，然而台、美雙方關係卻是一波未平，一波又起。同年四月間，非洲新興法語系獨立國家茅利塔尼亞和蒙古人民共和國同時向聯合國申請成為新會員國。稍早之前的一九六〇年十二月間，聯合國安理會就曾審議過茅利塔尼亞入會案，當時蘇聯代表提出同時讓「外蒙古」以蒙古人民共和國之名稱入會，以向西方國

3 覃怡輝，《金三角國軍血淚史（1950-1981）》，頁二四二—二五一。
4 George M. Barbis (U.S. Consul in Chengmai) to State Department, December 23, 1960, No. 793.00/12-2360, in USSD 1960~1963 Internal, reel 2.
5 William P. Snow (US Ambassador to Burma) to State Department, January 16, 1961, No. 793.551/1-1661, USSD 1960~1963 Internal, reel 13; Snow to State Department, February 15, 1961, No. 793.551/2-1561, ibid.
6 Memorandum for Secretary of State by President Kennedy, February 17, 1961, in JFKOF, reel 3: 23; State Department Special Report No. 7, top secret, February 21, 1961, ibid.
7《蔣介石日記》，一九六一年二月二十三日。
8 Memorandum from J. Graham Parsons to Dean Rusk, top secret, December 28, 1960, No. 611.93/12-2860, in USSD 1960~1963 Foreign, reel 2.
9《蔣介石日記》，一九六一年二月二十四日、二十五日。

家要挾，結果茅利塔尼亞入會案雖獲得包括台北在內的八個安理會成員支持，但蒙古人民共和國的申請案卻因台北動員其友邦於聯合國大會擱置此案，未通過列入議程；蘇聯為了報復，也悍然否決茅利塔尼亞入會申請案，令不少非洲國家大感失望，並遷怒於華府與台北。

甘迺迪上任後不久，決定設法改變此一情況。美國國務院發言人於一九六一年四月二十一日公開宣稱，如果能夠斷定「外蒙古」具有獨立國家的屬性，則美國準備嚴肅考慮其加入聯合國的相關議題。就在發布此聲明後，國務院立即著手評估美國承認「外蒙古」並與之建交的利弊得失，其結論認為，若承認外蒙古的獨立地位能夠讓美國在該地建立新的外交據點，以便近距離觀察中、蘇兩國情勢，從宏觀的全球戰略角度而言，實為利大於弊。[10]為此，美國國務院還特別透過美國駐蘇聯大使館，與蒙古人民共和國駐莫斯科的外交人員進行祕密接觸，探詢其與美國發展關係的意願，並獲得對方頗為正面的答覆。[11]

國民黨向來堅持「外蒙古」為其領土版圖之一部分，更曾在一九五五年於聯合國安理會動用否決權阻止「外蒙古」入會，因此當華府傳出有意承認「外蒙古」主權獨立地位的消息後，台北高層再度感到震驚。就在此刻，突然又傳出美國國務院決定核發入境簽證給長期旅居日本的台獨分子廖文毅，允許其前往美國旅行與活動。[12]這一連串的事件發展，都讓蔣介石深刻體認到甘迺迪行政當局確實已在逐步推動新的對華政策，朝著台北無法接受的兩個中國與一中一台來傾斜。面對美國對華政策上可能出現的巨大轉變，蔣介石內心深處之疑懼與沉重壓力，可想而知，他曾在私人日記裡寫道：

> 其（美國）政府對共匪妥協政策，又已復活，殊為可痛，更感獨立自主之必要，而其國務院且已通告我外部，對外蒙承認與外交之交涉，已在莫斯科開始，此其動向乃對我國主權於不顧，豈不等於又一次出賣我國乎？[13]

在蔣看來，美國領導的所謂自由世界竟然顯得如此缺乏道義與原則，若台灣方面不主動出擊以扭轉態勢，則全世界的赤化終將無法避免。他於一九六一年六月底與七月初，曾兩度召見美國駐台大使莊萊德（Everet F. Drumright），除堅決表明國民黨政府將不會接受任何有關兩個中國與一中一台的安排之外，還當場嚴厲譴責美方在處理外蒙古加入聯合國與廖文毅赴美簽證問題上，根本未事先與台北磋商，美國如此處理對台關係，簡直比對待一個附庸國還不如。[14]

台灣島內與中國大陸的微妙政治發展

一九六一年起，美國民主黨政府有意改變對華政策，對國民黨政府的國際地位造成威脅與撼動，這樣的新態勢，也促使蔣介石認真思索加速推動軍事反攻大陸之準備，來面對台灣在外交與國際地位上即將面臨的重大挑戰。同年夏天，美國駐台北的外交人員即注意到，值此國民黨政府面臨新的外交危機與

10 State Department Memorandum for Rusk, Subject: Establishment of Diplomatic Relations with Outer Mongolia, May 4, 1961, No. 611.93C/5-461, in USSD 1960~1963 Foreign, reel 5.

11 Edward L. Freers (Minister-Counselor of US Embassy in Moscow) to State Department, June 20, 1961, No. 611.93C/6-2061, in USSD 1960~1963 Foreign, reel 5; State Department Memorandum, Subject: US Interests in Outer Mongolia, June 22, 1961, No. 611.93C/6-2261, ibid.

12 Everett F. Drumright (US Ambassador in Taipei) to Rusk, June 13, 1961, No. 793.00/6-1361, in USSD 1960~1963 Internal, reel 4; Drumright to Rusk, June 20, 1961, No. 793.00/6-2061, ibid.

13 《蔣介石日記》，一九六一年六月三日。

14 Drumright to Rusk, June 21, 1961, No. 793.00/6-2161, in USSD 1960~1963 Internal, reel 4; Drumright to Rusk, July 2, 1961, No. 611.93/7-261, in USSD 1960~1963 Foreign, reel 2.

挑戰之際，其在反攻大陸的輿論宣傳上，突然變得更加明顯，只不過此刻美方尚無法分辨其究竟只是政治宣傳？抑或是嚴肅認真的。[15]另一方面，此刻台灣島內政治局勢的發展，以及國民黨內微妙的權力結構與生態，也對蔣介石決定發動軍事反攻大陸帶來相當之影響。自一九五九年起，有關蔣介石是否競選第三任總統，即成為台灣內外的微妙議題，依一九四八年制訂的《中華民國憲法》規定，蔣介石兩屆總統任期在一九六〇年五月結束後，即無法繼續尋求連任，當時台灣島內外許多自由派學、政界人士如雷震、胡適、殷海光、王世杰等，皆曾公開反對蔣介石利用修憲等方式，參選第三任總統，這些意見透過陳誠、張群、黃少谷等國民黨要員傳達，都令當時希望繼續連任的蔣介石頗感惱怒，甚至在日記裡批評胡適乃一「無恥政客」、「最不自知」與「最不自量」。[16]

由於胡適、王世杰等人與副總統陳誠的關係向來密切，而蔣介石連任與否，又直接關係到陳誠能否接班成為總統，以及蔣經國與陳誠之間在國民黨內的權力競逐關係，因此當時甚至傳出王世杰曾向陳誠獻策，要他主動向蔣介石辭去副總統職務，來阻止蔣尋求三連任。這股國民黨內外隱約反對蔣介石違反憲法條文規定而繼續擔任總統的政治力量，當時讓蔣私下感到憂心惱怒不已，他有意以加緊準備發動對中國大陸的軍事行動，來鞏固其領導統御地位，強化國民黨政府在台灣統治的正當性，並轉移國民黨內因總統選舉而引發之權力鬥爭，即屬可能。譬如一九五九年秋天，蔣介石面對胡適向他提出要求，準備代表台灣的知識分子與學術界，親自前來總統府與他商榷競選總統連任爭議時，他在日記裡即寫道：

> 余此時之腦筋，惟有如何消滅共匪，收復大陸，以解救同胞，之外再無其他問題留存於心。[17]

一九六〇年初，國民黨內擁護蔣介石的人士，透過動員國民黨籍民意代表上書籲請競選連任，以及推動國民黨籍國民大會代表進行修憲等方式，讓蔣於同年三月間順利連任總統。不僅如此，修憲後出現的「動員戡亂時期總統副總統得連選連任，不受憲法第四十七條連任一次之限制」條文，不但讓陳誠未來繼任總統的希望徹底破滅，以及蔣、陳兩人數十年來亦師亦友的密切關係走向盡頭，也讓國民黨內外一股不滿蔣介石獨掌大權的憤怒，繼續發酵，首先就是陳誠本人。雖然蔣連任成功後，繼續讓陳誠擔任副總統兼行政院長，但此刻陳早已心灰意冷，數度以身體不適為由，請辭行政院長兼職。[18] 美國中央情報局的一份機密分析文件更顯示，國民黨內的權力接班問題，與蔣欲推動反攻大陸之間，更存在著極為微妙的關聯：陳誠知悉蔣介石有意以準備發動軍事反攻行動，來轉移當時島內對他的不滿情緒，他因此以行政院長身分，力主國民黨政府在台的施政重心應為推動台灣本身的經濟發展，而非軍事反攻，他甚至不惜以縮減政府軍事預算與整頓軍方內部高層人事為手段，來達到其目的，因此蔣、陳之間的緊張關係，並未因總統選舉落幕而稍見緩和。[19]

蔣經國與陳誠之間的權力競逐關係，也有可能牽動當時蔣介石的反攻大計；一九六〇年六月間，美國國務院即曾分析，一旦蔣介石病故或因其他理由無法視事，蔣經國與陳誠之間競逐未來台灣領導人大位的態勢，將無可避免。雖然陳誠當時在台灣黨、政、軍系統內「第二把手」的地位，已無庸置疑，然

15 US Embassy in Taipei to State Department, Subject: Political Review: April-June 1961, August 7, 1961, No. 793.00/8-761, in USSD 1960~1963 Internal, reel 4.

16《蔣介石日記》，一九五九年十二月十九日。

17《蔣介石日記》，一九五九年十一月二十日。

18 何智霖編，《陳誠先生書信集——與蔣中正先生往來函電》（台北：國史館，二〇〇七），下冊，頁七八九—八〇四。

19 CIA Office of Central Reference, Biographic Register, "Ch'en Ch'eng," July 1961, in CIA Research Reports: China, 1946-1976, reel 1.

而唯一能夠影響或挑戰陳誠順利接班的因素，即是台海之間爆發戰事的可能；易言之，一旦台灣當局挑起反攻大陸的軍事行動，或者國共之間發生衝突導致台灣方面軍事失利，造成台灣內部不穩定、社會失序或者民心渙散，則主掌台灣國安與情報系統的蔣經國，將可藉「恢復國家安定與社會秩序」為名，順勢掌握並主導黨政大局。[20]據此觀之，陳誠對於蔣介石準備軍事反攻大陸之準備，始終敬而遠之，即不足為奇。

除了蔣介石與陳誠之間的緊張關係之外，當時台灣內部一股強大反對國民黨威權統治與要求台灣民主化的聲浪，也讓蔣介石倍感壓力。一九六〇年五月十八日，李萬居、郭雨新、高玉樹、許世賢等台灣本省籍非國民黨政治人物，與被國民黨開除黨籍的國大代表雷震、青年黨夏濤聲、民社黨蔣勻田等七十二人於台北召集會議，除強烈批評台灣選舉不公之外，還決議積極展開籌組新政黨的行動。九月四日，台灣省警備總司令部以涉嫌叛亂為由，突然將雷震等人逮捕判刑，此事件不但震驚中外，也讓籌組中的新政黨就此無疾而終。儘管台灣島內爭取民主化的呼聲因「雷震案」的發生而受挫，然而國民黨內外自由開明派政治人物在檯面下的串連，卻從未停止過。一九六〇年秋天，胡適即曾告訴美國駐台大使莊萊德，即便雷震被捕入獄，他依然不放棄結合台灣本省籍與非國民黨籍菁英人物，為推動台灣的民主化繼續努力，胡適還向莊萊德透露，在此運動進行幕後指導工作的，正是陳誠。[21]

以上發生在一九六〇年代初期台灣內部的重要政治事件與發

陳誠（左）與蔣經國（右）。

展，在相當程度上似乎也成為蔣介石決心發動軍事反攻大陸的重要因素；易言之，蔣有意以台灣對外的軍事行動準備、推動反攻大陸的終極目標，以及伴隨著這些準備工作所帶來的黨政軍機制改組與社會動員，作為進一步鞏固與強化其在國民黨內外領導統治地位的正當性，還有凝聚台灣內部不同政治力量的重要因素。在甘迺迪就職前夕，美國駐台北大使館拍發回華府有關台灣政情的評估報告裡，即毫不意外地指出，希望發動一場反攻大陸戰爭的構想，正在國民黨內的最高階層裡不尋常且快速地發酵著，這與台灣各地本省籍菁英人士對於反攻大陸議題缺乏興趣與支持動力，正好成為強烈而鮮明的對比。[22]

無可諱言，一九五〇年代晚期起，海峽對岸的中國大陸內部情勢發展，也成為蔣介石考慮發動反攻準備的重要依據。一九五八年五月，中共中央制定「社會主義建設總路線」，在中國大陸各地積極推動「大躍進」，在農村普遍設立「人民公社」，希望「超英趕美」。大躍進運動所造成的生產浮誇虛報現象，造成一九五九年起中國大陸各地發生大饑荒。根據近年來中國大陸學者的研究顯示，一九五八至一九六二年大躍進運動期間，全中國非正常死亡人數高達三千萬人之譜。[23]對蔣介石而言，中共推行總路線、大躍進與人民公社所引發的饑荒，其帶來的政治性意義與解讀，恐怕遠比大饑荒本身更為複雜。一份現已解密的一九六〇年代初期台灣國家安全部門內部機密文件即研判認為，人民公社與大饑荒的爆發，除了引發大陸各地民怨四起，造成經濟秩序崩潰與思想教條分歧之外，甚至還在中共內部形成派系

20 David L. Osborn (Counselor of US Embassy) to State Department, Subject: "The Problem of Succession: Chen Cheng's Position and Prospects," June 9, 1960, in USSD 1960~1963 Internal, reel 1.

21 Drumright to State Department, Subject: "General Discussion with Dr. Hu Shih," November 15, 1960, in USSD 1960~1963 Internal, reel 2.

22 Drumright to State Department, Subject: "Return to the Mainland," December 12, 1960, in USSD 1960~1963 Internal, reel 2.

23 林蘊暉，《國史札記》（上海：東方出版社，二〇〇八），頁二七九—二八二。

傾軋與鬥爭，其中又以前國防部長彭德懷、前解放軍總參謀長黃克誠、前外交部副部長張聞天為首的「反黨團體」，因路線之爭而公然挑戰毛澤東等領導核心，最受人注目。在蔣介石、蔣經國父子看來，此波中共權力鬥爭，甚至讓原本應於一九六一年召開的中共第九屆全國代表大會與人民代表會議，因而延遲召開，這些都是中共內部統治不穩之徵兆。[24]

當時在台北以蔣經國為首的國安最高階層還認定，中共推動的一連串政治運動，已引發北京與莫斯科之間嚴重的矛盾與衝突，使中、蘇共之間彼此以壓力加諸對方，並且設法結合對方黨內的反對勢力，以削弱對方之聲望與權勢。根據台北方面的研判，當時蘇共領導人赫魯雪夫正加緊利用中共內部「緩進派」人士如張聞天等，迫使毛澤東辭去國家主席職務，以改變人民公社政策；而未來中共內部的派系鬥爭與權力傾軋，也將與中、蘇共之間的衝突密不可分。台北國安高層因而做出結論，此刻實為國民黨政府發動解救大陸同胞行動之最佳時機。[25]美國中央情報局則認為，蔣介石身旁的國安與情報人員，向他提供了關於中國大陸情勢混亂與饑荒過於誇大不實的情報，讓蔣誤認為當時大陸民眾渴望他領導反攻大陸。[26]無論如何，一九五九年起中共推動大規模政治運動及其引發的大饑荒與內部權鬥，確實為蔣介石發動軍事反攻計畫提供了強有力的支撐與誘因。

《國光計畫》與具體決策

基於如上幾個重要原因，自一九六一年起，蔣介石即著手展開一連串軍事反攻準備工作。四月一日，蔣下令於台北縣（今新北市）三峽地區祕密成立「國光作業室」，由陸軍中將朱元琮擔任作業室主任，並且調動陸、海、空三軍優秀參謀人員三十餘人進駐，正式展開擬定反攻大陸的作戰籌劃；與此同時，蔣還下令在國軍陸、海、空三軍總司令部內，各自成立相對應的作業室，提出反攻作戰軍事計畫。[27]當時此反攻計畫的構想主要分為兩階段，第一階段是以廈門為目標，在不依靠外力的情況下，由國軍突襲登陸廈門，至於該如何攻占廈門，當時也有詳細推演討論，包括海軍利用夜間航行，在廣東汕頭先建立灘頭堡，登陸後切斷鷹廈鐵路，阻斷解放軍增援前線，地面部隊再由金門出發登陸，並以廈門為據點，依情勢發展，向南往廣州進兵，或者向東或向北，分占福建與湖南。[28]

國光計畫的第二階段目標，是希望在中國大陸上建立一處長期的攻勢基地，並結合各地的反共抗暴運動，以利推展後續軍事行動。為此，台北國安高層擬定一個新的軍事與政治機制，稱為「華南戰區總司令部」，負責國軍反攻大陸後各收復區內的地方重建與社會動員，並推動黨、政、軍要務，此機制設總司令一人，兼任「戰地政務委員會」主任委員，下設祕書、民政、財經、文教、警保、社會等六個處，另轄政治工作群與軍事幕僚群，全力推動收復區內的各項工作。[29]

---

24 「蔣經國呈蔣介石有關大陸情勢報告」（一九六三年），〈文件／忠勤檔案／敵後工作〉，《蔣經國總統文物》，典藏號005010100010202。

25 同上。

26 CIA memorandum for Director, Subject: "Prospects for Early Chinese Nationalist Military Action against the Mainland," July 27, 1961, CIA Electronic FOIA Reading Room, Document No. 0000538987.

27 彭大年、龔建國採訪整理，〈朱元琮將軍訪問記錄〉，收入彭大年編，《塵封的作戰計畫：國光計畫——口述歷史》（台北：國防部史政編譯室，二〇〇五），頁一一—一二、五〇—五三。

28 同上，頁三〇—三一。另據段玉衡將軍的說法，當時考慮的登陸地點則是漳浦縣將軍澳或者漳州港尾半島。見彭大年採訪整理，〈段玉衡將軍訪問記錄〉，收入彭大年編，《塵封的作戰計畫：國光計畫——口述歷史》，頁一九五—一九七。

29 「華南戰區總司令部編組簡報目錄」（一九六一年），〈文件／黨政軍文卷／軍事建設／軍事——華南戰區總司令部之編組概要〉，《蔣經國總統文物》，典藏號005010202000085003。

蔣介石深知美國駐台軍事顧問團與在台情報人員必定會加倍關注其策劃反攻大陸之一舉一動，為了避免美方掌握太多細節，蔣還下令軍方另於新店碧潭成立「巨光計畫室」，由副參謀總長余伯泉負責推動台、美雙方聯合作戰，以混淆美方的注意力。一九六一年春天，該計畫室曾向美方提出《野龍計畫》執行細節，要求美軍協助國軍部隊發動敵後空投任務，該計畫提出的空投範圍包括廣東蕉嶺、平遠地區；福建建甌、南平地區；浙江天台、嵊縣地區；江西崇義、上猶地區；湖南城步、武崗、江華、永明等地區。具體作法是以二十至三十人為一任務編組，由美方提供C-54G運輸機，對上述各地點執行約二百人次的敵後空投；各小組進入大陸地區後，將設法破壞中共地方組織、誘發當地抗暴運動、進行游擊作戰，並策反當地的警察民兵與部隊，以發展敵後武裝反共勢力。[30]

值得注意的是，原本《野龍計畫》所提出

蔣介石主持國光計畫兵棋推演，右一為胡璉，右二為蔣經國，右三為曹永湘，左側胸前掛牌者為蔣緯國。

的空投地點，是中國大陸西南的四川、貴州、西康等省分地區，但最後台北軍方高層卻主動將目標修正為華南與東南沿海省分，由於美方向來並不反對國軍對中國大陸進行敵後游擊活動；華府所反對的，是台灣發動大規模的正規反攻作戰，並且利用台、美協防條約規範，將美國捲入台海戰爭裡，因此當時《野龍計畫》的合作構想，頗有蔣介石欲趁機取得美方技術援助，用來策應無法被美方接受之《國光計畫》獨力反攻登陸作戰之更深層的戰略目的。[31]

一九六一年起，蔣介石還下令在美國對台軍援項目範圍以外，祕密組訓兩個師的兵力，用來投入反攻登陸作戰，美國中央情報局掌握此一消息後，認定台灣正在積極準備新一波敵後空投任務，甚至有可能在同年八月間就執行，儘管美國並不樂見台灣海峽地區緊張情勢逐步升高，然而由於這些非正規的軍事行動，並未違反台、美之間既存協議與規範，若蔣介石執意推動，美方亦莫可奈何。[32]雖然台灣並未如美方所預測於八月間發動首波敵後空降行動，然而該年整個夏天，美方確實已觀察到國軍正展開極不尋常的大規模演訓行動。同樣引人注目的是，還包括當時剛從滇緬邊區撤退來台的游擊隊，已由軍方改編成為「特種部隊第四分隊」，且不在美方正式軍援項目之內，不受美軍顧問團節制。[33]

30「野龍計畫新選定各空降目標區之研析及任務準備」（一九六一年八月二十日），〈文件／黨政軍文卷／軍事建設／軍事——野龍計畫新選各空降目標區之研析及任務〉，《蔣經國總統文物》，典藏號005010202001002。

31 彭大年編，《塵封的作戰計畫：國光計畫——口述歷史》，頁一四。

32 CIA memorandum for Director, Subject: "Prospects for Early Chinese Nationalist Military Action against the Mainland," July 27, 1961, CIA Electronic FOIA Reading Room, Document No. 0000538987.

33 US Embassy in Taipei to State Department, Subject: "Political Review: July-September 1961," dated November 3, 1961, No. 793.00/11-361, in USSD 1960~1963 Internal, reel 5.

蔣介石反攻大陸的軍事準備，自一九六二年初開始逐次升高。年初起，美國在台的外交與情報人員皆明顯注意到，台灣、澎湖與金門、馬祖等外島地區的國軍部隊都處於高度備戰狀態。海軍開始訓練以民間商船投入兩棲登陸作戰演習，陸軍則進行部隊、武器裝備、民間交通工具與物資的非常態性集結，並且頻繁動員後備軍人、民防與警察人員。軍方部門也開始著手從事違反美方意旨的部隊組織調動與配置，包括著手擴編一支因應未來反攻大陸時，可用來敉平台灣內部可能出現叛亂的特種部隊。台北也向美方要求緊急增購總額達近三十萬美元的軍事物資與裝備，整個島內的保安措施也明顯增強，對美方而言，這一切都顯示蔣介石正認真考慮發動一場大規模的軍事反攻。[34]

二月間，台北向華府提出了一項美方認定蔣介石確實真心欲發動反攻大陸的關鍵要求：國民黨政府希望美國政府提供四架C-130運輸機，配載最先進、可以混淆中共空中預警系統的ECM電子偵測裝備，用來空投大約兩個營、總兵力達一千二百人之特種部隊至華南五個省分，以及每日三百噸的裝備與物資所需。[35]根據胡炘——時任蔣介石總統府侍衛長——的回憶，此刻連部隊發動登陸作戰的確切日期都已經拍板（據悉為同年六月二十九日），在某次高層作戰會議上，蔣下令政府宣傳部門開始散布共軍即將犯台的消息，作為國軍發動軍事反攻的正當理由，他還特別指示，一旦發動登陸作戰後，應速占領福建漳州港尾半島以鞏固立足點，並且要做到「三日占一個機場、五日占一個港口」，才能繼續推進軍事反攻。[36]

政治與外交層面的準備

蔣介石欲發動軍事反攻大陸，有一個現實的問題必須先解決；易言之，以當時台灣的財政預算、經濟條件與人力物資而言，至多只能維持反攻作戰三至六個月所需。為解決此難題，自一九六二年初起，國民黨政府開始著手調整政府組織機制並制定新的財政辦法。二月二十二日，國防部宣布成立「戰地政務局」，由蔣經國主持，負責籌劃反攻大陸後的政務與經濟重建業務。美情報部門也探悉，當時活躍於閩南地區的國民黨政府游擊部隊皆已完成待命，準備一旦反攻登陸後，協助此一新的戰地政務局主持大計；與此同時，已有超過上千名福建省籍人士，向國民黨政府登記並參加訓練，準備服務於光復以後的福建省新政府。[37]三月三十一日，行政院宣布成立「經濟動員計畫委員會」，由行政院副院長王雲五兼任主任委員，台灣省主席周至柔與經濟部長楊繼曾分任副主任委員。此一新機制在於研擬各種戰時方案，協調政府各部會動員及整合全台灣的經濟與人力資源，努力囤積、收購物資，作為反攻大陸時期所用。[38]為了因應反攻作戰開始後此經濟動員計畫委員會能夠順利推動各項業務，蔣介石甚至調令交通部

---

34 George Ball to US Embassy in Taipei, May 9, 1962, No. 793.5/5-962, in USSD 1960~1963 Internal, reel 11; Ralph N. Clough (US Charge d'Affaires ad interim) to Rusk, May 18, 1962, No. 793.5/5-1862, ibid; Clough to Rusk, Subject: "GRC Counterattack," March 20, 1962, No. 793.00/3-2062, ibid, reel 5.

35 CIA memorandum for the United States Intelligence Board, Subject: "SNIE 13-3-62: Probable Consequences of Chinese Nationalist Military Operations on the China Mainland," March 26, 1962, CIA Electronic FOIA Reading Room, Document No. 0000824362.

36 汪士淳，《漂移歲月——將軍大使胡炘的戰爭紀事》（台北：聯合文學，二〇〇六），頁一九三—一九四。

37 US Embassy in Taipei to State Department, Subject: "Counterattack, Investment, and Economic Development," April 12, 1962, No. 793.00/3-1262, in USSD 1960~1963 Internal, reel 6; Drumright to State Department, March 30, 1962, No. 793.00 (W)/3-3062, ibid, reel 9.

38 US Embassy in Taipei to State Department, Subject: "Counterattack, Investment, and Economic Development," April 12, 1962, No. 793.00/3-1262, in USSD 1960~1963 Internal, reel 6.

次長費驊與經濟部次長童致賢，前往陸軍戰爭學院接受特殊訓練。[39]

為了籌措反攻大陸所需的新財源，一九六二年四月底，陳誠奉蔣介石之命，召集全台灣五十餘位工商界重量級人士，尋求其支持政府開徵新稅源，用於反攻大陸的軍事行動。此次會議所取得之共識，得以讓國民黨政府於四月三十日宣布隔日起開徵「國防臨時特別捐」，直到翌年（一九六三年）六月三十日為止，預期在十四個月之內，籌措到六千萬美元的額外稅收，投入反攻大陸的軍事開銷。[40]這一切舉措都顯示，蔣介石的反攻大陸計畫此刻已是箭在弦上，不得不發。

在國際舞台上，台北也是動作頻仍，自一九六二年初起，美國即注意到台灣與韓國之間的軍方高層往來，出現異常頻繁的現象，讓華府懷疑台北正努力與漢城研擬對策，是否一旦台灣發起軍事反攻後，韓國部隊將利用黃海上的島嶼，向華北地區發動策應。[41]在台灣與韓國雙方合作推動下，一項史無前例的亞洲反共軍事情報會議，也於同年夏天在漢城召開，除了台、韓代表之外，參加會議者還包括南越、泰國與菲律賓的軍事情報高層。[42]這些似乎都是蔣介石為了壯大其反攻大陸行動聲勢所營造出來的外交戲碼。

無可諱言，此刻影響蔣介石軍事行動成功與否的最關鍵因素，仍在於美國。梳爬現今美方解密情報文件，幾乎在蔣介石下令成立國光作業室之後的兩個月內，美國中央情報局駐台單位就已經掌握到台灣有意發動大規模軍事反攻行動的企圖了，只不過由於蔣介石當時另外設立了巨光計畫室，並向美方提出野龍空投計畫細節，因此美方情報人員當時似乎有可能將國光與巨光兩者混淆，造成只知其一而不知其二的情況。[43]一九六一年十一月底，蔣介石了解反攻大陸此等大事，不可能完全隱瞞美國，曾有意派遣密使前往華府，向甘迺迪總統解釋為何他必須發動軍事行動，然而此刻華府決策當局似乎尚未意識到問題的嚴重性，因而婉拒台北方面派遣密使之要求。[44]

到了一九六二年春天，華府驚覺事態嚴重，認定蔣介石反攻大陸的準備是認真的，甚至接獲密報稱六月底將是台灣向對岸發起軍事登陸行動的時刻，因而開始向台北施展一連串外交壓力。二月二十三日，美國國防部副助理部長彭岱（William Bundy）銜命前來台北與蔣介石會晤，蔣利用此機會向美方保證，一旦台灣發動反攻行動，必將遵守如下原則：第一、台北不會為難華府；第二、台北不會採取對台灣與澎湖安全造成不利影響的舉措；第三、台北無意讓美方捲入國共之間的戰事，也無意讓美方負起外交與政治責任；第四、台北會把美國的國家利益納入其行動的考量之中。蔣介石並向彭岱強調，自一九四九年以來，台灣為了此刻的到來，已經備戰長達十三年之久，如今國軍部隊士氣高昂、訓練精實，中國大陸又處於最混亂與脆弱的時刻，他希望美方理解此點，不要讓台灣光復大陸的機會，平白流失。[45]

雖然蔣介石向美國極力解釋其反攻大陸政策的合理性，然而美方顯然無法認同他的冒險舉措；三月

39 Clough to State Department, Subject: "War Preparation and Investment," April 6, 1962, No. 793.00/4-662, in USSD 1960~1963 Internal, reel 6.

40 Clough to Rusk, May 2, 1962, No. 793.5/5-262, in USSD 1960~1963 Internal, reel 6; Drumright to State Department, May 6, 1962, No. 793.00 (W)/5-662, ibid, reel 9; Clough to Rusk, May 7, 1962, No. 793.5/5-762, ibid, reel 11.

41 Clough to Rusk, Subject: "GRC Counterattack," March 20, 1962, No. 793.00/3-2062, in USSD 1960~1963 Internal, reel 5.

42 李雲漢主編，《中國國民黨一百週年大事年表》（台北：國民黨黨史會，一九九四），第一冊，頁五三四。

43 CIA memorandum for Director, Subject: " Prospects for Early Chinese Nationalist Military Action against the Mainland," July 27, 1961, CIA Electronic FOIA Reading Room, Document No. 0000538987.

44 CIA Telegram Information Report, Subject: "Chiang Kai-shek's Views on the Advisability of GRC Action against the China Mainland," January 26, 1962, CIA Electronic FOIA Reading Room, Document No. 0000107415.

45 CIA classified message from William Bundy to Defense Department, State Department, and White House, February 24, 1962, CIA Electronic FOIA Reading Room, Document No. 0000608237.

起，短短數週之內，華府接連派出國務院遠東助理國務卿哈里曼（W. Averell Harriman）、副助理國務卿麥肯（John C. McCone）、國務院東亞事務局長雅格（Joseph A. Yager）、國務院情報研究處主任希斯曼（Roger Hilsman）等要員前來台北，對蔣介石曉以大義，促迫他打消軍事行動計畫，只是蔣介石並不願放棄。[46]國民黨政府更不忘利用任何可能的機會，為其反攻大陸之準備，進行外交宣傳與辯護。一九六二年三月初，中共解放軍空軍少尉劉承司駕駛一架米格戰機投奔台灣，台北立即向全世界大加宣傳，頗有「此刻不進行反攻行動，更待何時」之勢。[47]四月底，大批廣東省民因不堪大躍進失敗所導致之惡劣經濟狀況，開始大規模跨越邊界蜂擁至香港，成為難民，數量高達五萬人之譜。[48]台北除了主動歡迎這些難民前來台灣安置生活，並宣布提供救濟金、糧食、醫療與民生物資等一切必要之人道協助，也再次向全世界強調此乃中共內部不穩、民心渙散之明證，希望從外交宣傳上來塑造蔣介石反攻大陸之正當性。[49]

《國光計畫》之推遲與決策轉折經過

整個一九六二年的上半年，國民黨政府在軍事、外交、財政經濟等各領域，積極備戰，反攻登陸行動儼然已是箭在弦上，然而到了同年夏天，這個一九四九年兩岸分治以來，蔣介石所推動之最大規模反攻計畫，卻突然停頓下來，其中的轉折，如今透過美國中央情報局解密檔案，也提供吾人更清楚的內幕。事實上，美方對台北施加的壓力，在其中扮演了相當重要的因素。二月間，美國副助理國防部長彭岱與蔣介石晤談後，華府決策高層立即著手採取必要評估與反應措施，認為值此之際，美方不能一味打壓蔣介石，讓台、美關係雪上加霜，加深蔣介石對華府的疑懼，甚而大膽冒進，片面採取對中國大陸的軍事行動。為此，華府決定對蔣介石的反攻方案給予「適度回應」，其策略是同意提供台灣希望獲得的C-130運輸機，並配備最先進的ＥＣＭ電子偵測裝備，以此來換取蔣介石同意與先和美方共同研究磋商反攻計畫之可行性與適切性，藉此先綑住蔣介石，推遲其發動軍事反攻行動的時日。[50]

根據美國中央情報局解密檔案所示，華府決策階層在三月初，將上述訊息透過中央情報局駐台北站站長克萊恩（Ray S. Cline）轉達給蔣介石與蔣經國，蔣氏父子兩人對美方提議的初步反應頗為正面，認為甘迺迪總統已在考慮美方共同參與台灣的反攻大陸計畫。[51]然而接著前來台北訪問的哈里曼、希斯曼等人，發覺蔣介石並無意願推遲軍事反攻計畫，且其發動反攻的態度與決心依然堅強，華府因而認定必須採取更強硬與明確的手段，迫使蔣介石屈服。四月十七日，克萊恩再度奉命向蔣氏父子傳達來自白宮

46 Clough to State Department, Subject: "GRC Mainland Aspirations and US-GRC Relations: Recent Developments, Present State, and Prospects," October 12, 1962, No. 611.93/10-1262, in USSD 1960~1963 Foreign, reel 3.

47 李雲漢主編，《中國國民黨一百週年大事年表》，第一冊，頁五三二；Drumright to State Department, March 9, 1962, No. 793.00 (W)/3-962, in USSD 1960~1963 Internal, reel 9.

48 CIA Intelligence Study, "The Kwangtung Exodus of 1962," February 23, 1965, in CIA Research Reports: China, 1946-1976, reel 2.

49 Clough to State Department, May 19, 1962, No. 793.00/5-1962, in USSD 1960~1963 Foreign, reel 6; Clough to State Department, May 22, 1962, No. 793.00/5-2262, ibid; Clough to Dean Rusk, May 23, 1962, No. 793.00/5-2362, ibid; Clough to Rusk, June 2, 1962, No. 793.00/6-262, ibid.

50 CIA classified message, Subject: Substance of Response to Chiang Kai-shek's Request for High Level Strategy Talks, February 28, 1962, CIA Electronic FOIA Reading Room, Document No. 0000605041.

51 CIA classified message, Information for W. Averell Harriman (in Manila) and McGeorge Bundy (White House), eyes only, March 7, 1962, CIA Electronic FOIA Reading Room, Document No. 000608236.

的最新立場如下：美方希望台灣發起反攻行動的日期，從六月底延至十月一日，如此台北與華府之間將有半年時間可以共同研究磋商中國大陸情勢，共同討論反攻軍事方案的細節，以及國軍部隊未來在中國大陸上的行動，如此方可確保此計畫獲致成功。此外，甘迺迪也透過克萊恩向蔣介石明白表示，國軍部隊是否真的如期在十月一日執行空降華南五省行動，屆時還必須由華府與台北雙方進一步共同商榷。最後，甘迺迪正告兩蔣父子，鑑於國民黨政府反攻大陸方案在國際社會所可能引發的高度敏感性，美國政府目前並無法明確向台北做出任何具體協助的承諾，更無法與台北達成任何文字協議，甘迺迪只願意承諾，未來台、美雙方應不斷進行最高階層的意見交換，以確保雙方密切、友好的互信關係。據克萊恩報告，蔣介石父子聽聞此訊息後，立即陷入「絕望」的境地，最後勉強同意華府所提各點，並將台灣的反攻行動，從六月底推遲至十月初。[52]

華府對台北的施壓力度，此後有增無減。五月初，蔣介石宣布開徵國防臨時特別捐，準備籌措更多軍費，但因事先未與美方磋商，引發美方「極度不快與震驚」，除了要求行政院立即公開此特別捐的經費使用項目等細節之外，並採取報復措施，其中包括中止一項對台商業貸款，停止另一項已在進行中的經援計畫談判，並且暫緩出口由台灣使用自身經費向美方購買的一批軍事裝備，迫使參謀總長馬紀壯不得不親自出面向美方解釋此特別捐之各項細節。[53]另一方面，美國政府於四月間突然宣布召回向來對國民黨政府持友善態度的駐台大使莊萊德，改派遣專研兩棲作戰的美國前海軍上將柯克（Alan G. Kirk）來台，事後證明，甘迺迪總統這項人事任命的用意，在於利用柯克將軍對海軍作戰的專業背景，勸退蔣介石發動反攻登陸作戰。甘迺迪總統的國安團隊甚至一度建議，由美國聯邦政府資助一項新計畫，向美國一般民眾廣為宣傳台灣欲發動反攻大陸作戰的高度危險性，利用美國民意來支持甘迺迪對台灣採取較為強硬的立場，同時避免台海緊張局勢引發美國民主、共和兩黨之間不必要的政策對抗。[54]

台灣海峽另一端的中共，對於蔣介石決定停止推動《國光計畫》，扮演了臨門一腳的角色。一九六二年六月十九日，台、美雙方同時偵測到解放軍部隊正大量進駐福州軍區，至六月底為止，整個福建省境內已集結約四十萬地面部隊、一百艘海軍各式船艦，以及近三百架戰機。[55]此舉顯示中共已透過特殊管道，掌握蔣介石原本計畫六月底發動反攻行動的機密訊息，因而做出必要的反制部署。台北與華府對於中共增兵福建意圖的解讀，頗有出入；當時蔣介石因前列腺手術引起發燒不退而住院，有數週時間未出現在公開場合，引發各界揣測，因此當共軍增援福建的消息傳開後，國民黨政府力持鎮靜，宣稱不認為兩岸情勢已發生明顯變化，且力主這些軍隊調動乃中共轉移大陸百姓注意力之舉。[56]蔣經國主導的國安單位內部研判中共此舉實為「攻勢防禦」，亦即利用政治攻勢達成軍事防禦，其未來可能之動向，為發動對金門、馬祖等外島小規模炮擊或空襲，以保持台海地區緊張局勢，用以對外施展政治攻勢。值得注意的是，台北國安高層私下並不認為中共將會對台灣本島採取軍事行動，因此力主在不破壞台、美關

---

52 Message from Taipei to White House Situation Room, Attn: McGeorge Bundy, top secret, April 19, 1962, CIA Electronic FOIA Reading Room, Document No. 0000608252.

53 State Department memorandum from Joseph A. Yager to W. Averell Harriman, September 19, 1962, No. 793.13/9-1962, in USSD 1960~1963 Internal, reel 10; Clough to State Department, October 12, 1962, No. 611.93/10-1262, in USSD 1960~1963 Foreign, reel 3.

54 Memorandum from Chester Bowles to President Kennedy, Subject: "GRC Operations against the Mainland," June 8, 1962, in USSD 1960~1963 Internal, reel 6.

55 Clough to Rusk, June 21, 1962, No. 793.00/6-2162, in USSD 1960~1963 Internal, reel 6; Clough to Rusk, June 22, 1962, No. 793.00/6-2262, ibid.

56 Clough to Rusk, June 21, 1962, No. 793.00/6-2162, in USSD 1960~1963 Internal, reel 6; Clough to Rusk, June 22, 1962, No. 793.00/6-2262, ibid.

係的前提下，適時發動對中國大陸的政治、文宣與心理戰，促使大陸內部出現對國民黨有利之轉變，間接達到光復大陸之最終目標。[57]

對於中共突然大舉增兵福建，美國政府最初的反應，乃是認定解放軍有意再度進犯金、馬外島，重新製造有如一九五〇年代兩次外島危機之場景。高度擔憂美國將再次被台海軍事衝突牽連，華府於六月十九日當天立即透過駐台北大使館正告國民黨政府，務必謹慎節制，不能替解放軍對外島可能採取的行動，提供任何藉口。[58]美方情報還顯示，中共此次的部隊調動，極為迅速隱密，顯然事前早有精密規劃，不但增援部隊的數量遠遠超過防衛性質，且大量集中在金門與馬祖的對岸，而非在國民黨準備空降與登陸的地點，甘迺迪總統的幕僚因而認定共軍準備對金、馬外島發動奇襲，這一研判也讓白宮、國務院與五角大廈坐立難安。[59]

面對台海地區恐怕再次掀起軍事衝突，華府隨後於短短數日內，採取一連串重大的反應與防護措施。六月二十二日，主管東亞事務的助理國務卿哈里曼，約見蘇聯駐美大使杜布里寧（Anatoly F. Dobrynin），坦誠討論台海危機，哈里曼希望透過蘇聯了解中共此刻增兵福建的真正用意，他同時欲透過杜布里寧傳話給赫魯雪夫，美方絕對無意在當前情況下，支持與鼓勵蔣介石發動對中國大陸的軍事行動，美方也相信蘇聯此刻絕對不願因為海峽兩岸之間可能爆發的軍事衝突，而遭受牽連。[60]隔日，美國駐波蘭大使卡伯特（John M. Cabot）利用華沙大使級會談管道，傳話給中共駐波蘭大使王炳南，在華府充分授權下，卡伯特鄭重聲明美國無意在當前情況下，支持蔣介石反攻大陸的計畫，他同時重申，未經美方同意，蔣介石不能夠單方面發動軍事反攻。王炳南聞後質疑，若無美方背後支持，蔣如何敢動用美援武器裝備來進行反攻準備？卡伯特對此沒有明白答覆，僅強調美方絕對無意支持台灣對大陸發動軍事行動，也不相信蔣介石真敢這麼做，他繼而表示美方願意盡一切可能，來維護台灣海峽和平，他詢問北京方面是否也能做出同樣的保證？此時王炳南停頓良久，最後回答稱：「『解放軍武力侵犯台灣』的問題根本不存在，因為整個問題的源起，在於蔣介石想要發動軍事反攻。」華沙會談結束前，王炳南再次重申，中共方面並不存在以武力解決台海爭端這個問題。[61]

美國在遠東各地的使領館與華府的外交與軍事情報部門，立即針對王炳南在華府的談話及其所釋放的訊息，進行分析研判，最後結論認定中共此次增兵福建地區，乃屬防禦性質；易言之，在可見的未來，若台灣方面同樣能夠在軍事上採取節制，則毛澤東並不打算動用武力。[62]華府透過華沙會談取得北京方面不會主動採取軍事行動的承諾後，彷彿吃下一顆定心丸，同時更加堅定欲阻止蔣介石發起任何反攻軍事行動。華沙會談結束後第二天，美國國務院官員向台灣駐華府外交官進行簡報時，竟然刻意隱瞞卡伯特曾向王炳南傳達美方不支持蔣介石反攻大陸的立場，美國駐台北大使館官員向國民黨政府外交部簡報時，同樣未透露此段關鍵細節。[63]美國一方面不願直接向台北承認在華沙曾有此祕密保證，另一方

57「台海情勢與反攻問題」（一九六二年七月十七日），《蔣經國總統文物》，〈文件／忠勤檔案／敵後工作〉，典藏號005010100010205。

58 George Ball to US Embassy in Taipei, June 19, 1962, No. 793.00/6-1962, in USSD 1960~1963 Internal, reel 6.

59 The President's Intelligence Checklist, June 19, 1962, in JFKOF, reel 5: 4.

60 Memorandum of Conversation, June 22, 1962, in JFKOF, reel 5: 4.

61 John M. Cabot to Rusk, June 23, 1962, No. 611.93/6-2362, in USSD 1960~1963 Foreign, reel 3; Memorandum for President Kennedy, June 24, 1962, in JFKOF, reel 5: 4.

62 State Department memorandum by Roger Hilsman, Subject: "Cabot-Wang Conversation of June 23, 1962," July 18, 1962, No. 611.93/7-1762, in USSD 1960~1963 Foreign, reel 3; Clough to Rusk, June 26, 1962, No. 793.00/6-2662, in USSD 1960~1963 Internal, reel 7.

63 George Ball to U.S. Embassy in Taipei, June 23, 1962, No. 793.5/6-2362, in USSD 1960~1963 Internal, reel 7; Clough to State Department, June 27, 1962, No. 793.00/6-2762, in USSD 1960~1963 Foreign, reel 3.

面又聽任中共單方面向國際輿論透露卡伯特對王炳南一番「美國不支持蔣介石」的內幕談話，不做任何澄清與反駁，令台北高層一陣心急焦慮，猜不透華府心意與華沙實情，究竟為何。[64]

國民黨「挽回顏面」之舉

自一九六二年七月起，台灣有關發動反攻大陸的宣傳與媒體報導，突然沉寂了下來，國民黨的宣傳機構不再大聲疾呼把握當前大好形勢反攻復國，而改為強調應先在政治、軍事與經濟上進行充分準備，以等待適切時機的到來。政府高層人士也改變口吻，表示反攻軍事行動不可草率發動，也沒有明確的時間表。[65]更甚者，隨著美方在華沙會談中承諾不支持蔣介石採取行動的消息不脛而走，都讓台北政壇開始瀰漫一股濃厚的悲觀情緒，認定華府與北京之間已私下達成默契，果真如此，將對台灣民心士氣造成莫大傷害。美國駐台北大使館的情報還顯示，當時負責執行蔣介石《國光計畫》的部分軍事將領，信心已開始動搖。[66]大使柯克的觀察更是一針見血：蔣介石過去一年多以來不斷灌輸反攻大陸的時機已經成熟，這已讓許多國民黨政府內的黨、政、軍要員產生不切實際的期待，如今美國的壓力迫使蔣介石必須收回成命，顏面盡失，領導威信也將受到損害，這恐將很難讓他服氣。柯克認定蔣介石勢必設法另謀出路，以確保反攻大陸的能量繼續維持下去。[67]

為顧及蔣介石的顏面、維持台灣民心士氣以及台美關係，一九六二年八月八日，甘迺迪總統批准授權柯克向台北提出新方案，在此方案裡，美方雖然無法承諾協助台灣發動軍事反攻，卻也不排除未來國民黨政府在中國大陸扮演關鍵角色之可能性；美方也同意儘速向台灣撥交兩架足以載運各六十名兵力的C-123運輸機，以此暗示華府默許蔣介石發動小規模、非正規作戰之敵後空投。此外，美方在新方案裡還建議台、美之間成立一個臨時任務編組，研究國軍部隊的兩棲作戰能力，並在軍事情報領域加強合作；美方最後承諾，將協助國民黨政府在大陸地區建立新的敵後游擊力量，並協助推動宣傳與心戰業務。[68]

華府這個新方案，給了當時顏面盡失、餘怒未消的蔣介石一個可以勉強接受的下台階，同時換來蔣同意正式取消在一九六二年內發動國光計畫。十月一日，台海之間風平浪靜，國軍部隊未如預期般發動空投任務；反之，蔣介石於十月十日的國慶日文告中，以務實態度表達欲將台灣的軍事反攻與大陸內部出現的抗暴運動相結合的期望，不再強調台灣片面發動軍事行動。[69]另一方面，一九六二年八月的新方案裡，因華府並未完全反對台灣執行大陸敵後活動，這讓對反攻大陸念茲在茲的蔣介石，在心理與實際行動上，找到了一個宣洩出口，亦即大量派遣特工與敵後人員，潛入華南地區進行一連串恐怖破壞行動，以取代《國光計畫》被迫擱置的遺憾。

一九六二年八月底，國民黨政府首先派遣一組敵後人員，利用小型機帆船裝載炸藥與軍火，自台灣

64 Alan G. Kirk to Dean Rusk, August 4, 1962, No. 793.00/8-462, in USSD 1960~1963 Foreign, reel 3.

65 Kirk to Rusk, July 13, 1962, No. 793.00/7-1362, in USSD 1960~1963 Internal, reel 7; Kirk to Rusk, July 6, 1962, No. 793.00 (W)/7-662, ibid, reel 9; Kirk to Rusk, July 11, 1962, No. 793.00/7-1162, ibid, reel 7.

66 Kirk to Rusk, July 17, 1962, No. 793.00/7-1762, in USSD 1960~1963 Internal, reel 7; Clough to State Department, October 12, 1962, No. 611.93/10-1262, in USSD 1960~1963 Foreign, reel 3.

67 Kirk to Rusk, July 11, 1962, No. 793.00/7-1162, in USSD 1960~1963 Internal, reel 7; Kirk to Rusk, July 17, 1962, No. 793.00/7-1762, ibid.

68 Memorandum by W. Averell Harriman for President Kennedy, August 8, 1962, in JFKOF, reel 3: 23.

69 Clough to Rusk, October 19, 1962, No. 793.00/10-1962, in USSD 1960~1963 Internal, reel 8.

南端出發航行至澳門，登岸後於澳門、廣東省邊境引發一連串爆炸事件，造成當地民眾的驚恐與部分百姓傷亡。[70]九月間，另外幾組敵後與特工人員，以香港為基地，在廣東與新界交界地區，先後發動六起爆炸事件，這些恐怖活動引來港、澳殖民政府的不滿，與中共方面的憤怒。[71]國民黨政府顯然欲利用這些爆炸事件，來向全世界證明中國大陸內部確已民心思變，反共抗暴運動層出不窮，同時向外界證明蔣介石對大陸政局的判斷，並無錯誤。[72]

儘管華府透過外交管道，向台北傳達不樂見其繼續在華南地區發動此類恐怖敵後破壞行動之立場，甚至斥責此類粗糙行動實屬愚蠢，然而國民黨政府並未因此而鬆手。九月間，台灣報章媒體開始披露國民黨政府已發動英勇且成功的敵後任務，稱一支游擊隊已順利空降廣西境內，並成功建立反共游擊根據地；另一支游擊隊則走海路，成功占領廣東汕頭附近的一個島嶼，建立起新的反攻大陸灘頭堡。北京方面不甘示弱，於十二月底公開向外界宣布，已在過去兩個月內，消滅來自台灣的九股武裝特務集團，人數共計一百七十二人，並繳獲大批軍火與無線電台裝備。[73]國民黨政府為了延續這股敵後反攻的氣勢，立即進行反宣傳；一九六三年一月初，台灣新聞媒體進一步披露國民黨政府已經在全中國大陸三十五個行省地區，分別建立敵後基地，而台灣軍隊對中國大陸的心戰與宣傳品空投，更遠達東北的黑龍江省，這些行動已造成中共「信心的動搖與恐慌」。[74]

台灣方面的恐怖敵後行動，自一九六三年起大幅減少，然而蔣介石希望恢復啟動《國光計畫》的企圖心，卻依然旺盛。一九六三年春天，他曾親自向軍方幕僚提出開戰指導原則，指示國軍部隊應如何在金門、馬祖等外島前線主動炮擊對岸，誘使解放軍開炮反擊，台北再趁機向全世界宣布中共對外島挑釁，以作為台灣發動大規模軍事行動之藉口。[75]同年秋天，他又派蔣經國前往華府，向甘迺迪總統與美國軍、政高層推銷反攻大陸構想，不放棄爭取美方的支持與認可。即便中共於一九六四年十月成功試爆首枚原子彈，躋身國際核武強權之林，蔣介石依然未能全然放棄以武力反攻大陸的構想。一九六五年八月六日，台灣海軍兩艘軍艦「劍門」、「章江」在東山島外海執行偵察任務時遭解放軍擊沉，殉難官兵達兩百人；同年十一月十四日，另外兩艘軍艦「山海」、「臨淮」在烏坵外海與共軍快艇激戰後受到重創，蔣介石才真正體認到台灣兩棲作戰能力的嚴重不足，此後《國光計畫》停擺，蔣介石獨力發動軍事反攻大陸的構想，才真正被束之高閣。[76]

---

70 Kirk to Rusk, September 11, 1962, No. 793.00/9-1162, in USSD 1960~1963 Internal, reel 7; Richard N. Kirby (U.S. Consul in Hong Kong) to State Department, September 14, 1962, No. 793.00/9-1462, ibid.

71 Kirby to State Department, September 15, 1962, no, 793.00/9-1562, in USSD 1960~1963 Internal, reel 7.

72 Kirk to Rusk, September 15, 1962, No. 793.00/9-1562, in USSD 1960~1963 Internal, reel 7; Kirk to State Department, September 1, 1962, No. 793.00 (W)/9-162, ibid, reel 9.

73 Kirk to Rusk, December 31, 1962, No. 793.00/12-3162, in USSD 1960~1963 Internal, reel 8; Kirk to Rusk, January 2, 1963, No. 793.00/1-263, ibid; Kirk to Rusk, January 4, 1963, No. 793.00 (W)/1-463, ibid, reel 9.

74 Kirk to Rusk, January 10, 1963, No. 793.00/1-1063, in USSD 1960~1963 Internal, reel 11; Kirk to Rusk, January 11, 1963, No. 793.00 (W)/1-1163, ibid, reel 9.

75 彭大年編，《塵封的作戰計畫：國光計畫——口述歷史》，頁二〇一。

76 同上，頁一五一—一六、二四三—二四七。

第六章

冷戰與兩岸密使

一九四九年冬天，國共內戰態勢已大致底定，蔣介石父子於倉促中自成都飛抵台灣，此後數十年內，海峽兩岸的國民黨與共產黨，在蔣介石與毛澤東領導下，各自與美、蘇兩大強權結盟，彼此有如仇敵一般，在軍事、外交與政治上，進行著一次又一次激烈的對抗。

然而一九五〇年代至一九七〇年代全球冷戰最高峰時期，海峽兩岸之間究竟有無密使交流？國共雙方是否曾經進行祕密接觸或談判？一直是海峽兩岸與海外廣大華人社會高度關心與感興趣的話題。過去十餘年來，兩岸三地陸續出現當年曾經參與國共祕密接觸交流的相關資料，特別是曾任中央社戰地特派員、抗戰時期與蔣經國維持著亦師亦友關係、一九四九年後定居香港、並與周恩來等中共高層往來頗深的記者兼作家曹聚仁，以及他生前在兩岸祕密接觸過程中所扮演的角色，讓冷戰時期國共往來的祕密過程，逐漸揭開面紗。

本章主要以蔣介石私人日記、數年前剛解密的美國國務院與美國中央情報局機密分析報告為主，輔以其他海峽兩岸已公開、已出版之官方檔案與文史資料，對於一九四九年以後兩岸之間的密使往來與交流對話，進行深入且有系統的闡述分析，希望能夠在冷戰時期海峽兩岸尖銳對峙關係之外，提供讀者另外一面鮮為人知的國共接觸史，以及這些接觸的幕後所蘊藏之深刻政治與外交意涵。

萬隆會議前後中共「和平解放台灣」策略

一九五四年九月初，中共解放軍炮擊金門，引爆第一次台海危機，戰事並擴展至浙江沿海的一江山、大陳島等仍由國軍控制的島嶼。一九五五年初，解放軍攻下一江山之後，美國政府協助國軍部隊自大陳島撤退，國會參眾兩院並通過《福爾摩沙決議案》（Formosa Resolution），授權艾森豪總統於必要時，使用武裝部隊協防台灣、澎湖與其他外島地區，一時之間，美國頗有直接介入台海爭議之勢。[1]三月間，中共總理周恩來在中共人大常委會上首次表明，願意以和平方式解決國共問題；四月間，周恩來率團出席於印尼萬隆召開之首屆亞非高峰會議時，宣稱台海危機乃美國所造成，他重申中共願意以和平方式來解決台灣問題，並且願意與美方展開直接談判。周恩來此番有關降低台海緊張局勢的表態，美國自然表示歡迎，同年八月起，中、美雙方代表開始在日內瓦（後移至華沙）展開大使級會談。[2]

北京與華府之間緊張關係的降低，與台海之間軍事對立氣氛的和緩，都讓中共領導人更有信心展開對台北的和平策略。台灣著名記者楊渡與中國大陸海外異見作家鄭義，根據歷史口述訪談資料指出，一九五六年春天，蔣介石曾收到一封來自北京中共中央的信函，此函由著名民主派政治與教育家、曾任一九四九年國共和談國民黨代表、時任中共政協委員的章士釗親自攜往香港，透過國民黨政府駐港某人士轉交台北高層，此函內容主要提議由國共雙方進行第三次合作，以完成統一大業；台灣政務，除外交交由北京中央接管之外，其他軍政大權與人事安排仍由蔣介石繼續管理，中共當局在此信函結尾處還特別寫道：「奉化之墓廬依然，溪口之花草無恙。」對蔣介石發動溫情攻勢。[3]

美國中央情報局一份完成於一九七一年十二月間，並於二〇〇七年才解密的分析文件則揭露，早在一九五五年八月至十二月間，與蔣經國有私誼、當時旅居香港的新聞界要人曹聚仁，即曾寫了三封密函

1 Accinelli, *Crisis and Commitment*, pp. 157-234.

2 Chen Jian, *Mao's China and the Cold War* (Chapel Hill: The University of North Carolina Press, 2001), pp. 167-171.

3 鄭義，《國共香江諜戰》（香港：香港文化藝術出版社，二〇〇九），頁一四九；楊渡，《穿梭兩岸的密使》（台北：平安文化出版有限公司，一九九五），頁一二三—一二五。

EO 12958 3.3(b)(1)>25Yrs
EO 12958 3.3(b)(6)>25Yrs
EO 12958 6.2(c)

DIRECTORATE OF INTELLIGENCE

Intelligence Report

Peking-Taipei Contacts: The Question of a Possible "Chinese Solution"

(Reference Title: POLO XLVI)

Secret
RSS No. 0055/71
December 1971

中央情報局關於兩岸密使的機密報告。

給蔣經國，他在信函裡邀請小蔣派人前往香港，由曹本人向台灣方面簡報中共對台和平政策之最新訊息，以解決國共之間的爭議；美方情報部門還注意到，此乃一九四九年國共內戰結束後兩岸領導人之間的首次信函往來，然而台北國民黨高層卻視曹與中共中央的信函為「統戰」，置之不理。[4]

然而蔣介石、蔣經國父子真如美方情報人員所稱，對中共方面來信完全置之不理嗎？根據曹聚仁家屬的回憶，蔣介石於一九五六年春天收到北京來信後不久，即祕密派人前往香港會見曹聚仁，表達蔣氏父子不排除與北京溝通的想法，並要曹本人親自前往大陸一趟，搞清楚北京方面的真實意圖。曹立即去函其老師、一九四九年國共和談時另一位國民黨代表、時任「中國國民黨革命委員會和平解放台灣委員會第一副主任委員」的邵力子，由邵向中共中央彙報。周恩來了解整個情況之後，迅速安排曹聚仁於同年七月間在北京會晤。[5]

細查一九五六年春、夏之際蔣介石私人日記內容所載，可以間接證實當時台北高層似乎確曾有一些頗不尋常的舉動。蔣在五月六日曾寫道：「香港游離與中立分子之組織，使之從事大陸情報工作或進入大陸潛伏。」[6]而在六月十四日的日記裡，他則記載了當天與蔣經國見面，並且「指示經兒派員進入匪區之各種具體計畫」。[7]到了六月二十九日，在曹聚仁北京之行顯然已經安排妥當之際，蔣介石透過情報掌握了周恩來在人大常委會中表示希望兩岸能夠和平談判解決爭端的發言，他在當天日記裡寫道：

4 CIA Intelligence Report, "Peking-Taipei Contacts: The Question of a Possible 'Chinese Solution'," RSS No. 0055/71, December 1971, CIA Electronic FOIA Reading Room,（以下簡稱"Peking-Taipei Contacts"), pp. 2-4.

5 鄭義，《國共香江諜戰》，頁一四九—一五〇。

6《蔣介石日記》，一九五六年五月六日。

7《蔣介石日記》，一九五六年六月十四日。

「聞周匪在其偽人民代會中宣布其要求與台灣言和之誑誕，只有置之不理，但為對內對外心理關係而又不能不研究對策也。」[8]七月十日，曹與周恩來在北京會晤前夕，蔣又在日記裡記下如此一段頗耐人尋味的話語：「研究派人進入大陸生根之計畫，實為發動大陸反共革命運動之基本條件。」[9]他此番記載，當然有可能是指台灣派遣敵後人員潛伏大陸活動的構想，但亦不排除暗指派遣包括曹聚仁在內的密使，前往中國大陸活動並一探中共高層虛實。密使的這些報告，在八月初傳回台北，從八月八日至十一日，蔣介石利用四天時間，浸淫專研這些來自中國大陸的第一手情報，他在這幾天的日記裡有如下記載：「審閱今春共匪歡迎港澳前往大陸匪區參觀時之回港各種報告五、六件，對我甚為有補益。」[10]「終日審閱大陸視察報告，最為有益。」[11]「午課後審閱回大陸視察報告，迄今已詳閱卅餘件，甚覺有益。」[12]由此可見，曹聚仁曾暗中受台北高層之託，前往中國大陸交流，已是事實。

無獨有偶，就在曹聚仁於北京準備與中共高層會晤之際，前國軍名將、一九四九年時投向中共陣營的張治中，也在一九五六年七月初分別致函陳誠與蔣經國。在給蔣經國的私函裡，張以賢侄稱呼之，除表明國共應當顧全大局，攜手合作之外，還特別提到毛澤東與周恩來對小蔣「期望甚大」，相信小蔣在未來兩岸大局中，必能充分發展抱負。較為特別的是，張治中在函中還透露毛澤東歡迎蔣介石隨時回到中國大陸，北京可住，浙江可住，任何地方均可住，一定受到安全保證與禮貌待遇，國家並將給予蔣先生崇高之政治地位，自不待言；而為了國共雙方能夠再次合作，毛澤東至盼終有一天，能與蔣介石在北京握手言歡。此外，張治中在私函裡也期盼蔣經國能與陳誠真誠合作，一同向蔣介石委婉進言，希望台北最高階層能夠排除一切顧慮，早下決心，毅然採取行動，以實現兩岸合作與談判。[13]

一九五六年七月十六日中午，周恩來於北京頤和園內宴請曹聚仁，時任國務院副總理的陳毅亦作陪，周要曹向台北傳話：北京對台灣絕非招降，而是彼此商談，只要政權統一，其他一切議題皆可坐下來共同商量安排。帶著周恩來的許諾，曹聚仁離開北京回到香港，隨即於八月十四日在其任職的香港《南洋商報》上，將此次會面詳細內容，撰寫成標題為〈頤和園一夕談——周恩來會見記〉的報導，藉以向台灣方面傳遞國共之間開啟第三次合作的重要訊息，一時間引起海內外極大關注。[14]在台北，蔣介石父子當然收到了曹聚仁所欲傳達的訊息，然而從蔣介石當時日記所載可知，他對北京提出國共合作的初步反應似乎頗為負面；他在八月二十一日寫道：

> 共匪鬥爭最高原則是在陰性的、彈性的，不固定，無痕跡，使人不知不覺的受其愚弄和利用或挑撥離間，而尚不知自悟。不擇手段，以及無孔不入、無微不至、無所不為的策略運用，必使之無隙可乘、無懈可擊、無時無地徹底隔絕，極端封鎖。[15]

然而微妙的是，蔣介石此刻似乎又並未完全指示斷絕對曹聚仁的工作與接觸；一星期後的八月二十

8 《蔣介石日記》，一九五六年六月二十九日。
9 《蔣介石日記》，一九五六年七月十日。
10 《蔣介石日記》，一九五六年八月八日。
11 《蔣介石日記》，一九五六年八月九日。
12 《蔣介石日記》，一九五六年八月十一日。
13 CIA Intelligence Report, "Peking-Taipei Contacts," pp. 9-10;「外交部有關共匪和謠聲明稿」（一九五六年九月十七日），〈共匪和謠〉，《外交部檔案》，檔號 0046/405.1/3。
14 毛磊、范小方主編，《國共兩黨談判通史》（蘭州：蘭州大學出版社，一九九六），頁六五二—六五三。
15 《蔣介石日記》，一九五六年八月二十一日。

九日當他主持國民黨中常會時，特別對當時負責大陸敵後業務的葉翔之與所屬部門，詳加指示國民黨在香港地區的統戰工作，包括曹聚仁在內。[16]

曹聚仁角色再探究

據美國中央情報局解密文件顯示，一九五六年九月間，天津市政協副祕書長黃逖非，曾寫一封私函給時任台北行政院副院長的胞兄黃少谷，除邀請國民黨派員前往中國大陸考察交流之外，還向其胞兄透露，曹聚仁只是北京的一個工作對象，層級並非最高，毛澤東當時對台的整體戰略目標，實際上已超越曹聚仁的規格與層次。[17]只不過此刻蔣介石似乎認為，讓兩岸祕密接觸的對象與層級暫時局限在曹聚仁，似乎是一個較為穩妥的安排。也許是基於這個理由，同年十月初，曹聚仁再次前往北京，並獲得毛澤東親自接見；毛告訴曹，若台灣回歸祖國，一切照舊，台灣可以實行三民主義，只要蔣介石與美國斷絕關係，台灣方面還可以派代表回到中國大陸參加全國人民代表大會和政協全國委員會。當曹聚仁詢問未來一旦台灣回歸，中共中央該如何安排蔣介石時，毛回答稱，蔣當然不會做地方長官，要在中央來安排，而蔣經國則可以安排在人大或政協；陪同會見的周恩來則補充說，若陳誠願意回到北京，其職位將不下於時任北京中央水利部長的前國軍將領傅作義。[18]

晚年的曹聚仁。

現今有關曹聚仁的相關著作指出，這次北京晤談後，台灣方面曾提出要求，讓曹聚仁回到浙江奉化，看看蔣氏祖墳是否完好，因此在一九五七年的五、六月間，曹訪問北京之後，專程前往奉化縣溪口鎮，住進了當年蔣介石寓居的豐鎬房，並代表蔣氏父子到蔣介石母親王太夫人的墓園「慈庵」掃墓祭拜，所到之處，曹都一一拍攝照片保存，並且在他回到香港後，把所有情況與照片透過管道轉交台北高層。[19]細查一九五七年春天蔣介石私人日記所載，蔣對於奉化故鄉情況之關心與思念之情，確實言溢於表；他在當年二月十日曾寫道：「今晨經兒來談香港匪報登載故鄉近情頗詳，余急取觀之，感慨無已。」[20]蔣氏父子是否因此而表達希望由曹聚仁親訪奉化溪口，誠屬可能。

此刻，有關兩岸之間確有密使在進行穿梭交流，並推動國共祕密談判的消息，也開始在西方報章媒體上廣為流傳，引起包括英國在內歐洲國家的好奇，以及台灣最重要盟邦——美國——輿論界之嚴重關切。[21]對此，蔣介石在日記裡堅稱此乃中共方面所製造的和平謠言，其目的在於對美國進行挑撥性之宣傳，他認為中共此計，可謂「無所不用其極矣」。[22]蔣並將北京這波離間台、美關係的「和謠」攻勢，

16《蔣介石日記》，一九五六年八月二十九日。

17 CIA Intelligence Report, "Peking-Taipei Contacts," pp. 7-9.

18 毛磊、范小方主編，《國共兩黨談判通史》，頁六五三—六五四；李偉，《曹聚仁傳》（南京：南京大學出版社，一九九一），頁三五三—三五五。

19 毛磊、范小方主編，《國共兩黨談判通史》，頁六五五—六五六；李偉，《曹聚仁傳》，頁二五九—二六〇。

20《蔣介石日記》，一九五七年二月十日。

21 FO 371/127450 FCN1015/1, British Consul in Tamsui (J. B. Wright) to Foreign Office, December 31, 1957;「駐紐約總領事館呈外交部有關共匪和謠事」（一九五七年二月二日），〈共匪和謠〉，《外交部檔案》，檔號0046/405.1/2。

22《蔣介石日記》，一九五七年二月十日。

與一九四四年抗戰時期有關他出現婚外情的傳聞，作一比擬；蔣認為兩者不同之處在於「當時國際與社會上皆可為其荒誕謠言攻勢紛動搖」，但他不相信今日「稍有常識」與熟識中共「慣技者」，能為其所動搖。[23]蔣甚至認為中共似乎因為「內部破綻百出，無法掩飾其崩潰立待之形勢，所以他只有製造對我之和謠以安定大陸人心與維繫其偽政權之一法，余將如何處之，勿使之再得拯救之命運，是為至要。」[24]彷彿此刻北京對台灣的和平試探，完全是中共內部發生嚴重問題下之產物。

然而相當奧妙的是，當蔣介石在日記裡屢次批評中共和謠技倆的同時，他卻也暗自不斷反覆思索，如何善用此波兩岸祕密接觸交流的傳聞，轉化成為台灣對美國的一種外交姿態，讓華府因為擔憂國共之間可能進行祕密和談，而強化美方對台灣的支持力度。譬如他在二月九日當天的日記裡即寫道，中共方面「和謠益烈，美國輿論已引起重大注意，是否能促成美國對我反攻必要之同情耶？」[25]數日後，他又思考中共所發出的和平試探，「對於美國之心理與作用如何，應加研究，是否以此為促進我反攻大陸理由之一種？」[26]綜觀整個一九五七年二月間的蔣介石日記，可窺知他幾乎每天都在研究「反攻與和謠」之間的關聯與應用，謀思如何利用海峽兩岸正在暗中接觸的態勢，讓艾森豪總統不再阻撓台灣未來對中國大陸的可能反攻行動。[27]相較之下，華府的軍事情報單位初步研判這些來自香港、有關兩岸祕密接觸的報導，實乃曹聚仁單方面故意向外界主動披露；在美方看來，曹聚仁作為蔣經國過去亦師亦友的特殊身分地位，其用意在於打擊蔣經國，讓他在未來台灣領導圈子裡的接班過程中，蒙受尷尬與難堪，同時減損美方對小蔣的信任與評價。[28]

然而根據多方面史料所揭示，此時海峽兩岸的祕密接觸，應不只是北京單方面的行動；曹聚仁於一九五七年三月七日寫給黃少谷的私函裡，有著「去秋，王兄返港，知我兄垂注弟個人生活，至為感謝」這麼一段話語，可見台北方面確實曾透過某位王姓人士居間向曹傳話，而在此函裡，曹也轉告黃少谷，中共方面已同意如下條件：

1. 基於國共兩黨的對等地位，擇地商談。
2. 雙方停止軍事行動。
3. 台灣自治，台方黨軍政原盤不動，一切聽由蔣介石作主，如由蔣經國擔負台灣全責，則陳誠將前往北京任職。
4. 中共與美國可建立新的友好關係。
5. 國共雙方商談就緒後，台方派遣代表駐北京，並推選代表參加各種政治機構。
6. 北京方面，擔負台灣軍政經費，如美援之額數。

曹聚仁因而建議台灣方面，為了知己知彼，不妨先派人去中國大陸進行一番考察，再決定下一步該怎麼走。他又在信上稱，北京本來已經同意由黃少谷或蔣經國代表台灣與中共會談，然而為了諸多政治現實與顧忌，曹建議台北改派前中央社祕書梁乃賢，取道香港前往北京與其他各地遊歷，較不引人注

23《蔣介石日記》，一九五七年二月十六日。
24《蔣介石日記》，一九五七年二月二十八日。
25《蔣介石日記》，一九五七年二月九日。
26《蔣介石日記》，一九五七年二月十二日。
27 此類想法，參見：《蔣介石日記》，一九五七年二月十六日、二十三日。
28 CIA Intelligence Report, "Peking-Taipei Contacts," pp. 4-5.

目。此私函最後，曹聚仁除強調其在信中所言全屬事實，還要黃少谷不必公開談論，除了蔣介石父子之外，也勿向任何人提及，他並轉達邵力子與張治中對黃的問候。[29]

一九五七年春天，就在蔣介石不斷苦思如何運用和謠之際，他曾暗中指示時任國民黨在香港之機關報——《香港時報》——的董事長兼社長許孝炎，從海外地區推薦一合適人選，前往中國大陸考察，以進一步掌握北京的真實意圖。許孝炎隨後向台北推薦了三位候選人，分別是前立法院長童冠賢、前立法院祕書長陳克文，以及一九四九年後定居香港的國民黨立法委員宋宜山。蔣介石最後從三人之中選定了宋宜山，一來宋在一九四九年以前曾任國民黨中央組織部人事處長要職，較為台北高層所信；二來宋的胞弟為前國軍將領宋希濂，宋希濂於一九四九年被中共俘虜後，仍關押於北京戰犯管理所，宋宜山若以探親名義前往北京，較不會引起外界注意。宋於一九五七年四月前往北京，與包括國務院總理周恩來、統戰部長李維漢在內的中共高層人士會晤，李維漢曾向宋宜山闡述中共處理台灣問題的幾大原則，其內容與稍早三月間曹聚仁致黃少谷私函內所提各點，幾無二致。[30]

五月間，宋宜山回到香港後，向許孝炎匯報其大陸之行，除了報告與中共高層的晤談經過之外，還對當時中國農村土地改革、工業發展與市場狀況等，進行詳細敘述。宋的本意是想讓台北高層盡可能掌握中國大陸實情，不料其報告經由許孝炎轉達台北後，卻惹來蔣介石不悅，認為宋一趟大陸之行，已經被中共統戰了，因而要他以後不必回台灣，但其立法委員薪水仍將按月自台北匯往香港。[31]或許因中共方面此時所提出的談判原則頗有矮化國民黨與蔣介石父子之意，或許當時中國大陸的政治氛圍因「反右運動」的展開而出現微妙變化，抑或此刻台北高層頗不願見到國際間，特別是美國，對於兩岸祕密接觸談判出現更多臆測，無論如何，敏感的台北外交圈發覺，自一九五七年五月以後，國共之間的接觸似乎也暫時停擺了。[32]

一九五八年台海危機與兩岸祕密接觸

一九五八年夏天起，台海局勢轉趨緊張，同年七月間，中東局勢緊張，美、英等國於中東地區部署兵力，戰火似乎一觸即發。此外，當時中、蘇關係也發生裂痕，蘇聯有意緩和與美國的關係，令北京感到憤怒；加以台灣方面不斷對中國大陸沿海省分與西南滇緬邊區進行敵後空投與游擊騷擾工作，也令毛澤東頗為惱怒。在各種因素考量之下，中共領導人決定炮轟金門外島，一來牽制美國在中東地區的力量；二來阻撓美、蘇和解；三來試探美國對台政策與離間台美關係；四來作為對台灣敵後游擊工作的反擊。[33]然而在毛澤東決定於八月二十三日傍晚開始炮擊金門前夕，他依然透過祕密管道先行知會台北。

根據曹聚仁之子曹景行的回憶，炮戰發生前幾天，毛澤東在北京緊急召見曹聚仁，要他把中共準備炮擊金門的行動轉告台北，也因此在八月二十三日當天早晨所發行的香港《南洋商報》裡，赫然出現一則「金門即將發生炮戰」的新聞，時任國務院副祕書長兼總理辦公室主任的童小鵬在其回憶錄裡證實，將此軍事機密透露給曹聚仁對外發表的，正是毛澤東本人。[34]

---

29 CIA Intelligence Report, "Peking-Taipei Contacts," pp. 10-11;「駐華府大使館呈外交部函電」（一九五七年三月十九日），〈共匪和謠〉，《外交部檔案》，檔號0046/405.1/2；毛磊、范小方主編，《國共兩黨談判通史》，頁六五七—六六一。

30 楊渡，《穿梭兩岸的密使》，頁一二五—一二八。

31 同上，頁一三〇—一三二；毛磊、范小方主編，《國共兩黨談判通史》，頁六四二—六四三。

32 FO 371/133354 FCN1022, British Consul in Tamsui (J. B. Wright) to Foreign Office, March 10, 1958.

33 Chen Jian, *Mao's China and the Cold War*, pp. 175-178.

34 童小鵬，《風雨四十年》（北京：中央文獻出版社，一九九六），第二部，頁二七五。

解放軍於八月二十三日傍晚起大規模炮轟金門，造成島上守軍慘重傷亡，美國第七艦隊開始協助台灣海軍對金門進行運補，而中共則以艦艇與岸炮，力圖維持封鎖。九月十日，金門炮戰進行至第十九天，周恩來急召曹聚仁北上，要他祕密轉告台北，中共準備停止炮轟金門七天，讓台灣能夠對金門進行運補，但前提是美軍艦艇不得協助護航。[35]曹回到香港後，於九月二十五日起，分別致函蔣經國、國防部長俞大維、當時轉任外交部長的黃少谷，以及曾任奉化武嶺學校教務長、蔣介石舊屬、時任嘉義農專校長的張愷，傳達北京方面此一重要訊息。在給黃少谷的私函裡，曹保證只要台灣脫去依賴美國軍力的虛榮心理，北京當局決不對台北用兵；他接著又稱，從十月六日起，只要不由美艦護航，一星期內無論運送什麼物資去金門、馬祖，無論多少船隻，中共方面決不轟炸阻攔。曹也進一步代轉北京訊息，聲稱台灣在金門與馬祖的駐軍可自由撤退，共軍不會

一九五八年金門炮戰前夕蔣介石與美軍顧問團合影。

攔截；更重要的是，北京當局同意蔣介石保留這一份軍事力量，並無殲除之意。曹建議台灣方面應儘速組一私人訪問團，前往中國大陸考察，之後再決定大計；此一訪問團可以不與中共當局接觸，僅作遊歷性質，曹並保證中共方面會給予一切便利，決不會有任何危險。

值得注意的是，曹聚仁也透過其私人函件，向台北傳達北京希望與國民黨進行和談的五項步驟，其大意如下：

1. 台方軍政大計，仍由蔣介石全權決定，中共當局希望陳誠與蔣經國能密切合作，共同建設台灣。
2. 計畫江西廬山以南及鄱陽湖地區為蔣介石休息林園，毛主席專電歡迎國民黨總裁歸廬山，並將奉為國賓。
3. 台方如同意國共和談公開化，曹聚仁將向北京當局建議，華沙會談將移回日內瓦，台灣則派葉公超或謝壽康（時任中華民國駐教廷大使）參加，屆時曹聚仁亦將陪同出席。
4. 金門、馬祖的駐軍撤退後，金門將闢為國共雙方經濟交流市場，中共當局將同意人民幣與新台幣兌換率為一對八，並自和約簽訂日起，擔負台方的軍政經濟，以美援額度為準。而台北、基隆、高雄與上海、福州、廈門、汕頭之間也將正式通航。
5. 台灣將依照新疆、西藏之前例，在商定期限內劃為自由區，台方派代表團駐北京，並參加政治協商會議及人民代表大會，中共當局將同意國民黨為台灣獨立政黨，不與中共操控的「中國國民黨革命委員會」合流。

35 中共中央文獻研究室編，《周恩來年譜（一九四九—一九七六）》（北京：中央文獻出版社，一九九七），中卷，頁一六八。

曹聚仁並且表示，他將建議由北京派駐一個正式代表團到台北，由宋慶齡任團長，其他代表團人選還可包括張治中、邵力子、屈武等前國民黨要員；而台灣駐大陸代表團員則可包括梁乃賢、張愷等蔣介石父子所信任之人士。在信函最末，曹希望黃少谷能夠覆一電，上書「可」字，讓他能夠向北京報告並要求中共踐約。[36]

毛澤東一方面透過曹聚仁向蔣介石傳達金門暫時停火的訊息；另一方面卻也善用此一機會，在國際間進行對北京有利的宣傳與心理戰。九月二十九日，就在黃少谷將此函呈交蔣介石過目之後第二天，即出現一則發自倫敦的法新社電訊，內容敘述台灣與中共之間的祕密和談，已經進行許久，直到金門發生炮戰之前，雙方仍不斷有所接觸。[37]此則電訊的突然出現，與曹聚仁來函要求國共和談，兩者在時間上的巧合，不禁令蔣介石感歎中共對於離間台、美關係之舉措相當精準高明，令他「寒心極矣」。[38]

美國學者陶涵（Jay Taylor）在其所撰之蔣經國傳記裡，引用曾任中共中央政治局常委、前全國人大委員長喬石於一九九五年十一月二十八日的口述訪談，稱金門炮戰期間，蔣介石曾經透過祕密管道轉告北京，若中共持續炮擊金門，美國勢將要求國軍部隊撤出金、馬等外島，如此將造成中國永久分裂之勢，蔣介石此番訊息，因而成為毛澤東決定暫停炮轟金門之關鍵因素。[39]細究如上曹聚仁九月二十五日致黃少谷函大意，喬石此一說法，似乎並非空穴來風，而蔣介石在金門炮戰高度緊張的九月二十七日當天日記裡，也有如下一段看似無頭緒，卻頗耐人尋味的話語：「中國事只有中國人才能真正了解，尤其是中共的行動，中共的心理，以及其大陸的真相內容與民心，更是只有中國人才能了解。」[40]也許此刻的蔣介石，同時面對外島軍事衝突危機與來自美國以及國際社會要求台灣軍隊撤出外島等強大壓力，有感於海峽兩岸國共領導人，對於將金門視為台灣與中國大陸聯繫樞紐此一理解上，彼此應有一定之默契與心領神會，因而出現此番感想。

十月五日午夜，中共國防部長彭德懷果然於廣播中，聲稱基於人道立場，中共決定自六日起停止炮擊金門七天。蔣介石因事前對曹聚仁私函內容已有所掌握，因而對於北京的停火聲明，並未全然在狀況之外。儘管如此，細察其日記所言，仍可感受到蔣對於北京高層果真信守祕密承諾宣布停火，感到有些意外與措手不及：

> 朝課時經兒來報，昨午夜彭匪廣播停止炮擊七日之消息，乃在意料之中，惟對其共匪這一事先預告之作用及隨其宣傳之行動與方式如何，未能先作進一步之研究與準備，是為對匪認識不足之缺點，須知共匪的每一宣傳與示意，其必有一行動隨之而發也。[41]

蔣介石因事前並未準備好該如何回應來自北京的片面停火聲明，因此當天上午他在總統府內，匆忙

---

36 CIA Intelligence Report, "Peking-Taipei Contacts," pp. 15-16；李偉，《曹聚仁傳》（南京：南京大學出版社，一九九一），頁三六〇—三六一。有關中共對台和平解放策略之討論，另見松田康博，〈中国の対台湾政策—『解放』時期を中心に—〉，《新防衛論集》，二三卷三期（東京），頁三二—四八。

37 CIA Intelligence Report, "Peking-Taipei Contacts," pp. 15-17; 另見「央祕參（四七）第一四六一號文件」，該份文件附於蔣介石一九五八年九月三十日當天日記裡。

38 《蔣介石日記》，一九五七年九月三十日。

39 Jay Taylor, *The Generalissimo's Son: Chiang Ching-kuo and the Revolutions in China and Taiwan* (Cambridge, MA: Harvard University Press, 2000), pp. 247-248.

40 《蔣介石日記》，一九五七年九月二十七日。

41 《蔣介石日記》，一九五八年十月六日。

召見陳誠、張群、黃少谷等人，研究彭德懷廣播之影響、國民黨對內對外之表示，以及台北對中共此後之工作準備。而北京宣布停火後第三天，曹聚仁再度匆忙自香港北上，於十三日與毛澤東、周恩來等人見面，並獲毛親口告知，中共將於停火期限結束後，繼續對金門停火兩週。毛還向曹表示，如果蔣介石自金門、馬祖撤退，則大勢已去，人心動搖，很可能會垮台，因此只要蔣不與美國勾結，北京是贊成蔣保住金、馬外島。此次晤談後，周恩來又分別於十月十五日與十七日，兩度會面曹聚仁，面授對台交涉機宜。[42]

第二次台海危機確實也引來國際社會對於國民黨重兵駐守外島的不安與高度爭議，甚至有主張在聯合國內解決金馬外島地位之提議；為此，美國國務卿杜勒斯於十月二十一日飛抵台北，與蔣介石討論外島危機之解決方案。為了抗議杜勒斯此刻前往台灣，以及美國軍艦不顧中共方面事前警告，參與國軍的運補作業，中共於十月二十日宣布停火無效，恢復對金門之炮擊。[43] 十月二十三日，此時已自中國內地返回香港的曹聚仁，火速致一私函給黃少谷，內稱毛澤東決定恢復炮轟，其實在外交上有著看似相反而實相成的作用；易言之，毛認為蔣介石此刻正與杜勒斯進行艱苦的談判，而中共恢復對金門炮轟後，蔣介石儘可對美方表示強硬態度，藉此需索美方的軍經援助，在北京看來，「對台灣的援助和對北京的援助是相同的，只要美方肯拿出錢來」。毛澤東也透過曹聚仁再度向台北提議，一旦金門停火之後，推動兩岸與國共關係發展的三個實施步驟如下：

1.國共雙方就地停戰，金、馬、台、澎仍由蔣總統領導政權，國民政府名義仍舊，迄蔣總統任期滿為止。如蔣總統精神健實，願繼任三任總統（羅斯福也曾三任總統，非無前例），台方可修改憲法，再行推選蔣總統連任。如蔣總統意在傳賢，則陳院長自可當仁不讓。雙方停戰，結束三十年內戰，中共建設大陸中國，台方建設台、澎及離島地區，雙方在建國大道上爭先。關金、馬為雙方物資交換地區，人民自由往來，金、馬駐軍是否留守，或撤退，完全由蔣總統決定，中共不予干涉。假定第一步驟為一年，雙方除停止軍事攻擊外，並停止政治性攻擊，重建新的友誼。

2.蔣總統如認為中共政權尚未穩定，內部會有叛亂情事，台方可先派軍事代表團，由聚仁陪同前往考察，待該團作報告後，再作一切決定。如蔣總統對中共的建議，如不合理想，台方自可另提方案，以三民主義為根據，在台灣作試驗，中共當局決不加以干涉。

3.休戰一年後，雙方彼此諒解，再進行改善國際外交步驟，一切放在圓桌上去研究。[44]

北京為了展現推動國共談判的決心，立即派遣章士釗趕赴香港，準備隨時與來自台灣方面的代表進行接觸與談判，曹聚仁與章士釗皆以過去與章士釗頗有私人交情的張群與吳忠信為對象，積極聯繫，動之以情，希望一舉促成國共雙方代表在香港進行晤談。[45]另一方面，此時美國的外交與情報部門顯然已掌握這段期間國共祕密往來的訊息。根據曹聚仁家屬的回憶，以及美國中央情報局解密文件揭示，美方確曾就兩岸之間可能進行和談一事，向國民黨高層施壓，最後蔣經國不僅把這些年來他與曹聚仁之間的

---

42 中共中央文獻研究室編，《周恩來年譜（一九四九—一九七六）》，中卷，頁一八一—一八二。

43 Michael Szonyi, *Cold War Island: Quemoy on the Front Line* (Cambridge: Cambridge University Press, 2008), pp. 64-80.

44 CIA Intelligence Report, "Peking-Taipei Contacts," pp. 15-16; 李偉，《曹聚仁傳》，頁三六一—三六二；松田康博，〈蔣介石と『大陸反攻』—一九六〇年代の対共産党軍事闘争の展開と終焉—〉，收錄於山田辰雄、松重充浩編，《蔣介石研究》（東京：東方書店，二〇一三），頁二三九—二四〇。

45 CIA Intelligence Report, "Peking-Taipei Contacts," pp. 17-18.

接觸，向美方和盤托出，更把曹的多封來函，交給美方過目，甚至還告訴美方，他的父親蔣介石將抱著「寧為玉碎，不為瓦全」的堅定態度，絕對堅守在國際反共的民主陣營裡，不會與對岸謀和。[46]當時在美方的壓力、猜忌與反對態度下，蔣介石甚至要求當時擔任台灣特使，準備於十一月初動身經香港前往羅馬參加新教宗若望二十三世（John XXIII）就職典禮的外交部長黃少谷，臨時改變行程，避開香港，以免遭受國際間有關台灣即將與章士釗祕密接觸的傳聞所波及。[47]

奉毛澤東之命，於十月二十一日前來香港進行和平運動的章士釗，在抵達香港後翌日，即派人與前國民黨復興社要員、與黃少谷往來密切、時任《香港時報》總主筆的雷嘯岑接觸，並向雷傳達北京訊息稱：只要台灣脫離與美國的關係，不但金門、馬祖可保無恙，即便是大陳列島亦可交還台灣，且毛澤東決不過問台灣內部之事。章的這名私人代表也向雷透露，毛澤東準備從三方面著手對台灣的和談工作：蔣介石方面，毛要章士釗以友誼關係找陳光甫，再由陳通過吳忠信，將和談內容轉報給蔣；陳誠方面，毛要章士釗透過雷嘯岑與黃少谷搭上線，藉此直接聯繫陳誠；蔣經國方面，毛澤東打算繼續運用曹聚仁的管道，毛甚至認為曹的工作，迄今「甚有眉目矣」。章的這名代表還暗示雷嘯岑，除了檯面上幾位積極從事和平運動的人物之外，尚有其他幕後人士，一直與海內外國民黨要員保持暢通管道，他舉例說，多年來擔任國民政府前行政院長宋子文私人祕書的郭增愷，一九四九年後即留在香港，近年來更積極往來於香港與北京之間，成為周恩來與當時已旅居美國的宋子文之間，最重要的溝通管道。[48]

一九五八年秋天第二次台海危機的爆發，雖然給海峽兩岸帶來新一波軍事衝突，卻也造就國共雙方之間又一次的密使交流與暗中接觸，甚至一度出現在香港展開和談的跡象，只不過面對北京的和、戰兩手策略，蔣介石最後仍選擇向美國靠攏、妥協與輸誠。十月間，經過一番角力與折衝，杜勒斯與蔣介石在台北發表聯合公報，美方認定金門、馬祖等外島，與台灣、澎湖在防衛上確有密切關聯，但同時也迫使蔣介石在公報中允諾，未來國民黨政府將改以政治手段取代軍事手段，來實現光復大陸。在美國不願提供裝備與後勤支援下，蔣介石希望以正規作戰武力反攻大陸的可能性，自此可說幾已根本斷絕。為了進一步向外界澄清謠言，十一月間，陳誠還曾大動作召開記者會，公開澄清國民黨政府毫無與對岸談判接觸的意向，他甚至安排中央社記者對他進行專訪，藉機向國際社會承認，過去一段時間內，台北高層確實收到中共來函進行統戰，要求國共舉行談判，但已被國民黨方面嚴拒。[49]陳誠此番向美國交心表態之用意，不言可喻。

兩岸密使與蔣氏父子、陳誠之間的權鬥

如前一章所述，自一九五九年起，關於蔣介石是否出馬競選第三任總統，即成為台灣島內一個微妙的議題，蔣介石希望透過修改憲法來連任，卻遭到海內外自由派學、政界人士的挑戰，同時也牽動蔣經國與陳誠兩人以及彼此的支持派系之間，在國民黨內的權力接班布局與政治鬥爭。國民黨內的權力競逐，自此也開始成為中共對台和平運動，以及兩岸祕密接觸過程中的一項重要因素。一九五九年四月二十五日，曹聚仁寫了一封私函給蔣經國，首先稱章士釗因久候國民黨派代表前來香港會晤未果，已提前

46 鄭義，《國共香江諜戰》，頁一五四；CIA Intelligence Report, "Peking-Taipei Contacts," pp. 16-17.

47《蔣介石日記》，一九五八年十月三十一日。

48 CIA Intelligence Report, "Peking-Taipei Contacts," pp. 17-18.

49 Ibid, pp. 19-20.

於四月十二日返回北京，曹本人也將在五月間前往北京；他還向蔣經國報告，當時正在召開的中共全國人大會議與人事改組，對中共高層日後的權力結構，將不會有太大變動，決策權仍將集中在毛澤東、周恩來與陳毅三人手中。他分析此局面對蔣經國甚為有利，並保證未來十個月內，中共對台灣絕對不會有任何軍事動作，而台海地區如此相對和平之局面，將可作為蔣經國從容安排之機會。然而曹也續稱，明年情況如何，他沒有把握，但願意盡一切可能之力協助小蔣，頗有暗示北京可以暗助蔣經國鞏固其在國民黨內權力之意。曹在信中也提醒蔣經國，美國方面對於他出面主持台政，不曾同意，然而北京方面則堅持非小蔣與陳誠同主台政不可。[50]這些訊息似乎都透露出當時蔣經國與陳誠之間在國民黨內的微妙競爭關係，以及北京方面頗思利用此局面，進一步發揮其對台灣內部政治局勢發展的影響力。

中共當然也不忘適時向陳誠傳達訊息與示好。一九六〇年初，當蔣介石與陳誠正因總統連任與修憲問題而鬧僵關係之際，陳誠夫人譚祥的姪兒（美國中央情報局文件內稱該人名為「譚德」），自中國大陸前往日本，並從東京輾轉將他本人與傅作義的兩封私函轉達給陳誠，其姪兒在私函裡說，周恩來欲傳遞三項訊息給陳誠：台灣方面應當繼續反對任何有關兩個中國的陰謀技倆；北京絕不會同意放棄台灣，來換取金門、馬祖等外島；若台灣方面遇到任何困難或者有任何需要，陳誠只需透過其姪兒轉告北京，則大陸方面有力人士一定盡全力協助，這最後一項訊息頗有北京願意增進與陳誠派系關係之暗示。而當時對此密函已有掌握的美國軍事情報單位，顯然認定中共正努力激化陳誠與蔣氏父子之間的緊張與對立關係，並再次挑起美國對於金、馬外島政治地位之疑慮。[51]至於傅作義致陳誠的信函，除了希望他繼續反對外國勢力干涉台灣與兩岸事務之外，也呼應陳誠一貫堅持之立場，以推動台灣內部經濟建設為施政優先，而非如蔣介石一般，一味希望以軍事手段反攻大陸。[52]

一九六〇年三月，蔣介石透過動員國民黨籍民意代表上書籲請競選連任，以及國民黨籍國大代表進行修憲等方式，順利連任總統，陳誠希望主掌台灣政局的機會也隨之破滅。蔣介石當選連任後，根據美方情報，認定中共準備在五月二十日總統就職典禮前夕，對金門甚至澎湖發動新一波軍事攻勢，對此他感到憂心忡忡。[53]四月底，曹聚仁向蔣經國與嘉義農專校長張愷分別寄出私函，曹要蔣經國寬心，他保證北京絕對不會在近期內，對金門外島或者澎湖發起軍事行動，他甚至透露，中共若真要拿下台灣，必定是從閩東與海南島攻取台中與台南，而金門與馬祖等外島根本不在北京的考量之內。曹亦告知去年（一九五九年）夏天他在北京待了四個多月，得知中共中央對於台灣問題議決了大原則，準備交由張治中、邵力子、屈武與當時任職於周恩來總理辦公室的羅青長、童小鵬等人來執行，這些人都主張不對台用兵，且都力主應把台灣全部政權交由蔣經國來主持。[54]

陳誠未能在一九六〇年春天這場與蔣氏父子之間的權力競爭中勝出，這似乎也讓北京認定蔣經國將成為未來政治接班之不二人選。在曹聚仁給張愷的信函裡，他希望張愷能夠勸服小蔣接受國共雙方正式停戰或休戰，把金門開放成為一個「自由市」，交由張愷主持。曹還特別強調，這一切打算都是為了蔣經國未來的政治生涯，若張愷日後出任金門市長，曹保證屆時他一定幫忙搭橋，促進兩岸關係。曹也籲請張愷能夠商請蔣經國同意，由張愷本人，或者蔣經國的堂妹夫、前桂系將領韋永成，經由香港進入中

50 Ibid, pp. 20-21. 蔣介石於四月三十日得知此函，但並未有所表示，僅在當天日記裡記下「晚課據報曹奸又致經函」，見《蔣介石日記》，一九五九年四月三十日。

51 CIA Intelligence Report, "Peking-Taipei Contacts," pp. 22-23.

52 Ibid, p. 23.

53《蔣介石日記》，一九六〇年四月十六日、四月二十三日、五月五日。

54 CIA Intelligence Report, "Peking-Taipei Contacts," p. 23; 李偉，《曹聚仁傳》，頁三六八—三六九。

國大陸旅遊，進一步掌握實況。[55]

根據美國中央情報局解密文件揭示，沒有證據顯示台北高層對於這些來自海峽對岸的信函訴求，有任何具體的回應。然而當時任職於周恩來總理辦公室的童小鵬在其回憶錄裡卻透露，一九六〇年七月間，當《香港時報》總主筆雷嘯岑赴台北出差後回到香港，周恩來曾要章士釗前往香港與雷接觸，把北京的訊息轉達給台北：「蔣介石目前的關鍵問題是名與利，如兩岸和談，只要台灣回歸祖國，北京是可以對台灣大力補助的。」而當章士釗詢問是否可改以時任台北總統府祕書長的張群為接觸對象時，周恩來則表示張群並不了解兩岸祕密往來之事，目前還不適宜與其接觸。童的回憶錄也指出，除了雷嘯岑之外，追隨陳立夫的國民黨中央俱樂部（CC派）大員、時任台灣立法委員的吳鑄人，也是國共交流的密使之一。[56]換句話說，此時期兩岸的祕密接觸，似乎一直未曾中斷過。

一九六二年台海危機前後的兩岸祕密接觸

本書前一章提到自一九六一年起，美國總統甘迺迪有意改變對華政策，讓蔣介石倍感壓力，因而著手認真推動《國光計畫》，準備發動軍事反攻大陸，然而台灣積極備戰，卻引來美國空前巨大的壓力與阻撓。自一九六二年春天起，華府接連派出軍、政與情報系統要員前來台北勸阻蔣介石，甚至威脅中止對台貸款與暫緩向台灣輸出軍事裝備；六月間，中共解放軍大量增援福州軍區，美方為了化解一場台海之間可能發生的軍事衝突，透過華沙大使級會談管道向北京私下傳話，表示美國無意支持蔣介石的反攻大陸計畫。美方向台北隱瞞曾向中共傳達不支持蔣介石的事實，同時又聽任北京將此消息向國際媒體廣為發布，讓國民黨政府高層一陣焦慮不安，軍心士氣亦隨之潰散，台海之間原本劍拔弩張的局勢，也隨之和緩下來。[57]

可以想見，一九六二年夏天，美國背著台灣私下向北京傳達不支持蔣介石的消息在國際間廣泛流傳，這對於蔣介石的聲望必然是重大的打擊。就在此刻，英國倫敦的《觀察報》（*Observer*）突然刊登一篇由記者布魯德沃斯（Dennis Bloodworth）撰寫的報導，稱蔣介石的某位家屬成員已經和中共方面，就台灣未來前途達成祕密協議。該報導稱，過去三個月來，國共雙方的密使曾在香港會晤，就各相關議題進行密集與廣泛地磋商。根據美國中央情報局的分析，布魯德沃斯曾在香港訪談曹聚仁，而他這篇報導的部分內幕消息，則有可能出自陳誠派系人馬，用意在於打擊蔣經國的聲望。美國中央情報局當時研判認為，陳誠向來頗不贊成蔣介石貿然發動軍事反攻大陸行動，事後證明台灣最重要的盟邦——美國——也與陳誠站在同一立場，這些事態演變都讓陳誠與其支持者，站在一個政治道德上的有利點；加上一九六二年六月間，蔣介石曾經接受攝護腺手術，健康狀況不佳，這讓陳誠的支持者認為，一旦蔣介石因健康因素而離開總統職位，則位居副總統的陳誠，仍有機會與蔣經國一較長短，爭取大位。[58]

然而中央情報局並非不清楚，陳誠本人同樣也是海峽對岸欲積極接觸與下功夫的重要對象，華府對於陳誠與中共方面可能有所接觸的疑慮，從來也沒有化解。一九六一年七月間，當蔣介石決定派遣陳誠前往美國，與甘迺迪總統等美方要員商討雙方歧見之際，傅作義曾再度致一私函給陳誠，發動和平攻

---

55 CIA Intelligence Report, "Peking-Taipei Contacts," pp. 23-24.

56 童小鵬，《風雨四十年》，第二部，頁二七六。

57 林正義，〈蔣介石、毛澤東、甘迺迪與一九六二年台海危機〉，《遠景基金會季刊》（台北），一三卷四期（二〇一二），頁六三—一二四；林孝庭、趙相科，〈一九六二年台海危機背景探因〉，《當代中國史研究》，二〇一三年第四期，頁六三—七五。

58 CIA Intelligence Report, "Peking-Taipei Contacts," pp. 26-27.

勢，希望兩岸合作共同對抗美國，中央情報局駐台北站長克萊恩不但掌握了這項訊息，更於七月二十五日拜會陳誠討論其訪美行程的場合裡，公開提出來，並要求陳誠將傅作義函交其過目研究，只不過美方此一要求遭到陳誠婉拒，陳誠僅願向克萊恩口頭說明傅作義來函內容的重點，稱該函「多斷章取義，曾憶及馬歇爾調處時本人（指陳誠）告周恩來，談是我們，打也是我們，如果打，犧牲是我們，而勝利者則為俄國人。」[59]無論如何，到了一九六二年夏天，陳誠與蔣經國關係不睦，不但確屬事實，甚至連蔣介石本人亦感到痛苦莫名，他在七月二十二日的日記裡即寫道：「昨發熱至卅九度二時，乃覺生死莫卜，對國對民未盡職責，最感不安外，對政府之處理，甚望辭修與經國能為我之容忍，彼此互諒互助，徹底合作，亦能為我與他二人者，則余之反攻復國事業，仍可繼續完成也。」[60]

一九六二年七月中旬，當台海戰雲因美國不支持蔣介石而逐漸消散之際，曹聚仁曾致蔣經國一封私函，他寫道：「國際間有利害而無信義，事實俱在，彰彰明矣。」曹認為台海之間不應當再發生戰事，並保證北京對台和平政策，自一九五八年金門炮戰後，即未曾改變，他也再度敦促蔣經國應派員考察中國大陸，並相信只要小蔣表態接近北京，則美、日兩國「必聞之戰慄束手」，他甚至建議小蔣可以向媒體放出風聲，稱上海越劇團即將訪問台北，則華府必定疑懼萬狀。[61]同年十一月二十六日，正值古巴飛彈危機平安落幕，曹聚仁又致蔣經國一函，向台北確認中共的對台決策方針，並未因國際局勢緊張而有所改變，北京處理台灣問題，也和當時發生在歐洲的柏林危機、中南半島上的越戰問題毫不相干，曹衷心盼望國共雙方各自為政，處理好內部事務，致力於緩和台海情勢，並將金門與廈門打造成為遠東地區經貿新樞紐，以便日後取香港、新加坡而代之。[62]

美方解密資料顯示，一九六二年八至十一月間，國共雙方代表在香港有相當多工作層面的接觸，美方無法知悉這些互動往來，是否分別獲得台北與北京最高當局的充分授權，然而華府研判，若蔣介石確實決定增加與中共方面的祕密接觸，則一方面必與陳誠、蔣經國之間的權鬥有關；另一方面也在於平衡美國與中共之間因華沙大使級會談接觸後所可能出現的發展，同時頗有報復六月間美國未將華沙會談內幕充分知會台北之用意。[63]童小鵬則回憶稱，此一時期，台北方面透過各種名義與各種關係，派了許多人前往中國大陸，有一次甚至一口氣派了四個人，一個駐香港，三個到了北京，毛澤東與周恩來也會見了其中一些人，童稱儘管中共一時之間也分不清這些所謂的國民黨密使是真是假，所攜訊息是否正確，但北京願意「以假當真，假戲真做，最後弄假成真」。[64]

一九六三年以後的兩岸祕密接觸

根據美國中央情報局文件披露，一九六三年一月底，當中、蘇共關係已成惡化之勢，時任中共水利電力部長的傅作義，曾向陳誠發出一封密函，內稱現在全世界都已看清中共並非蘇聯的附庸，而是獨立自主的個體，北京也希望台灣能夠斷絕與美國的關係，脫離美帝國主義的掌控，讓國共之間儘速展開談

59「副總統陳誠接見克萊恩談話紀要」（一九六一年七月二十五日），〈忠勤檔案／中美關係（二）〉，《蔣經國總統文物》，典藏號：0050101000056006。
60《蔣介石日記》，一九六二年七月二十二日。
61 CIA Intelligence Report, "Peking-Taipei Contacts," p. 27; 李偉，《曹聚仁傳》，頁三七〇—三七一。
62 CIA Intelligence Report, "Peking-Taipei Contacts," pp. 27-28.
63 Ibid, pp. 28-29.
64 童小鵬，《風雨四十年》，第二部，頁二七七—二七八。

判，以謀求兩岸統一之大業。據美方稱，陳誠閱讀之後，在信函寫下「決不」兩字，表示其反對國共第三次合作之意。[65]美外交與情報單位皆認定，一九六三年初傅作義這封給陳誠的私函，也是中共從一九五五、一九五六年起，開始對國民黨發動「和平攻勢」的尾聲，此後兩岸之間似乎再無類似之信函往來與祕密接觸，蔣經國也未再主動向美方提供對岸來函。華府雖然研判北京已決定停止對台灣的和平試探，然而也不排除蔣經國似乎有意向美方隱瞞他與中共之間的祕密接觸，以報復美方長久以來對他的不信任。[66]

蔣介石私人日記裡則透露出傅作義在這段時期與台灣方面的聯繫過程中，不為人知的另一面。就在傅作義於一九六三年一月底向陳誠發出私函後不久，三月二十三日，蔣在其日記的「上星期反省錄」裡，有如下一段不尋常的記載：「傅逆作義特以專人帶來其親書『悉貢所能』四字，密告於余，但其並未具名，其字卻是真筆，可知匪共內部已至其崩潰在即，有不可想像之勢，否則此種投機分子決不敢出此也。」[67]當時中、蘇共之間因意識形態與路線之爭，而鬧得不可開交，中共內部亦經歷了批判右傾機會主義與修正主義的風潮，因此蔣介石認定傅作義似乎有意透過與台灣之間的祕密接觸，為其日後政治生涯發展預作盤算。無論如何，傅作義與國民黨高層之間的神祕聯繫，一直延續至同年夏天；八月間，蔣氏父子仍不斷思索如何處理來自傅作義的訊息，譬如八月三日蔣在日記的「本星期預定工作目標」裡曾寫道：「偽水利部長問題。」[68]一星期後的八月九日與十日，他又在日記裡分別提到：「經兒來見，對傅作義事之研究，」與「傅作義問題之進行。」[69]此刻傅作義與蔣氏父子之間究竟在討論什麼議題，在謀劃些什麼，仍有待未來更多資料的發掘來找尋答案。只不過此時期國共之間的接觸，似乎也不免再度引發美方的高度關注。一九六三年十一月間於台北召開的國民黨第九次全國代表大會上，黨祕書長唐縱還特別針對過去數年來曹聚仁、章士釗等人士對台灣方面傳遞和談訊息一事，提出公開說明與澄清，並表達國民黨方面不接受此類和談提議之嚴正立場，頗有向外界匡正視聽之用意。[70]

根據與曹聚仁有關之出版資料所載，一九六五年夏天，海峽兩岸之間似乎又恢復了密切且不尋常的接觸交流。據稱同年七月十八日，時任台灣國防部長的蔣經國，曾親自搭乘輪船，至香港附近水域與曹聚仁會面，並將曹接往台灣，於七月二十日與蔣介石在日月潭的涵碧樓內會晤，曹向蔣介石出示一份中共中央的信函，信中還附有毛澤東寫給蔣介石的〈臨江仙〉詞，其中「明月依然在，何處彩雲歸」，道出了毛澤東希望蔣介石回到中國大陸的誠意。這些出版資料聲稱，在此次日月潭的密晤當中，國共雙方達成了所謂的「六項協議」，主要內容包括：一、蔣介石偕舊部回到中國大陸，可以居住在浙江以外任何一個省區，仍任國民黨總裁，中共將撥出江西廬山地區作為蔣居住與辦公的湯沐邑（封地）；二、蔣經國任台灣省長，除軍事與外交權外，其他政務由台灣省政府全權處理；三、台灣不得接受美國軍事經濟援助，若台灣財政有困難，北京將根據美國支援數額照撥補助；四、台灣海空軍併入北京控制，陸軍縮編為四個師，其中三個師駐守台灣本島，一個師駐守金門與廈門地區；五、金門與廈門合併為一自由

---

65 CIA Intelligence Report, "Peking-Taipei Contacts," pp. 29-30.

66 Ibid., pp. 30-31; CIA National Intelligence Estimate, "Prospect for the Government of the Republic of China," No. 43-64, March 11, 1964, CIA Electronic FOIA Reading Room.

67 《蔣介石日記》，一九六三年三月二十三日。

68 《蔣介石日記》，一九六三年八月三日。

69 《蔣介石日記》，一九六三年八月九日、十日。

70 唐縱，《中國國民黨第九次全國代表大會黨務工作報告》（一九六三年十一月十二日），轉引自松田康博，〈蔣介石と『大陸反攻』——一九六〇年代の対共産党軍事闘争の展開と終焉——〉，《蔣介石研究》，頁三四〇—三四一。

市，作為台北與北京之間的緩衝聯絡地區，該市市長由台北徵求北京同意後任命；六、台灣現任文武百官官階與待遇照舊不變，人民生活水準只可提高，不能降低。[71]

一九六五年七月十八日，正是國民政府前代總統李宗仁重新踏上中國大陸的日子，自一九四九年以來，李宗仁在海外的動向，一直為蔣介石所密切關注，台北國民黨政府更是竭盡所能阻止李回到中國，以免為北京宣傳利用。據此，如上一番有關當時曹聚仁前往台灣密晤蔣介石父子的傳言，確實似有一些時機上的巧合與關聯，然而吾人逐日爬梳蔣介石一九六五年夏天的日記內容，卻又找不到任何蛛絲馬跡。同年七月分，蔣介石有九天不在台北，他於七月六至十日前往金門與澎湖視察；二十與二十一日帶著兩個孫子蔣孝武與蔣孝勇前往慈湖度假；二十七與二十八日兩天，又帶著蔣孝勇前往高雄西子灣度假。除此之外，整個七月分並無日月潭之行。更甚者，七月二十日當天，他先在慈湖的行館接受西班牙記者「畢南」專訪，之後前往桃園大湳聽取戰備計畫，當晚留宿慈湖一夜，直到隔日下午回到台北木柵的草廬行館後，才與蔣經國見面。細查這段時日蔣的作息可知，其心思都放在如何修訂其致美國總統詹森（Lyndon B. Johnson）的函稿上，並無任何與曹聚仁有關的記載。[72]

至於一九六五年的八月間，蔣介石確曾在八月二十三至二十九日帶著蔣孝武前往日月潭度假，當時台灣在軍事上剛遭遇「八六海戰」失利，造成兩百餘名海軍官兵喪生或失蹤，他是抱著一顆極度煩悶與悲傷的心情，前往日月潭沉澱與思考的，細查其整個月分日記所載，只有在八月二十六日當天與蔣經國在日月潭碰過面，接見由小蔣陪同前來的美國海軍太平洋總司令夏普（Admiral Ulysses S. G. Sharp），在此情況下，兩蔣父子似乎極不可能與曹聚仁有所會晤，遑論討論兩岸和談條件之可能性。[73]

一九七三年三月間，當時台灣已經退出聯合國達一年半之久，而美國總統尼克森也自歷史性的中國大陸破冰之旅訪問歸來一年有餘，北京與華府之間的關係正常化，已是雙方既定的目標，再無回頭路。

此時蔣介石已垂垂老矣，幾不過問政事，位居行政院長之職的蔣經國，也幾已全面主導台灣黨、政、軍大局，鑑於台灣日趨孤立的國際地位，美國中央情報局一度掌握訊息，稱蔣經國有可能再次重啟與北京之間的祕密往來聯繫，甚至一度傳出他實際上已經祕密訪問過北京的謠言。在華府看來，蔣經國面對美國與中共積極發展關係並與台灣漸行漸遠的殘酷現實，他僅剩下兩個選擇，一是台灣與蘇聯發展關係；另一則是國民黨與台灣獨立運動力量達成和解，然而這兩個選擇皆不為蔣經國所喜，因此再度重啟與北京之間的交流接觸，似乎成了蔣經國可以接受的選項。[74]

當時正值毛澤東有意透過安排章士釗前往香港，再度開啟國共之間的和談，因此美國中央情報局有此預測，殊非意外。[75]只不過美方的預言並未成真；章士釗於同年五月間抵達香港後不久，即因過度勞累而病亡。迄今也沒有具體資料或證據，顯示一九七〇年代台灣在外交上風雨飄搖的最脆弱時刻，國共之間曾有高階層的往來接觸。一九七五至一九七六年短短兩年之間，蔣介石、周恩來與毛澤東相繼離開人世，即便如此，國際間有關海峽兩岸間密使交流的傳聞，一直未曾止歇；一九七六年十一月間，毛澤東甫去世不久，美、日重要報章如《華盛頓郵報》（*The Washington Post*）與《朝日新聞》等即先後傳出時任台灣行政院長的蔣經國，曾密派三人為特使前往北京，與中共尋求妥協，台方曾提出三項要求：

71 鄭義，《國共香江諜戰》，頁一五四—一五七。

72 見《蔣介石日記》，一九六三年七月分逐日所載。

73 見《蔣介石日記》，一九六三年八月分逐日所載。

74 CIA Intelligence Information Cable, Subject: Comments of [deleted] on the Return of American POWs, Problems in the United States, and Taiwan, March 28, 1973, CIA Electronic FOIA Reading Room.

75 毛磊、范小方主編，《國共兩黨談判通史》，頁六六六—六六八。

一、台灣在政治上將不變動；二、台方以「自治權」姿態為政；三、兩岸軍事形勢不變，然此第三點不為北京所接受。當時甚至傳聞此一和談試探，乃是蔣經國與美國國務卿季辛吉（Henry Kissinger）雙方之間所達成的協議，一說蔣與季兩人皆曾祕密前往北京，一說僅有季辛吉前往北京，並由他代表當時與華府仍有正式外交關係的國民黨政府，來與北京進行接觸。[76]

蔣經國主政下的台灣，經歷了一九七〇年代後半期與一九八〇年代「不接觸、不談判、不妥協」的「三不」政策，海峽兩岸之間更進一步的密使往來與交流，事實上要到一九九〇年代李登輝與江澤民主政時期，才又具體展開。然而吾人今日回顧這段歷史，冷戰時期中、美、台三方的互動關係，絕非過去所認知的一般，以一條線即可截然劃分，這段關係，實要比吾人所能理解的，要來得更加複雜與詭譎。

76 CIA Intelligence Assessment, "Political Evolution on Taiwan: Implications for the United States," January 1986, CIA Electronic FOIA Reading Room.

第七章

冷戰與西藏問題

一九四九年蔣介石因國共內戰失利而撤守台灣，這也標誌著其在中國大陸的統治，畫下了一個句點。此後半個多世紀以來，位於台北的中華民國政府，實際統轄範圍僅涵蓋台灣、澎湖以及福建沿海的金門、馬祖等外島，而在官方層次上，依然堅持其代表全中國之唯一合法政府，一九四八年於南京召開之國民大會上所通過的《中華民國憲法》，仍是一九四九年以後台北當局面對國家主權議題時所奉行的圭臬。在一九七〇年代以前冷戰對峙嚴峻的國際政治大環境下，中華民國政府所主張的領土主權立場，獲得包括美國在內的盟友支持，而在聯合國等重要國際組織裡，中華民國政府也繼續保有代表權與席位，與當時的中華人民共和國相比，更獲得世界上較多數國家的外交承認。無庸置疑，在冷戰的最高峰時期，台、美之間因彼此強烈的反共意識形態與美國實行「圍堵」中共戰略的地緣因素，而建立起極為堅實的邦誼，然而這看似牢固的盟邦關係，卻也可能因為受到某些超乎預期的、本來應該不被視為台、美之間「核心利益」的邊緣事件，而蒙受陰影，一九四九年以後的西藏問題，即是一例。

嚴格而論，一九一二至一九四九年間，不論北洋政府、南京或者重慶時期的國民政府，其對遙遠西藏邊陲地區的實質控制與影響力，皆處於薄弱狀態，西藏在這段時期裡仍保有極為特殊的政教合一制度、獨立的武裝力量，以及獨特的文化、民俗、社會與宗教風貌。一九三〇年代起，國民政府在拉薩設有辦事處，派遣內地官員前往聯絡漢、藏關係，然而整體而言，直至一九五一年中共解放軍進駐西藏為止，以漢人為主體的中央政府力量，並未能夠真正掌控這塊土地。另一方面，一九四五年對日抗戰勝利結束後，外蒙古在蘇聯的強大影響下，經由公民投票而獲得法理獨立地位，西藏、新疆與內蒙等其他邊疆少數民族地區，則繼續留在戰後中華民國的領土與政治版圖之中，此一事實也獲得國際尊重與承認。蔣介石在戰後雖曾一度允諾未來給予西藏「高度自治」的地位，然而隨著國共內戰急轉直下，這項政治承諾從未獲得中華民國政府具體實踐。[1]

美國對西藏之興趣與關注，始於二次大戰期間。一九四二年十二月，兩名美國軍官攜帶羅斯福總統贈送的禮物與親筆信函，自印度抵達拉薩，會見了當時年僅七歲的十四世達賴與其他西藏噶廈政府官員，這是近代史上美國與西藏之間首次的高階層接觸。兩位美國軍官前往拉薩的主要目的，在於考察西藏的地理位置與戰略價值，取得該地區的政治、社會、風俗民情等第一手資料，並且評估在西藏境內設立一座無線電台，作為戰後美國在歐亞內陸高原與喜馬拉雅山麓地區情報據點之可行性。[2]然而華府真正積極插手西藏事務，並將西藏問題視為其全球冷戰格局下戰略目標的一環，則是等到一九五六年以後，當時華府的軍事情報單位決定祕密訓練援助康巴族反共游擊勢力，用來圍堵對抗全球共產主義。一九五九年三月拉薩發生大規模抵抗運動後，美國大打「西藏牌」，向流亡印度的達賴陣營伸出援手，更是從幕後走向台前、從地下走向公開，直到今日，依然成為影響中、美兩國關係的核心問題之一。

冷戰時期，當美國決定大打西藏牌作為對抗共產主義之外交、宣傳與戰略目標時，身為美國盟友、同樣站在反共陣營一方、然而在法理上卻仍堅持對西藏擁有領土主權的蔣介石，該如何自處？一九五九年拉薩抗爭事件後，美國政府更加大膽地直接插手達賴與西藏流亡團體相關事務，並將西藏問題「國際化」與「去中國化」，蔣介石的反應又是如何？美國政府對西藏政治地位立場之看法的逐漸轉變，又對冷戰時期的台、美關係，帶來何種微妙影響？這些都是本章的分析討論重點。

---

1 Hsiao-ting Lin, *Tibet and Nationalist China's Frontier: Intrigues and Ethnopolitics, 1928-49* (Vancouver: University of British Columbia Press, 2006), pp. 157-181.

2 Goldstein, *A History of Modern Tibet*, pp. 391-397.

西藏問題的「內政化」與「國際化」

一九四九年七月初，國民黨在大陸的軍事逆轉已不可免，拉薩噶廈政府藉口凡是國民黨政府軍政人員駐留之處，都將成為共產黨的進攻目標，為了保持西藏的「超然地位」，噶廈要求國民黨政府駐藏辦事處官員以及服務於拉薩中文學校、電台、醫院等機構的所有漢人，一律限期離境。八月十三日起，國民黨政府駐藏人員百餘人，分批離開拉薩，大多數取道印度前往台灣。這次拉薩「驅漢事件」發生之際，國民黨政府已自南京遷往廣州，時任行政院長的閻錫山，曾發表嚴正聲明，指責藏方的荒謬行動，然而面對解放軍步步進逼，蔣政權已力有未逮，遑論顧及遙遠的西藏事務，中國大陸時期的國民黨政府與西藏的關係，至此可算是劃下了句點。[3]

在拉薩當局眼中，此刻的國民黨與共產黨同樣不可信任，第二次世界大戰結束後成為全球霸權之一的美國，因此成了藏人心目中可以依託的對象。本書第一章曾提及，一九五〇年四月底，美國前駐迪化副領事馬克南與中央情報局派往內蒙工作的貝賽克等一行，由青海進入藏北高原時，馬克南遭當地藏兵以「不明人士企圖越界」為由，槍殺身亡。貝賽克隨後安抵拉薩，與包括達賴喇嘛在內的藏方要員晤談，他曾建議藏人應利用國民黨政府留下來的電台設備，與美國位於日本與伊拉克境內的軍事情報單位接觸，並保持溝通管道；他也告訴藏人，回美後將建議華府密派一位經濟或軍事專家，以學生、傳教士、醫生或新聞記者身分，常駐拉薩，以利美方掌握有關西藏局勢之最新狀況。[4]

向來對藏局極為關注的美國駐印度大使韓德森（Loy Henderson），面對解放軍即將進入中國西南地區，也在一九五〇年六月於新德里祕晤噶廈政府孜本（財政官）夏格巴；韓德森雖同情藏人際遇，卻也坦承當前美方無法採取任何具體行動，來協助西藏對抗中共。值得一提的是，夏格巴當時曾轉達藏東康巴族地方勢力欲與美國建立關係的訊息，並代為探詢美方是否可能提供援助。[5]這次詢問，成了美方與康巴族反共勢力接觸之始。然而此刻軍事力量不堪一擊的噶廈政府，終究無法獨自對抗解放軍，利用藏東地方勢力來阻止新中國力量伸入西藏的想法，也不過是一廂情願。一九五〇年十月，解放軍攻下藏東軍事要地昌都，十四世達賴聞訊後，率員逃往印、藏邊界的亞東，並開始向聯合國尋求援助；十一月十四日，中美洲國家薩爾瓦多駐聯合國代表團，向聯合國祕書長賴伊（Trygve Lie）正式提案，稱解放軍進入西藏乃「外國入侵」行為，當時薩國的舉動，不無美、英等西方國家在背後暗助，然而在深入評估該項提案無法獲得聯合國多數表決同意後，美、英等國決定改變其支持態度，此案最後在聯合國總務委員會遭到擱置命運，未能排入大會正式議程。[6]

儘管薩爾瓦多的提案無疾而終，然而此舉卻也成為西藏問題在聯合國內「國際化」的濫觴，影響所及，意外引發當時撤往台灣不到一年時間的國民黨政府內部一陣騷動。在獲悉西藏議題即將被提交聯合國討論後，台北高層立即進行討論，國防部官員認為政府遷台後，雖然在軍事上無能為力，然而在政治、外交與宣傳上，仍應有所作為，因此建議行政院長陳誠，在保持政府威信與尊嚴的前提下，給予當

3 Lin, *Tibet and Nationalist China's Frontier*, pp. 199-200.

4 NARA, RG 59, Statement by Frank Bessac describing the relation between Mr. Bessac and the Tibetan Foreign Bureau, September 8, 1950, enclosed in U. S. Embassy in India to State Department, September 21, 1950; 611.93B/10-550, State Department Office Memorandum, top secret, October 5, 1950.

5 NARA, RG 59, 611.93B/6-1850, Loy Henderson (U. S. Ambassador to India) to State Department, June 18, 1950; 611.93B/8-1450, Henderson to State Department, August 14, 1950.

6 Shakya, *The Dragon in the Land of Srows*, pp. 52-91.

時人在亞東的達賴喇嘛某種程度之鼓勵；但在國際宣傳上，仍應強調十四世達賴是由國民黨政府正式冊封的，任何外國勢力企圖干涉藏局，國民黨政府均無法承認。[7]外交部堅持西藏問題為內政問題，聯合國無權管轄，如西藏為外來力量所侵犯，則在程序上仍應由台北向聯合國提出，而非薩爾瓦多。[8]

然而台北當局官員的嚴正立場，卻無法完全說服處在第一線的外交官員；駐聯合國代表蔣廷黻即主張，應在聯合國裡公開聲明中華民國對西藏僅擁有「宗主權」而非「主權」，如此方能取得同情西藏處境之國際友誼與支持。蔣還擔心，西藏問題既然已被列入聯合國總務委員會議程：「屆時我方既不便為中共張目，又難重現喪權辱國，失大陸民心，似宜預留地步。」只不過蔣廷黻此番務實見解，立即遭到台北外交部反駁，認為西藏經南京制憲國民大會通過明定為中國領土，享有主權：「現若建議我只享宗主權，雖在政治上另有見地，然鑑於上述事實，萬難予以考慮。」[9]

當時台北面對解放軍自藏東地區向拉薩進擊態勢所採取的策略，在於向國際間強調中共接受蘇聯大量援助之事實，而中共力量一旦進入藏境，無異於蘇聯在西藏勢力之延伸，因此西藏議題應被納入當時國民黨政府在聯合國所積極推動之《控蘇案》的一部分，而不應單獨成案，以免西藏問題質變為「國際化」。[10]也因此當聯合國最後決定擱置薩爾瓦多提案，這在一定程度上，實替國民黨政府解除了一個外交與內政上的困境。儘管如此，蔣廷黻依然向台北力陳，面對西藏問題，如台北的態度與北京一致，則國際間毫無選擇，勢必阻礙台灣邦交，且若台灣在聯合國裡單獨反對討論西藏案，甚或與蘇聯同聲反對，更必招致國際反感與批評。[11]

此一見解，雖不無道理，但仍再次受到台北軍事與外交部門一致反對，一時之間，此一越洋爭論頗有升高跡象，迫使蔣介石於一九五〇年十二月六日指示陳誠轉達台灣駐聯合國代表團三點原則如下：第一、台灣不反對在聯合國討論西藏問題；第二、應堅持中共入侵西藏乃受蘇聯指使，故本質上為國際侵略問題；第三、應說明西藏為中國領土之一部分，主權屬於中國，但西藏應享有高度自治權。在此三點原則下，蔣同意由蔣廷黻於聯合國內酌情因應。[12] 隨著西藏代表團於翌年二月前往北京與中共展開談判，薩爾瓦多有關西藏的提案，並未再次成為聯合國內的焦點，然而西藏問題的國際化與內政化之爭，以及一九四九年以前國民黨政府處理藏政所遺留的歷史遺緒，自此成為遷台後國民黨政府處理對外關係上的一顆未爆彈。

台、美雙方培植西藏「代理人」與祕密管道之建立

一九五一年二月，當西藏噶倫（內閣部長）阿沛．阿旺晉美所率領的代表團，自昌都啟程前往北京，準備與新中國政府進行談判之際，華府亦著手擬定一份美國未來對西藏政治地位之政策文件，這份被國務院標示為最高機密的文件，充分顯示當時美國政府面對西藏議題的微妙態度與潛在矛盾：國務院官員最初力主在外交層次上，美方應避免在重要國際場合裡主動提出西藏這個棘手問題；然而另一方

7「國防部第二廳呈陳誠簽呈」（一九五〇年十一月十三日），〈匪軍犯藏後我方在聯合國之因應案〉，《外交部檔案》，檔號019.4/0035。

8「關於中共軍入侵西藏事之因應方案」（一九五〇年十一月十三日），同上。

9「外交部致蔣廷黻」（一九五〇年十一月十四日）；「蔣廷黻呈外交部」（一九五〇年十一月十六日），同上。

10「關於中共軍入侵西藏事之因應方案」（一九五〇年十一月十三日）；「討論關於匪軍入侵西藏問題會議」（一九五〇年十一月十七日），同上。

11「蔣廷黻呈外交部」（一九五〇年十一月二十九日）；「蔣廷黻呈葉公超」（一九五〇年十二月二日），同上。

12「蔣介石致陳誠」（一九五〇年十二月六日）；「外交部致蔣廷黻」（一九五〇年十二月六日），同上。

面，美政府仍應暗中支持鼓動聯合國其他會員國，趁機提出西藏問題相關提案，讓此爭議繼續保持熱度，更重要者，美方應尋求各種途徑，讓西藏境內的反共力量發展與茁壯。[13]

五月間，阿沛・阿旺晉美與中共之間有關「和平協議」的簽署，已進入最後緊鑼密鼓的階段，當時仍停留在亞東的達賴喇嘛，於五月十一日密派主持噶廈外交局之僧官札薩柳霞，前往印、藏邊境的加林磅（Kalimpong），與美國駐印度大使館官員會晤並傳達如下訊息：第一、達賴希望與美國發展密切關係，並且希望未來西藏能夠取得真正獨立的地位；第二、達賴希望美方不要因為目前藏方與北京之間的談判，或者藏方可能被迫向中共作出讓步，而失去對西藏的信心；第三、羊毛出口向來為西藏財政收入來源與貿易命脈，藏方擔心美政府當時有關禁止中共統治地區物品輸往美國的規定，將嚴重阻礙未來西藏羊毛輸往美國市場，因此請求美方協助；第四、達賴籲請美方能協助藏方代購黃金，並儘速研擬辦法，阻止西藏境內的重要戰略礦產物資流入中共手裡。美方外交官則向札薩柳霞探詢藏東地區潘達昌家族等動態，以及達賴與康巴族之間的關係，札薩柳霞向美方表示，潘達昌家族足可代表達賴與噶廈政府立場。[14]美方此一探詢，也預示著華府不排除與康區親達賴勢力進行某種形式的合作，此構想在一九五六年後獲得實現。

五月二十三日，阿沛・阿旺晉美一行在北京與中共簽署《十七點和平協議》，中華人民共和國政府在西藏的主權，有了法理上的基礎。本書第一章已提到，當時美國曾透過其駐印度人員，努力說服達賴公開詆毀該協議，並流亡海外，然而達賴最後因種種因素，仍決定返回拉薩，此舉也意味著他暫時願意與北京攜手合作。儘管如此，回到拉薩後的達賴與美國之間的祕密溝通管道，並未因此而中斷。《十七點協議》簽署後不久，達賴長兄當才（土登計美諾布）即倉促離開西藏前往印度，並於七月四日自加爾各答飛抵美國，擔負起美、藏之間溝通橋樑的角色。[15]美國國務院解密檔案顯示，同年九月間，美方不但協助達賴家屬將一筆總額達一萬一千七百美元的資產轉匯紐約，作為當才在美開銷所用，還曾透過長年旅居西康之英國傳教士派特森，與潘達昌家族私下接觸，商討未來康區反共勢力如何進一步援助當才在海外之活動，並且計畫以潘達昌家族所經營的羊毛出口貿易所得，設法為拉薩政府代購其所需之黃金。[16]一九五二年初，華府國務院與財政部官員還進行協商，設法協助美國貿易商能夠政策性採購西藏羊毛，為了規避當時美國法律禁止共產國家（西藏已被視為中共控制下的一部分）物品出口至美國之規定，國務院竟然低調地將西藏羊毛劃歸為來自印度的商品，盡可能協助拉薩出口羊毛以賺取外匯。[17]

一九五二年二月，當才在美國國務院的一場閉門聽證會裡表示，達賴喇嘛希望美國能夠體諒他不得不回去拉薩的苦衷，他代表達賴向美方傳話，稱達賴仍衷心期待西藏未來政局有所轉變，而美國對藏人的支持與承諾，將是此期盼能否實現之重要關鍵。[18]為此，中央情報局曾與當才進一步討論美方協助達賴之可能作法，當時雙方曾有一初步共識，華府準備採取兩手策略，一方面由白宮或國務院發表公開聲

---

13 NARA, RG 59, 611.93B/2-251, "Policy Review Paper–Tibet," enclosed in State Department Office Memorandum, top secret, February 2, 1951.

14 NARA, RG 59, 611.93B/5-2451, Memorandum of Conversation between Embassy officer and Dzasa Liushahr (Tibetan Foreign Secretary), May 11, 1951, enclosed in U.S. Embassy in India to State Department, May 24, 1951.

15 Knaus, *Orphans of the Cold War*, pp. 92-93.

16 NARA, RG 59, 611.93B231/9-1751, U. S. Consulate-General in Calcutta to State Department, September 17, 1951.

17 Dean Acheson to John W. Snyder (Secretary of the Treasury), January 3, 1952, in United States Department of State, Records of the Office of Chinese Affairs 1945-1955 (Wilmington, DE: Scholarly Resources Inc., 1989), microfilm, reel 17.

18 NARA, RG 59, 611.93B/2-1352, Memorandum of the Substance of a Conversation, by William O. Anderson (Office of Chinese Affairs), top secret, February 13, 1952.

明，支持藏人推動民族自決；另一方面由主管東亞事務之助理國務卿艾立生（John M. Allison）具名，向當才致一信函，承諾美方對達賴與噶廈政府支持立場，美方並在適當時機向媒體公開此函，藉此以增強藏人的信心。然而當才卻在最後一刻改變心意，不願美方採取如上兩手策略，其主要原因為擔憂美方舉措恐將對遠在西藏的達賴與其家人等帶來不必要的壓力與困擾，當才的退縮，一度讓美方頗不諒解。[19]

事實上，早在當才於一九五一年五月經印度轉赴美國之前，達賴的另一位胞兄，一九四九年以前曾在南京中央政治學校求學，與國民黨政府頗為親近的嘉樂頓珠，即在一九五〇年初離開拉薩前往印度。同年四月間，台灣駐菲律賓大使館突然接獲一封嘉樂頓珠於印度加爾各答拍發的電報，內稱他與妻女共三人，將取道馬尼拉前往台北，並請大使館核發入台簽證。[20]台北高層獲悉此事後，甚表歡迎，並認定嘉樂頓珠與其家屬的台灣之行，是一個在國際間宣傳其代表全中國之唯一合法政府，漢、藏關係友好，以及國民黨政府對西藏繼續擁有主權與影響力之極佳機會。四月二十四日，當嘉樂頓珠抵達馬尼拉後，蔣介石不但指示駐菲律賓大使陳質平代表他本人向其致意，還要求國民黨中央組織部動員當地旅菲僑胞高調迎接，當蔣介石得知嘉樂頓珠有意在離開菲律賓後，先前往香港再轉赴台北，為避免節外生枝，他指示台灣駐菲人員務必全力勸阻。[21]

嘉樂頓珠一行於五月初抵達台北後，獲得蔣介石夫婦極為隆重的款待與禮遇，他告訴蔣介石，希望於台灣停留一段時日後，於同年秋天前往美國加州的史丹佛大學進修，然而蔣氏夫婦卻希望他能長期定居台灣，成為台北與拉薩之間關係的一個象徵性樞紐，這令達賴胞兄頗感為難。同年十月十二日，美國駐台大使館核發嘉樂頓珠一行赴美簽證，然而台灣方面卻不打算放行，遲遲拒發出境許可證。直到翌年五月間，《十七點協議》於北京簽署，且達賴已決定返回拉薩，華府為了積極建立任何一切與達賴之間的可能聯繫管道，因而向台北施壓，要求儘速讓嘉樂頓珠離台赴美，蔣介石只好答允。[22]

一九五一年九月間，從台灣抵達華府的嘉樂頓珠曾與美政府官員進行一場閉門會談，國務院中國科官員安德森（William O. Anderson）坦率地告訴他，美國官方向來所持立場，乃是承認中華民國對西藏名義上的宗主權，以及西藏實質上的自治權，而美國今後對西藏的立場，將取決於美國是否繼續在外交上承認台北的國民黨政府而定，安德森並將一封由他署名的親筆慰問與鼓勵信函，請嘉樂頓珠設法轉交達賴。此函在隔年五月間，輾轉經由曾任昌都地區總管以及藏軍總司令的宇妥札薩，交到達賴手中。達賴收到此函之後，透過其在印度的親友，傳達如下訊息給美方：拉薩方面感謝美方對西藏局勢的關心，真誠希望美方能給予西藏實質與道義上的援助，廣大藏民並未因為《十七點協議》的簽訂，而轉變成為一個親漢的民族，達賴並熱切期盼很快收到來自美方有關援助西藏、「白紙黑字」的具體訊息。[23]

由此可見，一九五一至一九五二年之際，台北與華府皆希望透過接濟達賴兩位胞兄的策略，與拉薩建立起較為可靠的聯絡管道，在這方面，美方顯然更勝一籌。然而自一九五二年下半年起，隨著達賴回到拉薩並與中共合作，以及西藏噶廈政府與北京之間「蜜月期」的開展，美方與達賴兩位胞兄之間關於協助西藏對抗中共力量的籌劃，也陷入停頓；嘉樂頓珠於一九五二年二月間即離開美國，經由印度返回

---

19 NARA, RG 59, 611.93B/2-252, supplement to the State Department Office Memorandum, February 1952.

20「周書楷致沈昌煥」（一九五〇年四月二十四日），〈西藏近情〉，《外交部檔案》，檔號019.4/0011。

21「陶希聖致外交部」（一九五〇年四月二十五日）；「陳質平呈外交部」（一九五〇年四月二十七日），同上。

22「美國大使館致外交部」（一九五一年五月二十二日）；「外交部致蒙藏委員會」（一九五一年五月三十日）；「行政院祕書處致外交部」（一九五一年七月十一日）；「外交部致美國大使館」（一九五一年七月十四日），同上。

23 NARA, RG 59, 793B.00/11-157, Research Project No. 403, "United States Policy concerning the Legal Status of Tibet, 1942-1956," top secret, Historical Division of the State Department, November 1, 1957.

拉薩，在西藏停留數月後，定居在印、藏邊界的加林磅。[24]當才則於同年十月間離開美國，前往日本學習藏傳佛教，並在隨後數年間，遊歷於印度、英國、日本、香港與美國各地。[25]《十七點協議》簽署後的西藏局勢，逐漸平靜下來，西藏問題也暫時不再成為台北或華府各自的外交與內政焦點。

拉薩抗爭事件前夕台、美之間的西藏議題

一九五一年秋天，嘉樂頓珠在蔣介石不情願的情況下離台赴美，台北與拉薩之間已失去了直接聯繫的管道，然而一九四九年遷台後的國民黨政府國安、情報部門，與中國大陸西南邊疆少數民族反共游擊殘餘勢力之間，仍保持一定之關係，此關係也成為日後蔣介石向全世界宣稱其不斷與西藏保有關係之證明。根據一九五九年台灣國防部情報局所出示之相關資料顯示，一九五〇年秋天，當解放軍自四川挺進藏東之際，由索南旺多、結柏桑等人在該地區所領導的「漢藏反共同盟」游擊勢力，曾與當時仍留在中國西南的國軍胡宗南殘存舊部有所聯繫，並在川、康邊界的松藩、拉桑、曲青等地，掩護補給這些轉入敵後的游擊部隊長達四年之久。[26]一九五二年二月底，台北國防部主管大陸敵後業務的第二廳，曾向蔣介石呈報一份祕密空投援助青、康、川、藏等地區反共游擊隊方案，準備補給拉薩以北約二百公里的黑水（那曲）土司蘇永和、川康邊界阿壩土司華爾功成烈、前拉卜楞寺保安司令黃正清，以及一九四九年以後活動於甘南、川青邊境的國民政府時期青海省第七區保安司令部副司令馬元祥等勢力。根據這份檔案所載，當時中國西部邊疆地區如上四股反共勢力，仍統有近八萬游擊兵力，台北軍方顯然認為透過空投補給，以及由蔣介石任命授予上述游擊隊領導人物軍、政官銜等方式，可以有效地維持、發展中國大陸廣大回族與藏族地區的反共力量。[27]

一九五二年四月間，台灣空軍展開首次針對大陸西部藏、回族地區的祕密空投任務，然而此次行動卻因空投地點發生嚴重錯誤，導致台灣與各反共游擊勢力之間的重要情報文件落入中共手裡。[28]一個月後，在美國中央情報局外圍組織西方公司的協助下，台灣空軍對西藏黑水土司蘇永和領導的游擊部隊進行第二次空投，此次空投物資包括大批械彈與通訊器材和一百五十兩黃金，以贊助當地敵後反共力量之發展。在台灣祕密援助下，蘇永和勢力曾積極協助前國軍將領、時任「川康青邊區人民反共突擊軍」司令官的傅秉勳，聯絡甘青邊境由馬良所領導的回族武裝部隊二千餘人，並準備在甘、青、藏地區發動大規模反共游擊作戰。[29]一九五三年初，中共中央下定決心敉平這些邊區反共游擊勢力；三月間，解放軍西北與西南軍區採取聯合行動，殲滅馬良、馬元祥、蘇永和與傅秉勳等部，馬元祥與傅秉勳甚至因而喪命，這波由台北軍方祕密空投支援的敵後游擊活動，以失敗而暫告一段落。

一九五六年初，中共中央開始在西藏以外的廣大藏族地區推動土地改革，卻引發當地藏民的反抗，

---

24 Knaus, *Orphans of the Cold War*, pp 116-140.

25 一九五二年十月當才自美國抵達日本後，曾在東京與台北駐日大使董顯光進行三次晤談，董力邀當才前往台灣訪問，但當才並未接受，僅表示對蔣介石總統對他的關心，以及其先前對嘉樂頓珠的照顧，表示感謝之意。見「董顯光致外交部」（一九五二年十月二十四日），〈西藏近情〉，《外交部檔案》，檔號 019.4/0011。

26 「支援西藏反共抗暴專案小組第三次會議議程」（一九五九年七月），〈西藏抗暴〉，《外交部檔案》，檔號 019.4/0002。

27 「毛人鳳呈蔣介石」（一九五二年二月二十九日），〈特交檔案——軍事／金馬及邊區作戰（四）〉，《蔣中正總統文物》，第一〇三冊，文件編號：58121。

28 「毛人鳳呈蔣介石」（一九五二年四月十二日），同上，文件編號：58129。

29 「蘇永和呈蔣介石」（一九五二年四月六日），同上，文件編號：58130；「毛人鳳呈蔣介石」（一九五二年五月七日），同上，文件編號：58123。

二月起，四川的甘孜、德格、昌都、理塘等地先後發生抗暴事件；七月間，四川藏區參與抗暴者，已達十萬人之譜。[30]值得注意的是，根據現存之美方外交檔案內容研判，四川藏區發生抗暴事件時，因對外訊息極端封閉，包括美國在內等西方國家，對此一狀況似乎並不知情。五月十四日，英國報章媒體透過越界前往尼泊爾的藏民之描述，開始向外界陸續披露藏東地區的抗爭情形，這其中有些屬實，卻也有些無法獲得證實，譬如有情報稱此次藏區騷動乃潛伏該地的國民黨地下殘餘勢力煽動而引發，另一則報告竟指稱解放軍曾使用毒氣瓦斯對付藏人，事後證明這些謠言皆屬空穴來風。[31]

國民黨方面是否涉入一九五六年的四川藏區抗暴，仍有待未來進一步檢視。另一方面，當此波藏族抗爭行動逐漸蔓延至昌都一帶時，居住在印藏邊境加林磅的嘉樂頓珠，決定重啟與美方之間的聯繫管道，並向國際社會尋求援助。[32]但過去外界較不知悉的是，此刻這位達賴胞兄不但重啟與美方之間的祕密聯繫，他也與台灣的國安與情報部門展開接觸。一九五六年夏天，由蔣經國主持的國家安全局附屬之西北工作組派駐印度的幹員，曾三度在加林磅與嘉樂頓珠密晤，交換意見。[33]此次雙方接觸，也讓台灣的國安與情報部門，將中國大陸西部藏族區域重新納入整個敵後工作之一環。一九五七年五月十日於台北總統府內召開的國安會議上，蔣經國即曾指示國防部軍事情報局，應在西藏不脫離中華民國領土版圖此一原則下，由台灣空軍加緊準備藏東地區抗暴之空投支援行動。[34]

一九五六年十一月間，達賴喇嘛應邀前往印度參加佛誕二千五百週年慶典，當時藏東地區的騷亂以及川藏地區不安的局勢，曾令他一度猶豫，是否應當就此留在印度，不再回去拉薩；幾經考慮後，達賴仍決定回到西藏，並於翌年四月一日返抵拉薩。就在達賴自印度返回拉薩這段期間，美方與嘉樂頓珠的祕密聯繫討論，也有了具體的結果：中央情報局決定先為西藏培訓幾名特工人員，以便日後建立直接聯繫管道，為此，嘉樂頓珠在印度挑選了六名來自藏東地區的康巴族青年，由美方祕密接往太平洋的塞班島，進行五個月的專業訓練，當時在塞班島協助照料這六名康巴青年並提供語言翻譯的，正是達賴另一名胞兄當才。[35]這項塞班島特訓計畫於一九五七年秋天告一段落之後，中央情報局逐漸把美國祕密援助西藏方案，移至科羅拉多州的海爾營（Camp Hale），這段期間，除了華府僅有極少數人知悉詳情，包括國務院在內絕大多數官員，都被蒙在鼓裡。

就在嘉樂頓珠挑選出第一批康巴族青年，準備送往塞班島受訓之際，他亦透過台灣派駐在印度的情報人員傳遞訊息給蔣介石，表達願意與國民黨合作，共同推動藏區內的反共抗暴運動。一九五七年十二月至一九五八年一月間，嘉樂頓珠又兩度致函台北高層，請求商洽台灣支援抗暴之細節，為此，台灣的國安部門曾於一九五七年十一月底，派員前往加林磅，密晤嘉樂頓珠以及達賴親信魯康娃等人，商妥台

---

30 A. Tom Grunfeld, *The Making of Modern Tibet* (New York: M.E. Sharpe, 1996), pp. 131-134.

31 NARA, RG 59, 793B.00/5-1456, U. S. Embassy in London to State Department, May 14, 1956; 793B.00/10-2356, U. S. Consulate-General in Calcutta to State Department, October 23, 1956; 793B.00/7-1157, William T. Turner (U.S. Consul-General in Bombay) to State Department, July 11, 1957.

32 George N. Patterson, *Tibet in Revolt* (London: Faber and Faber Ltd., 1960), pp. 120-122; Knaus, *Orphans of the Cold War*, pp. 138-139.

33 「川甘青康藏抗暴運動聯繫支援概況表」，附於「國家安全局長鄭介民呈蔣介石」（一九五九年四月七日），〈黨政軍文卷／國家安全與秩序／情報／對中共情蒐策反工作〉，《蔣經國總統文物》，典藏號0050120600051005。

34 「蔣經國副祕書長四十六年訓話記錄」（一九五七年五月十日），〈黨政軍文卷／國家安全與秩序／情報／民國四十六年各項會報指示〉，《蔣經國總統文物》，典藏號00501020600001005。

35 Mikel Dunham, *Buddha's Warriors: The Story of the CIA-backed Tibetan Freedom Fighters, the Chinese Invasion, and the Ultimate Fall of Tibet* (New York: Jeremy P. Tarcher/Penguin, 2004), pp. 197-224; Roger E. McCarthy, *Tears of the Lotus: Accounts of Tibetan Resistance to the Chinese Invasion, 1950-1962* (Jefferson, NC: McFarland & Company, 1997), pp. 235-245.

灣支援抗暴之初步方案，包括台北軍方負責派員運交相關藥物與器材，並編制兩個敵後空降小組與空降縱隊，俟西藏境內抗暴力量與台灣方面取得聯繫後，即由台灣空軍啟動空降支援任務。[36]另根據台灣方面解密檔案披露，一九五六年初四川藏區抗暴事件發生後，當地也開始出現多股藏族反共武裝勢力，台灣當時曾與其中數股力量有所接觸，包括以西藏三大寺為中心、領有一萬三千名游擊兵力的「米茫」組織領導人阿勒欽曾、以藏南地區措那宗為根據地的「西藏抗暴軍」總司令阿珠桑、理塘地區領導七千餘游擊兵力的甲都昌登珠，以及日後領導「四水六崗」組織的康巴族領袖貢保扎西等。國民黨與這幾股勢力的接觸，大多透過台灣駐印度情報員居間聯繫，會談內容，多為藏族勢力要求台北提供械彈、醫藥與裝備等。[37]只不過至今尚未有史料證據顯示，此一時期台、美之間曾就援助西藏一事，進行直接的聯繫與協調。

一九五七年十月間，當六名康巴族青年結束塞班島特訓後，美方安排一架B-17型轟炸機，經由沖繩美軍基地載往印度，準備以兩次空投行動將其送回藏區，進行敵後游擊任務。第一批空投的兩名組員為阿塔諾布與嘉賽洛澤，他們兩人帶著兩台發報機、密碼本、銀元與各式械彈，於十月二十日被空投到距離拉薩南方約六十公里處的桑耶寺，其他四名組員則在十一月初被空投至理塘附近。[38]阿塔諾布與嘉賽洛澤潛入西藏後，立即向位於華府的中央情報局總部發報，不久後收到來自華府回電，雙方開始建立起直接聯繫，此後數個月內，兩人在拉薩進行地下行動，並希望親自會見達賴喇嘛，向他傳遞美方的疑問：究竟西藏政府目前有沒有一個與中共展開武力對抗的全盤計畫？然而詭異的是，此兩人求見達賴的要求，屢屢遭到達賴身旁人士的阻撓，隨著拉薩情勢愈加不安，一九五八年五月間，阿塔諾布與嘉賽洛澤決定前往山南地區暫避風頭。一個月之後，貢保扎西於山南成立「四水六崗衛教志願軍」，開始接受美國中央情報局空投援助並進行反共游擊運動，此兩人的中心任務，也轉為代訓四水六崗游擊隊成員，並在日後達賴自拉薩逃亡到印度的過程中，扮演關鍵角色。[39]

隨著中共在藏區持續推動土地改革與階級鬥爭，該地區的局勢也變得更加動盪不安。一九五八年四月間，青海循化發生抗爭事件，並且迅速蔓延至其他藏族地區；六月底，中共官方承認青海事件波及六個自治州、二十四個縣、二百四十個部落、三百零七座寺廟，反抗人數達十萬人之譜；七月間，解放軍在甘、青邊界的海南自治州地區，一舉殲滅近七千名抗爭份子。[40]儘管此刻蔣介石對於美國中央情報局於塞班島及科羅拉多州祕密訓練藏族游擊隊計畫，仍毫無所悉，然而台北與華府之間，確實已就青、康、藏地區日益升高的抗暴運動，建立起前所未有的聯繫。一九五八年夏天，中央情報局駐台北站長克萊恩與台灣軍事情報單位簽署一份協議，雙方成立「中美聯合情報中心」，在八月二十八日的情報會議中，台方主動提出以西藏工作作為未來合作重點，並向黑水地區的蘇永和游擊勢力進行空投，具體作法擬先組編一個「黑水小組」，以黑水為中心，建立無線電台，與台北進行通聯。空投任務所需之運輸機，則由美方提供，為了任務安全與成功起見，台、美雙方暫定以同年十一月藏東地區雨季過後為任務時間點，空降地點則以黃河以東、貴德以南、夏河以西整片地區為主要目標，且空降人員將攜帶中共製

36「川甘青康藏抗暴運動聯繫支援概況表」，附於「國家安全局長鄭介民呈蔣介石」（一九五九年四月七日），〈黨政軍文卷／國家安全與秩序／情報／對中共情蒐策反工作〉，《蔣經國總統文物》，典藏號00501206000051005。

37 同上。

38 Kenneth Conboy and James Morrison, *The CIA's Secret War in Tibet* (Lawrence, KS: University Press of Kansas, 2011), pp. 59-65.

39 李江琳，《1959拉薩！達賴喇嘛如何出走》（台北：聯經出版事業公司，二〇一〇），頁一五五—一五八。

40 McCarthy, *Tears of the Lotus*, pp. 177-191.

槍械，以作為掩護。[41]

擬妥黑水小組方案後，台北又向美方提出另一個「循化—夏河小組」空投方案，該小組成員包括由台灣情報單位自行訓練的十七名敵後人員，以及來自甘南夏河地區的藏族反共游擊隊，預定執行空降任務的機種，也提議由P2V7型運輸機，改為B-17型轟炸機。一九五八年十月底，國民黨方面針對如上兩套方案，進一步修訂為一系列的《長征計畫》，希望能夠大規模、有系統地培訓敵後情報與游擊人員。[42]一九五九年二月五日，國家安全局又擬定一份《加強川甘青藏少數民族工作方案》，準備提交中美聯合情報中心討論。根據該方案，蔣介石曾有意於一九五九年內，在美方協助下，空降六至八組人馬至中國大陸藏族地區，籌建電台六至八座，同時強化藏族地區的心戰與宣傳工作。[43]此方案經由台、美雙方討論後，決定以如下三大步驟著手強化藏區的反共抗暴運動：

1. 台、美雙方祕密派遣若干小組赴該區域，進行敵後任務，以掌握該區域抗暴運動之實際情況。
2. 由如上敵後小組所取得之情報，研判並決定以空投或其他方式援助一個或多個抗暴團體，以鞏固抗暴力量並更有效達成吾人所設定之目的。
3. 根據所取得之情報與抗暴實況，著手對台、美雙方共同之目標，採取周密之行動，並在可能地區內建立可使西藏抗暴軍有效活動的基地，並建立一良好忠貞之政治核心。[44]

然而美方對於與台灣方面合作進行藏區空投計畫，始終頗為顧忌，且猶豫不決，直至一九五九年三月間拉薩發生抗暴運動之前，雙方均未曾真正展開任何具體行動；反之，美方以琉球群島為基地，曾獨自在一九五八年十至十一月間，向西藏山南地區的四水六崗游擊隊，進行兩次空投。[45]根據中國國民黨中央委員會第二組（簡稱中二組）的機密資料揭示，直到拉薩出現抗暴活動後，美方才終於同意台北所提之《長征計畫》，將台灣首批敵後人員空投至目標區。[46]西方學者既有之研究成果則指出，美方曾在拉薩抗爭事件發生後的四月中旬、五月中旬與六月間，對大西藏地區進行三次空投，台灣軍方與情報部門對於這些行動，應當有所參與。[47]只不過蔣介石對於美國對聯合空投任務之猶豫不決，感到相當的氣憤，在他一九五九年三月二十一日的日記裡曾寫道：「西藏反共革命已蔓延到拉薩城內，其情勢嚴重，應該設法支持，積極援助，惟美國態度消極不定，兩年以來為其貽誤不小也。」[48]

拉薩抗爭事件與台、美之間的政策歧異

一九五九年三月十日，達賴喇嘛受邀前往中共解放軍駐拉薩軍區看戲，他本欲應邀出席，然而當時

41 楊瑞春，《國特風雲——中國國民黨大陸工作祕檔（1950-1990）》（台北：稻田出版社，二〇一〇），頁四一一—四一三。

42 同上，頁四一三—四一四。

43 「加強川甘青康藏少數民族工作方案」（一九五九年二月五日），〈黨政軍文卷／國家安全與秩序／情報／對中共情蒐策反工作〉，《蔣經國總統文物》，典藏號005010206000052004。

44 「美方根據我方所提之工作方案於本年二月十八日所提之修正案」（譯件）（一九五九年二月十八日），同上，典藏號005010206000052005。

45 Conboy and Morrison, *The CIA's Secret War in Tibet*, pp. 74-79.

46 楊瑞春，《國特風雲——中國國民黨大陸工作祕檔（1950-1990）》，頁四一五。

47 Conboy and Morrison, *The CIA's Secret War in Tibet*, pp. 80-105.

48 《蔣介石日記》，一九五九年三月二十一日。

西藏民眾卻謠傳中共打算乘機綁架達賴。當天上午，上萬名藏人開始包圍達賴居住的行宮羅布林卡，欲阻止他前往中共軍區，事態逐漸擴大失控，激動的藏民喊出把漢人趕出西藏的口號，並處死幾名與中共合作的藏族叛徒，整個拉薩地區開始陷入嚴重的反漢抗爭。十四日，解放軍增援部隊開拔前往拉薩，做好戰鬥部署，蘭州、成都與昆明三大軍區亦開始動員，形成包圍拉薩之勢。十七日夜晚，面對無法收拾的局面，達賴喇嘛決定離開拉薩，在隨從的保護下，一行人連夜往南，朝印藏邊境出奔。二十日凌晨起，共軍開始以武力鎮壓拉薩抗爭，當晚解放軍攻占羅布林卡行宮之後，局勢逐漸恢復平息。[49]

逃往印度途中的達賴喇嘛。

三月二十二日，阿塔諾布與嘉賽洛澤攜帶無線電通話器，趕來與達賴喇嘛一行會合，並立即向華府中央情報局匯報，這也讓逃亡第五天的達賴首次得以和外界取得聯繫。二十六日，達賴一行人抵達藏南地區的隆子宗，宣布成立「西藏臨時政府」，並透過阿塔諾布的無線電，緊急請求美國政府與印度政府

49　李江琳，《1959拉薩！達賴喇嘛如何出走》，頁一五九—二一三；Grunfeld, *The Making of Modern Tibet*, pp. 134-139.

Message received April 2, 1959

The Dalai Lama and his officials arrived safely at the India border March 31. They will arrive at Tawang on April 3. [redacted] will return from the Indian border to Tsona Dzong, 1 April. Now days the Chinese Communists are firing about 2,000 artillery shells per day. They have fired big guns and done very bad damage at the Potalla, Norbelingka, (the "Jewel Palace" - the Dalai Lama's summer palace), Jho Kang (Sacred Temple in Lhasa), the big three monasteries Sera, Drepung and Ganden. Many Tibetan Monks and lay people were killed. Please inform the world about the suffering of the Tibetan people. To make us free from the misery of the Chinese Communist operations. You must help us soon as possible and send us weapons for 30,000 men by airplane. All Tibetans and Khambas are suffering from the Chinese Communists.

中央情報局關於達賴抵達印度的密電。

協商，允許達賴進入印度境內，此一請求於二十八日獲得印度總理尼赫魯同意。[50]三十一日，達賴一行抵達印、藏邊境，此時阿塔諾布向中央情報局拍發最後一封電報，告知達賴已安抵邊界，即將進入印度國境。[51]由於阿塔諾布與嘉賽洛澤兩人沿途追隨達賴一行，並向華府拍發一系列電報，讓美國政府決策人士能夠在第一時間內掌握整個達賴行蹤與西藏局勢的最新發展，並成為美國日後得以主導流亡印度西藏團體議題之最重要因素。

三月二十一日，解放軍以優勢武力平息拉薩抗爭事件次日，美國《紐約時報》以頭版篇幅報導此一震驚全球的新聞，然而當拉薩事件一夕間成為舉世注目焦點的同時，卻也標誌著台灣與美國之間的關係因西藏問題的出現而走向分歧、不合。在蔣介石看來，拉薩發生抗暴運動後：「此一反共形勢，將導發我反攻復國之機運。」[52]然而美方的反應，卻讓台北心寒；三月二十六日，美國駐台北大使館奉命傳話給蔣介石，稱美國理解西藏戰略地位之重要性，也對西藏反共運動表示高度同情，然而對於國民黨政府提出雙方合作援助西藏的要求，華府仍在考慮之中，尚難具體決定，美方此一含糊冷淡態度，讓蔣介石體認到：「美國政策前後不一，隨時變化，是為合作最危險而不可靠者。」[53]四月四日，甫自華府述職返回台北的中央情報局台北站長克萊恩，面見蔣氏父子，坦言過去數年間，美國中央情報局已開始祕密訓練藏族游擊隊，並曾獨自空投支援藏人反抗運動，甚至坦白告知蔣介石，達賴一行自拉薩逃亡到印度的過程中獲得美方情報人員協助等詳細過程，最後克萊恩奉命向蔣表示：「西藏反共運動今後仍由其（美國）單獨進行，不必與我合作。」[54]蔣聞後憤怒異常，在當天日記裡寫下：「美國必要獨占西藏，不許他人插足之政策拙劣已極。」[55]他甚至悲觀地認為：「今後達賴在印，而對我國革命再不能發生作用……從此援藏反共以及我發動軍事反攻，惟有自力進行，對美國默認反攻之想念，可以根本斷絕矣。」[56]

吾人從蔣介石如上日記之記載可察覺，早在一九五九年四月間，他對於美國表明將獨占未來西藏問題發言權後，台灣所能扮演之有限角色，似已了然於胸，不抱太大期望，然而為了捍衛其在國際上堅持代表全中國唯一合法政府之嚴正立場，蔣介石面對達賴陣營流亡印度以及其所衍生之諸多問題，一如九年前聯合國處理薩爾瓦多提出西藏案一般，仍無從迴避。三月二十六日，蔣介石發表《告西藏同胞書》，聲稱一俟中共政權被消滅後，西藏人民能夠自由表示其意志時，其政府當本著民族自決原則，達成其願望。翌日，副總統兼行政院長陳誠召開中外記者會，極力宣傳台灣過去數年間支援西藏反共抗暴運動過程中所扮演之重要角色，陳宣稱台灣自一九五七年以來，即和甘、青、康、川等地的藏族反共勢力保持密切聯繫，並在國民黨的指導下，發起多次抗暴運動，陳誠還公開揭露過去數年間，曾對藏區發動三次空投，並直接促成一九五八年四至七月間青海循化與海南等地的抗爭活動。[57]

台北高層人士一連串的公開宣示，卻換來達賴喇嘛與國際社會相當冷淡的回應。美國駐台大使館在其拍發回華府的電報裡即指出，國民黨高層很清楚，台灣並不具備真能援助西藏反共抗暴運動的足夠實

50 Knaus, *Orphans of the Cold War*, pp. 168-169.

51 CIA message received on April 2, 1959, CIA Electronic FOIA Reading Room, Document No. 0000260331.

52《蔣介石日記》，一九五九年三月二十一日。

53《蔣介石日記》，一九五九年三月二十六日。

54《蔣介石日記》，一九五九年四月四日。值得注意的是，蔣介石在當天日記裡也寫道美方：「對我與西藏反共運動之關係，則並不知情也。」

55《蔣介石日記》，一九五九年四月八日。

56《蔣介石日記》，一九五九年四月十一日。

57 NARA, RG 59, 793B.00/3-2759, Everett F. Drumright (U.S. Ambassador in Taipei) to State Department, March 27, 1959. 陳誠並未指明這三次空投的時間與地點，也未對具體內容多做陳述。

力，蔣介石對藏人的宣言與陳誠在記者會上的說詞，只是政治與外交宣傳，以期符合海內外廣大僑胞與民情輿論之期待，並無太多意義，美國大使莊萊德還報告國務院，連台北外交部官員私下都坦承台灣根本缺乏單獨援助達賴陣營的能耐。[58]英國駐淡水領事館拍發回倫敦的報告裡，同樣指稱台灣在處理西藏議題上，遭到達賴喇嘛冷淡以待，有如「熱臉貼在冷屁股上」，因而只能力保不致顏面盡失。[59]英國與加拿大等西方國家所關心的，是陳誠在記者會上宣稱台灣曾祕密空投武器彈藥等物資援助藏族游擊隊，究竟是否屬實，並紛紛向美方探詢真相。[60]

對蔣介石而言，最大的挫折，也許並非來自國際社會對於台灣援助西藏能力的質疑，而是源於達賴與流亡印度藏人團體對台北極端冷漠的態度。一九五九年四月初，達賴一行安抵印度境內後，台北立即密派國民黨主管敵後情報之中二組駐印聯絡員蔡定中、國家安全局聯絡室主任王慶芳，以及軍事情報局所轄「廣東反共救國軍第十六路軍」司令程一鳴等三人，攜帶蔣介石私人信函、親筆簽名照片與慰問金一千美元，前往印度會晤嘉樂頓珠，傳達國民黨政府慰問之意，同時磋商未來台北進一步支援達賴與合作事宜。[61]然而根據蔣介石日記所載：「西藏嘉樂對我派往印度聯絡員之談話，幾乎是拒絕往來之態度。」蔣認為這是受到印度總理尼赫魯的壓力，不希望達賴與台灣有任何往來，蔣表示此雖在意料之中：「不料嘉樂等西藏政府，其愚蠢卑怯至此耳。」[62]

四月九日，達賴長兄當才於美國紐約接受中央社記者訪問時，竟稱藏民不承認中華民國為祖國，又稱藏民反共亦反漢，且反共亦反國民黨，對台北相當不友善。[63]四月十八日，抵達印度將近三個星期的達賴，首度向國際社會發表聲明，稱自古以來藏族即有別於漢族，西藏人民一直擁有獨立自主的強烈欲望，歷史上的許多時刻裡，西藏也都是一個獨立自主的國家，所謂的宗主權，只是近代漢人強加在藏人身上的新發明，他並誓言將努力恢復一九五九年中國入侵前，西藏所享有的自由與獨立地位。言談過程中，達賴還向美國以及提供庇護的印度政府表達熱忱感謝，卻隻字不提台灣與蔣介石，頗令國民黨政府感到失望。[64]

此刻令蔣介石感到更憤怒的，是美國對於台灣處理西藏問題所持之不友善態度。儘管華府已透過克萊恩向台北傳話，表示未來美方將單獨援藏，且婉拒台、美就此進行合作，然而即便是台灣欲以民間、非官方力量，自行推動援助流亡印度藏民方案，也遭到美方橫加阻撓。四月三日，美國駐台大使館向華府回報，台北的中國大陸災胞救濟總會將提撥五萬美元，用於協助二千九百名流亡於印、藏邊界加林磅的藏民，安置於泰國、寮國、緬甸邊區的「反共自由村」裡。鑑於台灣與印度之間沒有邦交關係，台北方面對美國提出的唯一請求，是希望美方代為協助將這些西藏難民移出印度境外。[65]華府接獲台北此一

58 NARA, RG 59, 793B.00/4-459, Drumright to State Department, April 4, 1959.

59 "Annual Review for Formosa, 1959," enclosed in British Consulate in Tamsui to Foreign Office, February 10, 1960, in Robert L. Jarman ed., *Taiwan Political and Economic Reports 1861-1960* (Slough, England: Archive Editions, 1997), Vol. 10, pp. 746-747.

60 NARA, RG 59, 793B.00/4-759, Memorandum of Conversation, Subject: UK Thinking on Significance and Exploitation of Tibetan Uprising, April 7, 1959; 793B.00/4-959, Memorandum of Conversation, Subject: United Nations Considerations of Tibetan Situation, April 9, 1959.

61「鄭介民呈蔣介石關於川甘青康藏抗暴運動聯繫支援情形」（一九五九年四月七日），〈黨政軍文卷／國家安全與秩序／情報／對中共情蒐策反工作〉，《蔣經國總統文物》，典藏號005010206000051005。

62《蔣介石日記》，一九五九年五月三十一日。

63「葉公超呈外交部」（一九五九年四月九日）；「外交部致葉公超、蔣廷黻」（一九五九年四月十九日），〈西藏問題案〉，《外交部檔案》，檔號019.4/0028。

64「黃少谷呈蔣介石」（一九五九年四月十八日）；「陳雪屏致黃少谷」（一九五九年四月），〈西藏抗暴案〉，《外交部檔案》，檔號019.4/0002；NARA, RG 59, 793B.00/4-2059, Drumright to State Department, April 20, 1959.

65 NARA, RG 59, 793B.00/4-359, Drumright to State Department, April 3, 1959; 793B.00/4-759, Drumright to State Department, April 7, 1959.

請求後，極表關切，代理國務卿赫特（Christian Herter）要莊萊德大使轉告蔣介石，美政府不但無法接受此一方案，同時認為國民黨政府在不屬於其領土管轄範圍內進行安置西藏難民計畫，恐將引發嚴重國際爭議，即便此舉在於進行政治與外交宣傳，美國都將堅決反對。美方的強硬態度迫使國民黨政府不得不取消此一境外安置藏民計畫。[66]

蔣介石對美方的不滿，於五月初主管遠東事務之副助理國務卿巴生（Graham Parsons）來台訪問與他會晤時，表露無遺。談到西藏抗爭時，蔣介石的情緒明顯激動起來，對華府有極大怨言，他堅稱拉薩事件可以點燃全中國大陸反共之火，也堅信西藏地區的地下游擊勢力依然效忠於他，只有國民黨政府有能耐並有足夠的人才專家，讓這波抗爭運動繼續不斷延續下去，然而美方卻拒絕讓台灣參與。蔣也抱怨，台灣參與援助這波西藏抗爭運動，並未違反一九五四年的台、美協防條約規定與一九五八年十月的《杜勒斯公報》內容規範，他無法理解為何美國如此反對台灣扮演一定之角色。此外，蔣介石對於美國支持藏獨立場，也頗有戒心，他甚至當場告訴巴生，很希望能夠將達賴喇嘛接來台灣長住。對此，巴生以美國樂見台北提出任何有關大陸游擊與敵後行動方案之提議，以為搪塞。[67]拉薩事件之後這次台、美雙方最高階層的意見交換，在沒有任何交集與共識的情況下結束。

西藏議題與台、美之間的冷戰外交

拉薩事件與達賴出奔所衍生的諸多議題，又再一次讓宣稱代表全中國唯一合法政府的台北國民黨政府，面臨西藏問題國際化的難題與挑戰。一九五九年四月中旬，韓國總統李承晚高度關切西藏局勢，透過台灣駐韓大使王東原向蔣介石傳話，希望由雙方共同出面呼籲東南亞各國支持西藏反抗中共，此一來自友邦元首的熱忱與善意，卻令蔣介石感到尷尬。外交部經過一番研究後，指示王東原向韓方轉達，西藏向來為中華民國領土，大韓民國並非當事國，似不便由李大統領出面發言。[68]不料李承晚不死心，不但不就此罷手，反而進一步敦促由蔣介石本人出面致函亞洲各友邦，呼籲及時援助藏人，李並建議由他本人與蔣介石先草擬一封「簡短、動人」的公開信，經過修改後，另邀南越、泰國等元首參加，李承晚堅持機不可失，認為此舉必有助於台灣爭取國際友誼。韓國政府對西藏議題的過度熱情反應，讓台北高層相當困擾，蔣介石憂心西藏問題國際化，更勝於維繫台、韓外交邦誼，最後在蔣介石堅持不願隨李承晚起舞，並指示由王東原委婉向韓方轉告台北的苦衷與謝意後，風波方告平息。[69]

對蔣介石而言，西藏問題質變為國際化的最大挑戰與壓力，正是來自其最重要盟邦——美國。四月

66 NARA, RG 59, 793B.00/4-359, Christian Herter (Acting Secretary of State) to Drumright, April 3, 1959; 793B.00/4-859, Drumright to State Department, April 8, 1959; 793B.00/4-1059, Drumright to State Department, April 10, 1959; 793B.00/4-1159, Drumright to State Department, April 11, 1959.

67 NARA, RG 59, 611.93/5-459, Memorandum of Conversation between President Chiang Kai-shek and Mr. Parsons, May 2, 1959, enclosed in Drumright to State Department, May 4, 1959. 蔣介石在日記裡有關與巴生會談的部分如下：「美既單獨接濟西藏政府發動此次反共運動，而偏要阻絕我對大陸反共民眾之空投接濟，實為妨礙我對大陸發動反共革命與反正規軍游擊戰，乃違反我不藉武力（正規戰爭）光復大陸拯救同胞聯合聲明的精神。」參見《蔣介石日記》，一九五九年五月三日。

68 「王東原呈外交部」（一九五九年四月十三日）；「外交部亞太司簽呈」（一九五九年四月十四日）；「外交部呈行政院」（一九五九年四月二十一日）；「外交部致王東原」（一九五九年四月二十二日），〈西藏抗暴案〉，《外交部檔案》，檔號019.4/0008。

69 「王東原呈外交部」（一九五九年四月二十四日）；「顧毓瑞呈周書楷」（一九五九年四月二十四日）；「黃少谷呈陳雪屏」（一九五九年四月二十九日）；「王東原呈外交部」（一九五九年四月三十日）；「黃少谷致王東原」（一九五九年五月十一日）；「王東原呈外交部」（一九五九年五月十三日），同上。

二十三日，美東亞助理國務卿羅伯遜（Walter S. Robertson）告訴來訪的台灣駐美大使葉公超，達賴喇嘛既然已在印度公開宣稱宗主權是漢人強加於藏人的發明，並已誓言恢復西藏過去所享有之自由獨立地位，他因此力勸國民黨政府應適時宣布放棄其對西藏之宗主權，改承認西藏的政治獨立地位，他相信此舉對西藏境內反共運動將帶來極大鼓舞。葉公超當場搬出《中華民國憲法》的大纛，稱在目前情況下，此舉實無實現之可能，只有待日後國民黨政府光復大陸進行修憲後，才有可能。羅伯遜立即反駁，稱美國既已承認國民黨政府代表全中國，台北應能採取必要之彈性措施，不必等到光復大陸後，否則此類自我限制的謹慎舉措，恐將嚴重弱化台北宣稱代表全中國之立場。在美方看來，台北惟有承認西藏獨立，方能區隔其與北京之不同立場，並讓台灣在西藏問題上繼續擁有發言餘地。[70]

此時恐怕連蔣介石本人也無從理解，美國政府根本不認為，台北的支持與合作態度，是其大力推動西藏問題國際化的前提要件。四月二十九日，美國國務院內部完成一份機密備忘錄，決心再次推動將西藏議題提交當年的聯合國大會上討論，並由美國政府鼓勵促成亞洲地區國家提案，控訴中共的暴行，藉以打擊國際共產主義集團，即便該案可能引發共產國家提出中國代表權問題，損害台北權益，亦在所不惜。[71]同一天，當羅伯遜與葉公超再次會晤時，美方試探，一旦達賴在印度宣布成立西藏臨時政府，台北將如何反應？葉回答台北將承認該政府為《中華民國憲法》第一百二十條所載明之「西藏自治政府」，並要求美國政府能夠配合台北立場。羅伯遜接著又提問，華府若屆時決定承認達賴所領導的臨時政府為「獨立政府」，台北是否會感到不悅？葉當場反問，為何美方無法僅簡單宣布承認該臨時政府為「西藏政府」即可？羅伯遜回稱，若不使用「獨立」這樣的字眼，美政府又如何爭取廣大國際社會對西藏人民的支持？會談結束前，羅伯遜向葉公超暗示，美方將極樂見達賴能夠公開宣布西藏獨立。[72]隨後，當葉公超與美國中央情報局長杜勒斯會談時，後者更加露骨地告訴葉，稱美國情報單位將盡最大努力，讓西藏境內的反共抗爭運動能夠蔓延下去，即便讓達賴適時宣布西藏獨立，美方都會表示歡迎。對此，蔣介石與蔣經國父子惱怒異常，更無法理解華府領導人何以如此不顧及台北之立場與困難。[73]

很顯然地，已有相當多位於第一線處理西藏問題的國民黨外交人員，體認到美國將不惜一切代價，促成西藏議題高度國際化，作為東西方冷戰對抗下，打擊共產主義之一大利器，為此，國民黨政府內部也開始出現決策上的分歧。一九五九年五月間，時任行政院第三組組長、一九四九年以前曾任西南軍政長官公署辦公廳主任的李崑崗向陳誠建議，除應派遣敵後人員進入藏區組織與領導該地區敵後反共運動之外，還應積極爭取達賴早日自印來台，這除了可以讓達賴擺脫印度政府的支配之外，還有助於解決日後達賴的「轉世」問題。[74]然而外交部官員對此卻極力反對，除了考量國際現實環境，美國與印度各方立場，以及達賴本人對台灣態度極端冷淡之外，一旦達賴離開印度，勢必也將逐漸失去其對西藏境內事務的影響力，甚至認為國民黨政府貿然爭取達賴來台，台、藏之間既存的芥蒂，反而有可能擴大。[75]

幾在同時，國民黨官方人士與達賴長兄當才，也在日本進行接觸。五月十五日，日本佛教團體邀請

70「葉公超呈外交部」（一九五九年四月二十四日），〈西藏問題案〉，《外交部檔案》，檔號019.4/0028；NARA, RG 59, 793B.00/4-2359, Memorandum of Conversation, Subject: Tibetan Situation, April 23, 1959.

71 NARA, RG 59, 693B.00/4-2959, Memorandum by James F. Green (AF), Subject: Tibet, April 29, 1959.

72 NARA, RG 59, 693.93B/4-2959, Memorandum of Conversation, Subject: Attitude of GRC toward Independent Tibet, April 29, 1959;「葉公超呈外交部」（一九五九年四月二十九日），〈西藏問題案〉，《外交部檔案》檔號019.4/0028。

73「葉公超呈外交部」（一九五九年四月二十九日），同上；「黃少谷致葉公超」（一九五九年四月三十日），〈忠勤檔案／中美關係（一）〉，《蔣經國總統文物》，典藏號00501010000055005。

74「李崑崗擬呈對西藏問題措施之注意事項」（一九五九年五月十二日），〈西藏問題案〉，《外交部檔案》，檔號019.4/0028。

75「外交部簽呈」（一九五九年五月二十五日），同上。

當才前往東京出席會議，當才雖對中共大加批評，卻也對國民黨沒有好感，曾對日本媒體表示無意前往台灣，並重申西藏獨立於中國之外的立場，儘管當才發表這番不友好談話，台北駐日本大使館依然把握機會，安排一九四九年以前大陸時期曾與達賴家屬有交情的行政院蒙藏委員會藏事處長熊耀文，專程前來東京與當才會晤，此刻國民黨有意以五千美元致贈當才，對其接濟攏絡，當才雖婉拒接受金錢餽贈，但同意收下熊耀文自台北攜來之電報密碼簿，作為日後雙方祕密聯絡之用。[76]熊耀文與台灣駐日公使吳世英在與當才晤談後，深感達賴陣營既獲得美國背後支持，對台灣方面任何形式的關懷，皆已不感興趣，甚至視台北國民黨政府的存在為推動西藏獨立之一大阻力，兩人在隨後呈台北的報告裡，開始力持應以更務實的態度來面對西藏問題，熊耀文甚至向外交部長黃少谷建議，今後台灣支援西藏抗暴運動：「似宜積極變消極，謀求適當之收場辦法，否則吃力不討好，徒損國家威信。」[77]

然而此刻台灣即便有意撒手不管西藏問題，當時整個國際局勢走向，似乎也由不得台北臨時抽腿。六月十七日，達賴喇嘛透過中央情報局向美國總統艾森豪與國務卿赫特轉交私函，除表明他將領導海內外藏人對抗中共之外，還建議美國政府能夠考慮將西藏獨立問題與中共加入聯合國議題兩者掛鈎，作為向北京施壓的手段。[78]無論美方是否曾經考慮接受達賴此議，華府積極運作西藏問題提交該年底聯合國大會裡公開討論，已是既定政策，然而美方此舉，卻引發台北高層一陣精神緊繃，而該提案是否將涉及西藏地位與中華民國主權領土變更，更令蔣介石坐立難安。

九月七日，達賴正式致函聯合國祕書長哈瑪紹（Dag Hammarskjöld），請求在聯合國大會上討論西藏問題。[79]達賴的信函同時也引爆冷戰時期台、美兩個盟邦之間一場看似無煙硝味卻又針鋒相對的外交宣傳大戰。美國國務院首先通令駐亞洲各駐外使領館，務必全力動員各國支持達賴的訴求，對於印度等因微妙政治因素而無法公開支持達賴的國家，美方也希望其至少做到不要在聯合國裡對西藏問題橫加阻撓。[80]副國務卿迪倫（C. Douglas Dillon）除指示美國駐聯合國代表團務必在九月十五日聯合國大會開議之前，爭取到最多數國家提案或連署支持西藏案，更電令駐台灣大使莊萊德向台北示警，稱此刻台灣方面出現任何有關西藏地位的老調重彈，都將對台灣的國際地位與台、美關係，產生相當負面的影響，也都將被國際社會解讀為和北京與共產黨集團站在同一陣營。[81]十月二日，國務卿赫特甚至向艾森豪總統大膽建議，應立即排除萬難，讓達賴親自前來紐約出席聯合國大會，並且在全球媒體鎂光燈之前，與艾森豪公開會晤，藉以壯大達賴陣營與西藏獨立的聲勢。[82]

美政府動員其歐、亞地區盟邦全力支持達賴在聯合國的提案，也帶給國民黨政府外交人員空前的壓力，駐美大使葉公超即向台北抱怨，台北既無法與北京同流，又必須支持達賴抗暴，在法統上更不能不

76「駐日大使館呈外交部」（一九五九年五月十五日）；「熊耀文致外交部」（一九五九年五月十八日）；「吳世英呈外交部」（一九五九年五月十九日）；「外交部亞西司簽呈」（一九五九年五月二十日）；「吳世英呈外交部」（一九五九年五月二十二日），〈西藏抗暴案〉，《外交部檔案》，檔號019.4/0008。

77「熊耀文致外交部」（一九五九年五月二十一日）；「外交部致吳世英、熊耀文」（一九五九年五月二十二日）；「熊耀文致外交部」（一九五九年五月二十六日），同上。

78 Memorandum from Allen Dulles to A. J. Goodpaster (White House Staff Secretary), Subject: Message from the Dalai Lama to the President and the Secretary of State, June 17, 1959, CIA Electronic FOIA Reading Room, Document No. 0000481771.

79 NARA, RG 59, 793B.00/9-959, Henry C. Lodge (U. S. Ambassador to United Nations) to State Department September 9, 1959.

80 NARA, RG 59, 793B.00/9-859, C. Douglas Dillon (Under Secretary of State) to American embassies in Tokyo, Manila, Karachi, Ankara, Bangkok, New Delhi, London, Djakarta, Kuala Lumpur, Rangoon, September 8, 1959.

81 NARA, RG 59, 793B.00/9-1259, Dillon to U.S. Mission to the United Nations, September 12, 1959; 793B.00/9-1559, Dillon to Drumright, September 15, 1959.

82 NARA, RG 59, 793B.00/10-259, Memorandum from Christian Herter to President Eisenhower, October 2, 1959.

顧及憲法規定以及西藏與中國的傳統關係，面對各友邦政府對台灣的質疑與詢問，實在有苦難言，他因此私下建議蔣介石，應以較為務實的立場，設法利用藏局來對付北京，而不必對達賴有關西藏地位的說詞，過於計較；只不過葉公超的看法，並無法說服台北高層。[83]幾在達賴致函聯合國祕書長哈瑪紹的同時，蔣介石密令國民黨在香港的機關報《香港時報》社長許孝炎，以私人身分，與當時結束馬尼拉訪問行程，準備經香港返回印度的嘉樂頓珠會面，傳達台灣無法接受達賴推動西藏獨立的作法，同時婉言勸告達賴，台灣並不反對於聯合國內討論西藏問題，但若該案涉及西藏地位變更，則台灣將被迫採取必要的反擊措施。[84]九月九日，許孝炎與嘉樂頓珠在香港會晤，許如實轉達蔣介石諸項訊息，嘉樂頓珠聞後除了仍希望台灣能鼎力支持達賴與西藏獨立之外，還對台灣過去半年來接連派遣國安與情報人員前往印度流亡藏人團體內大肆活動，提出抱怨，希望國民黨政府適可而止，雙方會談下來，並無任何交集。[85]

九月十三日，經蔣介石拍板同意後，外交部擬妥因應對策，決定一方面支持達賴的聯合國相關提案中，譴責中共在西藏暴行的部分；另一方面刻意忽視其有關西藏獨立之說詞。[86]不僅如此，面對美國政府積極運作聯合國各會員國提案或連署西藏問題案，台北也決定加以反擊。九月中旬起，外交部通電台灣駐亞太地區各國使領館與紐約的駐聯合國代表團，除向各國政府解釋台灣的立場之外，並私下游說各國政府不要對西藏案進行提案或連署。[87]當台北獲悉九年前曾經在聯合國主動提出西藏問題案的薩爾瓦多政府，有意再度領銜提案後，立即傾全力勸阻，並在最後一刻成功說服該國打消領銜提案之念頭。[88]

當時各國政府對於是否在聯合國裡提案或連署西藏問題，皆有其自身現實利益考量，未必真正考慮台灣立場，然而無可否認地，台北在外交上的「反游說」努力，確實發揮了一定的效果。在九月二十六日聯合國的總務委員會上，只有西歐的愛爾蘭一國領銜提出西藏問題案，附議連署者為馬來亞聯邦，這與美政府原本期盼出現大批國家參與提案或者連署，大相逕庭，頗失顏面。[89]十月九日，總務委員會審查西藏問題案，台灣與美國的代表皆曾發言，也都支持該案提交聯合國大會討論，然而對於西藏的政治地位這一點，各國代表各說各話，莫衷一是：蔣廷黻強調西藏為中國領土之一部分，英國代表堅稱西藏地位至今仍無明確答案，南非代表則認為中國對西藏僅限於宗主權，而非主權。[90]十月二十一日，聯合國大會正式討論西藏案，各國代表相繼發言，對西藏的政治地位與其所面臨問題，依然各抒己見，毫無共識，最後大會通過一項《第一三五三號決議案》，重申西藏人民與其他世界所有民族一樣，享有自由

83「葉公超呈外交部」（一九五九年九月十二日）；「葉公超呈外交部」（一九五九年九月十三日），〈西藏問題案〉，《外交部檔案》，檔號019.4/0028。蔣介石則在其私人日記裡寫道：「葉公超急於表達西藏獨立問題之宗旨，認為不當也。」見《蔣介石日記》，一九五九年九月十四日。

84「黃少谷致許孝炎」（一九五九年九月七日）；「黃少谷致羅明元」（一九五九年九月七日），〈西藏問題案〉，《外交部檔案》，檔號019.4/0028。

85「許孝炎致黃少谷」（一九五九年九月九日）；「黃少谷呈蔣介石有關香港時報社長許孝炎與嘉樂頓珠先生晤談記錄」（一九五九年九月十八日），同上。

86「黃少谷致葉公超」（一九五九年九月十三日）；「黃少谷致葉公超」（一九五九年九月十四日）；「黃少谷致葉公超、蔣廷黻」（一九五九年九月十七日），同上；《蔣介石日記》，一九五九年九月十一日、十三日。

87 根據台灣官方檔案顯示，當時日本、寮國、菲律賓、馬來亞、泰國、伊朗與澳洲等國，皆向台北表示同意不在聯合國內對西藏議題主動「提案」，至多僅參與「附署」，也對台北立場表示同情，參見：「外交部電令駐永珍領事館」（一九五九年九月十六日）；「外交部致蔣廷黻」（一九五九年九月十六日）；「蔣廷黻呈外交部」（一九五九年九月十五日）；「外交部致葉公超、蔣廷黻」（一九五九年九月十八日），〈西藏問題案〉，《外交部檔案》，檔號019.4/0028。

88「外交部電令駐薩爾瓦多公使劉增華」（一九五九年九月二十日）；「劉增華呈外交部」（一九五九年九月二十二日），同上。

89「蔣廷黻呈外交部」（一九五九年九月二十六日）；「蔣廷黻呈外交部」（一九五九年九月二十九日），同上。

90「蔣廷黻呈外交部」（一九五九年十月九日），同上。

從事宗教或政治議題權益等基本人權與自由，聯合國也注意到西藏人民獨特的文化傳統與宗教遺產，以及藏民在傳統上享有的自治權利。[91]至此，西藏問題在聯合國的國際化，已成定局，然而因該項決議案並未明確涉及西藏獨立與政治地位等問題，這對蔣介石與台北的國民黨政府而言，或許可算是一個不滿意但能接受的結果。

台、美盟邦關係下的裂縫

一九五九年秋天，代表達賴前往紐約參加聯合國大會的嘉樂頓珠，在《第一三五三號決議案》獲得通過之後，先後向美國政府官員與台灣駐聯合國代表團表示感謝之意，夾在台、美之間針對西藏問題持歧異立場的這位達賴胞兄，在面對台、美兩方官員時，也各有一套說詞：他告訴台灣駐聯合國代表蔣廷黻，回到印度後，將建議達賴迅速派遣代表前往台灣，以增進雙方之密切關係與諒解。[92]而在與美助理國務卿墨斐（Robert D. Murphy）會談時，嘉樂頓珠除了再次表示希望繼續獲得美國支持西藏獨立與推動藏人的抗爭運動之外，還敦促華府能夠向藏族游擊隊提供更多軍火，並希望美方能考慮答允達賴提議，將西藏問題與中共加入聯合國這兩個議題，緊密連結起來。[93]

該年的聯合國大會落幕之後，台、美之間在處理西藏問題立

接受美方訓練的藏區游擊隊。

場上的歧見，不但未能化解，反而更進一步擴大，雙方可謂漸行漸遠，分道揚鑣。蔣介石體認到美國政府不可能在援助藏人的議題上與台灣合作，因而決定在國民黨內新設「中央邊疆工作指導小組」，統籌台灣對於流亡印度藏人團體之政策制定，以及處理有關援助中國大陸西南藏族地區游擊反抗運動之相關事宜。一九六〇年初起，台北進一步決定增派駐印度之國安與情報人員，積極爭取流亡印度之藏族各領域重要人物前來台灣訪問，消弭雙方隔膜，同時鼓勵策動來自川、康、青、藏各地的藏民，於當地組織親台同鄉會，由國民黨給予經費補助，爭取並接濟留印優秀藏族青年前來台灣就學，以培植親台勢力。蔣介石也指示，在印度就近遴選儲訓藏籍人士，準備派遣進入中國大陸，以推動聯絡抗暴力量，此一國民黨對藏工作之大方針，一直延續至一九八〇年代。[94]毫無疑問地，國民黨政府希盼透過如上努力，能夠平衡西藏獨立的聲浪，並反制西藏問題國際化。

面對西藏問題，華府則選擇了一條與台北背道而馳之路。一九五九年十一月初，國務院官員奉命告知台灣駐美大使葉公超，為了繼續保持西藏問題在國際間的熱度，美方已決定改變既存之傳統立場，準備承認西藏為一個「在中國宗主權下的自主國」（an autonomous country under the suzerainty of China），

91 Warren W. Smith Jr., *Tibetan Nation: A History of Tibetan Nationalism and Sino-Tibetan Relations* (Boulder, CO: Westview Press, 1996), pp. 492-506.

92 「蔣廷黻呈外交部」（一九五九年十一月四日），〈西藏問題案〉，《外交部檔案》，檔號019.4/0028。

93 NARA, RG 59, 793B.00/10-2959, Memorandum of Conversation, Subject: Tibet, October 29, 1959; 793B.00/10-3159, Memorandum of Conversation, Subject: Tibet, October 31, 1959; 793B.00/11-259, Gyalo Thondup to Robert D. Murphy (Assistant Secretary of State), November 2, 1959.

94 楊瑞春，《國特風雲——中國國民黨大陸工作祕檔（1950-1990）》，頁三〇七—三一一。

白宮也將在適當時機公開聲明支持藏人推動民族自決，雖然國務院強調此立場與蔣介石在《告西藏同胞書》裡的聲明，並無二致，然而許多觀察家卻認為美國政府的最終立場，將走向承認西藏主權獨立，而非蔣介石所堅持的，中國對西藏擁有領土主權此一原則。[95]

在實際行動上，自一九六〇年起，美國中央情報局也加緊對貢保扎西所領導的四水六崗游擊勢力的空投補給援助，同時祕密協助康巴族反共游擊隊，於尼泊爾與西藏交界的木斯塘（Mustang）建立根據地，作為其向西藏滲透推進的前哨站。[96]最初來自台灣軍事情報與國安系統的岳正武、范中權等人，經過美方密集訓練後，曾於一九六〇年二月被美軍機空降到青、川、甘邊界，進行敵後游擊任務，策動組織當地藏民進行反共運動，並與解放軍周旋達半年之久。[97]此外，一九六〇年以後，在科羅拉多州海爾營的藏人游擊隊培訓計畫，也不斷加緊推動，短短數年間，美國政府花費數百萬美元經費，訓練出七百餘名康巴族與藏族敵後情報員，這些人員在一九六二年的中、印邊界戰爭爆發後的美國與印度軍事情報關係，以及雙方合作滲透西藏等重要任務上，皆發揮著關鍵的作用。[98]

尤有甚者，一九五九年後，當美國著手調整其對西藏地位之立場，其對當時台北國民黨政府同樣堅持擁有主權的另一塊邊疆領土——外蒙古——的態度，也開始發生微妙轉變。一九六一年初，美國國務院內部悄悄著手評估承認蒙古人民共和國獨立，並且與之建交互設使館的利弊得失，此時國務院內部主流意見皆認為承認外蒙並在該地區建立外交據點，將可同時監控中共與蘇聯，並有助於冷戰格局下的美國外交與戰略利益。[99]而經過西藏問題的意見分歧後，雖然華府也曾將台北方面可能出現的負面反應，納入其通盤考量，然而直到同年六月間，國務院仍向甘迺迪總統力主美國應以更務實態度，來推動美、蒙建交。[100]此一意見，直到八月間台灣副總統陳誠應邀訪問白宮，與甘迺迪經過一番懇談後，有關美國積極考慮承認外蒙古獨立並與之建交一案，才被國務院擱置，這也讓蔣介石與國民黨政府，暫時無須為另一片早已不在其有效管轄內的遙遠邊疆領土，再次與美國發生齟齬不合。

---

95 NARA, RG 59, 793B.00/10-2959, Memorandum of Conversation, Subject: U.S. Attitude toward Tibet, November 3, 1959; 793B.00/10-3159, Memorandum of Conversation, Subject: Proposed Statement on United States Position regarding Tibetan Self-Determination, November 20, 1959.

96 Knaus, *Orphans of the Cold War*, pp. 236-269; Dunham, Buddha's Warriors, pp. 351-394.

97 岳正武口述，鄭義編著，《反攻大陸空降青海》（香港：自由出版社，二〇一二），頁一五八—一七二。

98 Eric S. Margolis, *War at the Top of the World: The Struggle for Afghanistan, Kashmir, and Tibet* (New York: Routledge, 2001), pp. 196-197; Shakya, *The Dragon in the Land of Snows*, pp. 282-286.

99 NARA, RG 59, 793C.02/3-161, Memorandum from Foy D. Kohler to Chester Bowles (Acting Secretary of State), Subject: Proposal for U.S. Recognition of the MPR, March 1, 1961; 793C.02/3-2761, Memorandum from J. Graham Parsons to Bowles, Subject: Proposal for U.S. Recognition of the MPR, March 1, 1961.

100 NARA, RG 59, 793C.00/6-1761, Memorandum from Walter P. McConaughy to Dean Rusk, June 17, 1961.

第八章

冷戰與台灣、印度之間的祕密外交

二○○六年二月二日，在兩岸三地與東南亞華人世界傳播、出版與新聞界享有崇高地位的張國興，病逝於香港，享年八十九歲。

張國興原籍海南島，早年隨父親前往北婆羅洲（今日之東馬來西亞）生活與成長，對日抗戰初期，他在友人協助下前往雲南昆明，就讀於西南聯大政治系，隨後他以在南洋生活所培養的英語能力，獲得國民政府委任，休學一段時間，前往印度，擔任戰時同盟國駐印聯軍英語翻譯工作。一九四五年，張國興自西南聯大畢業後，加入重慶的中央通訊社擔任記者，一年後被美國合眾國際社（United International Press）羅致，成為該新聞機構的駐中國特派員，對於國共內戰期間國民黨貪污腐化情形，有極為尖銳的評論與報導，一度得罪蔣介石等國民黨高層，甚至懷疑他是中國共產黨的同路人。

一九四九年後，張國興前往香港發展；一九五二年獲得美國福特基金會（Ford Foundation）贊助支持，創立「亞洲出版社」，出版各類書籍；翌年又進軍電影製作事業，成立「亞洲影業有限公司」，旗下不少電影成為當時膾炙人口的作品。除了傳播與出版事業以外，張國興還於一九六八年回到新聞界老本行，兼任香港《南華早報》編輯顧問，同時任教於香港浸會學校（現已改制大學）的傳播理論學系，一九七八年擔任系主任，育才無數。一九八五年獲邀前往美國俄亥俄州立大學擔任訪問教授，三年後以七十四歲高齡榮退，深獲全體香港浸會大學師生之愛戴與感念。

如此一位在香港地區傳播與出版事業以及新聞教育專業領域備受尊崇的學者型人物，卻曾經在一九六○年代亞洲冷戰高峰時期，扮演一個迄今鮮為人知的角色，銜命擔任台北國民黨政府非官方密使，於一九六三年一月間，前往印度訪問，從事祕密外交活動。二

台印密使張國興

○○六年二月，在香港浸會大學為張國興所舉辦的追思會上，有關他生平介紹裡，對於這段歷史插曲，僅簡短帶過，稱一九六二年秋天中共與印度爆發邊界戰爭後，張獲得蔣介石委以重任，祕密出使印度，設法遊說印度政府放棄北京，轉與台北建交，但任務最後以失敗告終。至於這次密訪的具體過程與細節，以及任務最後失敗的原因，卻付之闕如。如今吾人從美國國務院解密檔案文件中，得以還原當時張國興在印度活動的完整面貌。吾人知悉，張於印度首都新德里停留兩個月期間內，不但見到了包括印度總統拉達克里希南（Sarvepalli Radhakrishnan）、總理尼赫魯與外交部長德賽（M. J. Desai）在內的印度政府重要官員，台、印雙方還甚至具體討論到未來雙方軍事情報與政治宣傳合作等相關細節，在相當程度上，從美國官方解密檔案中，吾人也得以窺知張國興此次替台灣從事祕密外交任務，最後失敗的主要原因。

中印邊界戰爭與印度拉攏台灣

近代史上印度與中國之間的關係，淵源頗深。第二次世界大戰期間，蔣介石夫婦曾親自前往印度訪問，為了確保印度人不與日本合謀，蔣介石於訪印期間，不惜開罪戰時盟邦英國，會晤反抗英國殖民統治的印度國大黨領袖甘地（Mohandas Gandhi）、尼赫魯等人，並公開呼籲英屬印度殖民政府盡早給予印度人民實際政治權力。[1] 一九四六年九月，印度臨時政府成立後，國民政府立即將戰時中國駐印專員公署升格為大使館，成為國際間最早承認印度新政府的國家之一。而抗戰時期蔣介石對印度獨立運動的同

1 楊天石，〈蔣介石與尼赫魯〉，《找尋真實的蔣介石——蔣介石日記解讀（二）》，頁三〇〇—三三二。

情與支持，也讓時任印度首任總理的尼赫魯銘感在心，並告訴蔣介石，印度人民在任何情況下，必將堅守友誼：「因為中國獲得自由後，印度始可獲得自由，設中國不能獲得自由，則吾人之自由蒙受威脅，而殊少價值可言。」[2]

然而尼赫魯對蔣介石這番感人肺腑的談話，終究敵不過國際政治現實的考驗。一九四九年國民黨在內戰中節節敗退，江河日下；十月一日，新中國於北京宣布建立後，尼赫魯即暗示將檢討印度的中國政策；同年十二月三十日，印度政府宣布承認中華人民共和國，並與國民黨政府斷絕外交關係，成為全亞洲最早承認北京的國家之一，當天，國民黨政府駐印度大使羅家倫立即降旗撤館，雙方關係也告中斷。[3]尼赫魯此舉，令曾經協助印度脫離英國統治的蔣介石感到悲憤不已，他在十二月三十日當天的日記裡寫道：「據報印度今日已承認北京偽組織政權，此為中印兩國永久之遺憾，尼赫魯終為英國之傀儡也。」[4]這也是蔣介石最後一次在日記裡寫下「尼赫魯」三個字，在往後的歲月裡，他改以「泥黑路」這個帶有強烈貶抑的字眼，來稱呼這位他視為背信忘義、且令他鄙視痛恨的印度總理。

然而印度與新中國的關係，卻也並非一帆風順，中、印兩國之間綿延長達兩千英里的國界，自清末民初以來，一直存在著許多未能妥善釐清與解決的爭端，這也成了兩國發展外交關係過程中的一個不穩定因素。一九五九年三月，拉薩發生抗爭運動，十四世達賴率眾逃離西藏，避難於印度境內，此後，北京為了加強中、印邊防控制，不斷與印度武裝部隊發生多次衝突，雙方關係轉趨緊張。八月間，尼赫魯公開宣稱中共侵犯其領土，並發表《中印關係白皮書》，調動印度陸軍與傘兵部隊前往邊境地區，一時頗有訴諸武力之意。[5]翌年，北京與新德里雙方曾召開邊界會議，試圖化解彼此歧見，然而成果極為有限。在中、印關係緊張的情況下，北京決定先解決中國與巴基斯坦之間的邊界問題，鞏固關係，使北京未來在面對印度時，無後顧之憂。一九六二年春天，中、巴雙方展開談判並達成具體共識，北京以務實態度，承認巴國對其在喀什米爾地區實際控制地區擁有主權，中、巴未定邊界，至此獲得勘定。[6]

與此同時，中、印雙方對於邊界爭議的立場皆轉趨強硬。一九六二年六月間，尼赫魯發表聲明，認為中共不應當獨自占領西藏，此後不久，中共邊防軍稱遭到印度部隊開槍攻擊，造成中方死傷數十人，北京立即向新德里表達嚴重抗議，而印度也開始在中方所堅持的主權領土範圍內，設立新的哨所與據點，雙方劍拔弩張，情勢幾已一發不可收拾。[7] 十月二十日，印度聲稱中共軍隊已入侵其領土，雙方隨即引燃戰火，駐紮西藏的解放軍部隊，占領了印度控制的藏南與達旺地區；駐紮新疆的解放軍部隊，則驅逐了邊界上數十處印度軍事據點。十月二十四日，北京提議雙方從開戰前的邊境線，各自後撤二十公

蔣介石夫婦與尼赫魯，攝於抗戰期間。

2 吳俊才，《印度史》（台北：三民書局，一九九〇），頁五八七。

3 羅家倫，《羅家倫先生文存》（台北：國民黨黨史委員會，一九八八），第七冊，頁二八三—二八七。

4 《蔣介石日記》，一九四九年十二月三十日。

5 孫子和，〈中共與印度邊界衝突之研究〉，收錄於氏著，《西藏研究論集》（台北：台灣商務印書館，一九八九），頁二八一—二八六。

6 劉海藩主編，《中華人民共和國國史全鑑——外交卷》（北京：中央文獻出版社，二〇〇五），頁一五〇—一五一；林良光、葉正佳、韓華著，《當代中國與南亞國家關係》（北京：社會科學文獻出版社，二〇〇一），頁一三四—一三八。

7 Ramachandra Guha, *India After Gandhi: The History of the World's Largest Democracy* (New York: HarperCollins, 2007), pp. 177-182.

里，遭到印方拒絕。尼赫魯除了宣布印北地區進入緊急狀態之外，並派兵增援藏、印邊界，準備回擊。十一月十四日起，印度軍隊向中方發動攻勢，但是遭到解放軍強力反擊；二十一日，解放軍同時在東、西兩端擊退印軍，印度朝野因戰事失利，大受震動，除了要求美國介入並提供軍事援助之外，甚至提議請美國出面，尋求國際調停。翌日，北京下令解放軍停火；十二月一日起，更主動後撤至一九五九年以前中、印雙方實際控制的「麥克馬洪線」之內，以隔離雙方軍事接觸，儘管此後中、印雙方未再發生大規模軍事衝突，但彼此爭議並未因而平息，北京與新德里之間的關係也進入冬眠期。[8]

中、印之間關係惡化，提供了印度與台北蔣介石國民黨政府一個重新發展關係的契機。一九六二年十二月間，印度駐香港專員（相當於總領事）山干尼（Kotda Sangani）與當時擔任負責亞洲出版社業務的張國興，進行首次接觸，關於此次接觸的源起，究竟是新德里方面的主動倡議，還是台北方面先向印度招手，仍有待進一步釐清。根據張國興日後在新德里告訴當地美國外交人員的說詞，他此行是受到山干尼與其他印度駐香港專署外交官員之強烈鼓勵，因而前來試探台、印雙方加強合作之可能性。[9]然而這趟台、印關係「破冰」的任務，為何由一位旅居香港，且從事出版與影藝事業的張國興來擔負呢？據張國興本人的說法，一九四九年以後他在香港定居發展，讓蔣介石相信他與中共並未有所牽連，因此可以委以重任，加上抗戰時期張本人在印度豐富的新聞與翻譯工作經驗，以及一九五九年與一九六一年他兩次獲邀加入國民黨政府代表團，前往新德里參加國際會議的經歷，都讓張成為這趟密使任務之最合適人選。[10]張國興日後也曾向美國駐台北大使館臨時代辦高立夫（Ralph N. Clough）透露，他是由時任副總統兼行政院長的陳誠，從五位可能的人選中欽點，擔起推動台、印關係之任務，對此，張國興還向美方表示，陳誠向來把他視為蔣經國的人馬，他對於自己能夠受到陳誠青睞而屏雀中選，感到相當意外。[11]

從如上線索似可窺知，張國興的印度之行似乎是由台北主動、配合印度駐港外交人士鼓舞下的產物，然而爬梳蔣介石本人日記所載，卻似又明顯感受到當時台北高層對於拓展台、印關係，並非如此熱衷；相反地，在蔣介石看起來，張國興祕密訪問印度，更像是尼赫魯單方面一頭熱，是整個國際政治與外交情勢發展，迫使印度政府不得不主動和台北接觸。蔣在一九六三年三月十六日的日記裡，即有如下一段話：「印度泥黑路近二月來對我方派印之記者託其對我問候，而其情報局長又託其約經國擇地雙方密會矣。印丑毫無情理可言，其乃勢逼處此乎？」[12]

台、印間非正式外交接觸經緯

不論具體實情如何，當張國興於一九六三年一月八日自香港啟程，再度踏上印度國土之後，他確實感受到印度政府對他這位代表台灣的非官方密使，懷著一股極為正面、友善的態度。受到中、印邊界戰

8「麥克馬洪線」是英國探險家為印度測量時劃的一條位於英屬印度和西藏的邊界，其走向起自不丹和西藏交界處，大致沿分水嶺和山脊線至雲南獨龍江東南的伊素拉希山口，將傳統上西藏當局享有管轄權、稅收權和放牧權的約九萬平方公里領土都劃進印度去。一九一三年十月，西藏、英國和民國政府三方代表在印度西姆拉（Simla）舉行會議，西藏要求承認和保證其完全完整的獨立地位，民國政府則堅持西藏是中國領土不可分割之一部分，英國則提出劃分「外藏」和「內藏」，進行調解，三方據此達成一臨時協議，但民國政府最終拒絕在該協議上簽字，對於英國與西藏雙方協議以此「麥克馬洪線」將部分領土劃歸印度，也嚴加否認。儘管如此，英屬印度政府與獨立後的印度政府皆宣稱此「麥克馬洪線」即是中印之間的正式疆界。

9 U. S. Embassy in India to State Department, February 7, 1963, no. POL CHINAT-INDIA, in USSD 1963~1966, reel 16.

10 Ibid.

11 Ralph N. Clough (U. S. Chargé d'affaires ad interim) to State Department, March 28, 1963, no. POL CHINAT-INDIA, ibid, reel 16.

12《蔣介石日記》，一九六三年三月十六日。

爭的影響，當張國興抵達新德里機場後，他首先被印度海關人員視為是來自中國大陸的中國人，而遭到冷漠與嚴厲盤問，當張表明他乃來自「蔣介石的中國」時，突然間一切都變得極為順暢，印度移民局官員不但向他親切問候，並且對先前的盤問表示歉意，而他所攜帶的行李也獲得禮遇，完全不需接受安全檢查，這是他之前幾次代表台灣前來印度出席國際會議所不可想像的。[13]在新德里安頓後，張國興先前往與台灣關係密切的南越總領事館拜會總領事杜萬里，杜萬里不但向張國興提供他對印度政府內部高層人士的觀察情報，建議他應當接觸的對象，還慨允提供南越總領事館內的電報與郵袋等外交豁免設施，讓張國興能夠在新德里與台北直接建立起安全且祕密之聯繫管道。[14]

根據美國駐印度大使館官員拍發回華府的情報顯示，張國興停留新德里的第一個月內，曾廣泛與印度官方與民間重要人士接觸，充分交換意見，他所會晤的民間人士，包括曾經積極參與印度獨立運動、當時致力於推動印度社會與政治進步運動的納拉揚（Jaya Prakash Narayan）、印度最具影響力報紙《印度斯坦時報》資深編輯穆高恩卡（Shri Mulgaonkar）、曾任印度國大黨黨魁、當時已隸屬印度社會黨的知名政治家克里帕拉尼（J. B. Kripalani）等等；至於張所會晤的政府要員，則包括印度外交部中國司長梅農（N. B. Menon）、內閣法務部長森恩（A. K. Sen）、國防部長查凡（Y. B. Chavan）與財政部長德賽（Morarji R. Desai）等。在這些會晤過程中，張屢次強調中、印發生軍事衝突，讓台灣與印度有了共同的敵人，雙方應當攜手合作來對抗中共；印度朝野人士則趁機提出許多新的構想，譬如「印度廣播電台」提出希望與台灣進行技術合作，由台灣提供華語廣播服務，以及節目企劃，來進一步影響印度境內的華人社團，而腦筋轉得極快的張國興，立即要求印方必須首先同意由台灣派員常駐新德里指導一切，否則此類技術合作將很難順利推展。[15]

儘管印度認為有必要與台灣發展關係，然而張國興在新德里的拜會活動，卻也並非完全順利、毫無尷尬與芥蒂。在與印度財政部長德賽會晤時，張國興依例首先代表國民黨政府，向印方表達其遭受到中共軍事侵略之同情立場，德賽立即反問，如果台灣真的同情印度遭遇，為什麼在中、印邊界戰爭爆發後不久，台北的外交部即重申不承認麥克馬洪線的立場？張國興反應迅速地表示，台灣當時曾受到外界壓力，不得不發表此一聲明，但他也表示，在未來情況允許之下，台北可以再發表另外新的聲明。張國興並再次向德賽強調，有關中、印兩國邊界爭議的聲明，台、印雙方是可以再溝通討論的，此番談話讓德賽釋懷不少，談話氣氛也緩和了下來。[16]然而國民黨政府不承認麥克馬洪線的官方立場，乃延續自一九一三年北洋時期的民國政府，此後即未曾改變，張國興究竟曾否獲得台北授權而提出這樣的回應，實不無疑問。

經過初步接觸交流之後，張國興體認到台、印關係若要有所突破，只有一個人能夠真正拍板決策，那就是尼赫魯總理。他設法透過與尼赫魯交情匪淺的納拉揚協助安排，終於順利在一月三十一日見到尼赫魯，雙方進行了半小時的會晤。雖然張國興自香港動身前來印度之前，並未前往台北面謁蔣介石，然而會面之始，張即代表蔣介石向尼赫魯表達誠摯問候之意，繼而表達國民黨政府對於中、印發生軍事衝突之同情立場，最後對台北外交部必須重申不承認麥克馬洪線的立場，表示遺憾之意。他接著指出，台灣與印度目前正面對著共同的敵人，應當有一些可以合作的領域，特別是軍事情報與宣傳工作。他告訴

13 U. S. Embassy in India to State Department, February 7, 1963, no. POL CHINAT-INDIA, in USSD 1963~1966, reel 16.
14 Ibid.
15 Ibid.
16 Ibid.

尼赫魯，國民黨已在中國大陸建立起廣泛、堅強與可靠的敵後情報系統，可以向印度政府提供中國大陸內部情勢發展、中共領導人之動態等重要情報訊息。此次會面，張國興顯然是有備而來，他向尼赫魯遞交了一份長達十一頁的備忘錄，內容包括他對中國大陸未來發展的評估與對共產主義的看法、他對於推動台、印雙方合作關係的意見，更重要的是，他也提出台灣在印度建立外交據點的四種可能模式：依循印度在無邦交關係之德意志民主共和國（東德）設立貿易代表處的模式；依循台灣在無邦交關係的英國倫敦設立新聞辦事處的模式；雙方建立正式聯絡辦事處；台灣在印度設立不具名的「地下代表處」。[17]

尼赫魯則首先要張國興轉達他對蔣總統的誠摯問候，張特別注意到，在整個晤談過程中，尼赫魯都稱呼蔣介石為總統，其語氣與態度皆充滿敬意，甚至還曾向張國興禮貌探詢是否能夠取得一張蔣介石的照片，作為留念。[18]印度總理接著詢問張國興，為什麼蔣介石當時一心一意積極希望發動軍事反攻大陸行動？對此，張回答稱，這是國民黨政府的基本國策，此政策除了提供一九四九年後遷居台灣的外省籍人士心理上的藉慰與情感上的聯結之外，也對中國大陸數以億計的百姓，在政治上提供另一種可能選項。不過張也不忘向尼赫魯強調，蔣介石未必真的打算發動一場大規模軍事行動，畢竟此類行動與整個國際情勢密不可分，台北必須謹慎行事。尼赫魯接又詢問張國興，究竟中共發動對印作戰的真正動機為何，張答稱中共此次發動戰事的目的，實在於內政與地方性因素，畢竟從理論上而言，北京無法真正能夠動員四百萬人跨越喜馬拉雅山來侵略印度。談話至此，尼赫魯表示他將仔細研讀張國興所提交之備忘錄，至於台北在印度設立代表機構一案，他也將指示印度外長德賽儘快安排時間，與張另外溝通討論。一九四九年十二月三十日國民黨政府與印度斷交以來雙方最重要的非正式交流，至此結束。[19]

印度方面對於張國興的提案內容，在一週之後有了具體回應。二月六日，張與印度外長德賽會晤，談話一小時，有關台北在印設辦事處一事，德賽告知尼赫魯總理決定接受他備忘錄裡所提出的第四點，即台灣在印度設立不具名之非官方地下代表處。為了向台方顯示印方善意，德賽進而表示印度政府將同意台灣同時在新德里、加爾各答、孟買等其他城市派駐代表，也表達希望張國興本人能夠擔任未來台灣在印新設代表處之首任代表。這段時期內，張國興是否與台北維持溝通管道，目前無從查證，然而張本人顯然有他自己主觀的看法；他回答德賽，台北所擬籌設派駐在新德里的，將是一個規模極小的代表處，大概只會有三位成員，駐加爾各答則將只有一人；至於孟買，他認為需等到台、印雙方貿易關係發展至一定規模之後，再行考慮。至於張本人未來所扮演的角色，他告訴德賽，事前已經答應陳誠，願意充任台灣首任駐印代表六個月的時間，之後則交由台北高層來決定繼任人選。[20]

談話至此，德賽提出一個微妙的問題，即台灣如何有辦法在印度設處，而不致引來北京方面的壓力與抗議？言下之意，他暗示張國興未來應以低調與節制的態度，來推動台灣新設代表處之業務，且認為未來此地下代表處與印度政府之間的接觸，應當是非官方與非正式的，印方將透過印度國防部或者其他外交敏感度較低的政府部門，與台方代表處打交道。至於未來此地下代表處的外交地位，德賽表示，為避免出現台北與北京都反對的兩個中國局面，並考量外交通訊之機密與安全，印方傾向於不給予台灣代表處屬於官方層級的外交豁免權，而是建議台方未來利用美國、泰國或者南越駐印度之外交管道，保持與台北之間的聯繫。儘管如此，德賽也表示印度政府將考慮給予張國興本人部分的外交禮遇，以示尊

17 Ibid.

18 Lynn H. Olson (U. S. Consul in Horg Kong) to State Department, March 16, 1963, no. POL CHINAT-INDIA, ibid, reel 16.

19 U. S. Embassy in India to State Department, February 7, 1963, no. POL CHINAT-INDIA, ibid; John K. Galbraith (U. S. Ambassador to India) to State Department, February 10, 1963, no. POL CHINAT-INDIA, ibid.

20 U.S. Embassy in India to State Department, February 7, 1963, no. POL CHINAT-INDIA, ibid.

重。此次會晤結束前，兩人還達成初步共識，台、印雙方的合作關係，將從情報與宣傳兩大領域著手，逐步推廣至農業技術合作與貿易關係發展等項目。[21]

國民黨政府非官方密使張國興於三月八日結束在印訪問前的最後一項重頭戲，則是於二月十六日前往印度總統官邸，拜會拉達克里希南總統，此次會晤只有短短十五分鐘，卻饒富趣味。當張國興被引領進入拉達克里希南的書房時，他看見印度總統正雙腿盤繞坐在床上，腿上覆蓋著毛毯，張以為總統生病了，身體虛弱，因此立即表示慰問之意，不料拉達克里希南聞後，趕緊澄清他的健康沒有問題，他剛靜坐完畢，這是他靜坐冥想沉思的正常姿勢，張恍然大悟，連忙轉達蔣介石對他的問候，並再度表示台北同情印度遭受中共侵略之意。此次會面時，張國興與印度外長德賽之間，已經就台北在印度設立地下代表處一事達成初步共識，張特別提出表示感謝印度政府同意此項安排，沒想到拉達克里希南謙虛卻不失坦率地表示，他只是印度的虛位國家元首，並無實權來決定此事，但他猜測若台北果真成功在印度設處，則張國興本人將成為其首任代表，他期待並預祝此事順利圓滿成功，張連忙稱謝，在告辭前並承諾當他不久之後回到新德里履任時，必定攜帶一幅宋美齡本人的山水畫作品，作為呈獻給印度總統的禮物。[22]

高調密使惹塵埃

張國興停留印度期間與朝野各界重要人士會晤，範圍之廣、層級之高，可說是創下一九四九年底國民黨政府與印度斷交以來之首例，但同時卻也必然引來印度左派勢力與共產黨集團國家之注意。事實上，早在一九六三年二月初，張在印度的活動就已被蘇聯駐新德里大使館盯上；某天，當他剛結束對印度教大會黨總裁德希潘迪（V. G. Deshpande）的拜會行程後不久，蘇聯駐印度大使館的一位外交官，即前往該政黨總部，詢問張國興究竟來印度幹什麼？向來對蔣介石與國民黨政府持同情立場的德希潘迪，立即將此訊息轉告張國興，並稱蘇聯方面顯然認定張的來訪，乃美國在幕後所指使，是美國帝國主義之一大陰謀。[23] 數日後，印度陸軍情報部門的情報顯示，捷克駐印度大使館的一名館員，還曾為了張國興在新德里的祕密活動，而前往蘇聯大使館與蘇方進行討論，印方在二月九日把此情報轉達給張國興，並告誡他務必謹慎低調。不料到了隔日，張在印度活動的消息就在媒體上曝了光；當地一份左派刊物大幅報導一位「來自福爾摩沙的中國人」，正在印度境內大肆活動，欲推動台、印建立關係，該報導並宣稱，由於印度政府堅持一個中國政策，使得該名密使的任務未竟其功云云。[24]

儘管以蘇聯為首的共黨集團成員國與印度左派勢力皆已盯上張國興在印度的動向，但是張本人卻似乎毫不以為意，特別是二月六日以後，當他取得印度外長同意台灣在新德里等地設立代表處的承諾之後，張國興似乎迫不急待地想把這個好消息與各方分享。二月二十五日，美國《巴爾的摩太陽報》駐新德里特派員基特（Jim Keat）即向美國駐印度大使館官員透露，數週前他已透過管道知悉，一位台灣國民黨政府派來的密使正在新德里活動，尋求建立外交關係，隨後他出差前往巴基斯坦採訪，數日前剛回

21 Galbraith to State Department, February 10, 1963, no. POL CHINAT-INDIA, ibid; Olson to State Department, March 16, 1963, no. POL CHINAT-INDIA, ibid.

22 U. S. Embassy in India to State Department, February 27, 1963, no. POL CHINAT-INDIA, ibid; Olson to State Department, March 16, 1963, no. POL CHINAT-INDIA, ibid.

23 U.S. Embassy in India to State Department, February 27, 1963, no. POL CHINAT-INDIA, ibid.

24 Ibid.

到新德里，又進一步自此間媒體探知印度政府已經同意台北設處要求。當基特向印度外交部求證此事時，卻遭到印度官方鄭重否認，然而有趣的是，張國興本人卻向新德里的眾多記者們高談闊論，大方承認確有其事，這讓印度外交部倍感窘困。不久後基特再度詢問印度外交部，此時外交部只能尷尬坦承。經過這次風波，印度政府官員對於張國興的高調不謹慎，開始出現怨言，同時也埋下日後雙方關係破局之伏筆。[25]

無論如何，此時印度政府方面似乎並未因為張國興在印度的活動曝光而打退堂鼓。二月二十日，張拜訪印度外交部中國司長梅農，詢問日後一旦他再度回到新德里時，其入境簽證該如何申請，梅農答稱他已經去電印度駐香港專員山干尼，屆時將由他來協助核發國民黨政府外交官的印度入境簽證。[26]另一方面，張國興也善用這趟造訪印度的機會，與流亡印度的達賴喇嘛陣營進行祕密接觸。本書前一章曾提及，一九五九年三月拉薩發生抗爭事件後，台北國民黨高層雖然積極伸出援手，然而達賴的反應卻相當冷淡，令蔣介石頗感挫折。根據美國國務院解密檔案揭示，張停留印度期間，曾與達賴胞兄嘉樂頓珠以及西藏流亡政府幾位要員見面，傳達台北的善意，口頭邀請嘉樂頓珠與流亡政府的財政部長等人前往台灣訪問，並答允替流亡政府尋找資金投資台灣之管道與機會。[27]雖然時任總統府國防會議副祕書長的蔣經國頗為反對此刻邀請具有藏獨意識的嘉樂頓珠訪台，但最後在蔣介石拍板同意下，達賴的這位胞兄還是在一九六三年四月初前來台北訪問，並與蔣介石會晤。就此點而言，張國興不但努力推動台、印關係破冰，還聯繫起台北與流亡印度達賴陣營之間極為冷淡疏遠的關係。

諷刺的是，當張國興於一九六三年三月八日動身返回香港前夕，他以台灣密使身分在印度的活動，已搞得眾人皆知，許多國際重要報章媒體也開始出現相關報導，譬如美國著名的《華盛頓郵報》即曾刊出一篇深度追蹤報導，把張在印度的活動經過，甚至台、印雙方未來可能的軍事情報與宣傳等合作項目，都描述得鉅細靡遺。雖然直到張離開印度為止，中共始終默不作聲，然而原本應當是極為低調的祕密訪問行程，最後卻發展到人盡皆知，這就足以讓印度政府感到難堪了。[28]然而另一方面，美國政府對於此次台、印接觸，則是持相當肯定的態度；美國駐印大使加爾布雷斯（John K. Galbraith）在其拍發回華府國務院的分析報告中即指出，張國興訪印乃是尼赫魯重新評估其亞洲政策，發展與對抗中共勢力向周邊地區擴張的一個明顯指標，美方應當給予鼓勵，況且印方將可在軍事情報與宣傳領域中，從國民黨政府取得益處。美國大使也評估認為，未來中共若決定斷絕與印度之間的外交關係，則張國興此番密訪，將只是北京決定與新德里斷交的一個藉口，而非真正理由。據此，他建議華府應敦促當時對於印度外交政策仍有一定影響力的英國政府，不要貿然反對台、印之間的合作接觸。對此分析看法，美國務卿魯斯克深表贊同，並且相信印度政府充分理解其與台灣進行接觸之重要政治意涵，認為尼赫魯一定會慎重其事。[29]只不過此刻美國政府對於台、印強化交往之樂觀期待，顯得太不成熟了。

台北、香港、新德里：台、印外交折衝內幕

由於華府對於台灣派遣張國興前往印度活動展現出高度興趣，因此當張國興結束任務於三月八日返

---

25 Ibid.

26 Ibid.

27 Clough to State Department, March 23, 1963, no. POL CHINAT-INDIA, ibid.

28 Galbraith to Dean Rusk (U.S. Secretary of State), March 6, 1963, no. POL CHINAT-INDIA, in China 1963~1966, reel 16.

29 Ibid.; Dean Rusk to Galbraith, March 7, 1963, Ibid.

回香港後不久，美國駐香港總領事館官員即對他進行約訪，以掌握他在印度活動的相關情形。此時張國興顯得志得意滿，樂觀自信，話匣子一打開後，即毫無避諱。三月十三日，他告訴美國駐香港領事奧森（Lynn H. Olson）稱，他對此次印度之行感到高度滿意，一切發展都很成功，他還稱若能夠更早一些時日出發前往新德里，也許任務可以更加順利；他還提到印度對於拓展與台灣之間的經貿關係，有相當高的期待，希望向台灣採購水泥；張也向美方透露，他數日後即將動身前往台北，預料將會晤所有國民黨政府高層人士，他樂觀期待著未來台、印之間新關係的快速發展。張最後還告訴美國領事，此次印度之行，讓他比預期中還要享受外交官生涯，因此未來他若能夠順利出任台灣首任駐印代表，也許他會考慮在新德里待上比原來向陳誠承諾的六個月更長的時間，或許兩年也說不定。高度樂觀與自信的張國興，為了專注投入於未來代表台灣出使印度的任務，還毅然辭去當時擔任香港港島東區扶輪社主席的職務，一時之間讓眾多社員感到錯愕與不解。[30]

三月十七日，張國興自香港飛抵台北，向包括蔣介石在內的台北高層報告一切。與此同時，蔣介石對於台、印之間發展戰略與情報關係以牽制中共，似乎頗有期待。譬如在三月二十二日，蔣於召見張國興的前夕，他對於日後台北順利在新德里開設據點之後的工作目標曾寫道，未來台灣駐印人員至少必須有能力將中共在西藏的兵力部署與番號查明清楚。[31]到了第二天，當蔣介石接見張國興並掌握整個密訪印度過程之後，他對於印方急切希望與台灣建立情報合作關係，卻又只同意台灣在新德里設立一個見不得人的地下代表處，而非全然放棄北京並轉與台北建交，不禁感到相當失望。蔣在日記裡，對於與張國興晤談過程，有如此記載：

十時入府約見澳門記者與張國興自印度回來詳報其在印度兩月工作之經過，泥黑路首先託其對蔣

> 總統問候也，至其情報局長與外交部長及其總統皆表示急欲與我方合作，並稱其總統託其轉告我夫人，如邀泥黑路之妹潘迪夫人來華訪問，則必願來之意，蓋彼等急欲轉表態度言極，但其又不願與我公開行動耳，此乃印度人之投機慣性也。[32]

根據張國興日後向美國駐台北大使館代辦高立夫透露，蔣介石在召見他並聽取其訪印報告過程中表示，台北高層尚未決定是否邀請印度重要人士前來台灣訪問，此乃因為蔣介石本人對於尼赫魯的怒氣仍未完全消散，不過蔣介石也表示，願意與蔣夫人宋美齡磋商下一步計畫。此次談話中，張國興不但與蔣介石確認由國民黨政府邀請達賴胞兄嘉樂頓珠來台訪問，還談到台北與達賴陣營之間未來關係之發展，張曾向蔣直陳，過去國民黨所犯的一個錯誤，是專門接濟那些反對達賴的康巴族勢力，然而那些康巴族勢力其實對廣大藏人並無真正影響力，蔣聞後似乎頗表贊同；張並進一步向蔣介石獻策，稱目前旅居印度的西藏流亡青年學生，皆已被分批送往瑞士、丹麥與美國等地求學，他建議台灣也應比照辦理，爭取將一部分藏族學生送來台灣，初步先以二十名為目標，逐漸增加名額，此提議也立即獲得蔣之認可，表示將指示交辦推動。[33]

蔣介石心中或許仍對尼赫魯心存不快，也對印度政府不讓台灣未來駐印外交機構曝光表示不滿，然

---

30 Olson to State Department, March 16, 1963, ibid.
31《蔣介石日記》，一九六三年三月二十二日。
32《蔣介石日記》，一九六三年三月二十三日。
33 Clough to State Department, March 28, 1963, no. POL CHINAT-INDIA, in USSD 1963~1966, reel 16.

而考量當時整個亞洲地區冷戰與反共之戰略目標，蔣此刻似乎不願就此放棄對印度之祕密外交布局，在會見張國興次日，他立隨把蔣經國找來商量「對印度派員之準備」。[34]而接下來數週裡，張國興在台北繼續與國民黨政府高層密集磋商赴印設處之準備，以及拓展台、印雙方合作之具體規劃，同時協助國民黨接待來台訪問的嘉樂頓珠。一九六三年四月六日，達賴胞兄前往總統府會見蔣介石，此番雙方晤談，不但是一九五一年嘉樂頓珠離台赴美後的首次，也是一九五九年拉薩事件後，國民黨政府與流亡印度達賴陣營之間的初次接觸。據嘉樂頓珠事後告訴張國興所言，蔣介石親切地與他交談，並且表示國民黨政府未來將同意西藏獨立，嘉樂則告訴蔣介石，不久之後達賴將派遣一位代表，常駐台北，以增進雙方友好關係。張國興聞後不相信蔣介石會當面提出台北同意西藏獨立，蔣充其量應當只是重申未來國民黨光復大陸後，允許藏人高度自治罷了。[35]有趣的是，蔣介石對於和嘉樂頓珠之間的會晤，評價極差，他在當天的日記裡寫道：「下午……見嘉樂頓珠，此其油滑如昔，余以中國文化與凡事全靠自己之理勉之。」[36]其在日記裡絲毫未曾提西藏自治或獨立之語，對於達賴可能派員駐台，也沒有特別感到興趣。

停留台北期間，張國興除了拜會蔣介石之外，還分別與陳誠、蔣經國等國民黨高層人士晤談，大家對於張國興此次印度破冰之旅，皆高度讚賞，津津樂道，然而此刻對於台北而言，拓展與印度之間的軍事情報合作交流，似乎才是最緊要的，其餘包括發展雙邊經貿關係與推動技術合作等議題，國民黨方面似乎並不熱衷。四月十五日，張國興即曾向美國駐台大使館代辦高立夫抱怨，他熱心向國民黨高層提出兩個有關未來駐印度代表處組織架構的意見，一是比照台灣各駐外大使館，直接向外交部報告；二是該代表處向行政院所轄之臨時專案委員會來負責，然而這兩個提案都遭到回絕，台北高層既不認為此地下代表處有必要直接與外交部發生關聯，也認定其若直屬行政院，於法無據，徒增困擾。經過一番折騰，最後各方決定由行政院新聞局來負責，由局長沈劍虹組成跨部會委員會，協調聯繫外交部、國防部、國家安全局等相關單位共同討論參與；易言之，未來台灣與印度之間的關係，就由該委員會來處理，而張國興也將成為首任駐印代表。[37]

正當台北緊鑼密鼓籌組未來駐印代表處各項細節之際，過去數個月以來沉默不作聲的中共，終於展開反擊。四月十日，美國駐香港總領事葛林（Marshall Green）報告國務院，此間中共人員不但大肆打探張國興背景底細與他稍早之前在印度活動的情形，中共官方傳媒也開始高調批評「國民黨蔣幫」與尼赫魯之間進行「邪惡陰謀」，相互勾搭，圍堵中國，同時質疑美國在幕後所扮演的角色，認為美方居中穿針引線，居心叵測。[38]然而此刻令台、印高層更加不安的，是中共官方即時引述美國《華盛頓郵報》稍早對張國興在印度活動的相關內容報導，高分貝抨擊台灣國民黨當局準備向印方提供軍事情報、指導尼赫魯利用特務與間諜從事破壞旅印華人之正常生活，並且向印度輸出反情報與反宣傳技倆，來圍堵與對抗中共。[39]印度駐香港專署的外交官也向美方透露，印度政壇的左派人士，準備利用張國興停留印度時的高調作風與不謹慎，來質疑尼赫魯政府內閣、困擾印度執政的國大黨，並且破壞台、印建立關係之目的。美方官員同時還探知，即便是在印度政府內部，特別是外交部，也已有不少人對張國興本人的行

34《蔣介石日記》，一九六三年三月二十四日。

35 Clough to State Department, April 16, 1963, no. POL CHINAT-INDIA, in USSD 1963~1966, reel 16.

36《蔣介石日記》，一九六三年四月六日。

37 Clough to State Department, April 16, 1963, no. POL CHINAT-INDIA, in USSD 1963~1966, reel 16.

38 Marshall Green (U.S. Consul-general in Hong Kong) to State Department, April 10, 1963, no. POL CHINAT-INDIA, ibid.

39 Ibid.

事風格感到強烈不滿，咸認為這種作風勢將無法擔任日後台灣駐印代表職務，因而準備杯葛阻撓。[40]

面對中共方面開始加強批判力度，張國興本人似乎不為所動，四月十五日，他告訴美國駐台大使館代辦高立夫稱，他在印度向當地媒體揭露其祕密活動，其實是獲得台北高層默許認可的，用意在於試探尼赫魯以及印度政府面對來自中共外交壓力時的底線。張還堅稱，北京遲早會知道他在印度的活動與台灣在印設立據點的消息，若印度方面態度軟弱不堅定，無法抗拒壓力，那麼最好在台灣派員前往設處之前，就能先清楚掌握，否則等到新設代表處因中共因素而被迫撤離，則屆時情況將更加不堪。張也向美方強調，目前印度政府對於發展與台灣關係，並未有任何決策上的轉變，台北計畫派員前往設處，仍按部就班，未有改變。然而張國興此番解釋，並不為美方所信，認為這只是張國興面對自己高調行事惹出狀況後的合理化說詞。[41]

美國的支持與印度駐港官員的阻撓

不論張國興所言是否屬實，直至一九六三年四月三十日他自台返港為止，國民黨政府有關赴印設處一案，確實仍持續進行，並未停止。五月二日，張國興在香港與美國領事傅瑞曼（Jack Friedman）晤談時，透露台北行政院已決定未來駐印代表處的人事任命案，由張本人出任代表，並由當時任職外交部禮賓司的歐陽中庸擔任副代表；軍方與國安部門也都將各派一人，以祕書名義前往工作。除此之外，不打算另在加爾各答或孟買另設辦事處。張國興希望美方能夠推薦一名美國駐新德里大使館內的合適館員，作為其日後工作接觸對象。[42]鑑於台、印之間進一步發展關係，符合美國在亞洲的冷戰目標，華府對此請求欣然同意，並於六月初透過美國駐香港總領事館轉達張國興，其未來在新德里美國大使館的接觸對象，將是一位名叫傑克布森（Harold Jacobson）的外交官。[43]

美方對於國民黨政府發展與印度關係的熱忱態度，還展現在其他地方。據張國興稱，四月間當他停留台北時，他意外發現幾乎所有美國駐台人員，都已知悉他的印度之行，而且皆展現出高度興趣與支持態度，尤其是美國中央情報局駐台北外圍機構「美國海軍輔助通訊中心」人員，特別積極與他接觸，藉以取得第一手消息。美國駐台大使館甚至向台北外交部提出要求，盼能獲得與所有張國興活動相關報告之副本，只不過台灣方面僅同意與美方分享部分訊息，不願和盤托出，而未來主導張國興駐印代表處業務的行政院新聞局長沈劍虹，甚至一度刻意阻止張參加美國在台外交人員所舉辦的社交活動，以確保任何有關台、印之間發展關係的情報，不至於對外洩露。[44]

然而就在四月底張國興準備離台返港之際，整個台、印之間祕密外交關係的發展，開始出現頗不尋常的氣息。此時印度駐香港專員山干尼正好離開香港返回印度參加使節會議，駐港專署的業務由帕朗吉普（V. V. Paranjpe）暫代，這位代理專員趁著山干尼離開一陣子期間，前往美國駐香港總領事館拜會，要求美方提供一切有關張國興之相關背景資料。他告訴美方稱，他需要這些資料來撰寫一份評估報告，

---

40 Ibid.

41 Clough to State Department, April 16, 1963, no. POL CHINAT-INDIA, ibid.

42 Memorandum of Conversation between Jack Friedman and Mr. Chang Kuo-hsing, May 2, 1963, enclosed in Olson to State Department, May 24, 1963, no. POL CHINAT-INDIA, ibid.

43 U.S. Embassy in India to State Department, June 6, 1963, no. POL CHINAT-INDIA; Memorandum of Conversation between Friedman and Mr. Chang, June 18, enclosed in Olscn to State Department, June 21, 1963, ibid.

44 Olson to State Department, March 16, 1963, no. POL CHINAT-INDIA, ibid.

提供印度外交部參考，美方不疑有他，因此慨允提供。日後美方發現，帕朗吉普在該份關鍵報告裡，對張國興有極為負面的批評，稱他處事為人過於高調，不夠謹慎，四處亂說話，搞得全香港眾人皆知其特殊任務與使命，此一報告的結論強烈建議印度政府，無論如何都不能接受台灣派遣張國興前往印度履任。[45]

一九六三年五月中旬，當山干尼返回香港後不久，即安排與張國興會面，此時山干尼表面上對張依然禮貌有加，然而當張進一步詢及他何時可以動身啟程前往印度履新時，山干尼卻支吾其詞，無法提供確切答案。美國駐香港總領事館也注意到，自從山干尼回去一趟印度後，他開始私底下向美方批評張國興。[46]正當美方不解其中轉折過程原因之際，一位立場右傾反共，曾多次參與由台北發起之「亞洲人民反共聯盟」（簡稱「亞盟」）活動，並與張國興熟識的印度記者史瓦盧普（Rama Swarup），利用一張印有亞盟標誌的空白信紙，於五月二十八日寫了兩封密函，準備呈交亞盟主席谷正綱並提供當時印度政府內部有關與台灣發展關係的最新情報。為了避開印度政府內部的郵件檢查，史瓦盧普特別派專人攜帶信函，由新德里飛往香港，並於六月初親手交給張國興，準備讓張自香港傳遞台北。在信函裡，史瓦盧普透露尼赫魯對於是否應當繼續推動與國民黨政府之間的關係，態度已十分猶豫，因為他已感受到來自蘇聯、捷克、南斯拉夫、波蘭等東歐共黨國家的外交壓力，蘇聯政府更透過旅居莫斯科的印裔人士，向尼赫魯施壓，以阻止他與蔣介石發展關係。更令尼赫魯吃驚的，是連最初與張國興接觸、鼓勵他代表台灣前往印度密訪的印度駐香港專署，都向新德里提出報告（即帕朗吉普所撰報告），反對張國興擔任台灣代表。有鑑於此，印度外交部準備咨詢印度軍事情報部門，仔細評估磋商張國興先前在新德里所提出之台、印合作項目，是否仍屬必要。[47]

在收到史瓦盧普託人專門攜來的密函之後，張國興一方面向台北行政院新聞局長沈劍虹報告，並轉呈相關信函供陳誠、蔣經國等人參考；另一方面他也向美國駐香港總領事館告知事件發展，張告訴美國領事奧森，史瓦盧普是他的舊識，與台灣友好，也和印度軍事情報單位關係密切，但並非印度的情報人員，張表示無論如何他都要全力說服台北向華府尋求協助，讓台、印之間的交往，不受到外界壓力而停頓下來。張並堅稱儘管台北對尼赫魯本人觀感不佳，他努力推動台、印外交依然獲得包括蔣介石在內國民黨高層人士之堅定支持。此番會晤後，美國駐香港總領事館對於帕朗吉普先前的小動作，終於恍然大悟，同時也研判今後台灣對於推動對印關係持何種態度，端視其如何反應與解讀史瓦盧普所傳來的兩封密函。[48]

六月十七日，當國民黨政府還來不及對此兩封密函做出具體反應，山干尼主動邀請張國興一晤，轉達印度外交部中國司長梅農訊息稱，尼赫魯仍然熱誠歡迎張能夠前往新德里履任，然而目前最大的考量是時機問題，鑑於當時輿論媒體對於台、印密使外交的批評相當猛烈，因此印方認為應等到北京方面的外交壓力與宣傳攻擊稍為停歇下來後，張再前往赴任，較為適宜。張聞後反駁稱，若中共理解媒體宣傳攻勢能夠發生巨大作用，則其宣傳攻勢將永遠不會停下來，尼赫魯的猶豫不決，已讓台北高層深表關切，他要求印度方面應盡早做出決定，對此，山干尼答允將盡早向梅農轉達。[49]台、印之間的雙邊關

45 Olson to State Department, June 4, 1963, no. POL CHINAT-INDIA, ibid.
46 Olson to State Department, June 21, 1963, no. POL CHINAT-INDIA, ibid.
47 Olson to State Department, June 21, 1963, no. POL CHINAT-INDIA, ibid.
48 Ibid; Olson to State Department, June 4, 1963, ibid.
49 Memorandum of Conversation between Friedman and Mr. Chang, June 18, 1963, enclosed in Olson to State Department, June 21, 1963, no. POL CHINAT-INDIA, ibid.

係，似乎已走到了一個關鍵時刻。

台、印關係胎死腹中

眼見印度政府對於是否同意台灣在新德里設立代表處以拓展雙邊關係，遲遲未能做出最後決策，張國興決定採取一項大膽行動，逼迫印方表態。六月二十一日，他突然出現在印度駐香港專署辦公處，以一般香港居民身分，申請前往印度的入境簽證，藉以試探印方反應，印度駐港專署官員見到張國興時大吃一驚，隨後表示將審查並辦理其申請，並請他先行返回，耐心等候。一星期後的六月二十八日，張國興在其住處突然接獲通知，稱印度外交部長德賽已經飛抵香港，準備與他會晤，當天稍後，張與德賽兩人在山干尼的辦公室裡進行一番長談，德賽懇請張國興不要再回到印度，他認為中共與左派傳媒目前對張從事台、印祕密外交正在嚴詞批評，若張在此情況下貿然回到新德里，很可能受到印度左派分子的謾罵攻擊。同時，德賽進一步表示，張國興駐印代表的職務也不宜由其他國民黨政府官員來取代，因為目前印度朝野各界已出現反對聲浪，不願意來自台灣的官員與印度官方或民間機構、新聞界、學政界人物進行接觸。儘管如此，德賽仍表示印方希望台灣能夠提供某些專業技術人員，以應聘方式前往印度工作，擔任訓練機構或者僑校的教職員，但前提是這些人士必須保持祕密與低調，且不能涉足與本身業務不相干之其他事務，也不得與印度政府官員往來。德賽亦告訴張國興，印方仍期待台灣能夠在軍事情報領域加以協助，只不過因為政治與外交上的敏感性，未來此類合作與聯繫，將在香港、東京或者曼谷等地來進行，而且一旦事跡敗露，印方將不負任何責任。[50]

張國興立即把此次與德賽會面之詳細內容，透過台灣新聞局駐香港人員，轉呈給包括軍事情報局在內的台北相關部門參考。[51]綜觀此番晤談，德賽有關印度朝野已不希望與台灣合作的訊息，究竟有幾分準確性，仍有待商榷，然而對國民黨政府而言，印度政府很明顯地只打算從台灣取得對其有利之部分，卻不願讓台灣享有同等互惠。七月一日，張國興向美駐香港外交官報告他與德賽會談經過，此刻他似乎已預期到台、印雙方關係將走入死胡同，無法有所突破，他亦理解到他已不再受到印方的歡迎，因而向美方自嘲稱，他已卸下開啟台、印交流之重責大任，頓時感到輕鬆無比，他也毋須擔心未來果真成為台灣駐印度代表之後，成為各方箭靶，甚至落得遭尼赫魯內閣背棄與驅逐的難堪下場，從現在起，他打算安分地當一個香港公民，不再涉入政治活動。[52]

另一方面，台北高層收到來自史瓦盧普的兩封密函，以及張國興與印度外長德賽晤談報告後，其反應可想而之。七月三日，張告訴美國駐香港總領事葛林，蔣介石對於尼赫魯不願讓台灣在印度公開設立外交代表處，且仍想繼續與北京保持關係，感到相當憤怒，因此決定取消台、印之間一切可能的合作方案，包括蔣向來重視的軍事情報合作交流。據張所言，過去數週以來，印度此番回應與處理，讓年事已高的蔣介石顏面盡失，更重要的是，國民黨政府理解到，即使中、印發生邊界戰爭，關係緊張，尼赫魯反對中共侵略並非全然等同於反共，他終究無法完全斷絕與北京之間的聯繫，在一個中國的大原則下，印度想要同時維持跟北京與台北的外交關係，無異緣木求魚。[53]

50 Olson to State Department, July 2, 1963, no. POL CHINAT-INDIA, ibid. China 1963~1966, reel 16.
51 楊瑞春，《國特風雲——中國國民黨大陸工作祕檔（1950-1990）》，頁四四七—四四八。
52 Olson to State Department, July 2, 1963, no. POL CHINAT-INDIA, in USSD 1963~1966, reel 16.
53 Green to Dean Rusk, July 5, 1963, no. POL CHINAT-INDIA; Olson to State Department, July 9, 1963, ibid.

儘管如此，尼赫魯內閣顯然感受到華府對於台、印之間拓展關係有著熱切的期待，因此有必要向美方進行一番說明與解釋。七月九日，印度外交部中國司長梅農在新德里的一個外交場合中，主動向美國外交官提及張國興議題，梅農特別向美方表示，印度政府對於張在新德里活動時所表現出來的「拙劣不機靈」與「多話」，感到無法容忍，極不願此類人物前來擔任台灣的駐印代表。梅農雖未提及台灣在印設立外交據點的必要性，美方卻認定此刻印度政府決定冷卻台、印關係發展，擔任雙方密使的張國興，其頗具爭議的行事風格，似乎成了最關鍵原因，只不過美國政府也體悟到，印度方面一旦把雙方關係發展給擱置下來後，未來恐怕無以為繼了。[54]

張國興出使印度一案，於一九六三年七月間，顯然已經無疾而終，然而奇妙的是，這次密使外交之餘波，仍然在香港繼續蕩漾著，揮之不去。七月二十二日，台北行政院新聞局駐香港辦事處的一位陳姓官員，突然告知美國駐港總領事館，稱印度駐香港專署的帕朗吉普於數日前曾主動向他接觸，密告尼赫魯總理依然強烈希望台灣能夠派遣情報與宣傳人員，祕密常駐新德里，甚至願意甘冒印度國內左派勢力與東歐共黨集團的強大外交壓力，接受國民黨政府所任命的非官方與地下代表，一旦印度反對黨質疑這些台灣人士身分時，尼赫魯將以此為印度政府的聘僱人員來替台灣人士挺身辯護，堅持到底。[55]

這位台灣新聞局駐香港陳姓人員並且告訴美方，他不清楚帕朗吉普究竟是否真正獲得尼赫魯授權來向他傳遞這些訊息，但是台北高層已指示他向印方提供如下答覆：國民黨政府已決定不在印度設處，與印度之間可能的合作項目與提案都暫告停頓，張國興的權責也已完全停止，未來這位陳姓人士將取代張國興，成為印度與台灣接觸的對象。台北方面研判後認為真實情況可能是，印度駐香港專署原本被要求負責促成台灣協助印度的情報與宣傳工作，如今蔣介石斷然拒絕合作，駐港印度官員不無希望亡羊補牢，因而假尼赫魯之名義向台灣傳話，試探是否有可能實現一部分的合作，只不過台北很清楚，印度絕無可能為了試圖平息蔣介石的怒氣，而慨允台灣方面所希望的交往條件與要求。[56]

根據現今解密檔案顯示，一九六三年間「台、印密使案」發生短短一年之後，在美國情報單位努力撮合下，台灣與印度之間曾經推動過有限度的情報交流合作。一九六四年八月間，台北方面一項代號名為「後門小組」的情報偵蒐據點，於印度東部奧瑞沙省（Orissa）卡達克市（Cuttack）西郊約十五英里處的一座印度軍事情報局專用機場內祕密成立，美國中央情報局當時援助印度情報局的物資，均在該處卸貨，來自台灣的情報人員共有十一名，每年輪調一次。一九六五年五月間，此後門小組圍牆外天線被強風吹倒，維修人員抵達時，該小組成員赫然發現除了美方技術人員之外，竟然還有四、五名中國人，經探悉才獲知當時美、印合作推動的藏族反共游擊隊訓練營，亦設在該機場內。[57]到了一九七〇年，印度政府又恢復與國民黨政府的祕密接觸，希望發展情報合作關係；同年五月二日，印度駐泰國大使館官員曾與台灣駐泰國大使館領事沈克勤會晤，聲稱印方亟需了解當時中國大陸，特別是西藏內部近況，希望台北能夠提供相關情報線索。當時主持台灣國安情報大權的蔣經國，在接獲訊息後認為台灣與印度的合作，應以換取印方協助台灣在印度建立工作據點為條件，如果只是單純的情報交換，不但沒有太大裨益，反而將涉及許多複雜問題，後果不得不顧慮，最後決定不予推動。[58]台灣方面此一思維，仍不脫七

---

54 Galbraith to Dean Rusk, July 10, 1963, no. POL CHINAT-INDIA, ibid.

55 Olson to State Department, July 23, 1963, no. POL CHINAT-INDIA, ibid.

56 Ibid; Dean Rusk to U. S. Embassy in India, July 25, 1963, ibid.

57「國防部情報局長葉翔之呈國防部長蔣經國」（一九六五年十月七日），〈忠勤檔案／敵後工作（一）〉，《蔣經國總統文物》，典藏號：005010100010308。

58 楊瑞春，《國特風雲——中國國民黨大陸工作祕檔（1950-1990）》，頁四四八—四四九。

年前張國興事件的決策情境。

一九七八年春天，印度政府為了培訓該國境內的藏族反共敵後人員，一度以強硬且極不友善的姿態，強邀國民黨政府派駐印度工作人員，協助參與其祕密培訓藏人計畫。根據國民黨中央第二組機密檔案揭示，此刻印度政府希望借重國民黨與中共過去的鬥爭經驗，協助其在印、藏邊界地區培植反共游擊勢力，成為其日後影響藏局與牽制中共之一股力量。台北國安部門經過一番評估後，認為印、藏情勢微妙複雜，同時考量到國民黨政府對於西藏領土主權之基本立場之後，再度否決印方此一合作要求。[59] 回顧歷史，一九六三年張國興密赴印度推展關係後的二十年內，北京與新德里的關係未見融洽，台、印之間較大規模且正式的合作交流亦停滯不前，直到冷戰結束後的一九九〇年代，台、印關係才有較為明顯的突破。張國興的一段密使外交案，或許可作為一九四九年遷台以後蔣介石與國民黨政府推動對外關係下，一段未曾實現之冷戰外交歷史註腳。

59 同上，頁四四九—四五一。

第九章

冷戰與台灣在東南亞各國的祕密活動

自一九四九年蔣介石兵敗大陸撤退來台後，直至一九七五年四月溘然長逝，其所領導的台灣國民黨政府，始終將反攻大陸與光復大陸視為念茲在茲的最高目標，然而過去較不為人所知悉的是，整個國際間東、西方對抗的冷戰高峰時期，蔣介石還曾經在東南亞各國扮演著反共意識形態與反共經驗「輸出者」的角色，以實際行動來策劃、參與，甚至介入該地區、國家的軍事衝突，具體做法則琳瑯滿目、包羅萬象，從利用一九四九年以後自中國大陸撤出境外之殘存游擊勢力參與敵後反共作戰，到台灣祕密向外提供軍事武器裝備援助給予友好勢力，以及直接派遣軍事人員介入該地區的軍事對抗，乃至與其他國家建立各種軍事情報合作網路等。

本章以近年來大量解密開放之中、英文第一手史料為基礎，聚焦於蔣介石與國民黨政府在整個東南亞地區的祕密軍事與外交行動，大致依照事件發生之先後順序，有系統地揭示冷戰時期台灣參與東南亞區域性冷戰對抗之歷史內幕，除了發掘台灣在過去亞洲冷戰場域中所曾扮演的角色之外，並將闡述這些歷史事件與經驗，究竟對蔣介石與國民黨政府，具有何種意涵。

國共內戰與國際冷戰的相遇：滇緬游擊隊

本書第三章曾提到李彌與其所領導之國民黨游擊隊盤踞活動於滇緬地區之由來，以及韓戰停火前後，美國中央情報局不再支持李彌，與該游擊隊撤回台灣的經過。一九五四年九月間，負責協調李彌部隊撤退事宜的台、美、緬、泰四國軍事委員會解散後，台北祕密授予不願撤離滇緬地區的殘存游擊勢力新的雲南人民反共志願軍番號，繼續按月補助泰幣二十五萬銖經費，並由李彌舊部柳元麟領導，繼續從事該地區的反共游擊任務。緬甸政府當然知道這個情況，並視這支不被國民黨政府公開承認的志願軍如芒刺在背，亟欲除之而後快。緬甸政府經過一番部署後，於一九五五年一月底率先發動清剿柳部之軍事行動，然而四個月的清剿期間內，緬甸政府軍先盛後衰，不但未能一舉把當時主要盤踞緬東的國民黨游擊隊消滅，到了五月三十一日，更因兵疲馬困，派飛機空投傳單於柳部所在地，要求進行和談，協調雙方未來和平相處的辦法。柳元麟最初無意與緬方談判，隨後在徵得蔣介石同意並指示談判原則後，始於十二月間派員與緬甸政府代表接觸，雙方經過長達半年的交涉，於一九五六年五月三十一日達成新的協議，緬甸政府同意柳部棲留於景棟地區，並保持武裝，以換取柳部同意不攻擊緬甸政府軍與干涉緬甸內政，柳部則答允協助緬軍保護景棟公路交通，以換取緬軍保證不妨礙柳部向當地居民購糧及對外交通。[1]蔣介石在亞洲大陸上僅存的一支武裝力量，因此得以暫時保留下來。

國民黨游擊隊與緬甸政府軍雖然暫時達成協議，和平相處，然而柳部把緬、泰、寮國邊境地區作為其活動根據地，穿梭來去自如，卻也引發其他鄰國之高度不安，並成為台灣介入寮國複雜內政之濫觴。一九五四年春天，法殖民當局於越南北部奠邊府一役遭胡志明重挫，黯然退出中南半島，同年七月二十

位於緬北游擊基地的柳元麟部隊。

1 覃怡輝，《金三角國軍血淚史 1950-1981》，頁一九二－二〇五。

日所簽署的《日內瓦協議》，將越南分隔為南、北兩部分，寮國與柬埔寨則實施中立化，所有外國軍隊必須撤離，而且兩國皆同意不參加西方國家倡導的任何聯盟，也禁止西方國家在兩國境內建立任何軍事基地。[2]一九五五年春天，當時柳元麟部為了對抗緬甸政府軍的清剿行動，曾數度跨越劃分緬甸與寮國國境的湄公河，進入寮國西北部豐沙里省（Phongsaly）境內的猛信（Mu-ong Sing）、南他（Nan Tha）等戰略要地，引發寮國境內共產黨組織「巴特寮」（Pathet Lao）的強烈抗議，並作為其指控美國帝國主義幕後支持國民黨介入寮國內政之重要依據。[3]一九五六年初，柳部游擊隊成員多次往來活動湄公河兩岸，進行採買交易與運補，如入無人之地，巴特寮與左派勢力藉機大作文章，宣稱國民黨游擊隊的一名指揮官曾在美國駐永珍大使館官員引介下，密晤寮國總理沙蘇瑞斯（Katay D. Sasorith）親王，雙方還已擬妥草約，準備引進這批游擊部隊作為掃蕩豐沙里地區巴特寮部隊之用。[4]國際間則普遍關注柳元麟軍事力量一旦進入寮國境內，其政府軍恐怕沒有力量與之抗衡，而寮國內部各方勢力則有可能炒作此議題，以該國西北邊境安全出現威脅為題，來爭取更多美國援助。[5]

面對巴特寮指控美國暗助柳元麟部隊進入寮國，華府不但極力撇清，更公開質疑當時盤踞於緬東地區的國民黨游擊隊，面對緬甸政府軍一輪清剿後，是否還有能力進入寮國境內並與巴特寮部隊作戰。[6]台灣國民黨政府也公開宣稱，台北和殘存於泰、緬、寮國三國邊境地區的游擊隊之間，早已無任何瓜葛，外交部長葉公超於同年六月間訪問曼谷並與當地英國及緬甸外交人員晤談時，連緬甸官員都一度相信台北此刻不再對援助游擊隊感到興趣。[7]只不過此刻包括緬甸在內的國際社會，都低估蔣介石欲善用各種機會、資源與方法，推動台灣在東南亞冷戰場域中的反共目標與決心，此目標與決心，不久後更轉化成為國民黨領導人視為與其政權之存亡息息相關之一部分。

台灣的國家安全與反共輸出

一九五六年春天，蔣介石眼見美、蘇兩大強權關係頗有緩和，美國與中共的大使級會談（先在日內瓦，後移至華沙）也持續進行當中，亞洲地區許多原本堅持反共立場的國家，也呼應中共於一九五五年萬隆會議後所提倡之和平共處五原則，紛紛採取較為中立的彈性外交政策，不排斥與共黨集團建立聯繫。蔣介石擔憂之餘，致函美國艾森豪總統，提醒華府不要輕信蘇聯所發動的和平技倆，同時也敦促美國應當以更積極的作為，鼓舞亞洲盟邦對抗共產主義的信心，他並籲請艾森豪，應更加明確支持國民黨政府發動對中國大陸的軍事反攻行動。然而蔣介石除了收到一封由美國國務院代擬的禮貌回函之外，其所提論點根本未受到華府高層太多重視。[8]同年十二月間，蔣介石又利用專函祝賀艾森豪競選連任美國

---

2 Robert J. McMahon, *The Limits of Empire: The United States and Southeast Asia since World War II* (New York: Columbia University Press, 1999), pp. 63-68.

3 FO 371/117165 F1071/261, Report from Leon Maynard (The Commissioner, Canadian Delegation, International Commission for Supervision and Control in Laos), Subject: Chinese Nationalist Remnants in Northern Lao, May 7, 1955.

4 FO 371/123524 F1822/3, British Embassy in Vientiane to Foreign Office, February 8, 1956; FO 371/123524 F1822/4, British Embassy in Peking to Foreign Office, February 2, 1956.

5 FO 371/123524 F1822/1, British Embassy in Vientiane to Foreign Office, January 4, 1956.

6 FO 371/123524 F1822/5, British Embassy in Washington D.C. to Foreign Office, February 13, 1956.

7 FO 371/123328 DB1041/5, British Embassy in Bangkok to Foreign Office, June 30, 1956.

8 Letter from Chiang Kai-shek to President Dwight D. Eisenhower, April 16, 1956, in Eisenhower, reel 6; President Eisenhower to Chiang, May 17, 1956, ibid.

總統的機會，向華府闡述他對國際間姑息氣氛濃厚之高度擔憂，他以同年十月間所發生蘇聯鎮壓匈牙利抗暴事件為例，希望美國政府明察秋毫，不要被國際社會所謂中立與姑息主義所蒙蔽，讓自由世界蒙受共產主義的威脅，蔣也再度籲請美國能夠讓台灣在國際冷戰與東西對抗過程中，扮演更重要的角色，特別是協助國民黨有機會幫助中國大陸上的數億百姓，推翻毛澤東統治。[9]然而蔣此番肺腑之言再度遭受華府的冷落。

面對國際間當時一股濃郁的和平姑息氣氛，蔣介石心中的不安，可想而知，畢竟若其所領導的國民黨政府，失去了以反共為至高無上的信仰與號召，則其政權在台灣乃至整個國際社會立足的正當性，也將受到極為不利的影響。一九五七年六月間，於韓戰爆發前後擔任蔣介石私人軍事顧問、甚受蔣信賴的前美國海軍第七艦隊司令柯克（Charles M. Cooke）上將，向台北國防部提出一份備忘錄，闡述他對於當時台灣在整個亞洲中的戰略價值之看法。在柯克看來，國民黨政府對金門與馬祖等外島的控制，不僅攸關台灣與澎湖的安危，其與東南亞地區是否得以繼續留在西方世界陣營裡，尤其重要，而防止共產黨勢力進入東南亞地區，更與台灣本身的安危存亡密不可分。據柯克所言，如果整個東南亞地區進入了共產黨之影響範圍，則台灣與金、馬外島的長期安全，也將立即面臨嚴重威脅，如此一來，蔣介石以軍事力量反攻收復中國大陸的可能性，也將更加渺茫。柯克的備忘錄受到蔣介石高度重視，他不但下令國防部大量印行並發交各軍總司令部切實研究，還要求所屬軍事部門，依據柯克備忘錄來擬定各項因應計畫。[10]

柯克這番把「台灣安危」與「東南亞各國遭受共產黨威脅」兩者作一緊密聯結的看法，在當時亞洲各國紛紛以中立主義外交政策之名，與共黨陣營打交道的大氛圍下，顯然深深地打入蔣介石的心坎。在隨後台北國防部一份標示為絕對機密的政策文件裡，國民黨政府高層認定美國領導的所謂自由世界，雖然對解決中東危機行動相當積極，但是在亞太地區，菲律賓、越南、馬來亞、泰國等國當時所持的反共立場，仍不足以抵抗來自中共或者蘇聯的侵略，而且當時日本對蘇聯示好，反共態度曖昧，這對於整個亞洲反共國家的團結，都帶來不利的影響。易言之，促進亞太地區反共陣容的建立、團結亞洲反共力量、擴大整個外交與政治聲勢，打擊與分化中、蘇共兩大強權，成了當時蔣介石心目中最重要的國策與目標。[11]

在此宏觀的背景環境因素影響下，於一九五六年之際，國民黨政府積極向鄰近東南亞各國「輸出」反共政策與援助，促進該地區國家內部之反共力量與聲勢，成為其在台灣統治的正當性，以及台、澎、金、馬安危直接相關之重大議題。根據現已解密之中文檔案所揭示，自一九五六年起，台北的軍事情報與國安部門開始積極向外拓展情報據點及布建人員，該年度台灣在港、澳與日、韓、菲律賓、馬來亞、印尼、泰國、緬甸、越南、印度與巴基斯坦等國家地區，總共有情報工作單位五十八處，工作人員四百零八名，蒐集情報總計達六千四百三十二件。以蔣經國為首的國安系統，除了與美國之間存在著情報合作關係之外，還積極推動與菲律賓、泰國、南韓等國政府間的情報交換計畫。[12]此一政府間情報交換計

9 Letter from Chiang Kai-shek to President Eisenhower, December 11, 1956, ibid.

10「蔣介石致彭孟緝」（一九五七年八月二十七日），〈特交檔案——軍事／中央軍事報告及建議（六）〉，《蔣介石總統文物》，檔號：56871。

11「國防部反攻軍事戰略判斷」（一九五七年九月），〈特交檔案——分類資料／軍事作戰計畫及設防（三）〉，《蔣介石總統文物》，檔號：56958。

12「四十五年國家安全工作總檢討報告書」（一九五七年），〈文件——黨政軍文卷／國家安全與秩序／國家安全會議（三）〉，《蔣經國總統文物》，典藏號：005010206001601。

畫，到了一九五八年時，更進一步擴展至越南、日本、英國與西德。而從台北國安部門高層對於國際局勢動態進行大量研析來看，蔣介石、蔣經國父子在冷戰格局下，當時欲讓台灣扮演更積極的反共先鋒要角，存在著相當之期待與企圖心。[13]

國民黨政府除了緊鑼密鼓地展開與各國之間的反共軍事情報合作之外，更密籌以具體行動進一步強化在亞洲冷戰場域中與共產主義的對抗，祕密援助滇緬游擊隊發動反攻中國西南地區的《安西計畫》即是一例。一九五七年十月間，蔣介石向柳元麟下達《安西計畫》執行令，準備以三千兵力，於翌年春天完成戰鬥準備，待命向滇南地區發動突襲，摧毀當地解放軍的基層組織，並配合當時中國西南藏族地區因不滿中共推行土地改革而引發之抗爭，以誘導更大規模的反共抗暴運動。[14]然而此計畫因柳部作業不及，延至一九五八年九月初才向滇緬邊境採取行動，在籌備期間，台灣空軍曾九次向柳部空投彈藥與物資，當突擊行動正式開始後，游擊部隊兵分四路，向滇南各縣推進，並與共軍邊防部隊及公安發生激戰，整個突擊行動過程中，雙方互有傷亡，戰事延續至十月底，以柳部游擊隊自滇南撤回緬北基地告終。[15]由於此《安西計畫》的實行，在時間上與同年八月間國共雙方金門炮戰相近，因此儘管柳部的滇南突襲行動並未能夠真正誘發中國西南地區大規模的反共運動，也談不上取得重大成功，然對台北而言，卻也得到一些政治上的及時宣傳效果，讓蔣介石準備進一步擴大援助柳元麟，決心將滇緬地區打造成為國民黨政府的「陸上第一反攻基地」。[16]

在蔣介石努力尋求向東南亞輸出反共力量的政策指導原則下，台灣還祕密參與了一九五八年春天「印尼革命軍」武裝反抗印尼中央政府的事件。印尼政局自一九五六年底起，開始出現較為劇烈的變化，當時印尼軍方勢力鑑於印尼共產黨的力量日益茁壯，總統蘇卡諾（Achmed Sukarno）不但給予寬大包容，甚至暗助扶持，因而感到焦慮不安；翌年所舉行的地方選舉，印尼共產黨在席次上大有斬獲，左派力量全面抬頭；在外交上，蘇卡諾因與前殖民母國荷蘭爭奪西新幾內亞（West New Guinea）主權，以及印尼政府沒收荷蘭在印尼資產等事件而交惡，轉而與蘇聯東歐共黨集團國家親善，雙方關係在軍事、外交與財經合作等各領域皆有大幅度發展，這些趨勢都讓印尼內部的反共勢力與華府的中央情報局深感憂心。[17] 一九五七年初，蘇門答臘與西里伯斯（現稱為蘇拉威西）兩個島上的反共軍事領導人物因不滿蘇卡諾左傾，發動數場政變，建立起地方性政權，並開始與印尼中央政府唱反調，蘇卡諾雖然努力與兩島的地方性政權進行談判，然成果有限。十一月間，蘇卡諾遭印尼回教狂熱分子暗殺未遂，對他心理打擊甚大；十二月二十日，他決定把政權暫時交給國會議長，並宣布將在一九五八年初至外國訪問休養，此事讓兩個島上的反共勢力決定進一步反抗印尼中央政府。[18]

13「鄭介民呈蔣經國國家安全局四十七年一至三月分重要工作概況報告」（一九五八年五月二十一日），〈文件——黨政軍文卷／國家安全與秩序／國家安全會議（二）〉，同上，典藏號：005010206000015002；「第一四二次星五會談記錄」（一九五八年七月二十五日），同上，典藏號：005010206000051003。

14「八全大會滇緬邊區來台代表座談會指示事項」（一九五七年十月二十四日），〈文件——黨政軍文卷／國家安全與秩序／民國四十六年各項會報指示〉，同上，典藏號：005010206000001005。

15 FO 371/136059 DS1821/6, “KMT Situation in North Thailand,” from British Embassy in Thailand to Foreign Office, July 7, 1958; CIA Office of Current Intelligence memorandum, Subject: Chinese Nationalist Irregulars in the Thai-Laotian-Burmese Border Area, May 17, 1963, CIA Electronic FOIA Reading Room, Document No. 0000414805.

16 覃怡輝，《金三角國軍血淚史1950-1981》，頁二一五—二三〇。

17 U.S. State Department Bureau of Intelligence and Research, Intelligence Report, No. 7831, “The Communist Offensive in Indonesia,” October 8, 1958, in Supplement, reel 2.

18 U.S. State Department Bureau of Intelligence and Research, Intelligence Report, No. 7902, “Rebellion in Indonesia,” December 18, 1958, in Supplement, reel 2.

與此同時，美國中央情報局也採取具體行動，來支持蘇門答臘與西里伯斯兩島的右派軍人，對抗立場日益左傾的蘇卡諾政府。一九五七年十一月間，華府批准了一筆金額一千萬美元的祕密援助方案，用來接濟反蘇卡諾勢力。[19]有了美方在背後撐腰，以胡賽因中校（Lt. Col. Achmad Hussein）為首的印尼反對勢力，於一九五八年二月十日向雅加達發出最後通牒，要求蘇卡諾承諾遵守憲法角色，總理朱安達（Djuanda Kartawidjaja）下台，並由前副總統哈塔（Mohammad Hatta）改組內閣。當印尼政府拒絕這些要求後，反抗軍於二月十五日在蘇門答臘的武吉丁宜（Bukittingi）宣布另成立印尼共和國「革命政府」，由曾任蘇卡諾財政部次長的加福魯丁（Sjafruddin Prawiranegara）出任總理，雅加達隨即展開軍事動員，雙方戰事一觸即發。[20]

幾在印尼革命政府成立之際，台北的軍事情報與國安高層即已決定對其提供軍事援助，這一決策與當時美國中央情報局在暗中默許與鼓動不無關聯。蔣介石甚至一度考慮派遣志願軍，前往協助印尼革命軍作戰，然此構想遭到華府情報高層勸阻；他一九五八年三月十四日的日記裡透露：「杜勒斯（美國務卿）說明其在蘇門答臘反共革命軍已有武器與金錢充分之接濟一點，甚為安慰，但其對我派志願軍之主張，表示恐有害無益之意。」[21]雖然台灣派兵支援印尼反共軍人之舉未能實現，然而其對印尼革命軍的武器裝備援助，卻相當迅速；一九五八年二月二十三日，台北國防部參謀本部議決提供七個營的裝備，包括七五無後座力炮十四門、八一迫擊炮二十八門、六零迫擊炮六十三門、七九式重機槍二十挺、八八式七五高射炮二門、二五機炮十二門、三零重機槍五十六挺、三零輕機槍二百六十挺、四五衝鋒槍一千二百零四枝、卡賓槍二千四百八十枝、英製步槍五百枝、手槍六十一枝、手榴彈一萬零一百枚、炸彈一百枚、照明彈十枚等；這些武器裝備由台灣的海、空軍，以海上運補與空投方式，於四月二十一日前，分批交到印尼革命軍手裡。[22]

印尼革命政府原本自恃有當地民意支持，以及其對蘇門答臘島與西里伯斯兩島油田的控制，因此該政權樂觀期待能夠在美、台等友好國家的武器裝備暗助之下，大有一番作為。然而當印尼中央政府軍開始採取平亂行動後，戰況卻急轉直下；三月十七日，北蘇門答臘被中央軍控制；四月十八日，位於蘇門答臘中部的蘇省首府巴東（Padang）也重回中央軍手中；到了五月初，整個印尼革命軍勢力被迫退出蘇門答臘島，而革命政府總部也遷往西里伯斯島上的萬雅佬（Menado）。[23]

也許受到柯克備忘錄論點的影響，此刻蔣介石對於印尼局勢，保持高度關注，他甚至無法排除印尼內戰最終恐將導致解放軍武力犯台。在三月二十七日的日記裡，蔣即寫道：

> 印尼政府革命軍興起以後，蘇俄及愛克皆公開以軍火物資接濟蘇卡諾，而獨共匪未敢作聲援，應特注意，此乃共匪待我以志願軍援助印尼革命軍時，即以此為其侵犯台灣之口實而實施其攻台乎？[24]

---

19 Evan Thomas, The Very Best Men The Daring Early Years of the CIA (New York: Simon and Schuster, 2006), p. 158.

20 M. C. Ricklefs, A History of Modern Indonesia, c.1300 to the Present (Stanford: Stanford University Press, 1993), pp. 262-264.

21《蔣介石日記》，一九五八年三月十三日。

22「王叔銘呈蔣介石」（一九五八年六月七日），〈研究支援印尼革命軍作戰有關事項〉，《國防部史政檔案》，檔號：00014382。

23 U.S. State Department Bureau of Intelligence and Research, Intelligence Report, No. 7902, "Rebellion in Indonesia," December 18, 1958, in Supplement, reel 2.

24《蔣介石日記》，一九五八年三月二十七日。這裡提到的「愛克（Ike）」就是美國總統艾森豪，當時美國擔心宣稱中立的蘇卡諾會一面倒向蘇聯集團，因此在公開的官方政策上，仍努力討好蘇卡諾；暗中協助印尼反抗軍、希望推翻蘇卡諾政權的是中央情報局（ＣＩＡ）。也因此當反抗軍徹底失敗後，美國政府自知理虧，於是加倍補償蘇卡諾，以換取蘇卡諾同意讓美方贖回被俘的ＣＩＡ飛行員。

另一方面，在印尼革命軍節節敗退之際，屋漏偏逢連夜雨，一位中央情報局僱用之美籍飛行員波普（Allen Pope），於五月十八日協助革命軍執行轟炸任務時，竟被印尼中央軍俘虜，引發美、印外交關係的軒然大波，這也讓蔣介石對印尼情勢更加憂心。由於波普被俘，美國中央情報局已無法繼續援助印尼革命軍，該勢力因而向台灣尋求更直接的協助。五月下旬，十餘位革命軍要員連袂前往台北，向國民黨政府購買C-54運輸機與B-26轟炸機各一架，並央請台灣空軍飛行員協助代為執行轟炸任務，蔣經國決定由曾任蔣介石座機駕駛、時任台灣空軍總部情報署署長衣復恩，與台灣空軍第三十四中隊飛行員張聞驛兩人，擔負此次祕密支援重任。根據衣復恩回憶，同年六月中旬，此兩架飛機自台灣南端先飛抵菲律賓最南端的大威島（Tawi-Tawi），在菲國軍方人士與美國中央情報局派駐當地人員補充燃料後，繼續飛往西里伯斯島，並對島上的印尼中央軍執行五次轟炸，直到所攜炸彈用盡為止。[25]這次任務也成為一九四九年蔣介石撤退遷台以來，國民黨空軍首次境外作戰。

除了派遣空軍介入印尼內戰之外，蔣介石更指示向印尼革命軍另行增加運交三個營的武器裝備，這批軍火包括七五無後座力炮九門、八一迫擊炮十二門、六零迫擊炮二十七門、五七戰防炮四門、二五機炮五門、七九式重機槍十二挺、三零輕機槍一百一十一挺、九零衝鋒槍五百一十三枝、手槍二十四枝等。[26]這批武器裝備由台灣海軍於六月八日運往西里伯斯附近海域時，因印尼中央軍此刻已控制萬雅佬的外港，使來自台灣的運輸船無法靠岸，不得不折返。儘管如此，台灣空軍仍於六月二十日至七月十四日之間，對西里伯斯島上做困獸之爭的印尼革命軍殘部，進行四次空投，提供各類輕武器與彈藥十二萬發，直到革命軍放棄抵抗為止。[27]

台灣公然介入印尼內戰，不但引發雅加達當局強烈抗議，甚至成為不久後印尼政府大舉排華與清算當地華人僑社之最直接原因。[28]此外，印尼內戰期間，雅加達當地媒體一度傳聞中共也將派遣自願軍前來協助蘇卡諾平定叛亂，台北軍方立即公開表示，倘若解放軍部隊出現於南海之任何區域，台灣將採取一切必要措施，予以攔截。面對中共可能參加印尼內戰，蔣介石的軍事幕僚們甚至著手規劃，派遣海軍陸戰隊四個加強營的兵力，用來攔阻解放軍，並擬對北西里伯斯島進行突襲登陸，以支援島上的革命軍進行防禦作戰。[29]北京當局最後並無任何軍事動作，而當萬雅佬的革命政府於六月二十六日垮台後，還由台灣空軍派遣一架C-54運輸機，將該政權重要成員緊急載往台灣安置，以免成為蘇卡諾政府的階下囚。[30]

國民黨在東南亞的祕密冷戰：緬甸與寮國

印尼革命軍行動的失敗，以及伴隨而來的印尼內部排華運動，並不影響蔣介石輸出反共經驗並援助東南亞反共勢力的總體戰略目標。此事件發生後不久的一九五九年夏天，當寮國內部政局因北越與越共

25 衣復恩，《我的回憶》（台北：立青文教基金會，二〇一一），頁三六四—三六五。

26 「王叔銘呈蔣介石」（一九五八年六月七日），〈研究支援印尼革命軍作戰有關事項〉，《國防部史政檔案》，檔號：00014382。

27 「王叔銘呈蔣介石」（一九五八年七月二十六日），同上；U.S. State Department Bureau of Intelligence and Research, Intelligence Report, No. 7902, "Rebellion in Indonesia," December 18, 1958, in Supplement, reel 2.

28 陳鴻瑜，《中華民國與東南亞各國外交關係史（1912~2000）》（台北：鼎文書局，二〇〇四），頁四四九—四五〇。

29 FO 371/141369 FCN1011/1, "Annual Review for Formosa for the Year 1958," enclosed in A. Veitch (British Consul in Tamsui) to Foreign Office, March 23, 1959;「王叔銘呈蔣介石」（一九五八年六月七日）；「蔣介石致王叔銘」（一九五八年六月二十七日），〈研究支援印尼革命軍作戰有關事項〉，《國防部史政檔案》，檔號：00014382。

30 衣復恩，《我的回憶》，頁三六五—三六六。

支持巴特寮發動內戰而轉趨惡化時，蔣介石立即把注意力投向該國。八月間，台灣駐永珍領事丁于正向台北匯報巴特寮已獲得越共與中共暗助武器裝備，以三千餘兵力，在全國各地積極擴張地盤。[31]幾在同時，國民黨「中統」特務背景出身，與蔣經國關係密切的蔡孟堅，奉蔣介石之命於美、歐考察遊歷返台前夕，特地繞道東南亞，前往寮國密訪，與該國陸軍參謀總長歐溫（Ouane Ratrikoun）會晤，歐溫表達對蔣介石的崇仰，並欲借鏡國民黨過去的反共經驗來對抗巴特寮，同時希望能夠前來台灣訪問。蔡孟堅回到台北後，立即向參謀總長彭孟緝與蔣介石報告，除了建議應儘速邀請歐溫來台訪問外，還力主以派遣農業技術人員前往寮國服務作為掩護，向永珍派遣台灣軍事人員擔任該國的反共顧問，作為嚇阻巴特寮發展之目的。蔡孟堅還認為，當時柳元麟部隊正在滇緬地區積極經營活動，此時若台灣能夠增進與寮國之間的關係，則對於滇緬游擊隊的生存與維護，以及日後推進中國大陸之敵後工作，皆有可為。[32]

蔡孟堅此番構想，著實打動了蔣介石的心弦，不久後他獲得蔣親自召見與慰勉。[33]蓋此時國民黨政府正緊鑼密鼓推動另一項《興華計畫》，準備將柳元麟部駐守的滇緬邊區，打造成為「陸上第一反共基地」。其具體作為，包括在柳部基地孟八寮（Mong Pa Liao）翻修與興建一座足以提供C-46型運輸機起降的新機場，做為日後來自台灣空投運補裝備與人員所用，該機場於一九六〇年初修建完畢，並於二月十七日迎接來自台灣的首架運輸機。與此同時，柳元麟不但在緬甸境內擴大招募吉仁族與撣族游擊隊員，台北也先後空投近千名特種部隊，加入當地游擊隊陣容，準備伺機再度對雲南發動反攻，而包括蔣經國在內的台北國安高層，也都曾親自前往緬北視察部隊訓練與相關作業。[34]

台灣在滇緬邊區的大動作，必然引發北京與仰光的警覺與反擊。一九六〇年六月起，中、緬雙方展開聯合勘界行動，同時積極準備對柳元麟部隊採取武裝清剿行動。同年十一月中旬起，緬甸政府軍與獲准進入緬境的中共武裝部隊，開始對柳部發起攻擊行動，位於緬北江拉（Keng Lap）總部的柳元麟，亦與台北軍方高層不斷反覆磋商，擬定各種作戰方案，這場「江拉基地保衛戰」，持續進行至一九六一年二月初，最後以中共部隊撤回雲南而暫告一段落。在與緬甸政府軍的交戰上，柳部還能略勝一籌，然而面對中共部隊，則毫無招架之力。一九六一年一月二十五日，由柳元麟指揮、固守孟八寮機場一帶近七百人游擊隊，因抵擋不住共軍的優勢攻擊，緊急跨越湄公河，進入寮國境內，準備先暫時避風頭，待日後作重回緬甸之打算；而另一部駐紮泰、緬邊境的游擊勢力，則暫時交由柳元麟的副手段希文來指揮。[35]

美國中央情報局解密文件顯示，柳元麟部隊進入寮國後，當時由右派反共力量所掌控的寮國中央政府，甚持歡迎立場，認為可以將該支兵力投入政府軍與巴特寮之間的作戰，或者協助政府進行重建工作，而華府高層也一度評估由美方情報單位對柳部進行祕密裝備、訓練與利用之可行性。[36]若當時寮國

31「丁于正呈外交部」（一九五九年八月十日），〈巴特寮武裝叛亂情形〉，《國防部史政檔案》，檔號：00041457。

32「蔡孟堅呈彭孟緝」（一九五九年八月）；「彭孟緝呈蔣介石」（一九五九年八月十二日）；「張群致彭孟緝」（一九五九年八月二十七日），同上。

33「彭孟緝呈蔣介石」（一九五九年八月十七日），同上。

34 Memorandum from Everett F. Drumright (U.S. Ambassador in Taipei) to State Department, Subject: Chinese Nationalist Resupply Activity in the Burma Border Area, June 2, 1960, No. 793.5/6-360, in USSD 1960~1963 Internal, reel 11; CIA Office of Current Intelligence memorandum, Subject: Chinese Nationalist Irregulars in the Thai-Laotian-Burmese Border Area, May 17, 1963, CIA Electronic FOIA Reading Room, Document No. 0000414805.

35 George M. Barbis (U.S. Consul in Chiengmai) to State Department, December 23, 1960, No. 793.00/12-2360, USSD 1960~1963 Internal, reel 2; 覃怡輝，《金三角國軍血淚史 1950-1981》，頁二五九—二六一。

36 CIA Special National Intelligence Estimate Number 58-61, “Probable Communist Reactions to Certain U.S. Courses of Action with respect to Laos,” top secret, February 21, 1961, CIA Electronic FOIA Reading Room, Document No. 0000208796; CIA National Intelligence Estimate Number 50-61, “Outlook in Mainland Southeast Asia,” March 28, 1961, ibid, Document No. 0000008866.

政府與華府雙方願意堅持此一構想，也許柳部乃至國民黨政府將很可能在東南亞冷戰場域中，繼續扮演一定之角色，然而一場意外的發生，也排除了這個可能性。如本書第五章所述，一九六一年二月十五日，台灣空軍派遣一架PB4Y型運補機飛往泰、緬邊區，對段希文領導的游擊隊進行空投運補，卻意外被緬甸空軍擊落，機上來自台灣的大量美援裝備也遭緬甸政府擄獲，此事件立即引發成為一場嚴重的外交風暴，緬甸各大城市皆發生大規模反美示威，仰光也擬再次向聯合國控訴台灣侵犯緬甸領土主權。[37]

在美國總統甘迺迪的要求下，蔣介石於三月二日再度下令滇緬游擊隊撤退來台，在美方壓力下，蔣命令將所有游擊隊番號撤銷，解散江拉、孟八寮等基地編組，由段希文領導的游擊隊第五軍約二千人拒絕解散前往台灣，而輾轉前往泰國北部地區活動，此時台北國防部情報局曾派人前往祕密轉達段希文部隊不要撤退與繼續留在滇、緬、泰邊區的指令，然而此案攸關整個台、美關係，為了避免美國政府不滿，蔣介石此後並未對段部給予特別的補助支援，而是任其自食其力。[38]這支殘存武裝勢力在此後相當一段時間裡，成了泰國、台灣與美國之間的難題。

值得注意的是，寮國內部政局的發展，也牽動著蔣介石如何處理滇緬地區的國民黨游擊隊，與台灣對整個東南亞地區的反共輸出。一九六〇年八月，以寮國皇家政府部隊傘兵營上尉孔黎（Kong Le）為首的一批軍人發動政變，控制首都永珍，這批軍人以中立政治立場自居，呼籲各方不要打內戰，並要求美國等外國勢力完全退出寮國。孔黎的籲求受到巴特寮與北越胡志明的支持，但不被美、泰等國家所接受，東、西方之間的冷戰對抗，在寮國這塊土地上急遽升溫。十二月間，暗中接受蘇聯援助的寮國總理佛瑪親王（Prince Souvanna Phouma）遭到由美、泰幕後支持的反共右派軍人佛米（Phoumi Nosavan）發動政變罷黜，逃往鄰國柬埔寨，寮國中央政府則由佛米所扶持的歐謨親王（Prince Boun Oum）主持出任總理職務，佛米本人則擔任副總理。[39]

根據美官方檔案揭示，一九六一年二月間，佛米曾向美方透露，台北正與他祕密接觸，要求寮國政府協助當時剛撤入寮國境內的七百名柳元麟部隊重新整編起來，參與寮國境內的反共作戰。佛米認為柳部進入寮國，恐將引發北京藉口干預其內政，因此向美方承諾將不會對柳部提供武器裝備，然而佛米又不願意保證將把柳部逐出境外，而是打算將這支部隊打散後，重新編成小單位組織，安置在寮國各地區。當美方詢問永珍當局，究竟是否有意利用這些國民黨殘部來對付巴特寮時，佛米承認不少寮國軍方人士確有此意，甚至透露約有近五百名更早進入寮國的國民黨游擊隊員，早已被吸收編入於政府軍內，且幾與當地人融為一體。[40]

一九六一年初起，孔黎勢力和巴特寮聯手，與美國所支持的寮國右翼中央政府，展開一連串軍事對抗，寮國內戰加劇之際，當時盤踞於滇、緬、泰邊區的柳元麟部隊，確實有可能扮演更關鍵的角色。然而到了三月間，華府要求台北撤出滇緬游擊隊；四月間，鑑於佛米領導的政府表現不佳，以及受到古巴「豬灣事件」失利的陰影，甘迺迪總統突然改變原本軍事援助佛米的立場，改為積極促成寮國各方勢力

37 William P. Snow (U.S. Ambassador to Burma) to State Department, January 16, 1961, No. 793.551/1-1661, in USSD 1960~1963 Internal, reel 13; Snow to State Department, February 15, 1961, No. 793.551/2-1561, ibid.

38 U.S. Embassy in Bangkok to State Department, November 1, 1963, No. POL 27-11 CHICOM-CHINAT, in USSD 1963~1966, reel 12; 覃怡輝，《金三角國軍血淚史1950-1981》，頁二七五—二八二。

39 Timothy Castle, *At War in the Shadow of Vietnam: United States Military Aid to the Royal Lao Government, 1955-1975* (New York: Columbia University Press, 1993), pp. 19-27.

40 State Department to U.S. Embassies in Laos and Thailand, February 16, 1961, No. 793.551/2-1661, in USSD 1960~1963 Internal, reel 13; U.S. Embassy in Laos to State Department, February 21, 1961, No. 793.551/2-211, ibid.

進行和談。五月間，有關寮國中立化的高峰會於日內瓦展開，巴特寮代表也受邀參加，其政治地位首次獲得國際認可。[41]

面對上述一連串事件的演變，蔣介石不但對華府愈加失望，甚至對甫上任不久的甘迺迪究竟是否堅持反共立場，開始有所懷疑。[42]然而爬梳美方史料，一九六一年春天，當蔣介石正著手撤退滇緬游擊隊來台之際，台北與永珍雙方依然未放棄尋求軍事上進行反共合作的可能性；三月二十四日，甫自曼谷協調處理游擊隊撤台事宜的台灣副參謀總長賴名湯，曾向美國大使莊萊德透露，當他在永珍與佛米會晤時，後者仍不放棄設法將部分游擊隊員納入寮國政府軍。[43]四月初，美國駐寮國大使布朗（Winthrop G. Brown）分別與佛米以及台北駐永珍領事廖德珍會晤，欲進一步釐清游擊隊議題。佛米向美方保證，將努力勸告所有留在寮國境內的國民黨部隊撤離回到台灣，而廖德珍則告訴美國大使，蔣介石雖然已下達游擊隊撤退回台的命令，但仍有不少隊員設法脫逃，決心留在寮國，因此他建議美國不但不應該驅逐游擊隊，反而更應設法運用該支武力來消滅中南半島上的共產黨勢力。[44]

一九六一年七月初，佛米所掌控的寮國政府國會副議長翁薩納尼康（Ngone Sananikone）祕密致函台灣參謀總長彭孟緝，提出軍事援助要求。他稱該國政局已陷入渾沌不明，各方勢力能否達成和解、共組聯合政府，仍在未定之天，若和解成功，巴特寮勢力進入中央政府，情況將更加惡化，因此請求台灣能夠鼎力協助。翁薩納尼康稱他準備籌組一支強大的游擊隊，作為反共之後盾，並希望台灣提供各項武器裝備。彭孟緝將此函轉呈蔣介石，並研判此乃佛米所授意，然有鑑於此刻寮國內部政局實未明朗，彭建議台灣暫緩做出任何援助承諾，讓當時剛在寮國開辦空運業務的中華航空公司駐地人員，與翁薩納尼康等右派人士保持密切聯繫，此議獲得蔣介石首肯。[45]

此刻柳元麟所部雖已撤離滇緬地區，然而高度關注中南半島局勢的蔣介石，仍不放棄利用尚未撤回台灣的段希文部隊，祕密投入寮國內戰以對抗巴特寮之構想。七月中旬，美國駐泰國大使楊格（Kenneth T. Young）向華府密報，在台北暗中授意下，已有約四百名段希文所屬舊部加入寮國政府軍，並駐紮在王都琅勃拉邦（Luang Prabang）與班會賽（Ban Houei Sai）之間，該批兵力由一位李姓軍官指揮。而美國駐清邁領事館也獲報，稱尚有另外約五百名段部游擊隊員，正從泰、緬邊境緩慢移向寮國境內，準備投入佛米陣營。[46]八月間，美國駐台大使館向華府回報，國民黨高層私下仍不斷向美方游說，聲稱若美國不願再投入資源協助佛米等寮國境內反共勢力，則當時仍盤踞在緬、泰邊界的段希文游擊部隊，應當扮演更重要之角色。[47]微妙的是，此後不久，段希文即分別致函美國駐泰國大使館，以及美國前陸軍參謀長、日後出任美國駐南越大使的泰勒將軍（General Maxwell B. Taylor），希望美國對他伸出援手，他

---

41 Martin Stuart-Fox, *A History of Laos* (Cambridge: Cambridge University Press, 1997), pp. 99-135; Robert Dallek, *An Unfinished Life: John F. Kennedy 1917-1963* (New York: Little, Brown and Company, 2003), pp. 305-306.

42 State Department memorandum of Conversation, Subject: Problems Related to China, February 3, 1961, No. 793.00/2-361, in USSD 1960~1963 Internal, reel 3; U.S. Embassy in Taipei to State Department, Subject: Political Review: April-July 1961, dated August 7, 1961, No. 793.00/8-761, ibid, reel 4.

43 Drumright to State Department, March 24, 1961, No. 793.551/3-2461, ibid, reel 14.

44 U.S. Embassy in Laos to State Department, April 11, 1961, No. 793.551/4-1161, ibid.

45「彭孟緝呈蔣介石」（一九六一年七月二十四日）；「蔣介石致彭孟緝」（一九六一年七月二十七日），〈巴特寮武裝叛亂情形〉，《國防部史政檔案》，檔號：00041457。

46 U.S. Embassy in Thailand to State Department, July 14, 1961, No. 793.551/7-1461, in USSD 1960~1963 Internal, reel 14; U.S. Consulate in Chiengmai to State Department, July 25, 1961, No. 793.551/7-2561, ibid.

47 U.S. Embassy in Taipei to State Department, Subject: Political Review: April-July 1961, dated August 7, 1961, No. 793.00/8-761, ibid, reel 4.

領導的三千五百名游擊隊員，願意為美國在中南半島上的戰略目標而效勞。[48]與此同時，蔣介石也迫不急待，先向佛米提供非作戰目的之軍事後勤裝備。一萬套由台灣聯勤兵工廠所製造的軍服，先於一九六一年夏天由台灣兩架次C-46運輸機運往寮國；十月初，在歐謨與佛米的要求下，台灣再向永珍提供一千五百套額外軍服。[49]

在甘迺迪總統不願再對其大力支援，同時又堅持寮國各方勢力籌組新聯合政府的情況下，歐謨與佛米所主持的右派中央政府，面對巴特寮在各地的武裝攻勢，其聲勢已是四面楚歌，搖搖欲墜，這看在蔣介石眼裡，焦慮異常。一九六二年二月，寮國政府軍對西北方戰略地區的控制，已是岌岌可危，此時佛米透過管道向蔣介石表示欲親自前往台北訪問，當面爭取軍援，然而國民黨政府顧忌美方態度，只能婉拒。佛米不得已另派兩位特使前往台北會見蔣介石，然其希望蔣能夠提供包括運輸機在內之重要軍事裝備之請求，仍遭台北婉拒，據聞蔣只同意台灣加強對寮國政府軍非戰鬥類物品與裝備之

歐謨與來自台灣的空軍人員。

援助。[50]

儘管如此，台北與佛米所掌握的永珍當局之間的外交關係，依然不斷提升，一九六二年二月間，台灣駐永珍的領事館升格成為總領事館；五月十一日，歐謨親王與佛米趕在新一輪日內瓦有關寮國中立化高峰會召開前夕，連袂前往台北訪問，並宣布雙方建立外交關係，台北駐永珍的總領事館也立即升格為大使館。[51]然而台灣在寮國的外交勝利，只是曇花一現；六月二十三日，日內瓦會議達成協議，由佛瑪親王重新出馬主持新的聯合政府，歐謨親王則於當天辭去總理一職，蔣介石對於是否能夠繼續維持與寮國的邦交，開始感到悲觀。果不其然，九月七日，佛瑪主持的聯合政府宣布與北京建交，台北立即宣布降旗撤館，雙方的外交關係，僅維持三個多月。[52]

寮國聯合政府經由國際協議宣告成立後，也標誌著蔣介石在該國的冷戰參與，逐漸進入尾聲。根據一九六二年七月日內瓦高峰會上所達成的協議，全體外國軍隊與軍事顧問等，都必須在當年十月七日以

48 U.S. Embassy in Bangkok to State Department, Subject: Letter from Tuan Hsi-wen Requesting U.S. Assistance, October 30, 1961, No. 793.00/10-3061, USSD 1960~1963 Internal, reel 4.

49 「彭孟緝呈蔣介石」（一九六一年十月二十一日）；「陳誠呈蔣介石」（一九六一年十月二十四日）；「張群致陳誠」（一九六一年十月二十七日）；「沈昌煥呈陳誠」（一九六一年十一月十五日），〈巴特寮武裝叛亂情形〉，《國防部史政檔案》，檔號：00041457。

50 U.S. Embassy in Taipei to State Department, February 17, 1962, No. 793.551/2-1762, in USSD 1960~1963 Internal, reel 14; U.S. Embassy in Taipei to State Department, February 23, 1962, No. 793.00 (W)/2-2362, ibid, reel 9.

51 U.S. Embassy in Taipei to State Department, May 6, 1962, No. 793.00 (W)/5-662, ibid; U.S. Embassy in Taipei to State Department, June 18, 1962, No. 793.00 (W)/6-182, ibid.

52 U.S. Embassy in Taipei to State Department, July 21, 1962, No. 793.00 (W)/7-2162, ibid; 陳鴻瑜，《中華民國與東南亞各國外交關係史（1912~2000）》，頁五二四—五二五。

前撤離，不得留在寮國境內；由加拿大、波蘭與印度所組成的「國際監察委員會」將嚴格監督此項規範，擔任聯合政府總理的佛瑪親王，擔心一旦巴特寮發現寮國境內仍有殘存國民黨游擊勢力以各種形式維持下來，並以此為藉口而撕毀日內瓦協議，則後果將不堪設想，因而積極向美、泰兩國尋求解決辦法。[53]在佛瑪強勢介入運作與美、泰等國的支持下，同年十一月間，二百餘名祕密被吸收且服務於寮國政府軍的柳元麟舊部，被迫脫下軍服離開，前往泰北與緬東地區。[54]國民黨游擊隊所引起的爭議與其所扮演之角色，此後不再成為影響寮國內部政局之一項變數。儘管如此，直至一九七五年底巴特寮全面掌控寮國政局之前，台北與永珍之間某種程度的軍事與情報合作關係，從未間斷。[55]

脣齒相依的台灣、南越關係

整個東、西方冷戰對抗期間，與台灣國民黨政府有著如脣齒相依般密切關係的東南亞國家，恐怕要算是南越了。一九五四年五月八日，由胡志明所領導的「越盟」於奠邊府一役擊敗法軍，也敲起法國勢力退出中南半島的喪鐘。在同年夏天舉行的日內瓦會議中，各國議決以北緯十七度，將越南劃分為二，北方由胡志明領導，稱為「越南民主共和國」，南方歸由保大皇帝所領導的「越南國」管轄，保大並且任命吳廷琰為新總理。翌年十月，吳廷琰舉行公民投票，廢除保大的國家元首地位，改制共和，由他本人擔任首任總統。台北國民黨政府鑑於雙方共有的反共意識形態，於十月二十六日吳廷琰就任總統當天，即宣布承認其所領導的「越南共和國」新政府。同年十二月，台、越雙方宣布建交，互設公使館；一九五七年七月，雙方將公使館升格為大使館，高層互訪頻繁。[56]一九五九年，胡志明所主持的「越共中央委員會」決議以武力統一越南全境，翌年十二月，在越共中央委員會支持下，「越南南方民族解放陣線」（簡稱「越共」）於南越境內宣布成立，並開啟長達十五年之久的游擊戰。吳廷琰面對來自北越可能的軍事威脅，以及處理越共在南越境內鄉村地區的發展，同時又必須整合南越政府軍內部的派系問題，頗感心焦力竭，責任重大，近在咫尺、擁有豐富對抗共產黨經驗的蔣介石，成了他尋求支援的首要對象。

一九六〇年一月，吳廷琰首度前往台北進行官式訪問，停留期間他曾向蔣介石、蔣經國父子提出要求，由台灣派遣一位軍方重要人士前往南越進行考察，協助其推動南越的反共作戰，蔣介石指派與蔣經國關係極為密切、時任國防部政工幹部學校校長的王昇，擔負此一任務。[57]王昇於同年五月前往南越進行初步考察，停留三個月後回到台灣。同年秋天，越南傘兵司令阮正詩發動政變，包圍總統府，企圖逼迫吳廷琰改組政府，雖然政變很快被敉平，然而此一事件對南越的民心士氣與國際聲譽，都是很大的打擊，吳廷琰因而決心仿效一九四九年後蔣經國在台灣國民黨軍隊裡設置政工人員的作法，於南越政府軍內大力推動政治作戰制度，而當時協助南越此一任務的最佳人選，非王昇莫屬，此乃其所領導創建之

---

53 U.S. Embassy in Laos to State Department, October 26, 1962, No. 793.551/10-2662, in USSD 1960~1963 Internal, reel 14; Dean Rusk to U.S. Embassy in Laos, October 26, 1926, No. 793.511/10-2662, ibid.

54 U.S. Embassy in Laos to State Department, November 17, 1962, No. 793.551/11-1762, ibid.

55 譬如一九六七年三月間，國民黨政府情報局派駐永珍幹員回報台北稱，由於美國政府已知悉台灣與寮國祕密合作事宜，因此永珍當局不得不將台方人員暫時調離，台方研判此舉「似有避開我方或有與中美兩方做雙重運用之意圖」，參見「國防部情報局長葉翔之呈國防部長蔣經國」（一九六七年三月十日），〈忠勤檔案／敵後工作（二）〉，《蔣經國總統文物》，典藏號：005010100001030005。

56 陳鴻瑜，《中華民國與東南亞各國外交關係史（1912~2000）》，頁二八二—二八八。

57 陳祖耀，《西貢往事知多少——揭櫫中華民國駐越軍事顧問團的祕辛》（台北：黎明文化，二〇〇〇），頁三二一—三三。

「奎山軍官團」於西貢（今胡志明市）成立運作之始。[58]

一九六一年一月二日，由蔣介石核准、王昇率領的七人奎山軍官團抵達西貢，其所擬定的五大任務為：建立越南反共理論體系、建立越南軍中政治作戰制度、舉辦幹部訓練、改進作戰方法、肅清潛伏越共。該軍官團於駐越一年當中，有幾項較為具體的成果，包括協助越方成立一所心戰訓練中心、開辦南越政治作戰研究班與政治作戰初級班、協助編寫教材教案、開班授課與巡迴演講座談等，這些項目也讓過去主要接受法國軍事訓練的南越軍官，開始接納國民黨政治作戰的概念。而配合此一向南越軍方大舉輸出反共意識形態的計畫，台灣軍方也開始祕密提供南越政府小額軍火物資，同時討論進一步輸出技術來協助越方製造輕武器彈藥之可行性。[59]

來自台灣的奎山軍官團於一九六二年一月結束工作返台後不久，西貢又向台北提出派遣一名心戰顧問前往協助之要求，此時吳廷琰希望台灣能夠祕密協助南越建立一座可以發揮心戰效果的廣播電台，全天候播放中、越雙語節目，用來強化對越共的政治心理與宣傳攻勢。[60]台北批准由奎山軍官團成員之一的劉戈崙前往南越擔任此心戰顧問。在一年多的時間裡，劉戈崙除了推動南越政府軍的心戰業務之外，並積極促成南越中、高階軍官前往台灣受訓，同時還協助西貢擬定新的政戰法規與訓練課程，指導南越政府「安寧署」推動情報安全網絡、實施內線運用、與處置南越軍中嫌疑分子等重要業務。[61]其工作表現，甚得吳廷琰總統的讚賞與信任。

此外，台灣與南越之間的軍事情報合作，也大步邁開。一九六一年甘迺迪總統上任後，美國中央情報局鑑於來自北方的越共人員積極不斷地向南越滲透，而當時美國法律明文禁止美國政府直接對南越提供情報攔截支援，吳廷琰因而轉向台灣尋求援助，雙方決定由台灣的軍事情報單位協助代訓南越軍方情報攔截與解碼的專家，到後來甚至直接由台灣派專家技術人員前往西貢，負責截取越共情報之重要業務。[62]一九六二年起，在蔣經國主持下，台灣空軍啟動一項代號名為「南星」的機密任務，由台灣提供二十三名空、地勤人員、一架DC-4民航機與數架C-46運輸機，前往進駐西貢，負責訓練南越特種部隊跳傘，協助空投南越情報人員至北越境內，以及祕密載運南越山地部隊與物資至各戰略據點，此南星計畫持續十數年之久，直至一九七五年春天越戰結束前夕才停止運作。[63]

一九六三年十一月一日，南越軍方發動政變，將吳廷琰與其胞弟吳廷瑈殺害，震驚全世界。吳廷琰遇害後，由發起政變的總統府軍事顧問楊文明出任國家元首，領導一個由十二名將領所組成的軍事執政團，然而短短不到三個月時間，此軍事執政團就被阮慶、陳善謙與阮文紹三位將領推翻，然而新成立的政府嚴重缺乏統治基礎與正當性，軍方內部亦派系林立，彼此勾心鬥角，南越政局日益敗壞。[64]一九六四年八月二日，美國軍艦「馬多斯號」（USS Maddox）自台灣的基隆港出發，於東京灣一帶執行偵查巡

58 同上，頁六八—七〇；「越南吳總統與蔣經國副祕書長談話記錄」（一九六〇年十二月十四日），〈忠勤檔案／中越關係（一）〉，《蔣經國總統文物》，典藏號：005010100000083001。

59 陳祖耀，《西貢往事知多少》，頁七一—一二〇；「駐越南大使館武官李筱堯呈彭孟緝」（一九六一年十一月十三日），〈協助越南製造械彈案〉，《國防部史政檔案》，檔號：0045977。

60 「李筱堯呈國防部」（一九六二年五月十六日）；「國防部總政治作戰部簽呈」（一九六二年七月二十四日），〈越南函件〉，《王昇檔案》。

61 「王昇呈蔣經國」（一九六二年十一月二十四日）；「王昇呈蔣經國」（一九六三年二月），同上。

62 Matthew M. Aid, *The Secret Sentry: The Untold History of the National Security Agency* (New York: Bloomsbury Press, 2009), pp. 58-59.

63 衣復恩，《我的回憶》，頁三三七—三三八；翁台生，《ＣＩＡ在台活動祕辛》，頁二五一—二六六。

64 Robert Shaplen, *The Lost Revolution: Vietnam 1945–1965* (London: André Deutsch, 1966), pp. 332-333; A. J. Langguth, *Our Vietnam: The War, 1954–1975* (New York: Simon and Schuster, 2002), pp. 276-280.

邏任務時，聲稱遭到三艘北越P-4魚雷艇攻擊而展開還擊，當時在附近巡弋的美軍航空母艦聞訊後，派遣戰鬥機增援，並擊沉北越一艘魚雷艇，重傷另一艘。八月四日，馬多斯號與另一艘美國軍艦再次前往北越沿海執行巡哨活動，當晚兩艘艦上的軍官向華府聲稱，據雷達顯示，美軍再次受到北越攻擊，同時又加以還擊。現今解密的文件顯示，這一系列所謂「東京灣事件」，實為美方在錯誤情報引導下，演變成為「北越攻擊美國」的誇大不實虛構情節，然而當時在真相未明的情況下，美國國會參眾兩院隨後一致通過《東京灣決議案》，授權詹森總統對北越採取包括軍事手段在內的一切必要舉措。翌年二月起，美軍開始對北越展開大規模戰略轟炸，自此越戰全面升級，進入新的階段。[65]

美方通過《東京灣決議案》後，蔣介石體認到越戰情勢已發生重大轉折，因而於八月二十一日再度派遣王昇前往西貢訪問，討論雙方進一步合作。此次造訪，王昇還特別向美國駐越軍援司令魏摩蘭將軍（William Westmoreland）進行簡報，介紹國民黨的政治作戰制度。此次簡報後，美國軍方認同此套政戰制度將有利於南越的反共作戰，台、美雙方立即決定從台灣儘速派遣正式的軍事顧問團，長期駐留西貢。[66]一九六四年十月八日，台灣駐南越軍事顧問團一行抵達西貢展開運作，此後，隨著越戰局勢日益升高，此軍事顧問團也逐步擴編，到了一九六六年春天，顧問團已從最初的十五人增加至三十一人，團員們除了被派駐在南越的政戰總局以及所屬各部門擔任顧問之外，也開始被分發至南越各戰術區司令部與海、空軍司令部內服務。[67]幾在同時，台北的國安部門也著手強化與南越的情報合作，在美國中央情報局允可下，蔣介石一度希望台、越雙方共同派遣敵後情報人員，跨越北緯十七度線滲透至北越，來進行顛覆策反活動，後因南越方面無法提出合適人選而作罷。不過台、越之間在美方海軍協助下，以海路滲透北越的合作計畫，則於一九六五年秋天展開，只不過美方事後評估，其效果遠不如預期。[68]

一九六五年九月間，台灣還曾祕密提供南越數艘「非戰鬥」性質之兩棲登陸艦，作為南越政府實施近海運輸所用，鑑於南越方面缺乏駕駛此類登陸艦人才，蔣介石另外派遣台灣海軍官兵，以私人身分前往協助。[69] 一九六七年二月起，台灣在西貢的顧問團改名為「駐越軍援團」，團長亦改稱為司令，與美、韓、菲、澳、紐、泰等國在南越的軍援團地位平等。此時台灣除了繼續協助推動南越軍隊裡的政治作戰業務之外，還派遣二百名各領域專業技術人員前往協助南越的農業技術、公共工程、醫療服務、交通與電力等建設，總經費達上百萬美元之譜。[70] 在越戰情勢最高峰的一九六〇年代中、晚期，台灣對南越的反共輸出與各項實質援助，是極為可觀的。

冷戰、越戰與國共內戰

蔣介石對於南越政府投入如此大的心力與資源，除了雙方共同擁有的意識形態與反共立場外，還有

---

65 Robert S. McNamara, *In Retrospect: The Tragedy and Lessons of Vietnam* (New York: Vintage Books, 1995), pp. 127-144.

66 「駐越軍援團越南政治作戰簡報」（一九六七年十二月），〈忠勤檔案／中越關係（二）〉，《蔣經國總統文物》，典藏號：005010100000023002；Jerald Wright (U.S. Ambassador in Taipei) to State Department, August 21, 1961, No. POL 1 CHINAT-US, in USSD 1963~1966, reel 38.

67 陳祖耀，《西貢往事知多少》，頁二三〇。

68 楊瑞春，《國特風雲——中國國民黨大陸工作祕檔（1950-1990）》，頁四七〇；Christopher Andrew, *For the President's Eyes Only: Secret Intelligence and the American Presidency from Washington to Bush* (New York: HarperPerennial, 1995), pp. 315-316.

69 Clough to State Department, August 12, 1965; Arthur W, Hummel Jr. (U.S. Charge d'Affaires in Taipei) to State Department, September 14, 1965, in LBJ 1963~1969, reel 3.

70 State Department Memorandum, Subject: The Republic of China and Vietnam, May 4, 1967, ibid, reel 6.

進一步深意；易言之，隨著亞洲冷戰對抗局勢因越南戰局惡化而快速升溫，蔣介石也嘗試把其反攻大陸的國策，與越戰做成緊密聯結。本書第四章曾提及，一九六〇年代初期，蔣介石曾因美國對華政策逐漸改變，以及中國大陸因大躍進與人民公社所造成的險峻局面，發動一項名為《國光計畫》的反攻行動，然而因為甘迺迪總統的強烈反對阻撓，該計畫最後無疾而終。蔣介石深知華府不可能同意台灣對中國大陸發動武力反攻，也理解若無美方支持，台灣任何單方面的軍事行動，也都無法成功，因而苦思尋求其他可能的方案，讓光復大陸此一凝聚台灣軍民士氣與維繫國民黨統治正當性的目標，能夠繼續保持不墜；越戰局勢升溫與台灣所扮演的角色和積極參與，讓蔣介石找到了這樣一個著力點。一九六四年二月間，華府軍方曾私下向蔣介石探詢，在必要時，台灣有無意願派遣地面部隊投入越戰，蔣當即表示願意認真考慮。[71]蔣認定美方似乎已考慮讓台灣在越戰中扮演更重要的角色，因而決定把握機會，化被動為主動。三月二十四日，他透過美國中央情報局前駐台北站長、時任中央情報局副局長的克萊恩，向華府傳達訊息稱，台灣願意以「非正規」手段，代為協助美國與南越政府執行摧毀北越與越共軍事基地設施等敵後行動，並保證台灣的參與將是祕密性質的，不會破壞美國的國際聲譽，更不會引發另一場世界大戰。[72]

一九六四年八月發生東京灣事件後，眼見美國大幅介入越戰已不可避免，蔣介石進一步強化其論述，聲稱美國若要打贏越戰，必須先切斷中共對北越胡志明的補給線，而台灣在此方面可以代為效勞，與美方共同為中南半島上的軍事與政治目標來攜手合作。為了日後台灣擴大投入越戰，蔣介石還下令於東沙島上擴建六千呎機場跑道與其他基礎設施，此舉讓台灣空軍面對中國西南省分與中南半島，足足縮短了二百五十英里以上的空中距離。[73]一九六五年二月，美軍在越南中部波來古（Pleiku）的軍事基地遭到北越攻擊後，華府下令向北越發動首次報復性轟炸；四月下旬，詹森總統的越南事務特使洛奇（Henry C. Lodge）前往台北，聽取蔣介石對越戰局勢看法。蔣重中越南問題的根源在北京，並表明台灣部隊願意代為效勞，切斷中共對北越的軍事補給線，而時任國防部長的蔣經國，更探詢美方對海南島的看法，他急切希望知道華府是否已將海南島視為美軍擴大參與越戰的一大地緣戰略威脅，以及由台灣軍方發動反攻海南島的可能性。[74]

一九六五年七月二十四日，一架美軍F-4C戰鬥機被北越擊落，憤怒異常的詹森總統立即下令提高駐越美軍人數至十二萬五千人；兩天後，他致函蔣介石，解釋美方立場，並邀請台灣擴大協助南越政府。[75]蔣介石認定時機已接近成熟，決定派遣蔣經國親赴美國，推銷一套代號名為《大火炬五號》的反攻中國大陸西南五省計畫。九月二十二日，蔣經國抵達華府，展開一連串拜會，他向詹森總統傳達蔣介石的訊息，希望台、美雙方能夠尋求對抗中共之共同戰略目標與諒解，暗示台北方面有新的方案，此刻正為越戰問題心煩意亂的詹森，顯然沒有耐心與時間與小蔣進一步晤談。[76]

當蔣經國隨後與美國防部長麥克瑪拉（Robert McNamara）進行長達兩小時的會晤時，他開始詳細介紹《大火炬五號》的內容，稱中國華南與西南的粵、桂、滇、貴、川等五省，是中國大陸與中南半島

---

71 Jerald Wright to Dean Rusk, February 24, 1964, No. POL1 CHINAT-US, in China 1963~1966, reel 38; CINCPAC to US Joint Chiefs of Staff, top secret, February 25, 1964, in LBJ 1963~1969 Supplement, reel 1.

72 Wright to Dean Rusk, March 27, 1964, ibid.

73 Wright to Dean Rusk, August 21, 1954, No. POL1 CHINAT-US, in USSD 1963~1966, reel 38.

74 U.S. Embassy Taipei to State Department, April 23, 1965, No. POL 2-1 CHINAT, ibid, reel 33; Memorandum of Conversation, Subject: U.S. Policy toward Vietnam, April 23, in LBJ 1963~1969 Supplement, reel 1.

75 President Lyndon Johnson to President Chiang Kai-shek, July 26, 1965, in LBJ 1963~1969, reel 6.

76 Dean Rusk to U.S. Embassy in Taipei, September 25, 1965, No. POL 7 CHINAT, in USSD 1963~1966, reel 33.

之間的緩衝地帶，若台灣能夠拿下此五省，整個中南半島乃至全東南亞地區也將可獲得安全保障，美國在越戰的困境也將可迎刃而解。小蔣堅稱美軍毋需直接介入，只要提供台灣必要的後勤與海、空軍運輸支援，協助國軍特種部隊空降並占領西南五省要地即可，此後一切行動，台灣方面都已有妥善規劃與準備，包括策動當地百姓起義，推翻中共統治。為了博得美方信任，蔣經國甚至動之以情，坦言也許在他有生之年，國民黨政府都可能無法實現光復大陸的目標，他父親與他所唯一企盼的，是能夠在美國協助下，把握住每一次摧毀中共「企圖心」的機會，而現在正是採取行動的大好時刻。麥克瑪拉聽完蔣經國的說明後反問，有何證據顯示只要國軍部隊空降登陸中國西南地區後，當地百姓就會揭竿而起？蔣經國只籠統地答稱，西南五省的反共力量最強，蔣介石所享的威望最高，而且中共在當地的軍事力量最為薄弱，麥克瑪拉聞後未置可否，但答允將對此計畫進行全面評估。[77]

蔣經國與麥克瑪拉。

事實上，當時美國駐外單位與中央情報局不但掌握情報，證實中共確實以廣西為基地，不斷向北越輸出裝備物資與技術人員，甚至不排除中共確實有可能以各種形式介入越戰，或者派遣地面部隊與美軍作戰的可能性。[78]然而此時美方對於越戰的基本原則，仍在於設法避免與中共直接發生軍事衝突，因此對於台北所提空降中國西南五省的構想，根本不可能接受。[79]一九六六年一月二十四日，華府經過數週的研究評估後，指示美國駐台灣大使館代理館長恆安石（Arthur W. Hummel Jr.）向蔣經國轉達美方無法支持《大火炬五號》的訊息。根據恆安石報告，蔣經國聞後難掩心中的憤怒與失望，但仍極力克制其情緒並保持鎮靜，他稱台灣向美方坦誠交心，提出具有建設性的方案，以求根本解決越南問題，然而美方卻不願考慮此方案的重要價值與可行性，嚴重損害台灣的民心士氣。蔣還告訴恆安石，未來此《大火炬五號》計畫仍有派上用場的一天，而且屆時美方一定會因為沒有支持台灣發動此計畫而悔不當初。恆安石向蔣經國強調，華府仍願意擴大與台北之間的協商與對話，討論台灣所提出之任何戰略構想，蔣聞後終於忍不住其憤怒情緒，回答表示現在已無此必要性，恆安石接著提出台、美雙方可以進一步合作來收集、交換並分析中國大陸情報，以確切掌握西南五省民心歸向，蔣經國一口回拒，宣稱若無外來力量的煽動，中國大陸內部將很難發生大規模抗暴運動，唯有大量國軍部隊空降登陸並占領西南五省後，該地區才會出現反共熱潮。[80]

回顧歷史，此《大火炬五號》成為一九四九年蔣介石撤退來台後，向美國正式提出的最後一份軍事

---

77 CIA Intelligence Information Cable, Subject: Chiang Ching-kuo's Desire to Discuss GRC /U.S. Strategy against Communist China, September 22, 1965, in LBJ 1963~1969 Supplement, reel 1.

78 Edward E. Rice (U.S. Consul-general in Hong Kong) to Dean Rusk, June 6, 1965, in LBJ 1963~1969, reel 3; CIA Intelligence Memorandum, "The Chinese Position in North Vietnam," OCI No. 1688/66, August 5, 1966, ibid, reel 4; CIA Report, Subject: [deleted] Comments on War Preparations in China in 1965 and [deleted] "Opinions on the Chinese Communist Attitude towards the War in Vietnam," CS-311/11832-66, August 30, 1966, ibid; CIA Intelligence Information Cable, Subject: Alleged Chinese Preparations for Use of 15 Infantry Battalions in South Vietnam, April 28, 1965, in LBJ 1963~1969 Supplement, reel 1.

79 George Ball to U.S. Embassy Taipei, January 10, 1966, No. POL CHINAT-US; Dean Rusk to U.S. Embassy in Taipei, January 23, 1966, No. POL CHINAT-US, in USSD 1963~1966, reel 38.

80 Arthur Hummel Jr. to Dean Rusk, January 25, 1966, No. POL27 CHINAT-US, ibid.

反攻大陸方案，該案遭到華府拒絕後，台北政壇上下開始瀰漫著一股悲觀的氣氛，蔣氏父子對於無法把台灣光復大陸的基本政策與越南戰爭作成聯結，讓台灣的軍事、外交與國家安全，與美國在越戰乃至整個亞太地區冷戰場域中的戰略利益與目標緊密結合，而陷入深刻的挫折感之中。[81]也因此當文化大革命於同年夏天起開始在中國大陸各地如火如荼展開時，海峽另一端的蔣氏父子，眼見大陸各地出現亂局，民心浮動，卻因為美國此刻深陷越戰泥沼，不願支持台灣任何軍事反攻構想，只能作壁上觀，無法有任何作為。[82]回顧歷史，越南戰爭不但拖垮了美國，也讓蔣介石的反攻大陸夢想，至此幾已破碎。

美、中關係正常化過程中的蔣介石與亞洲冷戰

一九六八年三月三十一日，美國總統詹森跌破眾人眼鏡，宣布不再競選連任，並準備大幅削減美國投入越戰的規模。詹森為了尋求個人的歷史評價，並轉移美國國內因越戰而引發的嚴重社會對立衝突，也開始積極尋求設法努力改善與中共的關係，同時希望透過華府與北京關係的緩和，逐步改善美國與北越之間的敵對態勢。詹森宣布不再競選連任，以及美國的越戰政策發生根本性轉變，讓蔣介石感到震驚與疑慮，他曾當面告訴美國駐台大使馬康衛（Walter P. McConaughy），除了詹森一人，他實在想不出來還有其他哪些美國政治人物，能夠有效面對並處理越戰局勢。[83]

面對華府逐步轉變整個亞太地區的戰略目標，台北國民黨政府積極向東南亞地區輸出反共的努力，依然未曾停止。一九六六年起，隨著泰國北部地區共黨勢力的快速崛起，當時盤踞在泰北邊境、自食其力的前國民黨游擊隊殘部，也成了泰國政府當局眼中一支可以運用的武力，提供其北方屏障安全，阻止泰國共產黨繼續向南部發展。多年來對游擊隊鮮少與聞的台北當局，以反共為前提而與曼谷合作整頓與

補給泰北地區游擊勢力，成了蔣介石新的努力重點。[84]一九六七年春天，美國中央情報局掌握訊息，知悉台灣與泰國之間已達成祕密協議，將在軍事情報領域進行合作，共同對抗中南半島的左傾勢力，蔣介石還承諾將大力協助泰方掃蕩其境內之共產黨分子。然而美方所關切的，仍是游擊隊議題，華府雖不反對國民黨政府利用當時於泰北地區活動的游擊隊來收集情報，但卻堅決反對台灣重新武裝游擊隊並提供裝備援助，以免激怒緬甸、寮國等鄰國，再度引發外交風波。[85]

在美方壓力陰影下，一九六九年秋天起，台北、曼谷與泰北游擊隊三方，曾就游擊隊的補給、歸屬與管轄權等議題，展開一系列磋商與談判，此刻領導游擊隊的段希文與李文煥等人，皆不願離開泰北根據地而前往台灣，國民黨則以此為理由，不願意重新恢復對該游擊隊勢力的補給與指揮管理，然泰國政府又希望利用游擊隊來對付境內的泰國共產黨。幾番折騰後，在一九七〇年十月間，三方達成協議，由泰國政府通過一項新法案，准許前國民黨游擊隊員以「難民」身分繼續留在泰北，並且編列預算補給游

---

81 CIA Intelligence Memorandum, "Growing Pessimism among Nationalist Chinese Leaders," OVI No. 0820/66, May 17, 1966, in LBJ 1963~1969, reel 4.

82 CIA Intelligence Information Cable, Subject: Situation Appraisal: The Reactions of the Government of the Republic of China to Current Developments in Communist China, September 12, 1966, in LBJ 1963~1969 Supplement, reel 1.

83 McConaughy to Dean Rusk, April 4, 1968, ibid, reel 2.

84 CIA National Intelligence Estimate No. 52-66, "Communist Insurgency in Thailand," July 1, 1966, CIA Electronic FOIA Reading Room, Document No. 0000012498.

85 CIA Intelligence Information Cable, Subject: GRC-Thailand Agreement on Proposal for Military and Intelligence Cooperation, April 18, 1967, CIA Electronic FOIA Reading Room, Document No. 0000098086; Memorandum for the President, Subject: Chinese Nationalist Irregulars in Southeast Asia, May 4, 1967, in LBJ 1963~1969, reel 6.

擊隊，以換取其協助清剿泰共，台北國民黨政府自此切斷了與東南亞游擊隊的關聯。[86]

另一方面，中南半島上的局勢發展，也令蔣介石深感憂心。一九六八年十一月初，詹森總統宣布全面停止對北越的轟炸行動，以鼓勵南、北越在巴黎進行和談，然而美方此決定卻遭到南越總統阮文紹嚴厲拒絕，阮文紹不願妥協的態度，則受到華府指控其蓄意破壞美方與北越之間的和平進展，為此，阮文紹特地向蔣介石解釋其立場，並尋求台灣的支持。[87]眼見南越政府軍心士氣因美國準備改變越南政策而受到嚴重打擊，蔣介石於同年十二月間，再度派遣王昇訪問西貢，向阮文紹獻策，提醒他要注意整個局勢的變化，同時應把注意力集中在對付南越境內的越共游擊勢力；阮文紹則告訴王昇，他對詹森總統於離任前夕，為了爭取個人和平英雄之榮銜，而遷就河內、出賣西貢，感到憤恨至極，他希望蔣介石能夠積極推動並實現其數年來不斷倡導的亞洲反共聯盟，讓亞太地區的反共力量，能夠繼續維持下去。[88]

蔣介石夫婦迎接阮文紹夫婦來訪，一九六九年於台北。

然而阮文紹的想法，終究抵不過國際現實的考驗。一九六九年初，美國新總統尼克森上台後，倡言「尼克森主義」，讓亞洲事務留給亞洲人自行解決，他同時全力推動「越戰越南化」，以談判代替對抗，讓美國「體面地」退出越南戰場，把越戰問題留給越南人民自己解決。其具體作法，一方面努力打開與北越當局的溝通大門，由雙方代表於巴黎進行停戰談判；另一方面則下令祕密轟炸柬埔寨境內的北越軍事基地，逼迫河內當局讓步與妥協。[89]與此同時，為了緩和美、蘇冷戰緊張對立關係，並向蘇聯進行外交施壓，尼克森與他的國家安全顧問季辛吉決心大膽轉變美國對華政策，致力於打開與中共的交往之門。一九七一年夏天，季辛吉借道巴基斯坦密訪北京，與周恩來總理會晤，並安排尼克森於翌年訪問中國，此消息震驚全世界。同年十月間，國民黨政府在聯合國的席次由北京所取代；一九七二年二月，尼克森踏上中國領土，與毛澤東進行歷史性會晤，雙方關係走向正常化，已是既定的方向。隨著美國對華政策出現戰略性的轉變，以及台灣的國際地位一落千丈，未來台、美關係如何演變？亞太地區局勢如何發展？都讓蔣介石、蔣經國父子深感憂心不安。

在美國準備「拋棄」台灣國民黨政府的巨大陰影下，台北對於尼克森總統上台後美國在中南半島上所推動的各項措施，依然盡全力配合。一九七〇年三月間，柬埔寨國家元首施亞努親王前往法國與蘇聯訪問，總理龍諾、國會主席鄭興、皇族馬達克親王趁機發動政變，推翻施亞努政權，改制共和，稱為「高棉共和國」，在外交上採取親西方與反共政策，並宣布與中共、北越、北朝鮮等國家斷交。[90]龍諾右

86 覃怡輝，《金三角國軍血淚史1950-1981》，頁二八八—二九六。

87 「為越南駐華大使館來略陳述越南最近發展情況請查照轉陳由」（一九六八年十一月二十六日），〈忠勤檔案／中越關係（三）〉，《蔣經國總統文物》，典藏號：005010100000085006。

88 「阮文紹總統與王昇將軍會談筆錄」（一九六八年十二月五日），〈忠勤檔案／中越關係（三）〉，《蔣經國總統文物》，典藏號：005010100000084024；「王昇訪越報告」（一九六八年十二月八日），同前，典藏號：005010100000084025。

89 Henry Kissinger, *Diplomacy* (New York: Simon and Schuster, 1994), pp. 674-683.

90 Ben Kiernan, *How Pol Pot Came to Power: Colonialism, Nationalism, and Communism in Cambodia, 1930-1975* (New Haven: Yale University Press, 2004), pp. 298-310.

翼新政權的成立，因有助於美國強化對河內的壓力，很快就獲得華府的支持。對台北而言，中南半島上突然出現一個反共的新高棉，自然為其所樂見，因此在龍諾發動政變後不久，蔣介石即密派台灣駐泰國公使董宗山前往金邊訪問，討論建立外交關係與推動雙邊合作等事宜。[91]

然而美國對於台北與金邊之間準備建立外交關係一事，卻持極為反對立場，華府認為龍諾政權才剛起步，根基尚未穩固，國際社會是否願意接納與承認，仍在未定之數，若台北與金邊此刻建立邦交，則國際間恐將視龍諾政權已放棄過去施亞努採取的中立不結盟外交立場，成為美國所支持的一個傀儡政權，甚至引發中共的軍事干涉。[92]對於這種說詞，蔣介石根本無法接受，並堅信台灣對龍諾的外交承認與援助，將大有助於穩固其地位。然而，在害怕失去美國支持的情況下，台北決定妥協，雙方僅決定互設代表團，強化經貿與技術方面的合作交流，但未建立起正式外交關係。

龍諾

儘管台北因屈服於華府的壓力，而無法與金邊的反共新政權建立邦交，然在軍事層面上，蔣介石堅信龍諾政權的長久穩固，將有助於越南局勢的穩定，為了避免中南半島進一步赤化，蔣決心扮演自己的角色。一九七〇年夏天，金邊向台北要求提供軍火彈藥的研製技術，以利其自行生產，為此，蔣介石批示派遣台灣軍方技術人員前往金邊考察，並提供協助，同時下令與美方研究，如何在不違反台、美之間協防條約前提下，由台灣提供高棉軍火物資。[93]一九七一年春天起，國民黨政府以「惠遠演習」為代號，提供龍諾政權八一迫炮五十門，機關槍五十挺，兩個營的通信裝備，以及一萬二千人份的軍服、軍鞋、子彈袋等裝備用品，蔣介石並允諾派員進駐金邊，協助高棉軍方修復軍事通訊裝備。為了保密起見，所有提供龍諾政權的軍備物資，其上頭的「國軍」字樣，都被塗掉，並由台灣空軍C-119運輸機，祕密運往金邊。[94]此「惠遠演習」似乎並未事先徵得美國同意，因為幾乎在此同時，美國軍方也向台灣要求調撥七五無後座力炮十門，用來緊急援助高棉部隊與越共作戰，若華府得知台灣已祕密軍援龍諾政權，則其是否同意由台灣進一步提供軍火，不無疑問。不論如何，對於美方此一請求，蔣介石欣然同意批准。[95]自一九七二年九月起，台灣更循南越模式，派遣軍事顧問團進駐金邊，甚至由台灣自行編列經費與預算，義務協助高棉部隊建立政治作戰制度，而主其事者，正是王昇。[96]

台灣以意識形態與地緣戰略為考量，對中南半島輸出其反共經驗並提供裝備援助，卻抵不過這些反共政權本身內部權力傾軋所導致的脆弱性，以及美國政府已決心自中南半島抽身的大方向所引發之不利影響。早在一九七〇年秋天，台北高層即從其駐金邊代表團獲知，龍諾與其他兩位發動政變的要角鄭

91 陳鴻瑜，《中華民國與東南亞各國外交關係史（1912~2000）》，頁五一四。

92 McConaughy to State Department, May 28, 1970, Reproduced in DDRS, No. CK3100698563; State Department to U.S. Embassy Taipei, May 29, 1970, ibid, No. CK3100691793.

93 U.S. Embassy Taipei to State Department, July 23, 1970, ibid, No. CK3100688936;「『參謀本部』簽呈」（一九七〇年七月三十日）；「駐高棉代表團致外交部」（一九七〇年七月三十日）；「賴名湯呈蔣經國」（一九七〇年八月三日），〈軍援高棉共和國案（惠遠演習）〉，《國防部史政檔案》，檔號：00034437。

94 「國家安全局長周中峯致賴名湯」（一九七一年二月五日）；「參謀本部簽呈」（一九七一年二月九日）；「參謀本部簽呈」（一九七一年八月七日），同上；「賴名湯呈蔣介石」（一九七一年七月十六日），〈我國軍援高棉案〉，《國防部史政檔案》，檔號：00046060。

95 「賴名湯呈蔣介石」（一九七一年七月二十一日）；「蔣介石致賴名湯」（一九七一年七月三十日），同上。

96 「賴名湯呈蔣介石」（一九七二年八月八日）；「總統府第二局局長張立夫致國防部總政戰部」（一九七二年八月十日），〈派遣軍事顧問團協助高棉建立政戰制度〉，《國防部史政檔案》，檔號：00049640。

興、馬達克親王之間相互猜疑，甚至將南越政局也牽連進來。蓋因南越阮文紹總統與阮高祺副總統彼此不睦，當時與阮高祺交好的龍諾，懷疑馬達克親王有意串通美國中央情報局、阮文紹，以及當時駐紮在高棉境內的南越軍隊，聯手發動政變，推翻龍諾領導的政府。[97]一九七二年七月間，王昇前往高棉訪問慶賀龍諾當選高棉共和國首任總統時，也曾親眼目睹金邊政局的動盪與混亂，當時高棉一心一意想要引進台灣的政治作戰制度，然而王昇親訪金邊後卻坦言，此套制度是否能夠成功地推動，仍取決於高棉軍隊與政府官員能否攜手真誠合作而定，言下之意，實無樂觀之情。[98]

一九七三年一月二十三日，美國與北越代表於巴黎談判達成停火協議，並簽訂《巴黎和約》，內容規定美國與其他各國的軍隊與軍事人員，必須於三月底之前，全部撤出南越，台灣駐越軍援團也於三月十二日結束長達九年的援越工作，返回台北。各國相繼撤離後，南越陷入孤立無援的艱困局面，阮文紹於四月十二日前往台北訪問，切盼台灣能夠繼續提供援助，此時蔣介石的健康狀況已每況愈下，無法與外國元首會晤；擔任行政院長的蔣經國，實際上已經主導台灣黨、政、軍大權。阮文紹告訴蔣經國，他對整個亞太地區的前景，感到極度悲觀，認為各國普遍誤解尼克森主義的真實意涵，誤認美國已徹底改變其亞洲政策，導致各國普遍喪失對抗共產主義的信心，他懇求台灣協助重建南越，提供技術與人才援助，蔣經國對此表示同意。[99]

在西貢的南越政權於一九七五年春天崩潰之前的最後兩年時間裡，台灣成為全世界願意對其繼續援助的極少數國家之一。一九七三年五月初，國民黨政府以「駐越建設顧問團」名義，派遣三十五名軍事顧問，由十年前擔任南越心戰顧問的劉戈崙率領，前往西貢，協助南越政府部隊加強政治作戰、心戰、安寧與社會工作，各團員也一如以往，被分派至南越境內各戰術區，與南越部隊共同生活在戰地裡，協助推展基層政戰業務。[100]離譜的是，即便在如此艱困的局面下，阮文紹竟然還於一九七四年一月間，派遣自美國接收而來的數艘海軍艦艇，企圖占領西沙群島。北京下令中共南海艦隊前往進行保衛戰，並於一月十九日與南越海軍在西沙群島所屬永樂群島海域附近開戰，戰事持續兩天後，南越眼見無法對抗中共，只得撤出先前所占之各小島，此後中共牢牢掌控西沙群島與周邊海域。根據當今美方國安解密檔案所揭示，當時有一位名為柯許（Gerald Kosh）的美國公民，曾以工程師身分隨同南越海軍艦隊前往西沙群島，協助勘察在西沙興建機場跑道的可行性，然而當南越海軍眼見敵不過中共南海艦隊強大優勢而急忙自永樂群島撤離時，這位美國工程師卻來不及隨同越軍撤離，遭到中共俘虜，為此，美國駐西貢大使館急忙致電白宮國家安全會議，請求華府設法私下與北京交涉，釋放這名美國公民。[101]

美國白宮國家安全會議分析，此時北京選擇與南越在西沙群島交戰，是為了阻止河內當局日後解放全越南後，將順勢占領南海海域內極具戰略價值的重要島礁。[102]而為了節省寶貴時間支援南海艦隊在西

97「駐高棉代表團呈外交部」（一九七〇年十一月二十八日），〈軍援高棉共和國案（惠遠演習）〉，《國防部史政檔案》，檔號：00034437。

98「軍事訪問團訪問高棉共和國報告書」（一九七二年七月十二日），〈訪問高棉資料〉，《王昇檔案》；陳祖耀，《西貢往事知多少》，頁二五五—二六二。

99「蔣院長拜會阮文紹總統會談記錄」（一九七三年四月十三日），〈忠勤檔案／中越關係（三）〉，《蔣經國總統文物》，典藏號：0050101000085005。

100 陳祖耀，《西貢往事知多少》，頁三〇八—三一一；曾瓊葉編，《越戰憶往口述歷史》（台北：國防部史政編譯室，二〇〇八），頁一一八—一二〇。

101 Graham Martin (U.S. Ambassador to Vietnam) to General Brent Scowcroft (Deputy Assistant to the President for National Security Affairs), January 20, 1974, Reproduced in DDRS, No. CK3100498914.

102 Memorandum from Thomas J. Barnes (Staff member of the National Security Council) to Brent Scowcroft, January 20, 1974, Reproduced in DDRS, No. CK3100517133.

沙與南越海軍作戰，毛澤東還曾下令東海艦隊不必繞道太平洋與巴士海峽，直接通過台灣海峽趕赴海南馳援，而東海艦隊所屬的三艘艦隊，最後確實安然通過台灣海峽，沒有遭受台灣海軍的襲擊，因而有傳聞蔣介石與蔣經國父子在一九七四年初發生的西沙海戰過程中，曾經暗助北京對付其反共盟友南越，只不過目前尚無任何史料足以證實此傳聞是否屬實。然而時任台灣參謀總長的賴名湯在其回憶錄裡明白證實，當時中共驅逐艦確曾通過台灣海峽，而美國第七艦隊當時沒有阻攔中共東海艦隊，則是個不爭的事實。[103]

隨著南越局勢不斷惡化，台灣駐越建設顧問團的工作推展，也益加困難。一九七五年一月間，北越向北緯十七度以南發動大規模攻擊，占領南越數省；三月間，北越部隊占領中部高原重鎮邦美蜀，台灣派駐該地區的顧問團成員，被迫與當地百姓一同逃難，而派駐在峴港的顧問，幾乎無法脫逃，情況異常危急。眼見越共即將迫近西貢，顧問團決定撤離，並於四月五日與十八日分兩批返回台灣。此後不到兩星期時間，南越政權即告崩潰，鄰近的高棉龍諾政權，也在四月十七日淪入赤棉手中，台灣駐金邊的代表團與軍事顧問團，於倉皇之中撤離。曾經讓蔣介石擔心焦慮且欲積極介入內政事務的寮國，則於同年十二月間，由巴特寮全面掌控。[104]伴隨著中南半島局勢快速變化的，則是蔣介石於四月五日在台北溘然長逝，蔣的逝世，也讓二十餘年來他在東南亞地區的冷戰參與以及其反共輸出者之角色，劃下了休止符。

---

103 賴名湯坦言不但中共軍艦通過台灣海峽，蘇聯的戰艦與運輸艦亦曾於前一年（一九七三）的五月與八月間，先後通過台灣海峽。見賴名湯口述，賴暋訪錄，《賴名湯先生訪談錄》（台北：國史館，二〇一一），下冊，頁五六二。

104 陳祖耀，《西貢往事知多少》，頁三一一—三一三；陳鴻瑜，《中華民國與東南亞各國外交關係史（1912~2000）》，頁五一六。

第十章

台灣研發核武祕辛

一九六四年十月十六日下午三時，中共首枚原子彈於新疆羅布泊成功試爆，舉世震驚。這一試爆，也讓中共繼美、蘇、英、法之後，躋身世界核子俱樂部會員之一，台北的國民黨政府高層，對於中共核試爆成功的初步反應，普遍夾雜著震驚、不解與悲觀。十月二十九日，蔣介石向美國大使賴特（Jerauld Wright）坦言，他曾預估中共尚需三至五年時間，才有可能成功研發首枚原子彈，在不久之前的十月五日，他還將此番預測，與當時來訪的美國《時代》雜誌創辦人亨利・魯斯（Henry Luce）分享。[1] 賴特在拍發回華府的台灣政情觀察報告裡，直言中共核試爆成功對台北領導人帶來巨大心理陰影，他擔憂中共擁有核武此一事實，將為台灣甚至整個亞太地區的權力平衡與安全，帶來新的挑戰與衝擊。據賴特稱，當時甚至有部分國民黨中央常務委員如陶希聖等，公然批評美國，認為美國過去數年來對中共核武能力「錯誤」的情報研判，才會讓其盟邦對於中共成功試爆原子彈的消息，感到如此驚惶失措。[2]

面對中共擁有核子武器的事實，蔣介石在震驚之餘，也開始冷靜謀思研發台灣自身的核武能力，根據近年來公開的蔣介石私人日記，與美國解密的外交、軍事與情報文件顯示，台北高層亟思在核武研發技術上有所突破，幾乎在中共成功試爆首枚原子彈之際，就已開始醞釀。而國民黨政府致力於研發核武技術，更成為一九七〇年代台、美之間風雨飄搖、藕斷絲連的盟邦關係中，最嚴峻卻也最具爭議的外交議題之一。

中共發展核武與台、美反應

一九五八年八、九月間，正值第二次台海危機發生之時，當時美國總統艾森豪與國務卿杜勒斯曾一度考慮使用核子武器來對付中共。[3] 當年十月間，杜勒斯前來台北與蔣介石會晤，討論台海局勢，他曾探詢蔣介石對於使用核武對抗中共的看法，蔣介石此刻曾向美方提議，似可使用「戰術性核武器」；在十月二十三日的日記裡，蔣寫下當時他向美方提出的兩種方案：「予我以原子重炮，毀滅其炮兵陣地，否則由我空軍轟炸其運輸線也。」[4]另一方面，艾森豪總統為了嚇阻解放軍進犯台灣，確實也將配有核彈頭的「屠牛士」飛彈，悄悄運抵台灣，此後直至一九七〇年代初期，此類飛彈一直部署於台灣島上。然而在一九五八年外島危機期間，台、美雙方考量到使用核子武器不但恐將引發蘇聯軍事介入，而且也將同時造成中國大陸與金門地區超過二十萬居民喪生，因此最後並未以此作為選項。[5]

美國在一九五八年台海危機時曾考慮以核武對付中共，這也讓過去數年間剛著手研發核武的北京高層，更加體認到此計畫的迫切性。一九五九年六月，中共正式啟動代號為「五九六」的原子彈研製計畫，以位於北京的核武器研究所為大本營，在理論設計、中子物理、放射化學、結構設計與引爆控制系

---

1 Jerauld Wright (U.S. Ambassador in Taipei) to State Department, October 29, 1964, NSA, Collection: Nuclear Non-Proliferation, Document No. NP01030.

2 Wright to State Department, October 19, 1964, NSA, Collection: Nuclear Non-Proliferation, Document No. NP01008; Wright to State Department, December 9, 1964, ibid, Document No. NP01066.

3 Garver, *The Sino-American Alliance*, pp. 137-139; Chen, *Mao's China and the Cold War*, pp. 189-190.

4 《蔣介石日記》，一九五八年十月二十三日。

5 Memorandum by Philip E. Barringer (Office of the Assistant Secretary of Defense for International Security Affairs), top secret, October 8, 1968, NSA, Electronic Briefing Book: How Many and Where Were the Nukes? What the U.S. Government No Longer Wants You to Know about Nuclear Weapons During the Cold War, Document 7, pp. 64-66; 楊天石，《尋找真實的蔣介石——蔣介石日記解讀（二）》，頁四九七—四九八。

統等各方面，加緊進行研發工作。[6]與此同時，美國的軍事與情報部門也不斷關注中共的進程；一九六一年二月間，甘迺迪總統上任不到一個月之內，美國空軍參謀本部即向他提出一份有關中共核武能力的機密備忘錄，該備忘錄指出，中共有可能在未來三至五年內，成功進行首次核試爆，並在未來十年內，成功研發並擁有核子武器。值得注意的是，為了反制中共的核武進程，此時華府軍方決策官員曾建議甘迺迪總統，應鼓勵美國在亞洲地區主要盟邦如台灣、日本、韓國與菲律賓等，發展其自身核武防衛機制，並且在美方協助下，於亞太地區建構一套有效的核飛彈系統，以因應中國大陸軍事力量之崛起。[7]

事實上，自一九五〇年代中期起，美方對於台灣發展「非軍事目的」與「研究」用途的核能科技發展，是持肯定與支持的態度。一九五五年七月，台灣駐美大使顧維鈞與美政府簽訂《民用原子能合作協定》，由美國官方原子能委員會協助台灣設計與建造一座研究型核子反應爐，並租借濃縮鈾二三五，作為這座核子反應爐未來運轉補充之燃料。一九六一年十二月，在美方技術與資金協助下，位於台灣新竹清華大學的原子科學研究所，完成了全台灣、也是當時全亞洲第一座核子（輕水）反應爐，此裝置利用百分之二十的濃縮鈾二三五，於一九六五年五月起，開始生產十四種同位素，供醫學與農工等研究使用。此外，一九六四年四月間，來自美國與台灣本地的專家學者也曾於台北集會，宣布籌組「中美科學合作會」，由雙方合作共同推動台灣的核能研究，時任中央研究院院長的王世杰，則兼任該組織主任委員一職。[8]

甘迺迪總統上台後，曾下令決策官員著手評估，一旦中共不久後果真成為核武強權，此局面將對台灣海峽局勢帶來何種衝擊？對此，其幕僚曾提出一些可能的因應方案，只不過當時並沒有定論。[9]一九六二年三月間，中共首次成功試射東風二型導彈，未久，美國國務院擬妥一套新方案，決定由中央情報局及美國新聞總署等相關部門，在情報、外交與宣傳等各方面密切協調，設法努力淡化中共核試爆對整個國際冷戰局勢以及美國外交政策上所可能帶來的不利衝擊。[10]

冷戰高峰的一九六〇年代初期，除了華府與台北之外，當時持續高度關切中共研發核武進程的，還包括當時已與北京關係出現裂痕的蘇聯。一九六三年初，甫經歷前一年秋天古巴飛彈危機風暴的甘迺迪人馬，有意透過與莫斯科改善關係，以達到牽制與阻止中共擁有核武之目的；當時拖了近五年的聯合國禁止核試爆談判，將於同年夏天在莫斯科重新開啟，華府頗思藉由美國與英、蘇達成協議並共同簽署《禁止核試爆條約》，迫使北京簽字，藉此將中共納入此多邊條約規範之下。[11]《禁止核試爆條約》雖然

6 賈俊明、董學斌，《倚天——共和國導彈核武器發展紀實》（北京：西苑出版社，一九九九），頁六〇—七四。

7 Memorandum from General John K. Gerhart (Deputy Chief of Staff, U.S. Air Force) to General Thomas White (Air Force Chief of Staff), February 8, 1961, NSA, Electronic Briefing Book: The United States and the Chinese Nuclear Program, 1960-1964, Document 1.

8 黃鈞銘主編，《原子能與清華》（新竹：國立清華大學出版社，二〇一一），頁二—五；李雲漢主編，《中國國民黨一百週年大事年表》（台北：中國國民黨黨史委員會，一九九四），第一冊，頁五三一、五五二；Defense Intelligence Agency Report, ST-CS-02-398-74, "Nuclear Energy Programs: Japan and Taiwan," dated September 3, 1974, NSA, Electronic Briefing Book: U.S. Intelligence Eyes Chinese Research into Space-Age Weapons, Document 7.

9 RG 59, Records of the Department of State, Assistant Secretary for Far Eastern Affairs, Subject: Personnel and Country Files, 1960-63, Box 4, Memorandum from John Steeves (FE) to Roger Hilsman (Director of Bureau of Intelligence and Research, State Department), April 12, 1961.

10 NARA, RG 59, 793.5611/9-2462, George McGhee (Undersecretary of State) to Robert Manning (Assistant Secretary of State), September 20, 1962.

11 W. Averell Harriman (Undersecretary of State) to President John F. Kennedy, January 23, 1963, NSA, Electronic Briefing Book: The United States and the Chinese Nuclear Program, 1960-1964, Document 5.

於同年八月五日在莫斯科簽字，並於十月十日正式生效，然而北京拒絕成為簽字國之一，頗令華府感到挫折。微妙的是，當時國際間任何可能改變北京與台北關係態勢的舉措安排，包括把中共納入《禁止核試爆條約》簽約國，都足以令國民黨高層忐忑不安。當時台灣駐美大使蔣廷黻即曾向蔣介石彙報，甘迺迪總統對於中、蘇共之間發生爭執，頗有期待，為了讓此類爭執更加尖銳化，美國極願向蘇聯示好；另一方面，蔣也不諱言，美國朝野同樣也有部分人士提出「反建議」，力倡美國應與中共妥協，共同對抗蘇聯，蔣廷黻因此向台北直言，整個局面對台北頗為不利，須小心努力應付。[12]

面對中共積極研發核武，台灣與中國大陸僅一水之隔，其在地緣政治與戰略上所具備的優勢，乃當時國民黨政府推動對外關係可發揮與著力之處。誠然，當國際間對於中共核武研發進程深諱莫測之際，由台灣空軍U－2「黑貓中隊」於一九六一年起祕密執行的對中國大陸空中偵察行動，特別是對中共核武設施地點的情報蒐集，屢受華府決策階層高度重視。譬如在一九六三年七月十日，一份由美官方「軍備控制與裁軍署」擬訂上呈白宮的最高機密備忘錄裡，由台灣黑貓中隊高空偵察任務拍攝取得中共在西安、包頭與蘭州等地的核子設備照片，成為甘迺迪總統研判中共核武發展進程最直接與重要的證據來源之一。[13]

兩個月後，時任台灣國防會議副祕書長的蔣經國，銜命前往美國訪問，與包括甘迺迪總統在內的華府要員會晤溝通，爭取美方支持蔣介石所提軍事反攻大陸的構想。九月十日，蔣經國在白宮與甘迺迪總統的國家安全顧問彭岱（McGeorge Bundy）有一番坦率的意見交換，蔣明白告訴彭岱，《禁止核試爆條約》的簽署與生效，不但無法真正解決國際間的核武擴散問題，更無法用來嚇阻中共發展核武並且對世界和平所帶來的威脅；蔣並稱此刻北京政權，正處於一九四九年以來最為脆弱的階段，他力主在不引爆另一場世界大戰的前提下，台、美之間應立即共同討論解決中國大陸問題。蔣經國特別指出，台灣方面已經掌握中共原子彈部署與相關核子設備的確切地理位置，他願意與美方討論利用適當的手段與途徑，移除或破壞中共的核武相關設備，且台灣將承擔所有政治與外交上可能出現的責任與風險，他只要求美方提供技術上的支援。蔣最後並向彭岱強調，台灣無意升高台海之間的危機，醞釀成另一場世界大戰，但中共核武發展必須能夠被有效嚇阻，以免其成為對西方世界之巨大威脅。[14]

根據美方解密文件所載，蔣經國此番有關設法阻止中共發展核武的談話，一時之間頗能打動彭岱的心坎。彭岱當時立即向蔣經國重申，華府向來把削弱中共政權力量視為美國最重要的戰略目標之一，特別是中共研發核武的力量，一直都受到美國政府高度關注。彭岱向蔣經國坦率表示，他雖然認為台灣發動大規模軍事反攻大陸的時機尚未到來，但他保

蔣經國赴白宮拜會甘迺迪。

12 周谷，《外交祕聞——一九六〇年代台北華府外交祕辛》（台北：聯經出版事業公司，二〇〇六），頁二三二—二三三。

13 NARA, RG 59, Executive Secretariat Country Files 1963-66, Box 2, Memorandum entitled "Summary and Appraisal of Latest Evidence on Chinese Communist Advanced Weapon Capabilities," by Arms Control and Disarmament Agency, top secret, July 10, 1963.

14 CIA minutes of meeting, Subject: Meeting between Mr. McGeorge Bundy and General Chiang Ching-kuo, September 10, 1963, CIA Electronic FOIA Reading Room, Document No. 0000608232.

證美方將審慎評估台北所提出的任何方案，共謀合作來打擊中共的核武發展。[15]彭岱的積極態度讓蔣經國頗受鼓舞，但明知美國此刻不可能支持蔣介石發動軍事反攻行動，蔣經國回到台北後，卻向他父親報告，稱美國已主動「要求我設法破壞共匪製造核子武器設備」，這個說法讓蔣介石一度誤以為反攻時機即將到來，開始認真計畫並盤算如何優先大量空投國民黨敵後人員進入中國大陸潛伏活動。[16]

台、美雙方高層是否就移除或破壞中共境內核武的設施，展開過進一步磋商，目前尚缺乏史料佐證，然而此刻華府決策圈內，對於美國是否應該與國民黨政府合作，以較為激烈的手段來阻止中共研發核武，抑或是以較為不同的思維與態度，不必對中共即將成為國際核武俱樂部之一員，而表現得太過驚慌疑懼，仍然莫衷一是，未有定論。一般而言，以美軍參謀首長聯席會議主席泰勒（Maxwell D. Taylor）為首的軍方人士，力主以激烈手段來對付中共的核武發展，而國務院外交系統，則堅持美國不必太過於驚憂，並相信北京中央領導人將會有足夠的理智來處理核武議題。[17]

就在蔣經國訪美兩個多月後，一九六三年十一月二十二日，甘迺迪在德州遭暗殺身亡，副總統詹森繼任總統，此後將近一年時間裡，華府決策階層逐漸意識到，以武力手段阻止中共發展核武，已然不切實際，尤有甚者，部分國務院官員開始相信，即便美國與亞洲如台灣等盟友採取激烈手段，摧毀目前所知的中共核設施目標，這是否能夠完全根除中共境內所有已知或未知的其他核設備，仍在未定之數，更遑論此類行動必須承擔極高的外交與軍事風險。因此到了一九六四年夏天，美政府面對中共不久後將成為核武國家，已逐漸朝向建立一個「非核化」亞洲的宏觀外交目標來努力。[18]此一關鍵轉折，似乎也替華府從最初鼓勵台灣發展與研究核能，甚至不反對逐步建立自身的核武防衛機制，轉變為日後全力阻止台灣研發核武，埋下一個決策上的伏筆。

中共核試爆成功與台北高層的心理衝擊

一九六四年九月二十八日，美國CBS電視新聞突然大幅報導中共即將進行核試爆，隔日，美國國務院發言人在新聞記者會上公開證實這項消息，並且表示美國政府對此已有充分的心理準備，美國朝野頓時譁然。[19]在太平洋另一端的台北，面對中共的重大突破，蔣介石並非全然在狀況外且毫無掌握，他曾在十月十三日的日記裡寫道：

> 共匪自九月初起其運輸機向西北各省，尤其青海與新疆二省不斷的運輸人員與器材集結，最近且

---

15 Memorandum from William E. Colby (Deputy Director of CIA) to McGeorge Bundy entitled "Visit of General Chiang Ching-kuo," September 19, 1963, NSA, Electronic Briefing Book: The United States and the Chinese Nuclear Program, 1960-1964, Document 9.

16《蔣介石日記》，一九六三年九月十九日、二十一日。

17 NARA, RG 218, Records of the Joint Chiefs of Staff, Chairman's Files (Maxwell Taylor), Box 1, memorandum by General Maxwell Taylor entitled "Chinese Nuclear Development," November 18, 1963; Memorandum by Robert H. Johnson (Staffer of the State Department Policy Planning Council) entitled "A Chinese Communist Nuclear Detonation and Nuclear Capability: Major Conclusions and Key Issues," October 15, 1963, NSA, Electronic Briefing Book: The United States and the Chinese Nuclear Program, 1960-1964, Document 10.

18 NARA, RG 59, Policy Planning Council Records, 1963-64, Box 264, State Department Policy Planning Council memorandum entitled "The Chinese Communist Nuclear Capability and Some 'Unorthodox' Approaches to the Problem of Nuclear Proliferation," June 1, 1964; State Department Policy Planning Council memorandum entitled "Communist China and Nuclear Proliferation," September 2, 1964, ibid, Box 254.

19 NARA, RG 59, Records of Special Assistant to Under Secretary for Political Affairs, 1963-65, Box 2, State Department Transcript of Daily Press Conference, September 29, 1964.

有米格戰鬥機廿餘架飛往西北，是其防止我機偵查其原子爆炸地點與設備情形，而且據其電訊所得，要求西北各省氣象站每三時報告氣象情形，至十月卅日為止，是可知其原子試爆即在本月以內之計畫，甚為明顯，但其試爆究否成功，尚在未知之數。如其果試爆成功，則我為今後大陸人民之血汗與人類之自由世界之和平，不能不速起反攻，惟有反攻方能破壞共匪原子彈之戰力設備完成，亦可消除我人民被共匪壓榨與世界戰爭之惡運也。[20]

十月十六日，中共核子試爆成功的消息傳遍全世界，隔天，蔣介石寫下他的悲觀與憂慮：

昨日十五時共匪在西北試爆其原子彈，宣傳其成功，但其性能如何，則並未提及，據日本測象台報告，並未有此徵象，可知其質量之微小矣，惟其以此作為恫嚇亞非國家與對所謂不結盟國家之投機者，大施宣傳，自將發生重大影響，故對我聯合國本屆大會之不利，恐有重大變化。其實對我軍事與反攻計畫，並無影響，不過對我民心士氣，應設法宣傳，以免被共匪反宣傳而生疑懼之心理而已。[21]

此後一段時間裡，中共核子試爆對蔣介石所帶來的巨大心理衝擊，於其私人日記中充分表露無疑。十一月間，台北同時舉行兩項重要會議，一是亞洲反共聯盟年會；二是中國國民黨建黨七十週年紀念與召開二中全會，然而因為中共成功進行核試爆，當時整個台北政壇皆瀰漫著濃厚的失敗主義氣氛，對此感受最為直接的，就是蔣介石本人。他在十一月二十八日的日記裡寫道，為了準備這兩個重要會議的講詞，他已費盡心神：「尤其在此人心萎靡與反攻失望之悲觀氣氛下，更使竭盡心力加以挽救頹勢，振奮人心。」[22]在十二月二十四日的日記裡，他比較台灣與中國大陸之間的優劣之後，甚至坦承中共：「優點最大者，為其對軍民之組織，其次為其試爆原子後之對內對外擴大宣傳其力量之優強與科學之進步。」[23]

在美國駐台大使賴特向華府強烈建議與要求下，詹森總統於十月二十四日派遣中央情報局副局長、曾派駐台北多年並與蔣氏父子交好的克萊恩前往台北，向蔣介石簡報美國對於中共成功進行核試爆的立場，並向台灣保證美國對防衛台海的承諾，不會有所改變。根據美方檔案資料，此番晤談中，蔣介石向克萊恩表達他心中強烈的「困擾與恐懼」，認為過去數年間，華府遲遲沒有接受台北提議，對中共境內核設施進行破壞，實乃一人錯誤，如今來自美國再多的解釋與承諾，也都無法彌補對台灣乃至整個亞洲反共國家地區民心士氣所遭受之強烈打擊。[24]事實上，蔣介石在會晤克萊恩當天的日記裡，還進一步揭露他內心所擔憂的另外兩個重點，一是台灣若未來對中國大陸發動軍事反攻時，中共解放軍「心理與士氣將因其宣傳而增強，或其對我國軍之抵抗最初亦較為增加」；二是「大陸人民對反共心理減弱，或以為國軍無原子彈，不能戰勝共匪，故其對我之向心力亦因之減弱」。[25]

美國軍事與情報單位對於中共核試爆進程的嚴重誤判，也讓台北高層普遍質疑美方對中共情報的分

20《蔣介石日記》，一九六四年十月十三日。
21《蔣介石日記》，一九六四年十月十七日。
22 Chiang Kai-shek diary entry for November 28, 1964, CKSD, Box 71.
23《蔣介石日記》，一九六四年十二月二十四日。
24 Jerauld Wright to State Department, October 19, 1964, NSA, Collection: Nuclear Non-Proliferation, Document No. NP01008; Wright to State Department, October 24, 1964, NSA, Electronic Briefing Book: The United States and the Chinese Nuclear Program, 1960-1964, Document 20.
25《蔣介石日記》，一九六四年十月二十四日。

析與掌握能力。美方所出現的兩個最關鍵失誤，一是有鑑於一九六〇年起大批蘇聯顧問與技術專家離開中國，加以美方研判當時位於內蒙古包頭附近的一座核子反應爐，最快也要在一九六五年左右，才能夠製造出足量的鈽元素來供應裝配原子彈，因而認定中共需待一九六五年之後，才有可能進行首次試爆；至於攜帶核武的飛彈裝置，更因中共內部技術難以克服，恐怕要遲至一九七〇年代初期，才有可能真正實現。[26]二是美方情報研判中共首顆原子彈，將是使用鈽元素，並且會以技術上相對簡單的「槍式核彈」來進行試爆，然而實際上中共所採用的，是技術更為先進複雜的鈾二三五「內爆式核彈」，這個結果確實讓美國的頂尖軍事與情報專家們震驚萬分。[27]

從台灣的立場觀之，當時更令其疑慮不安的，恐怕是華府今後對於台海局勢所持的態度。簡言之，一旦北京決定使用原子彈攻擊台灣，美國是否依然願意信守協防承諾，不惜與中共進行核戰？雖然在各種場合裡，美方不斷向國民黨政府要員強調將繼續協防台灣的決心，同時極力陳述中共「核試爆成功」與中共「已成為世界核武強權」之間的差距，然而當時包括總統府祕書長張群與中央研究院長王世杰等在內的台北黨政高層，對美方的承諾皆持保留看法。[28]克萊恩於一九六四年十月二十四日面見蔣介石之後隔天，亦曾親口告訴蔣經國，美國政府將無意協助台灣反攻大陸，或者進行摧毀中共境內核武設備的計畫，這類訊息都令台北高層深深懷疑美方未來與台灣繼續推動軍事合作的誠意與決心。[29]

儘管如此，面對此刻的嚴峻局勢，包括張群、王世杰在內的台北高層，依然設法把握每一次可能時機，向華府拋出台、美共同籌組亞太地區反共軍事同盟的構想，以期能趁勢強化台灣與美國在軍事、外交與政治等各領域的合作關係，加強圍堵對抗北京。[30]此後數年間，國民黨高層對於中共擁有核武器的憂懼，一直未能被驅散；宋美齡於一九六五年九月間訪問華府時，曾不顧外交禮儀，當面要求國務卿魯斯克應「不計代價」，立即行動以摧毀中共境內的核武設施，一時之間頗令接待她的魯斯克與在場官員感到窘困。[31]一九六六年十二月，魯斯克應邀訪問台北，時任國防部長的蔣經國在官邸私宴場合中，毫不保留地表達他對於中共未來利用核武對付台灣的高度憂慮，雖然魯斯克向蔣經國再三保證美方對台灣的協防承諾，將不會因為中共擁有核武而改變，但顯然蔣經國與在場的其他台灣要員，都無法被美方此番保證所說服。[32]

無可諱言，一九六四年秋天，台北高層就是在這樣夾雜著緊張、悲觀，憂心台灣未來恐遭核彈攻擊，且無法獲得美國堅定協防承諾的極端沉重氛圍下，決心加速研發核武能力。十月二十一日，中共首次成功核試爆五天後，蔣介石視察當時規劃為日後反攻大陸中樞指揮所在地的桃園慈湖賓館新建築，他在日記裡寫道，在聽取相關簡報時：「頗有新感，以原子彈投射工具知識為然。」[33]翌日，蔣介石鎮日研

---

26 CIA memorandum for the United States Intelligence Board, Subject: Communist China's Nuclear Weapons Program, December 14, 1962, CIA Electronic FOIA Reading Room, Document No. 0000628788; CIA memorandum entitled "Chinese Communist Nuclear Weapons Capabilities," top secret, July 22, 1964, ibid, Document No. 0001104420.

27 Glenn T. Seaborg (Chairman of the U.S. Atomic Energy Commission), personal diary entries for October 20 and 21, 1964, NSA, Electronic Briefing Book: The United States and the Chinese Nuclear Program, 1960-1964, Document 19.

28 Jerauld Wright to State Department, October 28, 1964, NSA, Collection: Nuclear Non-Proliferation, Document No. NP01028.

29《蔣介石日記》，一九六四年十月二十六日。

30 Wright to State Department, November 7, 1964, NSA, Collection: Nuclear Non-Proliferation, Document No. NP01039; 王世杰，《王世杰日記》（台北：中央研究所近代史研究所，一九九〇），第七冊，頁一九六。

31 State Department Memorandum of Conversation, Subject: China, September 20, 1965, Reproduced in DDRS, Document No. CK3100002441.

32 State Department Memorandum of Conversation, Subject: The Situation in Mainland China and Chicom Nuclear Development, December 8, 1966, Reproduced in DDRS, Document No. CK3100108638.

33《蔣介石日記》，一九六四年十月二十一日。

究思索台灣發展核武問題：「上午對原子武器投擲工具問題之研究甚切。……下午剪報，考慮原子武器甚切。晡召見（俞）大維與鄧坤原（應為鄧昌黎）詳論原子彈之共匪製造能力與時間問題甚詳。」[34]從十一月初起直到十二月為止，蔣更開始研讀《原子戰中指揮原則》，並在日記裡屢屢以摧毀中共原子基地，作為他念茲在茲的首要目標。[35]

在此思維影響下，許多與台灣研發核武相關的準備與研擬工作，也開始悄悄加快腳步進行。一九六五年五月間，中共在新疆進行第二次核試爆，此後不久，在蔣介石指示下，「中山科學研究院」（簡稱「中科院」）的籌備處於桃園龍潭正式成立，由時任國防部常務次長的唐君鉑出任籌備處主任，初設核能、火箭、電子三個研究作業組。與此同時，軍方高層也提出一項《科技軍官十年進修計畫》，準備自該年度起，每年選派五十名優秀科技軍官，送往美、歐、日等著名學府進修，首批軍官將於一九六七年後，陸續學成回到台灣服務。除了這些陸續留學歸來的國防科技菁英之外，蔣介石也下令相關部門開始推動徵召台灣各大學理工系所相關優秀學生人才，進入中科院服務，這兩股人才逐漸匯流，讓一九六九年七月一日中科院正式掛牌運作後，台灣研發核武有了一批新的生力軍。[36]

鴨子划水的核能外交

回顧歷史，當蔣介石開始尋求發展台灣核武技術之初，於一九六〇年代初期研製核武頗具成效的以色列，成為他積極尋求技術與經驗轉移的最主要國家。台灣著名傳記作家王丰在其文章中曾指出，一九六三年九月間，於奧地利首都維也納所召開的國際原子能總署年會上，當時代表台灣出席會議的唐君鉑，曾與以色列政府原子能委員會主席、有以色列「核彈與原子能計畫之父」美譽的柏格曼（Ernst D.

Bergmann）會晤。王丰在文章裡還表示，根據唐君鉑本人的回憶，這次初晤後不久，約在一九六三年底左右，柏格曼即應邀祕密前來台灣訪問，並在唐本人陪同下，於日月潭與蔣介石進行三天的促膝密談，向蔣力陳台灣應當複製以色列發展核彈與原子能計畫的經驗與模式，成立專責機構，分設核能、火箭、電子三個研究單位，積極發展包括核武在內的新武器系統。[37]然而細查一九六三年十月初直到翌年二月底為止的蔣介石日記逐日所載，蔣只曾在一九六四年二月二十五日當天，陪同來訪的日本前首相吉田茂前往日月潭度假晤談，且留宿一晚後，翌日即返回台北。[38]這五個月期間，蔣介石在其私人日記裡，並無任何有關柏格曼或者唐君鉑的相關線索，當時蔣介石是否真的在台灣見過柏格曼，在何時何地會晤，以及談了些什麼，都成了有待進一步查證的謎團。

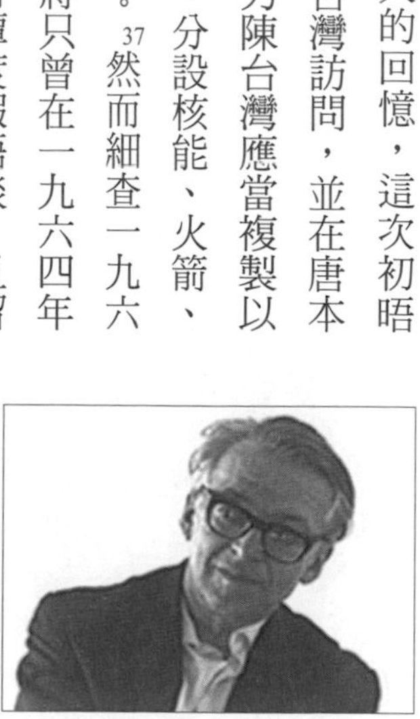

即使一九六三年十二月前後蔣介石在其日記裡未曾提及柏格曼，吾人也無法完全排除柏格曼當時確曾祕密前來台灣訪問並與蔣會晤的可能性。同年十二月三十一日，蔣在其日記裡的年終「雜錄」裡，曾

以色列核彈之父柏格曼

34《蔣介石日記》，一九六四年十月二十二日。鄧昌黎時任美國「阿岡國家原子能研究所」（Argonne National Laboratory）加速器部主任，當時應邀返台考察。有關鄧昌黎當時在台訪問活動情形，參見：王世杰，《王世杰日記》，第七冊，頁二二五—二二六。

35《蔣介石日記》，一九六四年十一月二日、三日、十一日、十二日、二十二日。

36 王丰，〈以色列核彈之父祕助蔣介石發展核武內情〉，《亞洲週刊》（香港），二四卷一五期（二〇一〇年四月十八日），頁一二；《蔣介石日記》，一九六八年五月十日。

37 王丰，〈以色列核彈之父祕助蔣介石發展核武內情〉，頁一三。

38《蔣介石日記》，一九六四年二月二十五日、二十六日。

有如下一段頗不尋常的記載：「試爆一次核彈之需要科學技術人員人數總共計一千七百七十五人：化學專家三百二十五人，物理專家一百五十人，化學工程師四百人，機械工程師三百五十人，電子工程師二百人，放射工程師一百五十人，冶金工程師一百二十五人，建築工程師七十五人。」[39]在當時台灣核武技術尚未真正起步的情況下，此類專業知識的取得，似乎更有可能來自國外的頂尖核武專家。幾在同時，蔣介石也曾嚴詞批評中共的核武計畫，稱其：「以壓榨大陸人民之生命心血所得者則此而已。」[40]在他看來，中共核武「不僅威脅與壓迫大陸同胞，而且威脅我全亞（洲）人民與世界人類。」蔣認為此威脅不除，「則不久亦遭貽害於我大陸人民，貽害於人類，吾人應盡一切所能在最近期間，誓必毀滅共匪以及其為害人類之工具，以盡吾人之職責。」[41]也許正是這種道德上的強烈批判心態，讓蔣介石無法將當時台灣本身推動研發核子武器的努力，明白地寫在他的日記裡。

儘管如此，根據一九六六年美國駐以色列大使館拍發回華府國務院的一系列機密電報顯示，一九六三年之後的數年之間，柏格曼確曾多次應邀訪台進行核能相關專業技術的指導工作，並獲聘成為中科院的外籍顧問，備受台北禮遇。[42]此外，在一九六四年的八、九月間，蔣介石突然在日記裡多次提及推進國防科技的重要性與迫切性，他還特別寫到武器製造系統之具體計畫、機構之設置、經費預算之提出，以及雷達應用、控制系統與電子中心之建立等重點原則。[43]這些要點，都與過去柏格曼提供蔣介石研發核武建議的相關論述，不謀而合。不僅如此，根據美方解密檔案，在柏格曼的居中促成下，中科院籌備處所轄之核能研究所所長鄭振華與台電公司電源開發處處長朱書麟，還曾於一九六五年十二月底，連袂密赴以色列，參訪位於首都特拉維夫的索瑞格核能研究中心（Soreq Nuclear Research Center），與該國頂尖核能專家交流。鄭振華與朱書麟此次密訪行程，連美國都被蒙在鼓裡。根據該中心主任莫拉格（Mordechai Morahg）事後向前來緊急查證的美國駐以色列大使館官員表示，鄭氏等人此行極端機密，甚獲柏格曼禮遇，連他本人擔任該中心主任一職，也都無法完全窺知鄭氏等此行目的，以及所會晤過的對象。[44]

一九六六年五月九日，中共成功進行第三次核試爆，國民黨在官方宣傳上力持鎮靜，試圖減低此消息對台灣民心士氣帶來的不利衝擊。[45]然而不可諱言，中共核武持續不斷有所進展，也讓蔣介石內心的不安全感，更加深一層，他在兩天後的日記裡寫道：「此次核試爆以後，周匪（恩來）對巴基斯坦記者發表其政策之四點，其第一點即為台灣問題，要求美國通過談判方式，從台灣海峽與台灣撤退他的一部武裝力量為先決條件。」[46]亦即在蔣介石看來，中共核武力量持續增強，縱使不直接用來對付台灣，最終也恐將動搖與瓦解美國對於協防台灣的承諾與信心。在此情況下，蔣苦思如何加快台灣研發核武能力的步伐，也就不難理解了。根據蔣日記所揭示，整個一九六六年春天，他多次往返於桃園的慈湖、龍潭、石門各地視察，當然也包括位於龍潭的中科院籌備處與所屬各單位。[47]蔣介石對於此刻中科院積極

39《蔣介石日記》，一九六三年十二月三十一日。

40《蔣介石日記》，一九六三年十二月十八日。

41《蔣介石日記》，一九六四年十一月十九日。

42 NARA, RG 59, Subject-Numeric Files, 1964-66, U.S. Embassy in Tel Aviv to State Department, March 19, 1966, No. AE 7/China.

43《蔣介石日記》，一九六四年八月二十七日、三十一日、九月二十日。

44 NARA, RG 59, Subject-Numeric Files, 1964-66, U.S. Embassy in Tel Aviv to State Department, March 24, 1966, No. AE 7/China.

45 CIA Intelligence Memorandum entitled “World Reaction to Communist China’s Third Nuclear Explosion,” May 13, 1966, CIA Electronic FOIA Reading Room, Document No. 0000632168.

46《蔣介石日記》，一九六六年五月十一日。

47《蔣介石日記》，一九六六年三月九日、十七日、二十日、三十一日、四月八日、五月四日、十五日、二十五日、三十一日。

籌辦之研發方案的重視與焦急情緒，可見一斑。

過去不為人所知的是，此刻台灣為了研發核武以及取得相關技術而努力爭取的合作對象，除了以色列之外，尚有西德。一九六六年四月間，美國駐西德大使館向華府回報，稱台灣正祕密與西德著名的西門子公司（Siemens），洽談購買一座核子反應爐，美國在當地的外交官並獲悉，西德政府內部對於來自台北的探詢，意見頗為分歧；簡言之，科技與商業部門持肯定立場，而外交部門則希望事先徵詢美方意見並獲得華府允許。[48]與此同時，美國駐台北大使館掌握消息稱，當國際原子能總署的數名專家，於一九六六年三月間應國民黨政府邀請，前來勘查台灣島上未來兩座核能發電廠最適宜的設置地點時，台電公司的朱書麟曾奉命私下請求這批專家，協助祕密勘查「第三個」可能的地點，特別在是新竹與桃園石門兩地之間擇一。據朱書麟向這批專家透露，此地點未來將用來建造另一座兩億瓦規模的核子反應爐，作為核能「先導工廠」，台電公司並且規劃最遲能夠在一九六九年開始運轉啟用。當國際原子能總署的專家們探詢「第三座」反應爐未來的具體用途時，朱書麟語焉不詳，只透露此案除了涉及台灣兩個核能研究學術機構之外（意指台灣大學與清華大學），尚牽連「政府其他相關部門」。台電公司的請求最後遭到這群專家婉拒，其中一位專家在離開台灣前，還將此訊息透露給美國駐台大使館，並堅稱台灣的軍方部門必定也牽涉其中，要美方多加注意。[49]

另一方面，西德政府相關部會在討論台電欲採購西門子公司核子反應爐一案之後，取得初步共識，只要台電方面保證此反應爐將不會用於軍事用途，且台灣同意與國際原子能總署簽訂一份《保安協定》，同時台北知會華府並獲得美方同意，則西德政府將批准此出售案。美國國務院主其事者在審慎評估後，認為若此反應爐僅單純作為台灣經濟與民生用途，則美方很難有立場阻撓此項交易，因而電令美國駐西德大使館轉告西德政府，在台灣實現其所提三大原則之下，美國同意西德與台灣之間展開此項交易的磋商談判。[50]

然而殊堪玩味的是，此時台灣內部顯然有部分人士，因為掌握並強烈反對蔣介石的核武發展政策，而刻意向美國駐台外交官揭露當時台北高層內部的分歧。根據當時美國駐台大使館代辦恆安石拍發回華府的機密報告顯示，時任台灣大學歷史系主任的許倬雲，曾明確告訴美方，在蔣介石強力主導下，國民黨政府已決心祕密研發核武，儘管包括中科院籌備處主任唐君鉑在內的軍方高層內部仍存在異議，認為此舉不切實際，但蔣仍力排眾議，堅持到底。許倬雲還告訴恆安石，當時負責此一代號《新竹計畫》的中科院，正面臨著三大困難與挑戰，一是台灣尚未從海外取得提煉核武所需的原料；二是台灣尚無法克服原子彈投射與雷達追蹤所需的高科技；三是台灣本身的條件與環境，尚未自海外吸引足夠的頂尖人才前來貢獻。據恆安石本人的評論，許倬雲當時的「政治後台」是總統府前祕書長、時任中央研究院院長的王世杰，而王又是中科院籌備處的委員與中美科學合作會主任委員，因而對台灣祕密發展核武的內幕所知甚詳。此份電文裡並稱，許倬雲私下對國民黨政府當時諸般政策多所批評，更反對台灣發展核武，

48 NARA, RG 59, Subject-Numeric Files, 1964-66, George McGhee (U.S. ambassador to West Germany) to State Department, March 25, 1966, No. AE 6/China; U.S. Mission to the European Communities to State Department, April 7, 1966, ibid, No. FSE 13/China.

49 NARA, RG 59, Subject-Numeric Files, 1964-66, Memorandum of Conversation, Subject: "GRC Request to IAEA Team for Advice on Location of Reactor for Possible Use by Military Research Institute," enclosed in U.S. Embassy in Taipei to State Department, April 8, 1966, No. FSE 13/China.

50 NARA, RG 59, Subject-Numeric Files, 1964-66, U.S. Embassy in Bonn to State Department, April 15, 1966, No. AE 6/China; State Department to U.S. Embassies in Bonn and Taipei, April 23, 1966, ibid.

因為他堅信美國將不會支持台灣取得研製核武所需要的相關原料、技術與設備。[51]

在華府不反對台灣以發展民生用途為由向西德採購核子反應爐的情況下，經過近一年的接觸談判後，一九六七年初，中科院核能所所長鄭振華向美方透露，台電公司與西門子公司之間的採購案，已進入最後簽約階段，他並再次向美方保證，未來台電公司絕不會以此設備投入發展核武，然而鄭的說法並不被美國大使館全然採信，恆安石甚至向華府建議，應儘速向西德政府施壓，在最後一刻封殺台灣的採購案，只不過此類意見並不被美國國務院主管東亞事務的官員接受；易言之，此刻華府對於台灣以發展核能發電之名，而行祕密研發核武之實，其立場似乎仍徘徊在「暗助」與「暗阻」之間，未有明確立場。[52]然而令人意外的是，儘管華府此刻似乎無意封殺台電公司向西門子購買反應爐，然而此案最後卻無疾而終。據悉當時甫自美國獲邀返台擔任行政院國家科學委員會主任委員，且甚獲蔣介石倚重的吳大猷，向蔣表達強烈反對台灣發展核武的立場，吳認為台灣腹地狹小，在戰略上極不利於從事核子戰爭，且發展核武計畫勢將為台灣帶來沉重的財政負擔，這對於台灣正在起步中的經濟發展，必然造成極不利影響。在吳大猷以及其他重量級旅美學人如吳健雄等人的堅決反對下，國民黨政府發展核武的新竹計畫，也於一九六七至一九六八年之際，暫告擱置。[53]

一九七〇年代「研究用途」的核武計畫

一九六九年一月，尼克森就任美國總統後，為了早日自越戰泥沼中抽身，同時聯合中共牽制蘇聯，因而致力於打開與北京交往之門；在此情況下，美國逐年降低對台灣的軍事防衛承諾，就成了華府推動與北京關係正常化的重要一環。美國外交風向的轉變，以及國民黨政府面對聯合國代表權嚴峻的保衛戰，皆讓台北最高階層警覺，台灣必須保有自主研發核武的能力，方能增加自身面對未來情勢發展的談判籌碼。此時台北高層的目的，與其說在於真正使用核子武器，不如說在於建立起某種程度的「核威懾」，希望台灣未來在面對中共以及美、中關係走向正常化等重大變局時，仍能保有一部分優勢。

從更實際的角度觀之，台灣當時發展經濟與維持民生所需的重要能源如石油、天然氣、煤炭等，幾乎百分之百仰賴進口，一旦台海戰事爆發，或者台灣遭遇解放軍海上封鎖，這些能源物資均將斷炊，相較於傳統能源，核能燃料易於裝運與儲存，實為較佳之能源選擇。[54]

在這樣的考量之下，國民黨政府高層決定把原本研發核武的整套《新竹計畫》化整為零，成立各自獨立的計畫與項目，並以研究為名，或以民生用途為包裝，分別推動執行。一九六九至一九七二年間，這個代號名為《桃園計畫》的祕密核武研發方案頗有進展，台灣透過以色列顧問柏格曼的引介，先於一九六九年自加拿大安大略省的ＡＥＣＬ核能公司購進一座四千萬瓦的重水反應爐，命名為「台灣研究反應器」，在國際原子能總署的保防監督下，該反應爐名義上作為中科院託管的「核能研究所」研究與教

51 NARA, RG 59, Subject-Numeric Files, 1964-66, U.S. Embassy in Taipei to State Department, Subject: "Indications GRC Continues to Pursue Atomic Weaponry," June 20, 1966, No. DEF 12-1/China.

52 NARA, RG 59, Subject-Numeric Files, 1967-69, U.S. Embassy in Taipei to State Department, February 21, 1967, No. FSE 13/China; State Department to U.S. Embassies in Bonn and Taipei, March 20, 1967, ibid.

53 David Albright and Corey Gay, "Taiwan: Nuclear Nightmare Averted," in *The Bulletin of the Atomic Scientists*, 54: 1 (1998), pp. 54-60.

54 Nancy B. Tucker, *Taiwan, Hong Kong, and the United States*, 1945-1992 (New York: Twayne Publishers, 1994), pp. 146-147; Joseph Yager, *Nonproliferation and U.S. Foreign Policy* (Washington D.C.: Brookings Institution, 1980), pp. 66-81.

學之用。台灣還與法國賽卡（CERCA）公司合作，研製該反應爐所使用的鈾燃料棒與其他元件。[55]幾在同時，一座新的「鈽燃料化學試驗室」（又稱為「熱實驗室」）也在桃園楊梅的青山悄悄動土開工，準備未來投入更複雜的核能技術研究。此外，國民黨政府也繼續尋求美方的技術與資金協助，來推動數項核能發電等民生項目研究計畫，只不過一九六九年底，當台電公司向美國奇異公司（General Electric Company）提出希望購買一座核燃料「再處理工廠」時，此刻已決心打開與北京關係的尼克森總統，以此採購案性質過於敏感為由而否決了。[56]

在一九七五年四月蔣介石去世前的兩年左右，台灣的核武研發能力已頗有進展。一九七二年九月間，核燃料「先導工廠」竣工啟動；一九七三年初，核能研究所購自加拿大的重水反應爐也首次達到運轉臨界點，這些都意味著台灣將逐步具備提煉高純度濃縮鈾的能力，可用於製造原子彈。[57]時任台灣參謀總長的賴名湯即在其回憶錄裡披露，一九七二年初，在一場由行政院召開的高層會議裡，軍方將領對於台灣自主發展核武持相當積極的態度，認為國際間紛紛與中共交好，並非心甘情願，而是對其擁有核武心存畏懼，因此台灣必須加速發展核武，迎頭趕上。[58]此刻台灣軍方對核武研發的強烈企圖心，除了針對中共之外，尚包括日本；一九七二年秋天，台、日外交關係終止之後，部分台灣軍方高層力主發展核武，以備日本軍國主義一旦復活並欲染指台灣與澎湖時，將有足夠武力達成嚇阻與制衡之效。當時台灣軍方所研擬的策略，包括全方位推進各項以研究為名的核武研發計畫，並且趁著台灣和南美洲巴西與部分非洲國家仍維持正式邦交之際，儘速採購這些國家擁有豐富產量的金屬鈾與重鈾酸銨（俗稱「黃餅」），大量儲存備用，務使在五年之內完成首枚五公斤小型核武彈頭之具體目標。[59]

與此同時，華府對台灣逐漸走向核武國家的警覺之心，卻也逐步提升。一九七二年十一月，台電公司祕密與西德民間公司UHDE接觸，欲採購一座數年前遭尼克森否決的核燃料再處理工廠，當西德政府向美方徵詢是否同意台灣方面此項宣稱將用於民生與研究用途的交易案時，美國國務院官員忽然驚覺事態嚴重。因為此類再處理工廠不但可以使重水反應爐裡的燃料產生再循環，而且還可以將反應爐裡的「乏燃料」（即「核廢料」）中的鈽元素分離出來，從經濟與成本效應的角度而言，一個國家除非有相當龐大的核武計畫，否則建構一座再處理工廠卻僅用於核燃料的再循環，是極為不實際的，也因此對開發中國家而言，再處理工廠的存在，足以顯示出該國具有發展核子武器的強烈企圖，此乃華府方面對台電公司此項採購案，感到如此驚訝的原因了。[60]

此刻美方掌握情報，獲悉除了西德之外，台電公司還同時向比利時接觸，欲購入其他核能相關設備。美國國務院除了立即施壓西德政府阻止與台電公司可能的交易案之外，華府決策圈也開始體認到，必須採取更為強硬的外交手段，來阻止台灣研發核武，否則後果將不堪設想。[61]在國務院主動提出要求

---

55 State Department memorandum entitled "Nuclear Agreements with the ROC," December 22, 1978, NSA, Electronic Briefing Book: The United States and Taiwan's Nuclear Program, 1976-1980, Document No. 24; Ralph N. *Clough, Island China* (Cambridge, MA: Harvard University Press, 1978), pp. 119-120.

56 Leonard S. Spector, *Nuclear Proliferation Today* (New York: Random House, 1984), pp. 342-344.

57 Albright and Gay, "Taiwan: Nuclear Nightmare Averted," p. 57.

58 賴名湯口述，賴暋訪錄，《賴名湯先生訪談錄》，下冊，頁四四九—四五〇。

59 NARA, RG 59, Subject-Numeric Files, 1970-73, Memorandum for Marshall Green (Assistant Secretary of State), dated December 14, 1972, No. AE 11-2/China.

60 Sharon Tanzer, Steven Dolley, and Paul Leventhal eds., *Nuclear Power and the Spread of Nuclear Weapons: Can We Have One without the Other?* (Dulles, VA: Brassey's, Inc., 2002), pp. 185-225; Clough, Island China, pp. 117-118.

61 NARA, RG 59, Subject-Numeric Files, 1970-73, State Department memorandum, November 22, 1972, No. AE 11-2/China; Memorandum for

下，美國中央情報局著手進行一份分析報告，評估台灣是否可能因為美、中關係走向正常化而發展核武，該份報告於一九七二年十一月間完成，其結論認為國民黨政府確實將盡一切可能來發展核武，而且若一切進展順利，不受外力阻撓，台灣頗有可能在一九七六年之際，即有能力試爆首枚核彈。然而這份報告也指出，儘管台灣政府致力於保有自主研發核武的權利，然有鑑於其在政治、經濟、外交與軍事防衛上對美國仍存有高度依賴，因而不認為其將不顧美方反對立場，貿然從事核彈試爆或者量產核子武器。[62]

中央情報局對台灣研發核武動向所持的審慎樂觀預測，與國務院處理眼前相關議題的焦慮，恰好形成強烈對比；後者的當務之急，在於全力阻撓西德與台灣之間核燃料再處理工廠的採購交易。一九七三年一月十五日，美國駐台灣大使馬康衛（Walter McConaughy）奉國務卿羅吉斯（William Rogers）之命，向國民黨外交部長沈昌煥轉達美國政府反對台電公司購買再處理工廠的立場，認為台灣此舉不但無助於其國際形象，甚至恐將引發國際原子能總署的嚴重關切，這對台灣未來真正攸關民生用途的核能發展，將有不利影響。沈昌煥則答稱他對此具有高度專業與技術的議題並不熟悉，但保證將轉達美方意見供政府決策者參考。[63]羅吉斯獲知沈昌煥反應後，仍不放心，此時有關台電公司已經與西德ＵＨＤＥ公司祕密簽妥採購合約的消息，更是甚囂塵上，羅吉斯因而再度訓令馬康衛，務必在最短時間內再次會晤沈昌煥，將美方明確的反對意見嚴正轉告國民黨政府，甚至要馬康衛向台北施壓，若不順從，則美方將禁止台灣繼續使用過去數年間自美國取得之一切核能相關原料設備與協助，羅吉斯同時亦訓令美國駐西德大使，向波昂嚴正表達美方反對與關切之意。[64]

兩星期過後，馬康衛與沈昌煥再度碰面，沈表示台電公司尚未就西德ＵＨＤＥ公司的採購案做出最後的決定，他也再次澄清國民黨政府無意發展核武，只希望研發出「可靠與適切」之鈾濃縮技術，以供應台灣核能發電廠所需，然而馬康衛回稱，即便是發展極小規模、且由台灣自行建造的核燃料再處理工廠，也都將危害台灣正在起步的核能工業與經濟發展。[65]美國政府同時向波昂與台北施壓，最後終於奏效；一九七三年二月七日，西德政府外交部照會美方，稱已取消UHDE公司與台電公司之間的合約。翌日，沈昌煥也主動約見馬康衛，告知台電公司經過慎重考慮後，已決定不向西德購買核燃料再處理工廠，消息傳回華府後，國務院主管官員皆鬆了一口氣，並毫不諱言心中的一塊大石頭總算暫時放下來了。[66]

一九七二年底台電公司欲向西德購買核燃料再處理工廠一事曝光，成為美國政府處理台灣研發核武議題的重要分水嶺。若說整個一九六〇年代美方對此議題的立場，在「暗助」與「暗阻」之間猶豫未決，則從一九七〇年代起，在美國決心改善中美關係的前提下，華府決策圈已下定決心，準備嚴厲阻撓

Marshall Green, December 14, 1972, ibid, No. FSE 13/China; State Department to U.S. Embassies in Bonn, Taipei, and Brussels, January 4, 1973, ibid.

62 CIA Special National Intelligence Estimate 43-1-72, “Taipei’s Capabilities and Intentions regarding Nuclear Weapons Development,” November 16, 1972, NSA, Electronic Briefing Book: The United States and Taiwan’s Nuclear Program, 1976-1980, Document No. 1A.

63 NARA, RG 59, Subject-Numeric Files, 1970-73, Walter McConaughy (U.S. Ambassador in Taipei) to State Department, January 16, 1973, No. FSE 13/China.

64 NARA, RG 59, Subject-Numeric Files, 1970-73, State Department to U.S. Embassies in Taipei and Bonn, January 20, 1973, No. FSE 13/China.

65 NARA, RG 59, Subject-Numeric Files, 1970-73, McConaughy to State Department, January 31, 1973, No. FSE 13/China.

66 NARA, RG 59, Subject-Numeric Files, 1970-73, U.S. Embassy in Bonn to State Department, February 7, 1973, No. FSE 13/China; McConaughy to State Department, February 8, 1973, ibid; State Department memorandum entitled “Nuclear Programs in Republic of China,” February 9, 1973, No. AE 6/China.

台灣任何研發並擁有核武的可能性。當時已轉任國務院亞太事務助理國務卿的恆安石即曾表示，只要台灣祕密研發核武出現風吹草動，則美方的打壓行動，皆「快速與果斷」，毫不含糊。[67]一九七四年春天，華府電令美國駐台大使館公使代辦來天惠（William H. Gleysteen Jr.）向行政院長蔣經國傳達如下訊息：美方將於該年底前，將部署在台南長達十數年之久的屠牛士飛彈，全部撤離台灣。除了核子飛彈之外，美方也向蔣經國表示將撤出駐防於台中清泉崗機場，同樣可攜帶核炸彈的F-4幽靈式戰鬥機群。頗出乎美方意料之外的，是蔣經國當下很直率地就同意美方自台灣撤出核武的決定，他只要求希望等到美方撥交的F-5A戰機抵達台灣後，再撤出F-4戰機群，以免台灣空防出現空窗期。[68]

美方如上決策除了履行國務卿季辛吉前一年秋天訪問北京時，對中共中央領導人所作出的承諾之外，同時也有宣示讓台灣進一步成為「非核區」的重要意義；只不過弔詭的是，正因為華府當時一心一意欲與北京發展關係，才讓台北高層體會到須加緊研發核武能力，以增加本身未來談判籌碼的急迫性與重要性。美方在台所收集的情報顯示，蔣介石去世前夕，《桃園計畫》持續有所進展，核能研究所裡以研究用途為名的核子反應爐，繼續不斷運轉，而即將開始運作的桃園青山鈽燃料化學試驗室，未來甚至有能力製造出少量的鈽金屬。[69]美方情報還指出，當時台灣的國防尖端武器製造與飛彈投射能力，皆已日趨成熟，重要據點分布各處，包括台北縣三峽地區的飛彈製造廠，南台灣屏東縣內專供飛彈試驗的九鵬基地，以及位於台中水湳的戰機研製基地等，這些報告不時傳回華府，屢屢讓白宮與國務院內部忐忑不安。[70]

一九七三年八月底，時任台灣行政院原子能委員會主任祕書的鄭振華前往華府訪問，與美方洽談雙方核能合作，美國原子能委員會國際計畫主任佛利曼（Abraham Friedman）與主管亞太事務助理國務卿恆安石等，皆利用此時機向鄭振華表達美方堅決反對台灣建造核燃料再處理工廠的立場，同時嚴重關切台灣未來研發核武的動態。鄭振華向美方解釋，台灣受限於缺乏天然資源，發展核能發電是唯一選擇；在此情況下，未來台電公司對於核燃料的再處理，將由「英國核燃料實驗室」（British Nuclear Fuel Laboratories）代為處理，只不過鄭話鋒一轉，向美方強調，國民黨政府深信若能夠就近在台灣島上進行核燃料的再處理，從經濟成本角度觀之，將更為便捷有利。鄭還不忘向美方保證，台電公司必將充分與美方各相關單位磋商，尋求美方的意見與協助。然而此番說辭，不但無法說服佛利曼與恆安石等美方官員，反而引來美方更多猜疑，佛利曼甚至當場決定將在最短時間內，親自飛往台灣視察相關核設備，對此，鄭表示歡迎之意。[71]

當時引發華府關切台灣核能發展的另一個原因，源於美方獲悉台電公司與西德之間有關核燃料再處理廠交易終止後僅短短數月時間內，台電公司又以發展核能發電之名，積極與比利時和法國的兩家核能

---

67 Tucker ed., *China Confidential*, p. 319.

68 NARA, RG 59, Records of the Department of State, Director's Files of Winston Lord, 1967-1977, Box 376, William Gleysteen to Henry Kissinger, top secret, May 1, 1974.

69 NARA, RG 59, Subject-Numeric Files, 1970-73, U.S. Embassy in Taipei to State Department, Subject: "Chung Shan Nuclear Research Institute," February 24, 1973, No. FSE 13/China.

70 NARA, RG 59, Subject-Numeric Files, 1970-73, State Department memorandum entitled "ROC Nuclear Intentions," April 5, 1973, No. AE 1/China; State Department memorandum entitled "Reported ROC Nuclear Weapons Development Program," April 7, 1973, No. AE 6/China; U.S. Embassy in Taipei to State Department, April 17 and 20, 1973, No. AE 1/China.

71 NARA, RG 59, Subject-Numeric Files, 1970-73, State Department Memorandum of Conversation, Subject: "ROC Nuclear Energy Plans," August 29, 1973, No. AE 1/China; State Department to U.S. Embassy in Taipei, September 4, 1973, NSA, Electronic Briefing Book: The United States and Taiwan's Nuclear Program, 1976-1980, Document No. 2A.

公司進行祕密接觸，試圖取得極敏感之核燃料再生相關技術，這讓國務院認定台灣的確「別有所圖」，因而認定除非華府以更強硬與直接的方式，讓台北高層理解美方立場，否則未來將很難阻止台灣繼續發展核武的決心。[72]就在鄭振華的華府之行兩個月後，一九七三年十一月中旬，美國原子能委員會國際計畫主任佛利曼與另外兩名核能專家自東京飛抵台灣，停留五天，在美國駐台大使館公使代辦來天惠陪同下，一行人前往新竹中科院、清華大學核子工程研究所、桃園青山的熱試驗室等地實際參訪。[73]美方人士對於此次考察結果，似乎挑不到毛病；當時正值中東戰爭爆發，全球能源危機方興未艾，美國實無理由阻止台灣拓展核能發電，然而在離台前夕，佛利曼等人仍不忘警告外交部長沈昌煥，美方有理由相信台電公司部分主其事者，甚至某些政府部門，仍企圖把核能發電與核燃料再處理技術的取得，視為台灣祕密研發核子武器的可能途徑，美方將持續關注台灣未來的核能研發進展，以確保雙方之間的核能合作不致遭受危害。陪同的來天惠甚至以半威脅的口吻正告沈昌煥，未來一旦發現任何不尋常的動靜，美方將拉高交涉層級，直接找上蔣經國。[74]

台、美脆弱邦誼下的核武研發爭議

一九七四年美國政壇因水門案、尼克森總統黯然去職而鬧得沸沸揚揚，副總統福特（Gerald Ford）於同年八月繼任總統，並於翌年十二月飛赴北京訪問，繼續推動美、中之間的關係正常化。一九七五年四月五日，蔣介石於台北逝世，其副手嚴家淦繼任總統，黨、政、軍大權則掌握在行政院長蔣經國手上。一九七六年十一月，美國舉行總統大選，由民主黨的卡特（James Carter）勝出，短短兩年內，台、美內部皆經歷一場權力更替與轉移，然而在雙方的外交關係上，已是風雨飄搖，兩國邦誼最後終將因美國與中共建交而走向盡頭，已是眾所皆知，彼此心照不宣。儘管如此，在這段藕斷絲連的脆弱邦交最後階段，美方對於國民黨政府研發核武的動態，依然持續關注，毫無鬆懈跡象。一九七六年七月初，在中共進行新一輪核子試爆後半年，美國駐荷蘭大使館回報，稱台電公司正與荷蘭的 Comprimo，以及比利時的 Belco Nucléaire 兩家能源技術公司進行祕密接觸談判，試圖取得核燃料再處理的關鍵技術。[75] 美國駐台大使安克志國務卿季辛吉認為此事非同小可，並嚴肅考慮是否拉高對台北的「關切」層級，美國駐台大使安克志（Leonard Unger）立即將來自華府的關切，轉達時任外交部次長的錢復。[76]

數週後，國際原子能總署的技術人員飛往台灣，對各項核設施進行例行性檢查。停留期間，原子能總署安全部門主任羅梅奇（Rudolph Rometsch）赫然發現核能研究所內作為研究教學用途的重水反應爐裡的五百多克鈽，竟然不翼而飛，檢查人員還發現，位於桃園青山的鈽燃料化學試驗室甚至已有能力將美國提供台電公司作為核能發電的鈾燃料，以每星期約二十至三十公斤的速度，濃縮提煉生產鈽金

72　這兩家公司分別是比利時的 Comprimé 以及法國的 Saint Gobain Nucléaire，參見 NARA, RG 59, Subject Files: Office of Republic of China Affairs, 1951-1975, Box 14, Memorandum from Roger Sullivan to Arthur Hummel Jr., October 29, 1973.

73　State Department to U.S. Embassy in Taipei, November 14, 1973, NSA, Electronic Briefing Book: The United States and Taiwan's Nuclear Program, 1976-1980, Document No. 3A; U.S. Embassy in Taipei to State Department, November 23, 1973, ibid, Document No. 3B.

74　NARA, RG 59, Subject Files: Office of Republic of China Affairs, 1951-1975, Box 14, William Gleysteen to State Department, November 23, 1973.

75　U.S. Embassy in the Netherlands to State Department, July 7, 1976, NSA, Electronic Briefing Book: The United States and Taiwan's Nuclear Program, 1976-1980, Document No. 4A; U.S. Embassy in Belgium to State Department, August 20, 1976, ibid, Document No. 4E.

76　U.S. Embassy in Taipei to State Department, August 16, 1976, NSA, Electronic Briefing Book: The United States and Taiwan's Nuclear Program, 1976-1980, Document No. 4B; State Department to U.S. Embassy in Taipei, July 30, 1976, ibid, Document No. 4C.

屬。[77]幾在同時，美國《華盛頓郵報》透過某特殊管道（據悉是中央情報局）掌握此消息後，該報著名專欄作家舒馬特（Edward Schumacher-Matos）立即安排專訪羅梅奇，取得其訪台視察的相關細節，並於一九七六年八月二十九日，以頭版篇幅報導台灣正「重新處理」可用於製造核武之鈾燃料，消息一出，舉世譁然。[78]

《華盛頓郵報》的新聞刊登後翌日，美國其他各重要的報章媒體如《紐約時報》與《巴爾的摩太陽報》等，亦出現後續追蹤報導。在台北，氣急敗壞的外交部長沈昌煥立即召見美國大使安克志，鄭重澄清此一指控，並稱數週前國際原子能總署技術人員來台進行安全視察時，並未向台灣提出疑問，而美方員過去數年來也都與台灣主其事者保持密切溝通管道，他不能理解為何此刻竟然會出現這樣嚴重傷害台灣聲譽與台、美友誼的報導，沈昌煥希望安克志能夠向國務院作出澄清，並重申台灣不發展核武的堅定立場。[79]可是沈昌煥此番澄清與重申，並未換來華府的信任；國務院隨後致電安克志，稱美方已決定以更嚴厲的態度與國民黨政府交涉。國務院此刻所持的理由，不外乎基於稍早前來自歐洲的情報，認為台電公司正暗中接觸與荷蘭及比利時的私人公司，欲採購核燃料再處理設備並獲取相關技術，因而認定台灣製造核武器的強烈意圖，已是證據確鑿。[80]九月十一日，安克志接獲國務院指示，準備將一份措詞極為強硬的照會，轉交台北外交部，國務卿季辛吉還特別電令安克志，不論台北高層對這份照會的反應如何，或者向美方提出更多承諾與保證，安克志都應避免作出任何「滿意」或者其他正面的回應，因為此刻國務院對台北的信任與耐心，幾乎已經到了盡頭。[81]

蔣經國會見美國大使安克志。

翌日，台北行政院新聞局發表正式聲明，聲稱國民黨政府今後將不再進行與核燃料再處理有關之任何行動。此刻，蔣經國顯然體認到美方強烈的猜疑與不滿，因此在九月十四日傍晚，特地主動約見安克志進行晤談，蔣向美方再次強調，台灣的基本立場是不發展核武，他坦承目前台灣所進行的核能研究，已出現一些進展，但都是用於民生用途。蔣亦承認核燃料的再處理技術確實是一大爭議，但為了避免外界誤解，他已經下令停止這方面的相關研究。就在此時，擔任中英文傳譯的蔣經國英文祕書宋楚瑜，以「實驗室」（laboratory）一詞，來描述核燃料「再處理工廠」（reprocessing plant）時，陪同接見的沈昌煥還當場插話，糾正宋楚瑜的翻譯，並向安克志進一步解釋，台灣目前所具備的核能實驗室規模，無法提煉製造出足以發展核子武器所需的核燃料。

---

77 U.S. Mission to International Atomic Energy Agency (Vienna) to State Department, August 19, 1976, NSA, Electronic Briefing Book: The United States and Taiwan's Nuclear Program, 1976-1980, Document No. 4D.

78《華盛頓郵報》當天的頭版頭條為 "Taiwan Seen Reprocessing Nuclear Fuel," 參見 Albright and Gay, "Taiwan: Nuclear Nightmare Averted," pp. 59-60. 美國學者陶涵（Jay Taylor）則認定當時剛從美國學成回台並服務於中科院的張憲義，實際上已被中央情報局收買，是華府消息來源的主要管道，參見 Jay Taylor, *The Generalissimo's Son: Chiang Ching-kuo and the Revolutions in China and Taiwan* (Cambridge, MA: Harvard University Press, 2000), pp. 323-324. 當時擔任台灣外交部常務次長並處理台、美之間核武發展爭議的錢復，在其回憶錄裡亦不否認中科院內確實存有美方內線情報的可能，見錢復，《錢復回憶錄》（台北：天下文化，二〇〇五），卷一，頁三三七—三三八、三四六—三四七。

79 U.S. Embassy in Taipei to State Department, August 31, 1976, NSA, Electronic Briefing Book: The United States and Taiwan's Nuclear Program, 1976-1980, Document No. 5A; 錢復，《錢復回憶錄》，卷一，頁三三六—三三七。

80 State Department to U.S. Embassy in Taipei, August 31, 1976, NSA, Electronic Briefing Book: The United States and Taiwan's Nuclear Program, 1976-1980, Document No. 5B; State Department to U.S. Embassy in Taipei, September 4, 1976, ibid, Document No. 6A.

81 NARA, RG 59, Policy Planning Staff Files, 1969-1976, Box 377, State Department to U.S. Embassy in Taipei, September 11, 1976.

安克志接著質問台電公司向歐陸國家進行的祕密探詢與接觸，蔣經國回答說他確實曾指示私下探詢自歐洲進口相關設備的可能性，但他發覺這些設備的效果「不顯著」。安克志接著追問，美方真正關切的，是台灣是否正暗中向歐洲國家「購買」核原料與「發展」核燃料再處理技術時，蔣立即表示，這些接觸都是研究與實驗性質所需，若美方認為不妥，他將下令停止此類探詢。談話最後，蔣經國甚至主動提議，國民黨政府願意接受美方派遣專家常駐台灣，擔任顧問職務，並且進駐行政院原子能委員會、中科院與清華大學核子工程研究所等處，扮演監督角色，所有費用開銷可由台北方面支付，安克志顯然對蔣經國此番提議感到意外，並再次向蔣確認，未來美方若果真派員來台，是否將能夠獲准前往視察台灣島上「所有的」核能相關設施，蔣回應表示正確，會談至此告一段落。[82]

雖然有蔣經國向安克志所提出的一番保證與承諾，然而美方的猜疑依然存在。會談結束後，安克志與華府官員皆認為蔣經國在會談當中，似乎刻意模糊「核燃料再處理工廠」與「再處理實驗室」之間的區別，以混淆美方，因此對台北高層的保證，仍無法全然放心。[83]另一方面，國務院也意外地從澳洲駐華府外交官那裡，獲悉北京對於台灣意圖發展核武的「另類看法」。一九七六年十月初，當澳洲駐美大使館政治參事阿蓋爾（Dennis Argall）向中共駐美聯絡辦事處副主任韓敘提及華府正對台北施壓，阻止台灣取得研發核武所需能力時，韓敘感到頗不以為然，反而指控美國政府事實上正暗助台灣取得核武技術，並稱長此以往，北京方面將不會坐視云云。韓敘的說法也許屬於臨時反應，也未必事先通過北京授權，但其批評美方的言詞卻足以讓當時一心一意欲推動與中共關係正常化的國務院官員們，感到坐立難安。[84]

一九七六年秋天，華府對於蔣經國同意美方派遣核武專家常駐台灣的提議，並未立即採取行動，除了當時美國正忙於總統大選之外，國務院與駐台大使館似乎也考量到，若果真派員常駐台灣，此舉將意味著美方對於國際原子能總署長年來監督台灣核能發展工作的不滿意與不信任。[85]然而到了一九七七年一月初，美國新總統卡特就職的前夕，即將離任的國務卿季辛吉突然電告駐台大使安克志，稱美方一組核武專家將於近日內動身前來台灣，對核能設施進行突襲檢查。根據已解密的美國官方文件顯示，福特總統卸任前夕美方如此大費周章的原因，在於華府再度透過特殊情報管道獲悉，儘管有蔣經國數月前對美方的承諾與保證，台灣方面此刻依然與荷蘭暗中接觸，努力嘗試取得提煉鈾與鈽金屬的技術，迫使美方不得不立即採取行動。[86]在取得卡特新政權交接小組同意與支持下，季辛吉決定由時任國務院「中華民國科」科長的李文（Burton Levin），率領三位核能科技專家，於一月中旬前往台灣。行前，季辛吉特別指示李文與台北的安克志大使，在避免與國民黨政府要員發生正面衝突，以及不批評蔣經國先前的保證與承諾此兩大前提下，以更嚴厲的立場質問台灣祕密發展核武計畫，並向台北施壓。[87]

82 Leonard Unger (U.S. Ambassador to Republic of China) to Henry Kissinger, September 15, 1976, NSA, Collection: Weapons of Mass Destruction, Document No. WM00193.

83 U.S. Embassy in Taipei to State Department, September 17, 1976, NSA, Electronic Briefing Book: The United States and Taiwan's Nuclear Program, 1976-1980, Document No. 7B.

84 NARA, RG 59, Policy Planning Staff Files, 1969-1976, Box 377, Memorandum for Oscar Armstrong (Deputy Assistant Secretary of State), October 12, 1976.

85 U.S. Embassy in Taipei to State Department, October 12 and November 5, 1976, NSA, Electronic Briefing Book: The United States and Taiwan's Nuclear Program, 1976-1980, Document No. 9A and 9C.

86 Henry Kissinger to Leonard Unger, top secret, January 8, 1977, NSA, Electronic Briefing Book: The United States and Taiwan's Nuclear Program, 1976-1980, Document No. 10B.

87 U.S. Embassy in Taipei to State Department, January 8, 1977, NSA, Electronic Briefing Book: The United States and Taiwan's Nuclear

一月二十日，當華府正舉辦隆重盛宴，歡慶卡特宣誓就任美國新總統之際，李文等一行人正在台北，與國民黨高層展開一連串氣氛嚴峻的拜訪晤談，並逐地逐項檢視各核能設施。李文一一轉告台灣各相關單位，新總統卡特上任後最重要的外交政策之一，是推動全球的非核化與防止核武器擴散，在此原則下，美國將對台灣的核能政策與研究計畫，採取更加嚴厲的標準與要求。據美國駐台大使館回報華府，當時參與會談的中科院主其事者，個個面色沉重，不發一語。[88]此次突襲檢視，美方雖然暫時未向台北提出任何異議或要求，然而在卡特政府急欲完成與北京關係正常化，同時努力推動全球非核化此兩大外交政策主軸的影響下，短短數月後，一場華府與台北之間，自甘迺迪總統一九六二年阻止蔣介石發動國光計畫以來最嚴重的雙邊外交危機，終於爆發。

台、美斷交前夕的核外交風暴

一九七七年一月二十日，卡特總統在其就職典禮上宣示美國將致力於推動世界和平，並主張分階段銷毀全球的核子武器。一星期後，行政院長蔣經國發表公開談話，呼應並熱烈支持卡特總統的新主張，並強調國民黨政府一貫主張原子能的和平使用，蔣接著說：「雖然我們具備發展核子武器的能力，但是我們絕不從事核子武器的製造。」此一原本應是支持卡特外交新政策的友好談話，卻立即引來美方高度關切。駐台北大使館把蔣經國此番談話，解讀為是台灣極度擔憂美國推動與中共建交，並終止協防台灣下的一種外交威脅表態與暗示，因而建議國務院應採取強硬的立場，來阻止甚至「摧毀」台灣任何發展核武的可能性。[89]

當時美方所欠缺的，是更為具體的證據與時機，然而此種證據與時機，卻突然在數週之後意外地於日本東京出現了。一九七七年三月初，國際原子能總署專家組團前往台灣，進行年度例行性視察，其中一位專家注意到核能研究所裡的重水反應爐，其原本應是封閉式的燃料轉運池，竟然出現一個新的轉運口。根據在場的加拿大籍技術人員透露，這個新的燃料轉運口，是最近應台灣方面的要求而新建的。國際原子能總署專家們經過仔細檢查後，還發現覆蓋重水反應爐表層的螺栓，異常新穎，與旁邊布滿灰塵甚至有些生鏽的反應爐內梯，形成強烈對比，因此研判燃料轉運口在最近曾被動過手腳。專家們也偵測出，原本不應該出現燃料轉運口的反應爐表層，核子輻射量異常高。其中一位專家於三月八日離開台北抵達東京後，立即將此新發現，向美國駐日本大使館軍事與科技組官員報告，並稱台灣此次面對國際原子能總署的保安檢查，顯然並未開誠布公，也缺乏合作態度。美國駐日大使館立即回報華府，稱種種跡象顯示，桃園龍潭的核能研究所裡，正進行著某些令人極度不安與可疑的核武研發計畫。[90]

經過兩週密集閉門討論後，華府決策高層認定僅憑台北方面屢次口頭保證與承諾，已不足以解決問題，美國必須釜底抽薪，採取更激烈的手段與行動。三月二十六日，國務院電令安克志向蔣經國提出照會，稱美方握有充分證據顯示核能研究所裡進行的研究計畫，與其說是作為發展台灣的核能發電，事實

Program, 1976-1980, Document No. 10C; State Department to U.S. Embassy in Taipei, January 10, 1977, ibid, Document No. 10D.

88 U.S. Embassy in Taipei to State Department, January 19 and 22, 1977, NSA, Electronic Briefing Book: The United States and Taiwan's Nuclear Program, 1976-1980, Document No. 10E and 10F; 錢復，《錢復回憶錄》，卷二，頁三四〇—三四四。

89 U.S. Embassy in Taipei to State Department, February 17, 1977, NSA, Electronic Briefing Book: The United States and Taiwan's Nuclear Program, 1976-1980, Document No. 10F.

90 U.S. Embassy in Tokyo to State Department, March 8, 1977, NSA, Electronic Briefing Book: The United States and Taiwan's Nuclear Program, 1976-1980, Document No. 12.

上與研發核武更有關聯，美方因此嚴正要求國民黨政府：第一、今後台灣境內所有核能相關設施與原料，都必須納入台、美雙邊協定規範，以確保核能研發僅限於民生用途；第二、核能研究所的重水反應爐與化學（熱）實驗室，必須無條件立即關閉；第三、台灣境內所有的鈽金屬原料，必須全數移交給美國；第四、國民黨政府必須「重新調整」其未來的核能發展計畫，並且需事先與美方技術專家進行溝通。國務院還下令安克志，必須取得蔣經國的「書面」答覆，保證台灣方面將履行美方提出的上述所有條件。[91]

安克志接獲此極端嚴厲的指示後，曾回電國務院請示，若蔣經國質疑美方所指控的證據究竟何在時，應當如何因應。[92]由於這部分的台、美相關檔案史料記載尚未公開，吾人無法知悉國務院對安克志所提疑問的指示為何，也無法窺見蔣經國與安克志會面時的具體情況。錢復在其回憶錄裡稱，蔣經國當時指示，既然國民黨政府已決定不生產製造核子武器，可不必與美方計較，因此對於美方四項要求可以同意。[93]一個月後的四月二十九日，當白宮國家安全顧問布里辛斯基（Zbigniew Brzezinski）向卡特總統彙報台灣最新情勢時，桃園龍潭的重水反應爐與青山的化學實驗室，皆已暫時關閉，中止運作；中科院所屬核子先導工廠裡的相關儀器設備，也遭到拆除，或者由美方人員在儀器旁加裝攝影監視。卡特總統讀到布里辛斯基所呈有關台灣核反應爐與熱實驗室皆已關閉的報告後，還特別在該段落旁寫下一個「好」字。[94]

五月初，安克志自台北拍發回華府的電報裡亦明確指出，蔣經國在百般無奈下，最後勉強同意接受華府的要求，重新著手規劃與調整未來台灣的核能方案，使其更符合能源生產與民生用途目標，而非研製武器。安克志還提到，考量到部分台灣軍方主其事者必定對美國心懷不滿，因而力主華府應當支持國民黨政府內部的溫和派人士，譬如原子能委員會祕書長鄭振華等，主動邀請其前來華府訪問，討論未來雙方的核能合作，以稍加平息台灣內部對美方高壓態度的憤怒。[95]

一九七七年底，台北曾向美方提出要求重啟核子反應爐，作為台灣核能發展與研究之用，同時表示將嚴格遵守與美方之間有關核能合作的協定。國務院則強烈建議台灣未來改使用含鈾量僅有百分之三的「低濃縮鈾」，以免國際間質疑台灣製造核武的企圖，此建議被國民黨政府接受了。[96]台灣方面如此高度配合的態度，讓桃園龍潭的重水反應爐得以在翌年夏天於美方監督下重新運轉，美方也允諾支持台電公司籌建第四座核能發電廠，並同意對其貸款以協助購買核能發電原料，只不過在核能發電此一正當名目下，卡特政府內部對於台灣意圖研發核子武器的猜疑，仍未完全緩和。[97]一九七八年五月，蔣經國於台北宣誓就任總統，此時雙方之間的邦誼已是風中殘燭，面對華府與北京之間隨時有可能完成外交關係正

---

91 State Department to U.S. Embassy in Taipei, March 26, 1977, NSA, Electronic Briefing Book: The United States and Taiwan's Nuclear Program, 1976-1980, Document No. 13A.

92 Unger to State Department, March 26, 1977, NSA, Electronic Briefing Book: The United States and Taiwan's Nuclear Program, 1976-1980, Document No. 13B.

93 錢復，《錢復回憶錄》，卷一，頁三四五。

94 Zbigniew Brzezinski to President Jimmy Carter, top secret, April 29, 1977, NSA, Electronic Briefing Book: The United States and Taiwan's Nuclear Program, 1976-1980, Document No. 14.

95 U.S. Embassy in Taipei to State Department, May 6 and 21, 1977, NSA, Electronic Briefing Book: The United States and Taiwan's Nuclear Program, 1976-1980, Document No. 15A and 15B.

96 State Department to U.S. Embassy in Taipei, December 22, 1977, NSA, Electronic Briefing Book: The United States and Taiwan's Nuclear Program, 1976-1980, Document No. 18A; U.S. Embassy in Taipei to State Department, December 27, 1977, ibid, Document No. 18B.

97 Etel Solingen, *Nuclear Logics: Contrasting Paths in East Asia and the Middle East* (Princeton: Princeton University Press, 2007), pp. 100-117.

常化，國軍內部主張保有自主研發核武能力的聲音，不減反增。七月底，美方一個核能觀察團臨時造訪台灣，在安克志大使陪同下，本欲造訪中科院，不料院長唐君鉑竟然一度表明拒絕接待美方觀察團，最後還是在外交部居間協調下，唐君鉑才答應與美方人員會晤，並勉強同意美方檢視院內相關核能設備。[98]

根據美國國務院解密檔案顯示，當時華府掌握情報，得知台灣正尋求與西德之間的技術合作，欲取得最新的「雷射同位素分離法」技術來提煉核武原料，主其事者為核能研究所雷射組組長馬英俊博士。當美方以此情報向台北提出質疑時，原子能委員會與外交部官員皆否認到底，只不過卡特政府內部對此項情報，仍深信不疑。[99]隨後不久，美國國務卿范錫（Cyrus Vance）親筆致函蔣經國，表達美方嚴重關切之意，此函由安克志於九月八日面交蔣經國。可以想見，當蔣經國在此一場合得知美方再度提出疑慮之後，情緒變得相當激動與不耐，他首先告訴安克志，他已決定今後雙方有關核能方面的議題，皆交由外交部來處理，他本人將不再過問，隨後並鄭重澄清有關傳聞，重申國民黨政府不研發核武的立場。最後蔣經國竟然不顧外交禮儀，向安克志坦率抱怨，稱由於台灣外交處境艱困，以及台、美雙方極為特殊的關係，讓美國可以用世界上少有其他國家可以容忍的苛刻方式來對待台灣，他對於美國一再就此議題喋喋不休，感到無法理解。最後蔣經國甚至以半威脅口吻告訴美國大使，他目前不願向台灣民眾透漏美國的蠻橫作法，是不希望激起台灣民眾對美國的不滿，他希望華府能夠理解。[100]儘管如此，數日之後，蔣經國依然在其覆函裡，向國務卿范錫再次重申台灣無意研發核武的立場，包括不從事核能源的提煉、核燃料的再處理，與重水的生產，他亦澄清中科院所從事的研究與核武完全無關。此外，蔣經國也再度邀請美方派員長駐台灣，與台灣的技術專家密切合作，以免誤解再度發生。[101]

回顧歷史，蔣經國與范錫之間這番有關台灣核武發展的信函往來，成為三個月後，十二月十六日卡特總統宣布與中共關係正常化並與台灣斷交前夕，雙方最高官方階層之間最後與僅有的具體議題討論。值得注意的是，儘管彼此邦交於一九七九年一月一日畫下句點，然而台、美之間有關核議題的交涉與談判，並未隨著邦交中止而中斷。就在一九七八年十二月二十六日美國副國務卿克里斯多福（Warren Christopher）率團啟程前往台北進行雙方關係調整談判前夕，國務院官員們仍忙著擬妥未來雙方核能合作的談判原則如下：第一、台、美斷交後，雙方既有的核能協定將繼續有效，美方將繼續監督台灣的各項核能設備；第二、儘管台灣已經退出聯合國，美政府仍將要求台北當局繼續嚴格遵守一九六三年十月的《禁止核試爆條約》與一九六八年七月的《禁止核擴散條約》；第三、未來雙方的核能雙邊合作談判將不受斷交之影響，將在未來擇期舉行；第四、美方希望獲得國民黨官方的「書面」保證，未來將繼續遵守不發展核子武器的承諾。[102]

上述四點原則，成為一九七八年十二月二十六日台、美雙方高層調整未來關係談判桌上，未曾被媒

98 U.S. Embassy in Taipei to State Department, July 31, 1978, NSA, Electronic Briefing Book: The United States and Taiwan's Nuclear Program, 1976-1980, Document No. 20A.

99 State Department to U.S. Embassy in Taipei, August 9, 1978, NSA, Electronic Briefing Book: The United States and Taiwan's Nuclear Program, 1976-1980, Document No. 20B.

100 Unger to Cyrus Vance (Secretary of State), September 8, 1978, NSA, Electronic Briefing Book: The United States and Taiwan's Nuclear Program, 1976-1980, Document No. 21A.

101 Unger to Vance, September 14, 1978, NSA, Electronic Briefing Book: The United States and Taiwan's Nuclear Program, 1976-1980, Document No. 21D.

102 State Department memorandum entitled "Nuclear Agreements with the ROC," December 22, 1978, NSA, Electronic Briefing Book: The United States and Taiwan's Nuclear Program, 1976-1980, Document No. 24.

體披露的一項關鍵議題。當時整個談判的細節如何，仍有待日後進一步發掘史料，然而正如台、美斷交後第一線處理雙方關係的「美國在台協會」官員於一九七九年初坦承的，面對失去與美國之間的正式外交關係，以及無法再接受美方防衛承諾等極端不利的局面下，台灣軍方內部當時確實有部分人士，公開提倡應保有自主研發核武的選擇權。在此情況下，如何確保雙方核能合作不受影響，並且讓台灣的核武研發繼續獲得有效監控與阻絕，成了美國在台協會於一九八〇年代初期，最艱鉅的外交任務與挑戰之一。[103]

餘波盪漾

美國與台灣斷絕外交關係後，在蔣經國公開宣示台灣將繼續進行和平用途的核能發展，並且開始積極鼓勵台灣民間參與研發與投資等新措施下，一九七九年後的短短兩年時間內，台灣先後興建了磷酸提鈾先導工廠、壓水式反應器燃料束先導工廠、磷酸提鈾工廠、氧化鈾提純轉化實驗工廠、動力用反應器燃料先導廠、伽馬射線照射廠，並且完成了六百兆瓦重水壓水式反應器的概念設計。當時諸如西德、法國等歐洲國家的民間公司，紛紛表示願意與台電公司進行民用核能合作，而除了重申台灣應繼續遵守相關規範之外，因為與日、美之間已經沒有正式外交關係，華府反而無從阻止這些名義上屬於「商業」性質的台灣對外核能交流行為。譬如當台、美斷交後，首批美國核能專家於一九八〇年一月間前來台灣進行視察時，美方曾向國民黨政府提出諸多要求，包括提供中科院房舍配置說明、使用單位狀況與工作簡要，以及要求參觀核能所各試驗室等，台灣方面對美方的要求，並非照單全收，而是有所堅持。[104]

儘管國民黨政府繼續不斷在公開場合重申台灣不研發核武的立場，然而整個一九八〇年代，美方的猜忌始終未曾中斷。早在一九八〇年初，美國首任在台協會主任葛樂士（Charles T. Cross）即曾當面向台灣外交高層表達華府的高度疑慮，然而台方除了繼續重申不發展核武之標準立場外，並無法真正有效取信於美國。[105]台灣軍方單位背著美國繼續祕密從事核武研製的努力，最後導致一九八八年一月中科院核能研究所副所長張憲義脫逃事件。張憲義從中科院內竊取台灣核武發展計畫機密檔案後，在中央情報局協助下逃出台灣，前往美國，並在華府國會山莊的祕密聽證會上指證，將手中掌握的台灣研製核武器內幕全盤托出，頓時全球輿論再次譁然。[106]

當時擔任台灣參謀總長郝柏村在其日記裡揭示，美國總統雷根（Ronald Reagan）在得知此事後，立即向台北強烈施壓，要求終止一切核武發展計畫。一月十三日，蔣經國去世；數天後，美方的核子代表團抵台，著手二度拆除龍潭核能研究所內的重水反應爐。雷根不但要求台灣徹底拆除與核武發展之一切相關設施，且必須將龍潭反應爐的重水提取出來，並且下令不得再開爐，雷根總統還提出一份「毫無談判餘地」的協議書，由當時緊急返美述職處理此案的美國在台協會台北辦事處處長丁大衛（David

103 State Department memorandum entitled "Nuclear Agreements with the ROC," December 22, 1978, NSA, Electronic Briefing Book: The United States and Taiwan's Nuclear Program, 1976-1980, Document No. 24.

104 State Department to AIT, June 16 and 19, 1980, NSA, Electronic Briefing Book: The United States and Taiwan's Nuclear Program, 1976-1980, Document No. 27A and 27B; State Department to U.S. Embassy in Bonn, July 3, 1980, ibid, Document No. 28A; Tim Weiner, "How a Spy Left Taiwan in the Cold," *The New York Times*, December 20, 1997.

105 State Department to AIT, June 19, 1980, NSA, Electronic Briefing Book: The United States and Taiwan's Nuclear Program, 1976-1980, Document No. 27B.

106 Tim Weiner, *Legacy of Ashes: The History of the CIA* (New York: Anchor Books, 2007), pp. 484-485; Denny Roy, *Taiwan: A Political History* (Ithaca: Cornell University Press, 2003), pp. 143-144.

Dean）攔回，轉交台北高層簽字，丁大衛自華府回台北前夕，雷根總統告訴他，務必要求台北高層於一週內簽字具結，「不然你不必回來了」。考量到當時台、美關係恐將因此風波而陷入更深危機，新上任的李登輝總統只有屈從。[107]而台灣自一九六〇年代蔣介石主政時期起，即開始祕密研發的核武計畫，自此可謂徹底終結。

107　郝柏村，《八年參謀總長日記》（台北：天下遠見出版社，二〇〇〇），下冊，頁一二六九—一二七二。

結語

本書敘述了第二次世界大戰結束後，直至一九八〇年代冷戰走入尾聲之際，由蔣介石、蔣經國父子所領導的國民黨政府，參與亞洲冷戰的諸多歷史過程。本書以二次大戰結束後，美國在中國西部邊疆地區的祕密活動作為開場，其實也凸顯了亞洲冷戰史研究上一個較新穎的論點：美、蘇兩大強權在中國冷戰場域中揭開序曲，並非源自於國共內戰；當美國準備拋棄蔣介石，而蘇聯頗不樂見毛澤東在如此短時間內席捲全中國的歷史弔詭下，東、西方兩大陣營間在中國大陸上的冷戰對抗，卻是從中國邊疆少數民族地區開始引燃的。美國對於中國邊疆事務的直接關注與祕密援助方案的提出，既非如過去冷戰史研究所稱，始於一九五〇年代初期解放軍進藏以後，最初亦非以藏人為首要對象。事實上，早在一九四七年，當美、蘇冷戰對抗格局儼然成型之際，不論是華府的軍事與情報單位或者是國務院外交系統，即開始對中國邊疆地區的戰略安全，產生高度的興趣，並且在一九四九年十月一日新中國於北京宣布成立之前，即已將其對中國邊疆地區的關注與興趣，轉化為對西部內陸各少數民族反共團體的具體援助行動。

此外，國共內戰晚期，當華府已準備放棄國民黨政府的同時；另一方面卻鼓勵持反共立場、並依然效忠國民黨的中國西部邊疆省分與少數民族團體，以建立「區域性反共政權」的方式，來阻止或拖延解放軍部隊對這些地區的占領；並期待由毛澤東主持下的中國，在不久的將來，能有所轉變。回顧歷史，美國自一九四七年起對中國西部邊陲地帶的戰略思維與行動，因為國共內戰情勢的急遽轉變與時間倉促而顯得幼稚與不成熟，這些祕密盤算最終亦未能夠扭轉中共牢固掌控中國邊疆地區的事實。然而其所造成的影響，卻值得吾人進一步探究：美國於一九四〇年代晚期的支持承諾與祕密援助，在一九五〇年代以後依然持續鼓舞著這些地區的零星反共游擊活動，並成為一九六〇年代冷戰高峰時期流行於全球各地美、蘇「代理人戰爭」所發生的最初案例之一。

從蔣介石如何處理近代朝鮮問題為例，吾人得以重新評價審視蔣介石處理對外關係的本質，以及此過程中「表象」與「現實」之間的差距。從一九二〇年代國民政府支持在華韓人推動韓國獨立運動，到對日抗戰初期允許在華韓人勢力建立武裝力量以及開羅會議爭取戰後朝鮮獨立，再到國共內戰結束後退守台灣，利用朝鮮半島局勢爭取對台灣有利的契機，蔣介石以「民族主義」為出發點的對韓政策外表下，結合務實立場與機會主義，善用不同階段的朝鮮議題，作為國民黨政府本身外交、軍事與戰略上的手段，他甚至把韓戰的爆發，與一九四九年以後台灣國民黨存亡的重大議題，結合為一。據此，今日吾人審視回顧蔣介石處理近代中國對外關係時，除了需注意外在表象與現實之間的強烈落差之外，是否還可以「務實與機會主義導向的民族主義者」來描述蔣領導統御的本質與風格，頗值得進一步探究。

本書第三章回顧一九五〇年六月朝鮮戰事爆發後，在美國與亞洲各地出現的一股中國大陸敵後工作熱潮，及其呈現的歷史意涵。當時美國為了減低自身在朝鮮半島上面臨的壓力，決定扶持有別於蔣介石與國民黨以外的第三勢力，推展中國大陸敵後游擊工作。在台灣，因為東亞局勢出現重大轉變，同樣出現一股敵後工作請纓熱潮，在此情況下，太平洋兩端的台灣與美國，因反共敵後工作熱潮而出現的許多奇特浮誇現象，也被清楚地呈現出來。嚴格而論，韓戰期間台、美兩方籌劃的敵後游擊任務，在李彌領導的「滇緬地區游擊隊」上頭找到了共通點，這支武力還在一九五一年春、夏之間，發動了韓戰期間唯一一次軍事反攻大陸行動，然而細究李彌事蹟，吾人發現，當蔣介石視李彌部隊為一股可以用來替國民黨建立反共根據地的重要力量時，美國政府卻將他視為亞洲第三勢力的一環，歷史的錯綜複雜與弔詭，以及台、美之間的爾虞我詐，在此個案中表露無疑。

一九五四年十二月間，國民黨政府與美國簽訂了協防條約，此後直至一九七九年中美關係正常化，該條約替美國協防台灣，提供了法理基礎。該條約的簽訂，不僅是一九五〇年代美國在遠東地區冷戰場域中整體軍事外交策略下的一環，同時也體現了蔣介石與國民黨當局，在整個大環境相對不利於台灣的局面下，對美進行角力與折衝過程當中，所能爭取到的較佳選擇，如同本書第四章所披露，在台、美此一軍事同盟關係形成過程當中，當時日本在台灣的非官方軍事顧問團——白團，還曾扮演過一個間接、鮮為人知的角色。隨著新史料的開放，吾人如今知悉，蔣介石在這場台、美之間的軍事外交角力賽局中，最初並未將簽訂協防條約視為其最優先的選項，該約最後的締結，誠屬歷史之意外。在美國當時不願意接受蔣介石所提出之軍援要求，以及一九五四年九月間中共炮轟金門外島等因素的促成下，雙方的軍事防禦關係，也因而順勢被建立起來。儘管蔣介石本人將此結果視為重大外交勝利，然而一個國民黨政府局限在台灣與澎湖的格局，卻也因此逐漸紮根，難以撼動。

一九五〇年代海峽兩岸之間曾發生過兩次重大外島危機，解放軍於一九五四與一九五八年兩次對金門外島大規模的炮轟，不但牽動整個美、蘇及海峽兩岸多方關係架構與基礎，更成為亞洲冷戰場域中最具有代表性的軍事衝突。然而冷戰時期的台海危機，實際上並不僅限於如上兩次外島危機，引發台海地區緊張情勢升高的因素，也並非完全都是由於中共方面挑起，一九六〇年代初期起蔣介石一心一意推動「國光計畫」反攻大陸軍事行動，即是重要事例。本書第五章的研究與分析指出，蔣介石此一決策，受到幾個主要因素所影響，包括一九五〇年代晚期起台灣內部民主化的要求，蔣介石在國民黨內領導權威的微妙演進與挑戰，美國甘迺迪總統對華政策的明顯轉變，以及與中國大陸內部局勢發展等，「國光計畫」因此也成為蔣介石欲進一步鞏固其地位、維持國民黨在台灣統治正當性。以及應付美國對台政策恐將出現不利轉變下的重要手段。蔣介石反攻的軍事準備，於一九六二年上半年達到最高峰，卻在美方強力阻撓下，無疾而終，雖然蔣介石有關「國光計畫」反攻大陸的準備，至一九六五年底才逐漸走向盡頭，然而如同本書第四章所揭示，早在一九六二年夏天，在美國對台北軟硬兼施之下，實際上即已讓蔣介石反攻大陸的美夢，無從具體發揮。

冷戰時期海峽兩岸究竟有無祕密接觸談判，一直是令大家高度關切與好奇的話題。吾人從當今已解密的中、外相關檔案史料來看，兩岸間的祕密接觸往來，確屬實情。本書第六章指出，一九四九年後兩岸之間的祕密接觸，可從三個角度來加以理解：就中共而言，冷戰時期的北京以密使與信函向台北國民黨高層傳遞重要訊息，這種運作模式，除了作為傳達兩岸和談的訊息管道之外，其實也蘊含了冷戰國際宣傳，離間台、美關係，以及北京影響台灣內部政治權力關係的戰略用意。有趣的是，吾人今日回顧曹聚仁等人在密函裡所提到的諸多構想，譬如開放金門、廈門為自由市與兩岸交流試點等，仍有一定之遠見，並在今日兩岸開放與全面交流後，逐漸被落實，只不過其函中所提類似一國兩制的想法，其精神雖然同樣為日後鄧小平主政時代所採納，然對爭取台灣民心之效果如何，仍有待觀察。

其次，冷戰時期兩岸之間的祕密接觸，似乎也並非完全是中共方面的一廂情願與片面之舉，有跡象顯示蔣介石與蔣經國父子都曾經基於不同理由與立場，打過兩岸密使這張牌，作為爭取美國擴大對台支持，或者平衡與反制美國與中共雙邊關係進展過程中可運用的微妙因素。蔣經國、陳誠與曹聚仁、張治中、傅作義等人之間的可能接觸與信函往來，同時也隱含著蔣、陳兩人在台灣內部權力競逐之複雜考量。

最後，就美國而言，整個冷戰時期的兩岸祕密接觸，似乎都在其情報單位的掌控之中，從美方中央情報局解密檔案中可窺見，華府對於國共雙方接觸的消息來源，主要有二：一是透過其情報系統與駐台人員主動掌握；二是藉由蔣經國、陳誠等國民黨政府要員主動提供，以示台灣不與中國大陸謀和談判的決心。儘管有證據顯示國民黨曾經受到美國施壓，要求勿與中共接觸談判，然而華府情報部門在其分析報告中，卻寧可選擇相信蔣介石、蔣經國父子等，自始至終都不為海峽對岸的和平試探所動搖。美方此一信念是否正確，有待未來更多相關史料的發掘來進一步佐證。

本書第七章指出，冷戰高峰時期的西藏議題，以及台、美雙方對此議題的應對與處理，充分反應台、美之間表面盟邦關係下的脆弱與複雜。一九五〇年解放軍進入西藏，以及一九五九年拉薩抗暴事件發生後，面對同樣持反共立場的達賴喇嘛，台北的國民黨政府因無法拋棄大陸時期的政治與歷史包袱，竟然為了一塊實質上已不在其有效統治範圍內的「虛幻領土」，而與北京及蘇聯共產黨陣營站在同一立場。華府的決策者也無法理解，其在亞洲地區最堅強的反共盟友蔣介石，為了一塊距離台灣遙不可及，且與當時台灣切身戰略安全並沒有直接關聯的西藏，竟然在政策與行動上與美國努力推動的冷戰反共外交目標背道而馳。冷戰時期國際政治關係中的奧妙與不可測，在此個案中充分地被呈現出來。

從香港新聞傳播界名人張國興奉命前往印度，代表台灣進行密使外交，吾人可以進一步理解冷戰時期蔣介石處理對外關係的思維與模式。台灣這次拓展對印度關係的努力，因張國興本人頗受爭議的行事風格，以及尼赫魯總理無法斷絕與北京的關係，最後以失敗告終。然而這個案例如同本書第九章所論及的，冷戰時期台灣與東南亞各國之間的祕密軍事外交與情報關係一般，皆可視為一九四九年以後的國民黨政權，在相當程度上把台灣的安危與其政權的正當性，繫於整個亞洲國家地區是否能夠繼續留在西方反共陣營裡。在此種認知之下，國民黨不但依恃美國軍事屏障以穩固台、澎與金、馬外島，更是善於利用一切可能的機會，向東南亞各國輸出反共經驗、意識形態與實質的軍事裝備物資，以公開或祕密方式，以游擊隊、傭兵或者軍事顧問團的形式，不斷地在亞洲地區扮演一個反共先鋒的積極角色，甚至甘冒違悖華府意志與違反台、美協防關係之不韙，一意孤行，堅持到底。此段歷史經驗也讓吾人對於冷戰時期的台、美同盟關係之本質，有更深刻的思考。

本書最後一章回顧台灣祕密研發核武與美國反應，蔣介石決心研發核武，與一九六四年秋天中共核試爆成功所帶給台灣的巨大衝擊，有密切關聯。實際上，在一九六〇年代冷戰高峰時期，華府並不排斥協助台灣發展自身的核武防衛機制，其在台灣台南部署攜帶核彈頭的屠牛士飛彈，以及提供資金與技術協助台灣完成全亞洲第一座輕水核子反應裝置等，皆是明顯例證。一九六〇年代台灣初步向外尋求核武研發技術的對象，除了較為人所知悉的以色列之外，尚有西德、法國、比利時與加拿大等歐美國家，這些國家的核能單位與民間公司等，都曾經在不同名目之下，以商業或者民間用途為由，提供台灣相關技術協助與設備。美國政府此刻的態度，也在「暗助」與「暗阻」之間徘徊，未有定論，反倒是當時台灣內部有一股反對發展核武的強烈聲浪，導致蔣介石於一九六〇年代晚期一度擱置核武研發計畫。一九六九年尼克森總統上任後，決心改變美國對華政策並努力打開與中共交往之門，國際與外交情勢對台灣轉為不利，是促成國民黨政府決心加速研發核武能力之關鍵因素，台灣欲發展核武以增加自身籌碼，然而華府卻因為急於與北京發展關係，竭盡所能阻撓台灣任何研發核武之可能性。一九七九年中、美關係正常化之前的幾年裡，台灣祕密發展核武的意圖，一直是台、美雙方藕斷絲連關係裡最受爭議、卻也最不為世人所了解的外交議題。

本書利用如上十個議題，來呈現由蔣介石（以及後來的蔣經國）所領導的國民黨政府，在亞洲冷戰格局下所扮演之角色，而冷戰時期美國與海峽兩岸三邊關係的複雜與詭譎，也通過本書各章節所討論的諸多歷史事件，更加深刻地被凸顯出來。隨著大量中、外檔案資料的開放，看似平滑的歷史平台上的細微裂縫，不應當繼續被埋沒、被忽略。若本書的問世，能夠讓近代史學界進一步思索探究一九四九年以後的兩岸關係史，甚至逐步打破「一九四九」這條近代史研究領域的無形藩籬，讓大家對於一九四九年以後的台灣政治、軍事、外交史的研究，投入更多的關注與理解，那麼這將是作者至為欣慰的了。

徵引書目

原始檔案、史料

National Archives and Records Administration, College Park, Maryland, USA（美國國家檔案館，簡稱 NARA）：

RG 59, Records of the Department of State, Decimal Files（美國國務院檔案）

RG 218, Records of the Joint Chiefs of Staff（美參謀首長聯席會議檔案）

RG 319, Records of Army Staff, Army Intelligence（美國陸軍參謀長陸軍情報檔案）

RG 341, Records of the Air Force Technical Applications Center（美國空軍技術應用中心檔案）

The National Security Archives, George Washington University, Washington D.C., USA（美國國家安全檔案館，簡稱 NSA）：

Collections:

1. Nuclear Non-Proliferation（防止核擴散文件）
2. Weapons of Mass Destruction（大規模殺傷性武器文件）

Electronic Briefing Books:

1. How Many and Where Were the Nukes? What the U.S. Government No Longer Wants You to Know about Nuclear Weapons during the Cold War（冷戰時期美國核武發展相關文件彙編）
2. The United States and the Chinese Nuclear Program, 1960-1964（一九六〇至一九六四年間美國與中共核武發展相關文件彙編）
3. The United States and Taiwan's Nuclear Program, 1976-1980（一九七六至一九八〇年間美國與台灣發展核武相關文件彙編）

4. U. S. Intelligence Eyes Chinese Research into Space-Age Weapons（美國情報監控中共研發太空武器相關文件彙編）

Central Intelligence Agency (CIA), McLean, Virginia, USA（美國中央情報局）

CIA Electronic Freedom of Information Act (FOIA) Reading Room, Records obtained by the Freedom of Information Act request（根據美國《信息自由法案》取得之美國中央情報局解密檔案）

Hoover Institution Archives, Stanford University, Palo Alto, California, USA（美國史丹佛大學胡佛研究所檔案館）：

《蔣介石日記》

《韓國特種檔案》

《王昇檔案》

Thomas Tse-yue Yang Papers（楊子餘文件）

Albert C. Wedemeyer Papers（魏德邁文件）

James Burnham Papers（伯恩漢文件）

National Archives, London, United Kingdom（英國國家檔案館）：

War Office Records 英國戰爭部檔案（簡稱 WO）

Foreign Office Records 英國外交部檔案（簡稱 FO）

中央研究院近代史研究所檔案館藏，《外交部檔案》

國史館藏，《蔣中正總統文物》、《蔣經國總統文物》

國防部史政局藏，《國防部史政檔案》

出版史料、微捲檔案

Davis, Michael Davis ed. Confidential U.S. State Department Central Files:

Formosa, Republic of China 1950-1954（一九五〇至一九五四年美國國務院機密檔案台灣卷，簡稱 Formosa 1950-1954）.

Frederick, MD: University Publications of America Inc., 1986, microfilm.

Kesaris, Paul ed. CIA Research Reports:

China: 1946-1976.（一九四六至一九七六年中央情報局有關中國之研究報告）. Frederick, MD: University Publications of America, 1982, microfilm.

——ed. O.S.S./State Department Intelligence and Research Reports VIII: Japan, Korea, Southeast Asia, and the Far East Generally: 1950-1961 Supplement（一九五〇至一九六一年美國戰略服務處與國務院有關亞太地區情報研究補充文件，簡稱 Supplement）. Washington DC: University Publications of America Inc., 1977, microfilm.

Kesaris, Paul and Robert E. Lester eds. President John F. Kennedy's Office Files, 1961~1963（九六一至一九六三年美國甘迺迪總統辦公室文件，簡稱 JFKOF）. Frederick, MD: University Publications of America, 1989, microfilm.

Lester, Robert E. ed. President Dwight D. Eisenhower's Office Files, 1953-1961 Part II（一九五三年至一九六一年美國艾森豪總統文件，第二部，簡稱 Eisenhower）. Bethesda, MD: University Publications of America, 1990. microfilm.

——ed. The Lyndon B. Johnson National Security Files, Asia and the Pacific: National Security Files, 1963~1969（一九六三至一九六九年美國詹森總統亞太地區國家安全文件，簡稱 LBJ 1963~1969）. Frederick, MD: University Publications of America, 1987, microfilm.

——ed. The Lyndon B. Johnson National Security Files, 1963~1969. Asia and the Pacific: First Supplement（一九六三至一九六九年美國詹森總統亞太地區國家安全增補文件，簡稱 LBJ 1963~1969 Supplement）. Bethesda, MD: University Publications of America, 1996, microfilm.

United States Department of State ed. Foreign Relations of the United States（美國政府外交文書，簡稱 FRUS）. Washington D.C.: Government Printing Office, 1861-.

——ed. Records of the Office of Chinese Affairs 1945-1955（一九四五年至一九五五年美國國務院中國事務司檔案，簡稱 ROCA）. Wilmington, DE: Scholarly Resources Inc., 1989, microfilm.

——ed. Confidential U.S. State Department Central Files China: 1960~January 1963, Internal Affairs（一九六〇至一九六三年一月美國國務院有關中國內政機密文件，簡稱 USSD 1960~1963Internal）. Bethesda, MD: University Publications of America, 1998, microfilm.

——ed. Confidential U.S. State Department Central Files China: 1960~January '1963, Foreign Affairs（一九六〇至一九六三年一月美國國務院有關中國外交機密文件，簡稱 USSD 1960~1963 Foreign）. Bethesda, MD: University Publications

of America, 1998, microfilm.
——ed. Confidential U.S. State Department Central Files China: February 1963~January 1966: Part I: Political, Government, and National Defense Affairs（一九六三年二月至一九六六年一月美國國務院有關中國政治、政府與國防事務文件，簡稱USSD 1963~1966）. Bethesda, MD: University Publications of America, 2001, microfilm.
——Declassified Documents Reference System（美國政府官方解密檔案查詢系統，簡稱DDRS）. Farmington Hills, MI: Gale, 2011-.
中央研究院近代史研究所編印，《國民政府與韓國獨立運動史料》。台北：中央研究院近代史研究所，一九九六年。
王世杰，《王世杰日記》。台北：中央研究院近代史研究所，一九九〇年。
何智霖編，《陳誠先生書信集——與蔣中正先生往來函電》，上、下冊。台北：國史館，二〇〇七年。
吳景平、郭岱君主編，《宋子文駐美時期電報選（1940-1943）》。上海：復旦大學出版社，二〇〇八年。
薛銜天編，《中蘇國家關係史資料匯編》。北京：社會科學文獻出版社，一九九六年。
羅家倫，《羅家倫先生文存》。台北：國民黨黨史委員會，一九八八年。

專著與論文

山田辰雄、松重充浩編，《蔣介石研究》。東京：東方書店，二〇一三年。
中共中央文獻研究室編，《周恩來年譜（一九四九—一九七六）》。北京：中央文獻出版社，一九九七年。
毛磊、范小方主編，《國共兩黨談判通史》。蘭州：蘭州大學出版社，一九九六年。
王丰，〈以色列核彈之父祕助蔣介石發展核武內情〉，《亞洲週刊》（香港），二四卷一五期（二〇一〇年四月十八日）。
包爾漢，《新疆五十年》。北京：文史資料出版社，一九八四年。
台北「國防部軍事情報局」編。《本局歷史精神》。台北：軍情局，二〇〇九年。
石源華主編，《韓國獨立運動研究新探——紀念大韓民國臨時政府創建90週年》。北京：社會科學文獻出版社，二〇〇九年。
石源華，《韓國獨立運動與中國關係論集》。北京：民族出版社，二〇〇九年。
衣復恩，《我的回憶》。台北：立青文教基金會，二〇一一年。

吳俊才，《印度史》。台北：三民書局，一九九〇年。
李江琳，《1959拉薩！達賴喇嘛如何出走》。台北：聯經出版社，二〇一〇年。
李偉，《曹聚仁傳》。南京：南京大學出版社，一九九一年。
李雲漢主編，《中國國民黨一百週年大事年表》。台北：中國國民黨黨史委員會，一九九四年。
李雲漢主編，《中國國民黨一百週年大事年表》。台北：國民黨黨史會，一九九四年。
李璜，《學鈍室回憶錄》。香港：明報月刊社，一九八二年。
汪士淳，《漂移歲月——將軍大使胡炘的戰爭紀事》。台北：聯合文學，二〇〇六年。
沐濤、孫志科，《大韓民國臨時政府在中國》。上海：上海人民出版社，一九九二年。
周谷，《外交祕聞——一九六〇年代台北華府外交祕辛》。台北：聯經出版事業公司，二〇〇六年。
岳正武口述，鄭義編著，《反攻大陸空降青海》。香港：自由出版社，二〇一一年。
林正義，〈蔣介石、毛澤東、甘迺迪與一九六二年台海危機〉，《遠景基金會季刊》（台北），一三卷四期（二〇一二），頁六三—一二四。
林孝庭、趙相科，「一九六二年台海危機背景探因」，《當代中國史研究》（北京），二〇一三年四期，頁六三—七五。
林良光、葉正佳、韓華著，《當代中國與南亞國家關係》。北京：社會科學文獻出版社，二〇〇一。
林照真，《覆面部隊》。台北：時報出版社，一九九六年。
林蘊暉，《國史札記》。上海：東方出版社，二〇〇八年。
松田康博，〈中国の対台湾政策—『解放』時期を中心に—〉，《新防衛論集》，二三巻三期（東京），頁三二—四八。
邵毓麟，《使韓回憶錄》。台北：傳記文學出版社，一九八〇年。
金健人主編，《韓國獨立運動研究》。北京：學苑出版社，一九九九年。
長舜、荊堯、孫維吼、蔡惠霖編，《百萬國民黨軍起義投誠紀實》。北京：中國文史出版社，一九九一年。
青海省志編纂委員會編，《青海歷史紀要》。西寧：青海人民出版社，一九八七年。
胡春惠，《韓國獨立運動在中國》。台北：「中華民國」史料研究中心，一九七六年。
唐縱，《唐縱失落在大陸的日記》。台北：傳記文學出版社，一九九八年。
孫子和，《西藏研究論集》。台北：台灣商務印書館，一九八九年。

秦孝儀編，《總統蔣公思想言論總集》。台北：中國國民黨黨史會，一九八四年。

翁台生，《ＣＩＡ在台活動祕辛》。台北：聯經出版事業公司，一九九一年。

郝柏村，《八年參謀總長日記》。台北：天下遠見出版社，二〇〇〇年。

郝維民主編，《內蒙古自治區史》。呼和浩特：內蒙古大學出版社，一九九一年。

馬鴻逵，《馬少雲回憶錄》。香港：文藝書屋，一九八四年。

國防部史政編譯室編，《高空的勇者——黑貓中隊口述歷史》。台北：國防部史政編譯室，二〇一〇年。

張啟雄，《外蒙古主權歸屬交涉1911-1916》。台北：中央研究院近代史研究所，一九九五年。

張淑雅，《韓戰救台灣？解讀美國對台政策》。台北：衛城，二〇一一年。

張發奎，《蔣介石與我——張發奎上將回憶錄》。香港：文化藝術出版社，二〇〇八年。

陳祖耀，《西貢往事知多少——揭櫫「中華民國駐越軍事顧問團」的祕辛》。台北：黎明文化，二〇〇〇年。

陳慧生、陳超，《民國新疆史》。烏魯木齊：新疆人民出版社，一九九九年。

陳鴻瑜，《中華民國與東南亞各國外交關係史（1912~2000）》。台北：鼎文書局，二〇〇四年。

彭大年編，《塵封的作戰計畫：國光計畫——口述歷史》。台北：國防部史政編譯室，二〇〇五年。

曾瓊葉編，《越戰憶往口述歷史》。台北：國防部史政編譯室，二〇〇八年。

程思遠，《政海祕辛》。香港：南粵出版社，一九八八年。

童小鵬，《風雨四十年》。北京：中央文獻出版社，一九九六年。

覃怡輝，《金三角國軍血淚史1950-1981》。台北：中央研究院、聯經出版事業公司，二〇〇九年。

馮明珠，《近代中英西藏交涉與川藏邊情》。台北：故宮博物院，一九九六年。

黃建華，《國民黨政府的新疆政策研究》。北京：民族出版社，二〇〇三年。

黃鈞銘主編，《原子能與清華》。新竹：國立清華大學出版社，二〇一一年。

新疆三區革命史編纂委員會，《新疆三區革命史》。北京：民族出版社，一九九八年。

楊天石，《近代中國史事鈎沉——海外訪史錄》。北京：社會科學文獻出版社，一九九八年。

——，《尋找真實的蔣介石——蔣介石日記解讀（二）》。香港：三聯書店，二〇一〇年。

楊效平，《馬步芳家族的興衰》。西寧：青海人民出版社，一九八六年。

楊渡，《穿梭兩岸的密使》。台北：平氏出版有限公司，一九九五年。

楊瑞春，《國特風雲——中國國民黨大陸工作祕檔（1950-1990）》。台北：稻田出版社，二〇一〇年。

楊碧川，《白團物語——蔣介石的影子兵團》。台北：前衛出版社，二〇〇〇年。

賈俊明、董學斌，《倚天——共和國導彈核武器發展紀實》。北京：西苑出版社，一九九九年。

寧夏回族自治區政協文史資料研究委員會主編，《寧夏三馬》。北京：中國文史出版社，一九八八年。

劉海藩主編，《中華人民共和國國史全鑒——外交卷》。北京：中央文獻出版社，二〇〇五。

劉學銚，《外蒙古問題》。台北：南天書局，二〇〇一年。

蔣經國，《風雨中的寧靜》。台北：黎明文化，一九七四年。

鄭大華，《張君勱傳》。北京：中華書局，一九九七年。

鄭義，《國共香江諜戰》。香港：香港文化藝術出版社，二〇〇九年。

賴名湯口述，賴暋訪錄，《賴名湯先生訪談錄》。台北：國史館，二〇一一年。

錢復，《錢復回憶錄》。台北：天下文化，二〇〇五年。

閻天靈，〈試論抗戰前十年國民政府對內蒙古的政策定位〉，《中國邊疆史地研究》（北京），二〇〇一年第一期，頁四六—五七。

Acheson, Dean. *Present at the Creation: My Years in the State Department.* NewYork: W.W. Norton & Company, 1987.

Accinelli, Robert. *Crisis and Commitment: United States Policy toward Taiwan, 1950-1955*. Chapel Hill: The University of North Carolina Press, 1996.

Aid, Matthew M. *The Secret Sentry: The Untold History of the National Security Agency.* New York: Bloomsbury Press, 2009.

Albright, David and Corey Gay, "Taiwan: Nuclear Nightmare Averted." *The Bulletin of the Atomic Scientists*, 54: 1(1998), pp. 54-60.

Andrew, Christopher. *For the President's Eyes Only: Secret Intelligence and the American Presidency from Washington to Bush*. New York: HarperPerennial, 1995.

Benson, Linda. *The Ili Rebellion: The Moslem Challenge to Chinese Authority in Xinjiang 1944-1949*. New York: M. E. Sharpe, 1990.

Castle, Timothy. *At War in the Shadow of Vietnam: United States Military Aid to the Royal Lao Government, 1955-1975*. New York: Columbia University Press, 1993.

Chang, Gordon. *Friends and Enemies: The United States, China, and the Soviet Union, 1948-1972*. Stanford: Stanford University Press, 1990.

Chen, Jian. *Mao's China and the Cold War*. Chapel Hill: The University of North Carolina Press, 2001.

Clough, Ralph N. *Island China*. Cambridge, MA: Harvard University Press, 1978.

Cumings, Bruce. *Korea's Place in the Sun: A Modern History.* New York: W.W. Norton, 1997.

Dallek, Robert. *An Unfinished Life: John F. Kennedy 1917-1963*. New York: Little, Brown and Company, 2003.

Dunham, Mikel. *Buddha's Warriors: The Story of the CIA-backed Tibetan Freedom Fighters, the Chinese Invasion, and the Ultimate Fall of Tibet*. New York: Jeremy P. Tarcher/Penguin, 2004.

Forbes, Andrew D. W. *Warlords and Muslims in Chinese Central Asia: A Political History of Republican Sinkiang 1911-1949*. Cambridge: Cambridge University Press, 1986.

Garver, John W. *The Sino-American Alliance: Nationalist China and American Cold War Strategy in Asia*. New York: M.E. Sharpe, 1997.

Goldstein, Melvyn C. *A History of Modern Tibet, 1913-1951: The Demise of the Lamaist State*. Berkeley: University of California Press, 1989.

Grunfeld, A. Tom. *The Making of Modern Tibet*. New York: M.E. Sharpe, 1996.

Guha, Ramachandra. *India After Gandhi: The History of the World's Largest Democracy.* New York: HarperCollins, 2007.

Heiferman, Ronald Ian. *The Cairo Conference of 1943: Roosevelt, Churchill, Chiang Kai-shek and Madame Chiang*. Jefferson, NC: McFarland, 2011.

Holober, Frank. *Raiders of the China Coast: CIA Covert Operations during the Korean War*. Annapolis, MD: Naval Institute Press, 1999.

Hooper, Townsend. *The Devil and John Foster Dulles*. Boston: Little, Brown and Company, 1973.

Jarman, Robert L. ed. *Taiwan Political and Economic Reports 1861-1960*. Slough, England: Archive Editions, 1997.

Kaufman, Burton I. *The Korean Conflict. Westport*, CT: Greenwood Press, 1999.

Kissinger, Henry. *Diplomacy*. New York: Simon and Schuster, 1994.

Kiernan, Ben. *How Pol Pot Came to Power: Colonialism, Nationalism, and Communism in Cambodia, 1930-1975*. New Haven: Yale University Press, 2004.

Knaus, John Kenneth. *Orphans of the Cold War: America and Tibetan Struggle for Survival*. New York: Public Affairs, 1999.

Ku, Kim (translated by Jongsoo Lee). *Paekpŏm Ilchi: The Autobiography of Kim Ku*. Lanham, MD: University Press of America, 2000.

Kusnitz, Leonard A. *Public Opinion and Foreign Policy: America's China Policy, 1949-1979*. Westport, CT: Greenwood Press, 1984.

Laird, Thomas. *Into Tibet: The CIA's First Atomic Spy and his Secret Expedition to Lhasa*. New York: Grove Press, 2002.

Langguth, A. J. *Our Vietnam: The War, 1954–1975*. New York: Simon and Schuster, 2002.

Leary, William M. *Perilous Missions: Civil Air Transport and CIA Covert Operations in Asia*. Tuscaloosa, AL: University of Alabama Press, 1984.

Lias, Godfrey. *Kazak Exodus*. London: Evans Brothers Ltd., 1956.

Lilley, James. *China Hands: Nine Decades of Adventure, Espionage, and Diplomacy in Asia*. New York: PublicAffairs, 2004.

Lin, Hsiao-ting. *Tibet and Nationalist China's Frontier: Intrigues and Ethnopolitics, 1928-49*. Vancouver: University of British Columbia Press, 2006.

Liu, Xiaoyuan. *A Partnership for Disorder: China, the United States, and their Policies for the Postwar Disposition of the Japanese Empire, 1941-1945*. Cambridge: Cambridge University Press, 1996.

Lowe, Peter. *The Origins of the Korean War:* Second Edition. New York: Longman, 1997.

Margolis, Eric S. *War at the Top of the World: The Struggle for Afghanistan, Kashmir, and Tibet*. New York: Routledge, 2001.

McCarthy, Roger E. *Tears of the Lotus: Accounts of Tibetan Resistance to the Chinese Invasion, 1950-1962*. Jefferson, NC: McFarland & Company, 1997.

McCoy, Alfred W. *The Politics of Heroin: CIA Complicity in the Global Drug Trade.* Chicago: Lawrence Hill Books, 1991.

McMahon, Robert J. *The Limits of Empire: The United States and Southeast Asia since World War II.* New York: Columbia University Press, 1999.

McNamara, Robert S. *In Retrospect: The Tragedy and Lessons of Vietnam*. New York: Vintage Books, 1995.

Patterson, George N. *Tibet in Revolt*. London: Faber and Faber Ltd., 1960.

Ranelagh, John. *The Agency: The Rise and Decline of the CIA*. London: Weidenfeld & Nicolson, 1986.

Ricklefs, M. C. *A History of Modern Indonesia, c.1300 to the Present*. Stanford: Stanford University Press, 1993.

Roy, Denny. *Taiwan: A Political History*. Ithaca: Cornell University Press, 2003.

Schoenbaum, Thomas J. *Waging Peace and War: Dean Rusk in the Truman, Kennedy, and Johnson Years*. New York: Simon and Schuster, 1988.

Sechin, Jagchid. *The Last Mongol Prince: The Life and Times of Demchugdongrob, 1902-1966*. Bellingham, WA: Western Washington University, 1999.

Shakya, Tsering. *The Dragon in the Land of Snows: A History of Modern Tibet Since 1947*. New York: Penguin Books, 1999.

Shaplen, Robert. *The Lost Revolution: Vietnam 1945–1965*. London: André Deutsch, 1966.

Spector, Leonard S. *Nuclear Proliferation Today*. New York: Random House, 1984.

Stopler, Thomas E. *China, Taiwan, and the Offshore Islands: Together with an Implication for Outer Mongolia and Sino-Soviet Relations*. New York: M.E. Sharpe, 1985.

Stuart-Fox, Martin. *A History of Laos*. Cambridge: Cambridge University Press, 1997.

Sunoo, Harold Hak-won. *Korea: A Political History in Modern Times. Columbia*, MO: Korean-American Cultural Foundation, 1970.

Szonyi, Michael. *Cold War Island: Quemoy on the Front Line*. Cambridge: Cambridge University Press, 2008.

Tanzer, Sharon, Steven Dolley, and Paul Leventhal eds. *Nuclear Power and the Spread of Nuclear Weapons: Can We Have One without the Other?* Dulles, VA: Brassey's, Inc., 2002.

Taylor, Jay. *The Generalissimo's Son: Chiang Ching-kuo and the Revolutions in China and Taiwan.* Cambridge, MA: Harvard University Press, 2000.

Taylor, Robert H. *Foreign and Domestic Consequences of the KMT Intervention in Burma*. Ithaca: Department of Asian Studies, Cornell University, 1973.

Thomas, Evan. *The Very Best Men: The Daring Early Years of the CIA.* New York: Simon and Schuster, 2006.

Tsang, Steve. *The Cold War's Odd Couple: The Unintended Partnership between the Republic of China and the UK, 1950-1958.*

London: I.B. Tauris, 2006.

Tucker, Nancy B. *Taiwan, Hong Kong, and the United States, 1945-1992*. NewYork: Twayne Publishers, 1994.

——ed. *China Confidential: American Diplomats and Sino-American Relations, 1945-1996*. New York: Columbia University Press, 2001.

——*The China Threat: Memories, Myths, and Realities in the 1950s*. New York: Columbia University Press, 2012.

Weiner, Tim. *Legacy of Ashes: The History of the CIA*. New York: Anchor Books, 2007.

Yager, Joseph. *Nonproliferation and U.S. Foreign Policy*. Washington D.C.: Brookings Institution, 1980.

Yu, Maochun. *OSS in China: Prelude to Cold War*. New Haven: Yale University Press, 1996.

Zhai, Qiang. *The Dragon, the Lion, and the Eagle: Chinese-British-American Relations, 1945-1958*. Kent, OH: The Kent State University Press, 1994.

歷史大講堂

台海・冷戰・蔣介石
：解密檔案中消失的台灣史1949-1988

2015年7月初版　　定價：新臺幣360元
2021年6月初版第五刷

Printed in Taiwan.

著者	林孝庭	
叢書主編	陳逸達	
封面設計	沈佳德	

出版者	聯經出版事業股份有限公司	副總編輯	陳逸華
地址	新北市汐止區大同路一段369號1樓	總編輯	涂豐恩
叢書主編電話	(02)86925588轉5305	總經理	陳芝宇
台北聯經書房	台北市新生南路三段94號	社長	羅國俊
電話	(02)23620308	發行人	林載爵
台中分公司	台中市北區崇德路一段198號		
暨門市電話	(04)22312023		
郵政劃撥帳戶第0100559-3號			
郵撥電話	(02)23620308		
印刷者	文聯彩色製版印刷有限公司		
總經銷	聯合發行股份有限公司		
發行所	新北市新店區寶橋路235巷6弄6號2F		
電話	(02)29178022		

行政院新聞局出版事業登記證局版臺業字第0130號

本書如有缺頁，破損，倒裝請寄回台北聯經書房更換。　　ISBN 978-957-08-4581-5 (平裝)
聯經網址 http://www.linkingbooks.com.tw
電子信箱 e-mail:linking@udngroup.com

本書原由三聯書店（香港）有限公司以書名《冷戰台海解密檔案》出版，現經由原出版公司授權聯經出版事業公司在台灣地區獨家出版、發行本書中文繁體字版。

國家圖書館出版品預行編目資料

台海・冷戰・蔣介石：解密檔案中消失的台灣史1949-1988/林孝庭著．初版．新北市．聯經．2015年7月（民104年）．368面．17×23公分（歷史大講堂）
ISBN 978-957-08-4581-5（平裝）
[2021年6月初版第五刷]

1.中華民國史　2.台灣史

733.292　　104010218